O TERROR ESPECTÁCULO
TERRORISMO E TELEVISÃO

Título original:
Deniel DAYAN (sous la direction de)
La terreur spectacle
Terrorisme et télévision

© *De Boeck et Larcier s.a. 2006*
Éditions De Boeck Université
Rue des Minimes 39, 1000 Bruxelles

Tradução: Pedro Elói Duarte

Capa: FBA
Ilustração de capa: © Corbis /VMI

Depósito Legal n.º 290378/09

ISBN: 978-972-44-1546-8

Biblioteca Nacional de Portugal – Catalogação na Publicação

DAYAN, Daniel

O terror do espectáculo : terrorismo e televisão. - (Construção do olhar)
ISBN 978-972-44-1546-8

CDU 316
323
654

Impressão, paginação e acabamento:
GRÁFICA DE COIMBRA
para
EDIÇÕES 70, LDA.
Março de 2009

Direitos reservados para Portugal
por Edições 70

EDIÇÕES 70, Lda.
Rua Luciano Cordeiro, 123 – 1.º Esq.º – 1069-157 Lisboa / Portugal
Telefs.: 213190240 – Fax: 213190249
e-mail: geral@edicoes70.pt

www.edicoes70.pt

Esta obra está protegida pela lei. Não pode ser reproduzida,
no todo ou em parte, qualquer que seja o modo utilizado,
incluindo fotocópia e xerocópia, sem prévia autorização do Editor.
Qualquer transgressão à lei dos Direitos de Autor será passível
de procedimento judicial.

O TERROR ESPECTÁCULO
TERRORISMO E TELEVISÃO
DANIEL DAYAN (DIR.)

70

A Daniel Pearl, Nicholas, David Gretz e a todos aqueles que já não têm nome.

A Philippe Raynaud, que acompanhou, do princípio ao fim, a organização deste livro deliberadamente marcado pela pluralidade de vozes, propositadamente aberto a posições diametralmente opostas.

Aos autores que aceitaram participar neste livro. Não hesitei em tomar abertamente partido a favor ou contra as teses aqui defendidas. Fi-lo sempre com amizade e, espero, com respeito.

Prefácio

**Uma explosão em câmara lenta
As *performances* do 11 de Setembro**

DANIEL DAYAN

Reflictamos sobre aquilo que pode ser um grande acontecimento no início do século XXI e sobre o papel desempenhado pela televisão na sua construção ou difusão. Face aos acontecimentos do 11 de Setembro de 2001, este papel está longe de se reduzir ao espectáculo transmitido em directo das duas torres nova-iorquinas silenciosamente atingidas por aviões; ou à visão das chamas junto das quais dançam corpos minúsculos. Claro que não se trata de excluir o estudo de tal espectáculo. Trata-se de sublinhar que constitui não o acontecimento, mas o seu prelúdio; que é o primeiro acto de uma dramaturgia que se irá estender por vários meses e até anos.

Este livro propõe então seguir o acontecimento a par e passo, tentar uma espécie de visão em câmara lenta analítica, uma etnografia processual da sequência que vai da evidência de uma catástrofe até ao aparecimento daquilo a que Victor Turner chama um «drama social». Trata-se, por outras palavras, de descrever as etapas que permitem que um acontecimento terrorista inflame não só arranha-céus, mas também esferas públicas; que irrompa nos seus diferentes níveis; que se propague como um incêndio e, por fim, que se interrompa e se extinga.

A perspectiva aqui proposta remete para um modelo dramatúrgico do funcionamento da esfera pública. Inspira-se em Victor Turner e em Erwin Goffman, bem como em Jürgen Habermas. Consiste em estudar uma série de performances que fazem intervir sucessivamente vários grupos de actores, mobilizados em diferentes entidades colectivas.

A performance chamada «11 de Setembro» caracteriza-se por duas fases iniciais:

1. um momento extraordinariamente intenso, mas breve, de imagens essencialmente não controladas;
2. alguns dias dedicados a um papel terapêutico da televisão, à gestão do trauma, aos problemas do luto. Ao mesmo tempo, estes dias são consagrados a um trabalho de definição que incide sobre a natureza da acção narrada, sobre a identidade dos actores em questão, sobre organização de uma narrativa e, por último, sobre um cálculo da posição da cada sociedade relativamente a essa narrativa.

O momento da primeira transmissão é o de um choque. Os que fazem televisão estão na primeira linha, condenados à improvisação, limitados a difundirem imagens cujas grandes implicações lhes escapam, confrontados com um acontecimento em estado selvagem, obrigados a terem, sem o quererem, um discurso ideológico, um discurso cujos elementos desconhecidos dominam a coreografia, a cronologia e por vezes até as imagens. Um segundo desempenho acompanha o dos jornalistas. É o dos telespectadores, que, numa ordem dispersa, ligam a televisão por acaso e descobrem imagens atordoantes. Quer sejam as dos espectadores ou as dos jornalistas, as primeiras reacções ao acontecimento implicam uma dimensão cognitiva. Consistem em identificar o acontecimento (em tomar consciência de que se passa alguma coisa; em tentar compreender o que se passa).

Prefácio

Os poucos dias que se seguem já não são dedicados à mera difusão. São ocasião de um desempenho deliberado, de um domínio recuperado, da junção operada entre os media e algumas das vozes que se exprimem na esfera pública. O acontecimento é então reposto na ordem das coisas (ou de algumas delas): é examinado. As suas imagens já não são simplesmente transmitidas. A sua mostração inscreve-se agora numa demonstração. Acompanha-se de um trabalho pedagógico. Esta segunda performance é, sobretudo, a dos media e da televisão em particular, quando, ao adquirir um domínio mínimo sobre o acontecimento em curso, a televisão se torna capaz já não apenas de difundir as suas imagens, mas de as mostrar.

O momento da mostração e o das reacções públicas que se seguem são analiticamente distintos. Não estão concretamente isolados. Mostrar não é apenas esticar o braço para apontar. É assinalar uma compaixão, exprimir um júbilo, fazer uma denúncia. O acto de mostrar é uma prática profissional. É também uma forma de agir, um «fazer», no sentido em que, como dizia J. L. Austin, «dizer é fazer».

A terceira performance apresenta-se como o concerto das respostas públicas ao acontecimento. Essas respostas variam quando se passa de uma esfera pública para a outra, mas variam também no interior de uma mesma esfera pública. Vindas de públicos diferentes, essas respostas divergem tanto pelos seus conteúdos como pelos registos em que forem exprimidas. Nesta fase, o acontecimento não é ocasião de uma partilha, mas de uma clivagem. Para os actores desta clivagem, o 11 de Setembro serve de pretexto a uma dramaturgia não consensual, a uma batalha dos 11 de Setembro. Ao fixar o sentido do acontecimento remoto, a performance dos públicos transcreve-o para o registo de uma commedia dell'arte interpretada por protagonistas locais.

O 11 de Setembro traduz-se então numa chuva de gestos dedicados à arte da denúncia. As vítimas são apenas aparentes. As atrocidades visíveis mascaram outras que o não são. As condenações cruzadas e a cascata dos tu quoque recorrem então aos mecanismos que permitem transformar um sofrimento remoto em *ideologia mobilizadora, e às narrativas que aplicam essa ideologia. Essas narrativas são frequentemente reversíveis, uma vez que basta mudar de enquadramento para que cada um dos actores receba um novo papel. A cada público o seu 11 de Setembro. Em todos os casos, trata-se de reagir ao acontecimento.*

A quarta performance aqui evocada liga-se directamente à performance dos públicos. É a performance dos «mestres de pensamento», a performance dos sábios que uma sociedade tem e que ela convida a pronunciarem-se sobre o acontecimento. O recrutamento dos «sábios» pode parecer caprichoso. A autoridade que lhes é atribuída depende, com efeito, mais frequentemente da estrutura do «campo mediático» do que da do domínio em que eles exercem as suas competências. Mas o estatuto real desses sábios não é aqui muito importante, já que são geralmente nomeados ad hoc, empurrados para a frente do palco em função daquilo que dizem ou daquilo que se pensa quererem dizer.

Recorrendo a paralelos históricos e a precedentes éticos, as performances dos «sábios» são performances «jurídicas»: justificação, acusação, condenação. Cada uma delas consiste em julgar os protagonistas do acontecimento, em atribuir-lhes absolvições ou distribuir-lhes culpas. Cada uma delas consiste também, pelo recuo que observa em relação ao acontecimento, em fazer a triagem entre o que o acontecimento tem de significativo, de notável, de digno de ser julgado, e os elementos secundários ou acessórios acerca dos quais se declara ser lícito fechar os olhos.

Quer seja no seio de uma mesma sociedade ou nesse espaço público alargado que permite que os intelectuais se interpelem de uma sociedade para outra, os «sábios» estão longe de chegar a um consenso. Sabemos, por exemplo, que Susan Sontag aprecia muito pouco as análises de Baudrillard ou as inspiradas nos escritos de Debord: «Falar da transformação da realidade em espectáculo é dar provas de um provincianismo impressionante (...). É dar a crer que todos somos espectadores (...). É absurdo acreditar que o mundo se reduz a essas zonas prósperas cujos habitantes têm o dúbio privilégio de ser espectadores da dor alheia. Raros são os seres humanos que podem dar-se ao luxo de ver a

Prefácio | 13

realidade assim tão do alto.» (Sontag, 2003). Os «sábios» não hesitam, portanto, em pôr em causa os juízos feitos por outros sábios. A quarta parte deste livro fornece uma ideia da diversidade dos veredictos. Com o distanciamento, a natureza do veredicto acaba por contar menos do que a linguagem em que é expresso, do que os valores que invoca, do que a argumentação que leva a pronunciá-lo.

A descrição aqui proposta fará referência a vários rostos do terrorismo (os acontecimentos de Atocha em 2004; de Beslan em 2004; a sequência quase ininterrupta de atentados que tomaram Israel como alvo durante aquilo que se designou a segunda intifada; os que continuam a assolar o Iraque ocupado; as execuções ou decapitações ritualizadas de uma longa série de reféns). No entanto, esta descrição mantém-se concentrada num exemplo central, um acontecimento que apresenta a vantagem de ter sido mais e melhor estudado do que muitos outros. De facto, o número e a diversidade dos estudos dedicados ao 11 de Setembro de 2001 permitem fazer dele um instrumento didáctico, um meio de ilustrar várias correntes da investigação actual sobre os media *e sobre o acontecimento.*

Deste modo, cada um dos quatro grupos de performances estudadas decorre de um conjunto disciplinar específico, o que permite um diálogo entre os textos reunidos. O primeiro grupo de textos remete para os trabalhos sobre a imagem e para os estudos sobre o espectador (J. Arquembourg, P. Charaudeau, A. Flageul, F. Jost, P. Scannell, S. Tisseron). O segundo ilustra o estado das pesquisas contemporâneas sobre o jornalismo, a informação e a retórica das notícias (L. Chouliaraki, D. Dayan, P. Mancini, M. Schudson, R. Silverstone, B. Zelizer). O terceiro reúne estudos sobre os públicos (G. Myers, E. Rothenbuhler, G. Soulez, A. Sreberny, R. E. Wagner--Pacifici). O quarto levanta questões relativas à ética (S. Neiman, J. Peters, M. Waltzer, S. Zunzunegui) ([1])*. Por último, um balanço*

([1]) Na sua maioria, os textos aqui apresentados são originais. Alguns foram publicados no n.º 104 dos *Dossiers de l'audiovisuel*, «À chacun son 11 septembre?» (Paris, Ina-La Documentation française, Julho-Agosto

14 | O *Terror Espectáculo. Terrorismo e Televisão*

final do percurso realizado agrupa os ensaios reunidos neste livro em três grandes debates: um debate sobre a temporalidade específica das catástrofes; um debate sobre as performances públicas *provocadas por cada acontecimento; um debate sobre as respostas que reservamos ao sofrimento dos outros. Se desejar um acesso rápido ao conteúdo de cada um dos capítulos, o leitor poderá recorrer a este último texto.*

---

de 2002): J. Lozano, J. Arquembourg, R. Silverstone, G. Soulez, S. Neiman, M. Walzer. Outros foram reescritos para este livro: P. Scannell, S. Tisseron, P. Charaudeau, S. Zunzunegui.

Introdução

Terrorismo, desempenho, representação.
Notas sobre um género discursivo contemporâneo

DANIEL DAYAN

O termo «terror» refere-se, em simultâneo, a uma emoção e, na língua francesa, a um período histórico: o período que a Revolução Francesa colocou sob o signo do tribunal revolucionário e do cadafalso. É assim que o dicionário *Littré* nos fala das «terríveis imolações do Terror». Por extensão, fala-se de terror branco para descrever os massacres organizados pelos monárquicos após a queda de Robespierre. Do mesmo modo, fala-se de «terrorismo». Em primeiro lugar, o terrorismo apresenta-se então como uma metáfora.

Em seguida, deve notar-se que não existe um, mas vários terrorismos. Estes diferem pelos seus contextos históricos, pelos conteúdos, pelos métodos e pela sua relação com a ética. Esta diversidade é tal que nos leva a pensar que os terrorismos nada têm em comum senão uma designação que os marca com o selo da infâmia. O sono da razão engendra os monstros. Despertemos então, dizem-nos alguns. Esfreguemos os olhos. Veremos assim que o terrorismo não existe, que é apenas um nome atribuído àqueles que queremos tornar monstruosos.

Quem quer desacreditar o oponente, acusa-o de terrorismo. Falar de terrorismo é por vezes um apelo ao assassínio e sempre um pretexto para a suspensão das liberdades. Por falta de uma definição (rigorosa, não metafórica), seria então legítimo utilizar o termo «terrorismo» para descrever fenómenos profundamente diferentes uns dos outros. Correríamos assim o risco de confundir nacionalismo e anarquismo; violência individual e processos revolucionários; fundamentalismo religioso e resistência à opressão. Falar de «terrorismo» significaria criar uma amálgama ou proceder a uma hipóstase; validar como realidade aquilo que só existe ao nível das palavras.

Compreendo esta dificuldade analítica, mas não penso que seja intransponível. Com efeito, há muito poucas designações que não sejam metafóricas. Além disso, nada impede que se precise o contexto em que se situa a forma de terrorismo de que se fala. Mais, para tomar um exemplo deliberadamente diferente, a extrema diversidade dos sistemas de alianças matrimoniais nunca impediu que houvesse uma noção – o parentesco – que permitisse não só pensá-las, mas também pensá-las com a ajuda dessa diversidade. De igual modo, a existência de géneros literários, que não cessam de variar no tempo e de se diferenciar no espaço, não invalida nem a noção de literatura nem a possibilidade de a distinguir de outras práticas da escrita. Afirmar que uma realidade não existe por estar sujeita a variações equivaleria a passar uma esponja sobre a maioria das ciências humanas.

Por conseguinte, não há muitas razões para suprimir o termo «terrorista» e substituí-lo sistematicamente por sucedâneos ou por eufemismos como «resistente», «activista» ou «militante». A noção de «activista» é muito vaga. A sua elasticidade tem a ver com o desconhecimento do inglês (de facto, *activist* é a tradução inglesa de «militante»). A noção de «resistente» é muito mais pertinente, sobretudo quando um país é ocupado. No entanto, está longe de ser sempre o caso (a menos que se veja a «globalização» como uma espécie de ocupação universal), e mesmo nas situações em que há ocupação efectiva, a população pode optar legitimamente por outros estilos de resistência. Resta a substituição mais frequentemente utilizada. Segundo esta, nunca há «terroristas». Há apenas «militantes»... É fácil perceber que existem militantes que não matam ninguém. Esses militantes manifestam-se, distribuem panfletos, vendem jornais, colam cartazes ou proclamam a invencibilidade do povo. É verdade que os terroristas são militantes, mas nem todos os militantes são terroristas. Para quem pensa que a vida humana tem alguma importância, esta distinção é importante.

Esta distinção pode ser deliberadamente desfeita, como o ilustra, por exemplo, a recensão proposta pelo jornalista William Underhill do livro de Phil Rees, *Dining With Terrorists* (*Newsweek*, Book Section, 20 de Maio de 2005, p. 61): «Durante 20 anos, o jornalista britânico Phil Rees multiplicou os encontros e jantares com militantes de todo o mundo, de Caxemira à Irlanda, mas a sua ambição é abordar uma questão mais séria. O que é um terrorista? Afinal de contas, muitos dos que entrevistou apresentam-se como resistentes. Rees afirma que ninguém pode pretender ter o exclusivo de uma posição moral. Se não quisermos descrever os Estados Unidos ou a Inglaterra como nações terroristas, a única alternativa é purgar o léxico desse termo. (...) O testemunho de Rees interpela todos os que pensam que os inimigos de Washington, na guerra contra o terrorismo, são fáceis de identificar.» Este breve resumo não fala muito sobre o livro. Consiste, no essencial, em substituir eufemismos («resistente», «militante») pelo termo «terrorista» e, depois, em aconselhar que não usemos esse termo. A purga lexical preconizada pelo autor recorre a dois argumentos. O primeiro é de ordem táctica. Não suprimir o termo «terrorista» é correr o risco de ver qualificar os Estados Unidos e a Grã-Bretanha como «nações terroristas». O segundo argumento apela à ética. Segundo o autor, ninguém tem o exclusivo da moral.

O primeiro argumento pratica uma espécie de chantagem. O facto de a América ou a Grã-Bretanha poderem ser apresentadas como «nações terroristas» não prova de modo algum que o terrorismo não exista. O segundo argumento sugere que, salvo numa situação de inocência perfeita, não pode haver qualquer avaliação moral. Mas não significa que a condenação do terrorismo deva excluir outras. Avaliar os actos de terroristas não dispensa o julgamento dos actos dos seus adversários. Além disso, este segundo argumento dá a crer que o terrorismo só pode ser definido em termos morais. Não há dúvida de que o terrorismo levanta necessariamente a questão da avaliação. Mas porque têm de se confundir a avaliação e a definição do terrorismo? Todos sabemos que «a língua é a melhor e a pior das coisas». Contudo, antes de ser uma ou a outra, é um órgão de fonação, gustativo. Podemos estudar a sua anatomia, a sua fisiologia. O rigor aparente aqui manifestado será, então, algo diferente de uma tentativa de subtrair um fenómeno à reflexão? O juiz japonês Hisashi Owada, perante o Tribunal Internacional de Justiça, troça dos «alegados atentados terroristas perpetrados por Palestinianos candidatos ao suicídio contra a população israelita». Serão realmente «alegados» atentados»? Há alguma dúvida sobre a sua natureza «terrorista». Será que a intervenção do juiz permite pensar melhor o nosso objecto ou nem sequer pensá-lo?

O «terrorismo» não pode ser definido fora da história. Constitui um fenómeno totalmente histórico. Mas se, tal como todos os objectos produzidos pela história e que evoluem na história, apela a uma definição longa, complexa e sujeita a variações, o terrorismo não é mais impossível de definir do que outras noções quotidianamente utilizadas (nação, civilização, comunidade, por exemplo). Dizer que é impossível pensar o terrorismo consiste, de facto, em proibir que o pensemos.

1. Rumo a uma definição?

Tal como o seu nome não o indica, o terrorismo não consiste em suscitar o terror. De facto, o terrorismo não provoca o terror, a não ser nas suas vítimas directas (que podem ficar traumatizadas para o resto da vida) ou em reféns ameaçados de morte. No entanto, mesmo nestes, o terror pode ser substituído por uma coisa diferente: o desgosto, a fúria, a determinação em não se deixar rebaixar pelo desprezo dos carrascos. Para além das suas vítimas directas, e por vezes até entre estas,

O terrorismo pode suscitar algo que não o terror. Entre os actores políticos, pode provocar antecipações racionais, estratégias preventivas e (se a situação for bastante grave) projectos de resposta. Entre as suas vítimas potenciais, suscita frequentemente atitudes de negação: «Não corro nenhum risco», pensamos nós, «porque estou noutro país, noutra cidade, noutra rua, no outro lado da rua ou noutro andar... e não onde as pessoas estão realmente expostas». Entre os espectadores à distância, pode provocar o horror, a estupefacção ou, pelo contrário, o júbilo e o entusiasmo. Pode provocar a compaixão pelas vítimas ou, pelo contrário, a admiração pelos assassinos. O terror é um resultado e esse resultado é aleatório. O terrorismo suscita menos pânico do que cálculo. O verbo «aterrorizar» só aparentemente é sinónimo de «horrorizar. O segundo pertence ao vocabulário das emoções, o primeiro manifesta uma vontade política. Em suma, salvo em casos muito raros, o terrorismo é vivido não no terror, mas como um risco.

O terrorismo visa impor uma ordem e, para isso, tem de destruir outra. O terrorismo é pois, à partida, um «ismo», ou seja, uma ideologia. Com o tempo, torna-se uma espécie de intermediário geral, um instrumento para ideologias diversas, um «meio» moralmente marcado, mas ideologicamente polivalente, uma espécie de intermediário ou de «técnica».

O terrorismo difere da violência e da guerra, ainda que lhes seja aparentado. O terrorismo é mais do que uma forma de violência, porque a violência que implica está impregnada de uma dimensão ideológica ou política e distingue-se, por exemplo, das violências mais prosaicamente criminosas. O terrorismo é menos do que uma guerra, já que não recorre a exércitos constituídos e não é perpetrado em nome de um Estado. Esta dimensão de violência não estatal diferencia o terrorismo não só das guerras, mas também das actividades policiais ([2]).

([2]) Esta sacralização corresponde, no campo do direito internacional, a várias decisões recentes do Tribunal Internacional de Justiça (braço jurídico da ONU). Estas decisões consistem em tornar impossível qualquer tentativa de prevenção. Como indica a jurista Anne Bayefsky (*National Review*, 17 de Julho de 2004), «o tribunal internacional de

Com efeito, umas e outras são pretendidas por Estados, assinadas por estes e rubricadas com ajuda de uniformes ou de bandeiras.

O terrorismo remete para uma postura de insurreição e distingue-se claramente das violências repressivas. É verdade que o terrorismo decorre do terror revolucionário. Contudo, apesar desta filiação, o terror revolucionário não seria hoje visto como relacionado com o terrorismo. Não é de terrorismo que são culpados os regimes que, como os de Mao, de Pol Pot ou de Khomeini, se permitem remodelar uma sociedade recorrendo a uma «ordem dos suplícios». O terror praticado por tais regimes é muito mais grave; em certos casos, leva a «crimes contra a humanidade». No entanto, a violência repressiva pode assemelhar-se ao terrorismo. Esta semelhança resulta de uma maquilhagem ou de um álibi. A maquilhagem consiste em abafar a violência, em torná-la invisível. Esta violência é conhecida pelas suas vítimas efectivas e pelas suas vítimas potenciais, mas só constitui uma mensagem para aqueles que visa intimidar. Deste modo, os militares argentinos ou chilenos estão dispostos a ver as suas populações como alvos, mas preferem os «desaparecimentos» aos castigos exemplares e às execuções públicas. O álibi consiste em delegar a violência repressiva a milícias ou a grupos sem relação aparente com o Estado comanditário (as diversas «brigadas da morte»). A violência emana então de «outro lado» e os seus autores podem ser

---

justiça (...) adoptou quatro novas regras relativas à interpretação do direito à autodefesa face ao terrorismo actual». Eis três delas:
1) Em virtude da carta da ONU, não há qualquer direito à autodefesa quando os terroristas não agem em nome de um Estado.
2) Quando uma acção militar é realizada por «irregulares», a autodefesa não pode intervir se «amplitude e o impacto» do terrorismo forem insuficientes para constituírem «um ataque armado como o realizado por forças armadas regulares».
3) A autodefesa não inclui os actos não violentos ou, segundo as palavras da juíza Rosalyn Higgins: «Não estou convencida de que medidas não enérgicas (como a edificação de um muro) entrem no quadro da autodefesa em virtude do artigo 51 da carta» (Bayefsky, *ibid.*).

apresentados como revoltosos, «rebeldes» à autoridade do Estado.

Perfilam-se já quatro elementos de definição. O terrorismo envolve uma *violência* em nome de uma *doutrina* (de uma determinada visão ideológica ou política do colectivo). Aparentemente, pelo menos, os seus actores *não são Estados*, mas a acção deles apresenta-se como uma *rebelião*. O meu quinto elemento de definição consiste em dizer que a violência do terrorismo – mesmo quando é imensa – continua a ser uma violência limitada. Para isso, há pelo menos duas razões.

A primeira é técnica. Tem a ver com a incapacidade do terrorismo em mobilizar uma violência total. Algumas violências só se relacionam com o terrorismo «à falta de melhor», e poderão tornar-se abertamente violências de guerra quando a simplificação e a difusão crescente das tecnologias militares o permitirem. A segunda razão é mais específica. Os actos terroristas são acontecimentos expressivos, acontecimentos que não existiriam sem alguma forma de publicidade (é claro que, antes da generalização dos *media*, já havia formas de violência extrema, mas estas formas de violência são mais acções do que mensagens). Por outras palavras, o recurso à violência terrorista não consiste apenas em ferir e matar, mas também em *significar*.

2. A vontade de significar

Consideremos um exemplo. John Durham Peters propõe uma distinção entre dois géneros de violência: a violência terrorista do 11 de Setembro e a exercida, como retaliação, pelo exército americano. Peters considera a segunda violência pior do que a primeira, pois é acompanhada de má-fé. A primeira forma de violência seria uma violência aberta, assumida. A segunda, uma violência insidiosa, hipócrita, mais grave pelo número de vítimas e, ao mesmo tempo, menos visível, pois recusa mostrar-se e até reconhecer-se como tal. Sem querer iniciar aqui um debate sobre a gravidade respectiva dos crimes, parece-me que a distinção de Peters sublinha bem aquilo que a violência terrorista contém de específico. A violência exercida pelo exército americano (bombardeamentos, por exemplo) é evidentemente conhecida pelas suas vítimas, mas nem sempre é conhecida pelos seus autores (para quem um míssil lançado a grande velocidade sobre um território é mais um objecto de que um instrumento de morte), e pode não ser conhecida pelo público, porque as imagens de violência não são essenciais ao projecto militar e podem até ser, para ele, catastróficas. Pelo contrário, a violência terrorista é conhecida pelas suas vítimas; é também conhecida pelos seus autores (que não podem ignorar os crimes que cometem, de certa forma, artesanalmente); e é conhecida pelo público, pois a «publicidade» dada a essa violência é essencial. Sem a publicidade, o terrorismo não existiria. Aqui, a violência consiste em significar.

É claro que, em certa medida, qualquer guerra consiste em significar, mas a guerra significa de outra maneira. A guerra fornece um contexto (aquele construído, por exemplo, pela declaração de guerra), graças ao qual cada batalha concorre de maneira cumulativa para uma significação global. Pelo contrário, cada acção terrorista significa por si mesma. Se concorre para uma significação comum, é porque já se está quase em guerra. A violência terrorista é, pois, eminentemente comunicacional. Todo o acto terrorista é uma mensagem.

Essa mensagem pode significar de várias maneiras. Pode ter valor expressivo (exprimir os sentimentos de um grupo ou da população que esse grupo pretende, com ou sem razão, representar). Pode ter valor indicativo; demonstrar que o Estado-nação alvejado pode ser um gigante frágil a cuja vigilância é possível escapar, que se pode forçá-lo a concessões humilhantes, ao qual se pode criar dificuldades. Por último, pode ter valor de ameaça. A violência exercida serve então de amostra; anuncia que outras violências se seguirão e prova que são possíveis. Mas o acto terrorista pode também ter valor pragmático. De acordo com o modelo, que se tornou literal, da «faca na garganta», consiste em *mandar fazer* qualquer coisa, em forçar os seus alvos a tomarem um determinado curso de acção. Por exemplo, o massacre perpetrado na estação madrilena de Atocha poderia ter sido cometido noutra altura que não nas vésperas de um processo eleitoral. Ao realizar-se a poucos dias das eleições, permite que os seus autores se vangloriem, aconteça o que acontecer, de as terem influenciado. No entanto, como mostra o mesmo exemplo de Atocha, a dimensão expressiva do terrorismo é predominante. O acontecimento é uma bofetada infligida nesta forma de «paganismo» que é a democracia ([3]).

3. Um quadro comunicacional

Reconhecer que qualquer acto de terrorismo é um discurso leva a que nos interroguemos sobre o quadro comunicacional em que esse discurso se inscreve. «Quem fala?» e «A quem se fala?». Os emissores do terrorismo formam grupos mais ou menos restritos. Dizem quase sempre representar uma população. Na maioria dos casos, não foram mandatados para o fazer. Paradoxalmente, é o próprio acto terrorista (e os riscos que envolve) que lhes permite, numa espécie de *potlach*, estabelecer a sua «representatividade». O terrorismo opera uma passagem ao acto em nome de um grupo. Mas, curiosamente, é aquilo que permite falar em nome desse grupo. A representatividade do terrorismo é performativa.

Consideremos agora os destinatários. O terrorismo pode dirigir-se às instâncias dirigentes de um país, emitindo ameaças não divulgadas e fixando as condições para a sua não execução. Neste caso, o acto terrorista pode não ter lugar e nunca saberemos que foi ponderado. Os casos que aqui nos interessam são aqueles em que actos violentos são efectivamente cometidos; aqueles em que o terrorismo deixa de ser virtual e chega ao nosso conhecimento. As violências são então mensagens públicas, ou seja, mensagens disponíveis a todos. A sua dramaturgia sangrenta destina-se certamente aos governos,

---

([3]) Berman (Paul), *Les Habits neufs de la terreur*, Paris, Hachette, 2004 (*Liberalism & Terror*, Nova Iorque, Norton, 2003). Capítulo III, comentário a *À l'ombre du Coran*, de Sayyid al Qutb (edição de autor).

mas, graças à comunicação social, dirige-se também e sobretudo às sociedades e aos públicos que as compõem.

A maioria dos actos terroristas dirige-se a uma opinião pública. Pretendem agir sobre essa opinião pública. Em continuidade com os seus modelos do século XVIII, os terroristas apresentam-se como dirigentes sobresselentes, como um espécie de líderes substitutos que oferecem novas orientações às sociedades a que se dirigem. Por outras palavras, os terroristas fazem «como se» fossem os novos Robespierre dessas sociedades. Esforçam-se por criar uma clivagem entre essas sociedades e os seus dirigentes. Esta clivagem permite matar dois coelhos de uma cajadada. É um meio de acção (permite obrigar os dirigentes a tomarem determinadas decisões) e é o objectivo pretendido (criar uma crise de representatividade). Forçar os dirigentes a seguirem um determinado curso de acção, esta é a cada vez mais frequente especialidade da «mensagem do refém», do pedido de socorro transformado em arenga ou em maldição. Criar uma crise de representatividade é mais difícil, mas exequível. A comunicação terrorista visa então dirigir-se às opiniões públicas das sociedades-alvo por cima da cabeça dos seus governantes. Tal como as propagandas de guerra (quente ou fria), o terrorismo pratica a «desintermediação».

4. O meio e o lugar

Haverá um «meio» próprio ao terrorismo? Responder-se-á que o próprio terrorismo pode ser considerado um meio. A particularidade de tal meio é passar pela violência. A violência é aqui um registo de expressão. Mas é também um fim em si mesmo (o instrumento de uma satisfação catártica). Por último, tem uma dimensão estratégica, que permite captar a atenção dos *media*. Esta atenção é essencial. Os terrorismos contam com a periodicidade das emissões, com a frequência das aparições, com as regularidades temporais que permitem usar a temporalidade do folhetim, trabalhar a opinião pública, colocar esta opinião sob a espada de Dâmocles, usar a ameaça. Os terroristas contam também com o alcance dos *media*, com a dimensão dos públicos que esses *media* permitem atingir. É verdade que os vendedores ambulantes podiam também, no seu tempo, atingir vastas populações. Mas, hoje, pequenos grupos capazes de acções espectaculares podem beneficiar de uma publicidade mundial.

Essa publicidade conduz-nos a uma questão inesperada. Onde é que acontece realmente um acontecimento terrorista? Todos sabemos que os seres humanos mortos ou mutilados estavam em algum lugar. Mas será esse lugar realmente o sítio do acontecimento? Como mostrou Jean-François Bayart, no centro das democracias existem espaços dedicados a uma espécie de liminalidade kafkiana, à suspensão dos direitos elementares (Sangatte, Guantánamo, as zonas de intercepção dos clandestinos nos aeroportos). Também há mundos paralelos onde se movem as vítimas do terrorismo, os jornalistas prisioneiros, os «nem mortos nem vivos», os «à espera de resgate». Estes universos paralelos servem de bastidores para cenas longínquas. A decapitação de Daniel Pearl teve lugar no Paquistão. Será o local da rodagem o mesmo do acontecimento? O suplício do jornalista não será um exemplo de deslocalização? *Onde* é que este acontecimento adquire a sua plena dimensão simbólica? No Paquistão? Nos Estados Unidos? Na Europa? No mundo muçulmano? A resposta é: em toda a parte ao mesmo tempo. O mesmo suplício deu lugar a toda uma galáxia de acontecimentos, alguns deles com mais peso do que outros. Existem lugares onde a significação do acontecimento tem uma relação mais forte com o «centro» de uma sociedade, quer para afirmar esse centro, quer para o pôr em causa. Nesse caso, não seremos então levados a pensar que o lugar de um acontecimento terrorista é o da esfera pública, onde realizará a sua vocação de mensagem?

Em suma, o terrorismo e os *media* tornaram-se parceiros indissociáveis, co-produtores de um dos grandes géneros discursivos contemporâneos, ao mesmo título que os programas realizados em estúdio ou a tele-realidade. E, tal como outras formas de discursividade contemporânea, o terrorismo evolui, adopta novos registos, especializa-se em subgéneros. Associada à existência de tecnologias leves (de difusão, de filmagem), a existência de «mediapaisagens» globalizadas envolve uma transformação das *performances*. Intervenções reduzidas, pouco dispendiosas, podem substituir com vantagem acções mais maciças, já que são oferecidas em tempo real (ou pelo menos em continuidade) e em grande plano. Há uma relação directa entre a leveza das câmaras de vídeo e a difusão dessas inovações que são os atentados suicidas e as decapitações ritualizadas.

Estes géneros são apenas os mais recentes. Outros os precederam. O final do século XX e o início do século XXI viram sucederem-se três grandes estilos terroristas, três registos enunciativos. O terrorismo do primeiro tipo era um *terrorismo declarativo*. Tratava-se de sequestrar atletas ou aviões, de matar algumas pessoas; anunciar que iriam matar outras e exigir que determinada declaração fosse lida ou que determinado texto fosse divulgado. O terrorismo do segundo tipo propunha um acto de violência inicialmente silencioso, seguido, num prazo variável, de uma declaração que identificava os signatários do acto de violência e definia as suas razões, motivos ou ambições. Tratava-se então de um *terrorismo reivindicado a posteriori* (e por vezes reivindicado sem conhecimento de causa ou por várias organizações ao mesmo tempo). O terrorismo de terceiro tipo é um terrorismo que tende a ser silencioso. O acto de violência não é acompanhado de nenhuma mensagem e não é assinado. Mas não é menos expressivo. Com efeito, intervém num contexto em que determinados valores são legíveis e determinados actores identificáveis com um certo grau de probabilidade. Mas a *assinatura* não permite ir além dessa probabilidade, o que permite apresentar qualquer seguimento como uma violência arbitrária e gratuita. É o caso do 11 de Setembro. Este género de terrorismo apela a que interpretemos ou verbalizemos um acontecimento silencioso, que imaginemos ou forneçamos nós próprios sua mensagem. Podemos então falar de um *terrorismo hermenêutico*. Pelo seu carácter enigmático, este tipo de *performance* convida os seus públicos a reinventarem a mensagem dos autores e, por isso, a porem-se no lugar deles. Permite também que os autores interpretem a sua própria acção, mas enquanto membros do público, sem terem de assumir qualquer responsabilidade legal. É muito provável que apareçam novos géneros e que o reportório enunciativo do terrorismo continue a crescer. Uma das disciplinas mais úteis para a reflexão sobre o terrorismo é a retórica e, em particular, a retórica dos «antigos», cujas diferentes categorias (*inventio, elocutio, actio, memoria*) permitem reconstituir as várias etapas que constituem a «publicidade» de um atentado.

5. A questão da representação

Resumindo os diferentes elementos aqui propostos, parece então possível definir o terrorismo contemporâneo como (1) uma violência (2) doutrinária (3) não estatal, (4) de carácter circunscrito, (5) apresentada como uma insurreição e (6) oferecida como uma mensagem. Esta mensagem emana (7) de um grupo autoproclamado como representativo de uma população e dirige-se (8) à opinião pública de uma sociedade (9) sem passar pelos seus dirigentes nacionais. Por último, os *media* (10) são indispensáveis para a *performance* terrorista, tanto pelo seu alcance (a dimensão dos públicos atingidos) como pela sua periodicidade, o que explica que a sua evolução afecte (11) as formas que regem essa *performance*.

Para testar esta definição, voltemos a uma comparação já esboçada, a comparação entre o terrorismo e os movimentos insurreccionais. Com efeito, o terrorismo é um recurso importante para os grupos de revoltosos. Assim, não serão os terroristas apenas *guérilleros* caluniados? Temos de reconhecer que a designação «terrorista» é sempre imposta do exterior; que é uma forma cómoda de desacreditar os opositores. Para se designarem a si mesmos, os combatentes utilizam em geral outros termos, concentram-se mais nos fins a que se propõem do que nos métodos que utilizam. Em vez de «terroristas», serão, por exemplo, testemunhas ou mártires. Serão insurgentes ou resistentes.

No entanto, nem todas as actividades terroristas são insurreccionais e nem todas as actividades insurreccionais são terroristas. Existem pelo menos três características que permitem distinguir os dois tipos de actividade.

1. Uma acção insurreccional é geralmente levada a cabo pelo grupo directamente interessado e não por uma organização que age em nome desse grupo. Não se concebe que a resistência de determinado povo a uma ocupação se traduza em acções levadas a cabo por membros de outro povo.
2. Uma acção de resistência não se pode dar ao luxo de escolher o adversário. Nas situações de resistência ou de guerrilha, a identidade do adversário é imposta pelos factos. Pelo contrário, o terrorismo tem frequentemente o privilégio de poder construir o adversário, ou seja, de estabelecer uma relação de representatividade entre o alvo que escolheu e o inimigo que deve combater.
3. Uma acção de resistência desenrola-se num território determinado. Uma acção terrorista pode ser realizada num território que nada tem a ver com o objecto do conflito. Uma acção terrorista tem por alvo uma ou várias esferas públicas.

Não há dúvida de que é o terrorismo internacional que, como mostrou Paolo Mancini, se distingue mais claramente das situações de resistência ou de guerrilha. É nesse caso que o peso das mediações representativas é maior. Com efeito:

1. O grupo que age não é necessariamente o grupo em nome do qual as acções são realizadas. Pode haver aqui delegação, representação metafórica ou metonímica. Apesar do nome de um grupo célebre, a acção terrorista é geralmente indirecta; pode ser realizada por encomenda.
2. O grupo atingido não é necessariamente o grupo visado. O terrorismo constrói uma relação de representatividade entre os seus alvos efectivos e o inimigo que deve combater (pode-se então matar civis para atingir militares, crianças para atingir adultos, Americanos para atingir Israelitas, Franceses para atingir o governo argelino). O dogma do «ninguém é inocente» permite que o terrorismo se entregue facilmente à lógica das substituições.
3. O sítio do acto terrorista não é aquele onde se faz a resistência, mas onde teve lugar como mensagem: uma acção de resistência é local. A violência terrorista poder ser deslocalizada.

Por outras palavras, mesmo quando o terrorismo se apresenta como extensão de uma resistência ou de uma guerrilha, distingue-se destas por uma dimensão semiótica exacerbada, por uma dimensão fundamental de «mensagem», por uma multiplicação dos processos de representação. «Representação» no sentido de delegação, de substituição. «Representação» no sentido teatral do termo.

6. Ética e temporalidade

É claro que a descrição anterior não é exaustiva. No entanto, revela-se possível. Por que razão querer então evitar descrever o terrorismo? Tal recusa inscreve-se, a meu ver, num discurso que visa banalizar o terrorismo; que visa dizer que um terrorista tem razões excelentes para agir como age. Os seus motivos são respeitáveis e, se pratica a violência, é porque não tem melhores opções. O terrorista sois vós e eu. No seu lugar, qualquer um pode fazer o mesmo. Reconhecemos aqui o argumento do «não ter escolha».

Contudo, parece-me haver uma escolha de meios. Das opções possíveis, o terrorismo não é a única, nem sequer a mais eficaz. Consideremos o exemplo do terrorismo dirigido contra Israel. Costuma-se justificar as atrocidades cometidas contra civis recorrendo a uma comparação entre a ocupação dos territórios palestinianos e o colonialismo sul-africano. Um regime que pratica, dizem-nos, um colonialismo digno da África do Sul merece os atentados de que é vítima a sua população civil. Mas por muito contestável que seja a comparação colonial, seria interessante levá-la até ao fim. A África do Sul libertou-se realmente do colonialismo. Mas não se recorreu ao terrorismo. Havia outros meios.

Por outras palavras, recusar definir o terrorismo tem geralmente a ver com uma estratégia de sacralização. Face ao terrorismo, o juízo é inevitável. Trata-se então de esboçar tal juízo declarando-o sem objecto. Parece-me que esse objecto existe efectivamente e que apela a um juízo. Contudo, sigamos na via desse juízo. É demasiado fácil sair-se airosamente com um «É horrível» ou um «Afinal de contas, eu faria o mesmo!». Mas devemos perguntar: «Que faria eu se estivesse nessa situação?» Ou seja, é essencial sair da temporalidade retrospectiva que caracteriza a justificação ou a condenação do facto consumado. Essa temporalidade apresenta um grande inconveniente. Escamoteia o momento da decisão. Volatiliza a tomada de responsabilidade. Substitui o cruzamento das escolhas éticas por uma linha recta. Parece-me então indispensável não só distinguir o terrorismo da acção militante, mas também, como sugere Michael Walzer, identificar no interior do próprio terrorismo opções que decorrem de uma decisão e que apelam a um veredicto. Os mesmos que apelam ao «dever de violência» têm de concordar que:

- nem todos os militantes são terroristas (alguns preferem recorrer, por exemplo, à greve da fome);
- nem todos os terroristas são assassinos (alguns preferem dinamitar edifícios vazios);
- nem todo os terroristas que optam por matar o decidem fazer sem discernimento (alguns fazem uma distinção entre os seus inimigos e a população dos não combatentes);
- nem todos os terroristas que optam por matar sem discernimento passam ao acto excluindo qualquer negociação (alguns preferem fazer exigências, cuja satisfação os levaria a renunciar à violência);
- nem todos os terroristas que optam por matar sem discernimento e sem negociação se dedicam a assassínios em massa;
- nem todos os terroristas impossibilitados de cometerem assassínios em massa se entregam a degolações filmadas de forma contínua.

Infelizmente, a proliferação do terrorismo e a sua banalização fazem com que o assassínio em massa ou a ritualização do assassínio se tornem no caminho mais curto para a atenção dos *media*. Que se passa quando recebem esta atenção? Este é o assunto deste livro.

7. Objecto definível ou ilusão de óptica?

«Na maioria dos casos, foram os aspectos simbólicos e espectaculares do terrorismo insurreccional que concentraram a atenção e a preocupação com o terrorismo, mais do que um número de vítimas muito limitado em comparação com as razias da repressão de Estado (...). A imagem do terrorismo oferecida pela televisão tende a sofrer uma distorção considerável, uma vez que as acções repressivas realizadas pelos Estados contra os seus cidadãos são geralmente invisíveis às câmaras e porque, quando denunciadas, não são qualificadas de terrorismo. A televisão parece sofrer assim de uma cegueira de direita. Durante os anos 90, a violência neonazi na Europa não foi identificada como "terrorismo", e o mesmo se passou com as brutalidades perpetradas no mundo em nome do nacionalismo étnico. Aquilo que o público entende por "terrorismo" depende muito dos limites estreitos do domínio que, sob esse nome, foi tornado visível.» (Philip Schlesinger, «Terrorism», *Television: an International History*, Oxford, org. de Anthony Smith, 1995).

Este texto de Philip Schlesinger resume de forma brilhante um discurso recorrente sobre o terrorismo. Esse discurso parte de uma premissa incontestável: o terrorismo é uma realidade social construída. Faz parte das actividades interactivas regidas por «regras constitutivas». Definir o terrorismo é, pois, definir as actividades e os comportamentos «considerados» terroristas. A questão que o sociólogo inglês coloca é, então, a de saber *quem* produz a definição? *Quem* vê *que* actividades «como» terroristas?

Para Philip Schlesinger, o objecto «terrorismo» e a definição que dele é dada são uma projecção daqueles que se quer criminalizar. Da definição do terrorismo são eliminadas as violências fascistas, as violências decorrentes do nacionalismo étnico, o terrorismo de Estado. Só seria então caracterizado como terrorismo um terrorismo de tipo insurreccional situado à esquerda. Esta afirmação tem o mérito da clareza. Levanta vários problemas, um dos quais essencial. Este consiste, a meu ver, em confundir condenação com definição.

A definição do terrorismo *só* se confunde com uma criminalização selectiva se o terrorismo for o único crime de que se possa acusar um grupo perpetrador de violências. Quando existem vários tipos de acusação à escolha, algumas menos graves do que o terrorismo (as «brutalidades» do nacionalismo étnico, por exemplo) e outras tanto ou mais graves, falar de terrorismo não consiste apenas em acusar um grupo, mas também em identificar um tipo específico de violência, uma forma *particular* de criminalidade. Assim, as violências cometidas por Estados podem pertencer a uma categoria muito mais grave do que o terrorismo. Se não são qualificadas de terrorismo pelos *media*, isso não significa que sejam sistematicamente caladas. Na maioria dos casos, são relatadas, mas sob outro nome. Podem, por exemplo, constituir «crimes contra a humanidade». E se essas outras formas de violência provocam uma atenção menos constante por parte dos *media* não é apenas porque se pretende ilibá-las, é também porque se distinguem do terrorismo, não só não procurando sistematicamente a visibilidade, mas evitando-a de forma sistemática. Por isso, não é apenas a cegueira dos *media* que está em causa. Temos de levar em conta a enorme diferença que separa as violências-mensagens das violências perpetradas de forma mascarada. O terrorismo não é a única nem a pior das violências políticas, mas é absurdo querer que represente todas as outras e é errado fazer dele apenas um fantasma complacentemente sustentado pelos *media*. Os sociólogos ensinam-nos a desconfiar dos objectos empíricos que se oferecem aos nossos olhos com a autoridade da evidência. Esses objectos prontos a pensar são geralmente enganadores. Abordá-los de forma séria é reflectir sobre o seu estatuto; perguntar por que razão e como foram construídos. Este questionamento é não só respeitável, mas também crucial. Torna-se altamente discutível a partir do momento em que o objecto empírico encontrado de início é não «construído», mas muito simplesmente «dissolvido». Quando esse objecto é declarado inexistente, explicá-lo significa então dizer que não há nada para explicar e que, por exemplo, o terrorismo só existe como estratégia de linguagem ou ilusão de óptica. Este livro defende que a reflexão sobre o terrorismo não consiste em eliminar o seu objecto e que esta eliminação tem a ver, quando muito, com uma negação.

Primeira parte

IDENTIFICAR

A *PERFORMANCE* DOS ESPECTADORES

Capítulo 1 **Qual é a realidade da desgraça?**
Paddy Scannell

Capítulo 2 **Realidade ou ficção: como estabelecer a diferença?**
Serge Tisseron

Capítulo 3 **Informação, emoção e imaginários**
A propósito do 11 de Setembro de 2001
Patrick Charaudeau

Capítulo 4 **As imagens do 11 de Setembro são imagens violentas?**
François Jost

Capítulo 5 **Semiótica do acontecimento e explosão**
Jorge Lozano

Capítulo 6 **O mito de Pandora revisitado**
Jocelyne Arquembourg

Capítulo 7 **História e jornalismo:**
esboço de uma abordagem diferente da realidade factual
Alain Flageul

Que se passa quando o espectador liga a sua televisão no dia 11 de Setembro de 2001 e recebe de chofre imagens do acontecimento? Essas imagens ocasionais, de origens diversas, chegam às televisões – que as difundem antes de poderem desempenhar qualquer papel de mediação. Durante um longo momento, a performance dos media tem a mesma natureza que a dos espectadores. Tal como os espectadores, os jornalistas estão em situação de recepção siderada. Não compreendem o que está a acontecer, mas são levados pela sua função a «falarem» da sua sideração.

A performance dos jornalistas é explícita. A dos espectadores só o é, quando muito, parcialmente. No entanto, é importante notar que tanto uma como outra são performances e que, mudas ou verbalizadas, essas performances consistem em identificar o acontecimento, encontrar-lhe uma designação possível, localizá-lo, reconhecê-lo, situá-lo num mapa cognitivo: dando seguimento ao qui pro quo que levou muitos espectadores a tomar o desmoronamento das torres por uma sequência de ficção, as performances aqui estudadas decorrem do diagnóstico. O estudo do 11 de Setembro de 2001 como acontecimento mediatizado começa então, de forma paradoxal, pela apresentação dos trabalhos que analisam a sua recepção.

Trata-se, em primeiro lugar, da recepção dos espectadores. Patrick Charaudeau pergunta em que medida as opiniões e as emoções dos espectadores determinam a sua percepção do acontecimento? Quais são, continua Serge Tisseron, os quadros que organizam a recepção de acontecimentos deste género? As imagens do 11 de Setembro, interroga-se François Jost, serão realmente recebidas como imagens violentas? E em que consiste então a sua violência?

Voltemo-nos agora para os jornalistas. Estes esforçam-se, diz Jocelyne Arquembourg, por fechar a «caixa de Pandora» aberta pelo acontecimento. Mas a que preço? O seu domínio recuperado sobre a narrativa não consistirá em instalar um discurso homogéneo? Não será isso intentar-lhes um processo de intenção?, responde Paddy Scannell, como conclusão da descrição minuciosa que propõe do dia do 11 de Setembro na CNN e na BBC. Não será mais justo reconhecer que a performance da BBC habilita os seus espectadores a tornarem-se autênticas «testemunhas» do acontecimento? A questão do testemunho não é a única que se pode levantar, segundo Alain Flageul, que deseja que as disciplinas de vocação factual (história ou jornalismo) deixem de ser simplesmente concebidas como artes da narração. Não seria mais interessante explorar o que seriam as consequências de um «não-11 de Setembro»? Poderemos realmente fazer isso?, interroga-se Jorge Lozano. Os grandes acontecimentos históricos não determinarão a sua própria recepção pela alteração que propõem dos parâmetros da nossa percepção da realidade?

Capítulo 1

Qual é a Realidade da Desgraça?

PADDY SCANNELL

Quando acontece uma catástrofe, raramente tem o seu significado tatuado na testa. A tarefa mais urgente das cadeias de televisão é determinar, o mais depressa possível, aquilo que efectivamente aconteceu e qual o seu significado. Em geral, as informações são tratadas de forma retrospectiva. Por outras palavras, produziu-se um acontecimento, já teve lugar, noutro lado, longe das redacções das televisões, cuja energia e estratégias narrativas são, numa primeira fase, postas ao serviço de um único objectivo: informar sobre aquilo que se passou e sobre as consequências imediatas para as pessoas mais particularmente afectadas. No 11 de Setembro de 2001, o acontecimento (o primeiro avião que embate na torre norte do World Trade Center)) produz-se longe das câmaras de televisão, mas, alguns minutos depois, é já difundido em directo nos programas noticiosos matinais dos Estados Unidos. De imediato, este acontecimento torna-se uma catástrofe «em directo» e é acompanhado nos ecrãs de televisão de todo o mundo. De início totalmente incompreensível, a partir do fim do dia é analisado com rigor e interpretado correctamente. Tomam-se medidas imediatas. As medidas futuras são pensadas e avaliadas.

Naquilo que se vai seguir, interesso-me por dois «momentos»: o início deste dia, com a notícia-catástrofe de última hora tal como a CNN a apresenta em directo, e o fim do dia, com as descrições e análises retrospectivas apresentadas no principal noticiário televisivo da noite, difundido diariamente pela BBC às 22h00. Estes dois «momentos» têm duas temporalidades distintas. O *presente imediato* da cobertura «em directo e em tempo real». O *presente histórico* do telejornal da noite, que passa em revista os acontecimentos do dia. Após uma descrição resumida da cobertura dos acontecimentos pela CNN e pela BBC, proponho uma breve análise daquilo que revelam sobre o papel das informações televisivas em situação de catástrofe.

1. **Cobertura em directo pela CNN**

Um dia normal de trabalho começa para a equipa de *Live at Daybreak* [4], o programa matinal de notícias da CNN. Às 8h45 (da costa Leste), um jornalista efectua uma reportagem em directo sobre uma apresentação de colecções de roupa para mulheres grávidas. O estilo é leve e o jornalista entrevista três mulheres grávidas que participam no desfile, bem como o estilista que concebeu as roupas que elas vestem. Entre o nosso jornalista, as pessoas entrevistadas e a apresentadora em directo no estúdio, a atmosfera é de brincadeira. Depois, a reportagem termina, passa uma série de anúncios comerciais, algumas notícias económicas e, em seguida, anúncios publicitários das empresas que patrocinam a cadeia. Logo após estes anúncios aparece no ecrã um arranha-céus. Colunas de fumo

---

[4] Para a descrição que se segue da cobertura dos acontecimentos pela CNN, devo muito à dissertação de Paul Pheasey, intitulada «Convention in Chaos. CNN's Search for Meaning on September 11th, 2001». Recolhi abundantes informações do seu registo em vídeo e da sua excelente transcrição dos primeiros 50 minutos da cobertura em directo dos acontecimentos pela CNN, a partir das 8h50 (Pheasey, 2002).

saem dos seus pisos superiores e elevam-se no céu azul límpido dessa manhã de terça-feira. Incrustado, um grande título em duas linhas ocupa toda a largura do fundo do ecrã:

«ÚLTIMA HORA   CNN
CATÁSTROFE NO WORLD TRADE CENTER   EM DIRECTO»

Durante os 40 minutos que se seguem, a CNN continua a transmitir planos fixos do World Trade Center. Estas imagens, quase todas captadas no mesmo ângulo, são filmadas a cerca de três quilómetros de distância das torres e mostram apenas os pisos superiores. Já não há segmentos de publicidade. A cobertura do acontecimento é contínua. O único som que se ouve a acompanhar esta imagem das torres (é difícil distinguir uma da outra), como se estivéssemos a ouvir rádio, são os comentários dos dois apresentadores de *Live at Daybreak*, Leon Harris e Carol Lin.

CNN, 11/09/01, 8h50 [5]
Lin: «Sim. (...) Isto acaba de nos chegar. (...) Estão a ver uma imagem filmada em directo e manifestamente muito perturbadora. É o World Trade Center. Sabemos, por fontes não confirmadas, que, esta manhã, um avião embateu numa das torres do World Trade Center. O centro da CNN começou agora a trabalhar nesta história e as nossas fontes, obviamente, estão a tentar compreender o que aconteceu ao certo. Mas é evidente que se passa alguma coisa devastadora nesta manhã no sul da ilha de Manhattan. Repito, trata-se de uma das torres do World Trade Center.»
Harris: «Podem ver bem estas imagens. De facto, aconteceu algo de devastador e, repito, fontes não confirmadas falam de um avião que terá embatido contra uma das torres. Estamos a tentar obter mais informações sobre o que se está a passar e, entretanto, vamos informando sobre aquilo que sabemos.

Numa reportagem retrospectiva, a redacção informa os espectadores desconhecedores daquilo que já sabe. Há uma

---

[5] Todas as indicações temporais são dadas pela hora do Leste (Eastern Time/ET), a hora de Nova Iorque.

assimetria de saber entre os que produzem e anunciam as notícias e aqueles para quem as reportagens são realizadas, aqueles a quem as informações são relatadas. Mas, aqui, face a um acontecimento em directo, o pessoal da informação da CNN não sabe mais do que os espectadores sobre aquilo que estão a ver no ecrã. Acrescente-se também que, normalmente, numa reportagem retrospectiva, os limites do acontecimento são perceptíveis porque este já se produziu e já terminou. O acontecimento está disponível na sua totalidade e, enquanto tal, pode ser contado, debatido e avaliado. Mas, aqui, o acontecimento é coberto em directo. Por agora, e por algumas horas em diante, não é nem será possível atribuir-lhe limites. Além disso, no momento em que a redacção da CNN tenta cobrir o ataque contra o Pentágono, o ataque contra o World Trade Center e, depois, o desmoronamento das torres gémeas, o mais aterrador deste série de acontecimentos é o facto de parecer não ter qualquer limite. A catástrofe parece uma espiral sem fim.

Enquanto isto se desenrola, os dois apresentadores da CNN, face aos acontecimentos em directo, dão provas de um profissionalismo constante. Não cedem ao pânico. Exprimem-se de maneira coerente, falam apenas dos acontecimentos e de forma objectiva. Clarificam constantemente o «estatuto» das informações que dão: se foram confirmadas e por quem. Recusam avançar hipóteses. Mesmo nos momentos mais horríveis, mantêm o rigor dos profissionais da informação. A sua preocupação principal é determinar o que realmente está a acontecer e, além disso, como pôde acontecer. Tal como os espectadores agarrados aos seus televisores, a equipa de realização não abandona a sala de redacção e tenta, sem interrupção, encontrar pessoas que possam dar um testemunho do que se passou e daquilo que se está a passar. A prioridade é determinar se foi realmente um avião que embateu contra o edifício (e que avião). Serão necessários apenas alguns segundos para obterem a confirmação, graças à primeira testemunha ao telefone (neste caso, um alto quadro da CNN). Esta testemunha viu realmente o avião a embater no World Trade Center.

Qual é a Realidade da Desgraça?

Nos cerca de dez minutos que se seguiram, a CNN, enquanto continua a passar planos fixos das torres fumegantes, decide pôr no ar os comentários em directo de duas das suas estações afiliadas, a WNYW e a WABC. Com efeito, estas duas estações transmitem entrevistas em directo de uma série de testemunhas oculares. Estas dizem que a torre Norte foi atingida ao nível do 80.º piso. Às 9h02, o apresentador da WABC prepara-se para falar, a partir do estúdio, com Winston Mitchell, uma testemunha ocular que se encontra na baixa e que confirma que o avião penetrou «inteiramente no interior do edifício» e que ficou lá enfiado. Em seguida, o apresentador pergunta-lhe se há muitos destroços.

CNN, 11/09/01, 9h02
Plano fixo da metade superior da torre Norte, filmada por um helicóptero da WABC encarregado de vigiar o trânsito.
Winston: «Não, porque parece que, com o impacto, ficou tudo no edifício. A única coisa que sai é uma ponta da fuselagem exterior, mas o buraco é (...) esperem, deixem-me ir ver um pouco melhor.»
WABC: «Ok, vá lá.»
Winston: «O mmm... Diria que o buraco tem seis ou sete andares de altura... foram arrancados.».
Um avião aparece na imagem durante uma fracção de segundo e desaparece por detrás da torre. Durante um instante, não aparece nada no ecrã e depois a imagem regressa, mostrando uma bola de fogo que se eleva do lado da torre e que cresce rapidamente.
«E ainda há explosões, esperem, as pessoas começam a correr, esperem.»
WABC: «Espere um momento, temos uma explosão na...»
Winston: «A torre explodiu! As pessoas saem para a rua a correr! Não sei o que se passa.»
WABC: «Ok, ponham Winston em espera durante um momento.»
Winston: «A torre explodiu por inteiro. Toda a parte superior da torre está ainda intacta. As pessoas correm pela rua... Ainda estou no ar?»
Outro plano da torre Norte aparece em todo o ecrã.

WABC: «Winston, isso confirmaria o que Libby ([6]) e você disseram, que talvez a fuselagem estivesse na torre. Isso provocaria uma segunda explosão como essa.»
Winston: «Sim, então foi isso que aconteceu.»
WABC: «Certamente. (Ouvem-se gritos no estúdio em ruído de fundo.) Dizem-nos que talvez...»
Winston: «Sim. Esperem, as pessoas aqui estão... É o pânico total.»
Zoom e grande plano da torre. A imagem é obscurecida pela passagem de um helicóptero.
WABC: «Bem (...), Winston, proponho que ponhamos Winston em espera durante alguns momentos.»
Winston: «Não sei quanto tempo ficarei aqui. Estou dentro de um quiosque, por agora.»
WABC: «Oiça, Winston, sabe, se nos pudesse voltar a telefonar (...) É que não quero pânico aqui no ar (...) Poderíamos agora ver algumas das imagens que nos chegam do nosso helicóptero número 7.»
Passagem para um plano filmado de muito longe.
«Agora, dizem-me da régie que talvez se trate de um segundo avião. Não avancemos hipóteses nesta altura, mas digamos apenas que pode ter sido isso... mmm (...) A segunda explosão confirma certamente a teoria de duas testemunhas oculares, segundo as quais a fuselagem do avião talvez tenha ficado nessas grandes torres.»
Passagem para um grande plano, que mostra agora claramente as duas torres, das quais saem fumo e chamas.
«Agora, se olharem para a segunda torre, há duas, as duas torres que estão a arder, mas não era isso que acontecia – não me estou a enganar? – ainda há pouco. E vamos verificar a informação sobre o segundo avião, se for o caso. Tudo isto começou esta manhã, por volta das 8h48. Repito o que sabemos, no caso de se nos terem juntado agora, um pequeno avião, não do tipo Cessna...»
Passagem para uma imagem de ecrã completo, a câmara foca as chamas que saem da segunda torre.
«Também não se trata de um avião de cinco ou seis lugares, mas talvez um avião comercial tenha entrado pela fachada norte do World Trade Center. Como podem ver, a segunda explosão que vimos neste momento, a segunda das torres gémeas produziu

---

([6]) Uma testemunha ocular entrevistada anteriormente.

muitos destroços, muito mais destroços do que a primeira explosão ou o primeiro acidente. Ah, será que Winston continua em linha connosco? Bem, não está. Será que temos – esperem, vou perguntar à realização – uma testemunha ocular que veja o que se passa melhor do que nós com estas imagens? De novo, vemos destroços a caírem. Ok, de facto, temos uma testemunha ocular, um repórter, o dr. Jay Adelberg, que estava na baixa nesse momento e está ao telefone connosco em directo. Dr. Jay, que pode dizer-nos?»

No momento em que o segundo avião atinge a torre Sul, o apresentador da WABC, concentrado na sua entrevista «em directo» a uma testemunha ocular, não vê aquilo que é bem visível, mas apenas durante um instante: um avião que chega a baixa altitude, à direita do ecrã, e desaparece por detrás da torre Norte. Não é imediatamente evidente que, de facto, o avião tenha atingido a torre Sul. Winston reage de imediato: «A torre explodiu por inteiro... toda a torre acabou de explodir.» Para o apresentador, isto vem corroborar o que fora avançado por Winston e por uma testemunha em directo anteriormente, que o avião está enfiado na torre Norte e que, por conseguinte, poderá ter causado uma explosão secundária. Winston, aliás, aceita este ponto de vista do apresentador. É difícil interpretar o que se pode ver no ecrã, porque as duas torres quase não se distinguem uma da outra. Então, tal como em cada momento desde o início da catástrofe em curso, a cadeia procura constantemente «uma testemunha ocular que veja o que se passa melhor do que nós com estas imagens». A pessoa seguinte a ser entrevistada, o dr. Jay Adelberg, confirma que um segundo avião chegou, há alguns momentos, a baixa altitude, e parece ter entrado pelo World Trade Center. À sua entrevista segue-se uma série de retransmissões da imagem do avião a dirigir-se para trás da torre Norte, imagem seguida, após uma fracção de segundo, pelo aparecimento de uma impressionante bola de fogo, que explode a partir do lado da torre Sul, que quase não se vê.

Até aqui, todas as entrevistas são depoimentos de pessoas comuns que estão no ar apenas porque têm, por exemplo, uma visão melhor do que a redacção (e do que os telespectadores) sobre o que se está a passar, ou então porque de facto, viram os aviões a entrar pelas torres adentro. Mas o testemunho seguinte é o de Ira Furman, o primeiro especialista a falar em directo. Furman trabalhou como porta-voz do Gabinete Nacional de Segurança dos Transportes. Durante uma longa discussão, Furman dá a entender ser inconcebível que dois aviões embatam acidentalmente contra as torres, já que as condições meteorológicas eram perfeitas, e que, no caso do segundo avião, as colunas de fumo que saem da primeira torre gravemente afectada indicam claramente que se trata de uma zona sinistrada a evitar. Harris conclui esta entrevista telefónica agradecendo a Furman e observando que «quanto mais testemunhas temos, menos gente há que acredita tratar-se de um acidente».

A partir de agora, as informações acumulam-se, vindas de fontes variadas, entre as quais as principais agências noticiosas (Associated Press e Reuters). Essas informações começam a abafar a nossa compreensão das circunstâncias da catástrofe até então inexplicável, que passou a ocupar todos os ecrãs de televisão. Segundo um comunicado da Associated Press, trata-se de um «possível desvio de avião». Um funcionário do FBI diz à CNN que estão a analisar a hipótese de um acto terrorista. As operações de salvamento já se iniciaram. Num novo comunicado da AP, os acidentes de avião são qualificados como actos de terrorismo. A CNN recebe informações segundo as quais o presidente Bush irá fazer uma declaração a partir de Saratosa, onde está de visita a uma escola primária. Às 9h29, 50 minutos após o início dos acontecimentos, a breve conferência de imprensa do presidente é transmitida num pequeno enquadrado, com as torres sinistradas a continuarem a ocupar todo o ecrã. Bush qualifica os factos de «tragédia nacional» e declara que se trata «aparentemente de um ataque terrorista contra o nosso país».

Às 9h40, o grande título que ocupa toda a largura da parte inferior do ecrã é modificado e substituído por «Relatos de Incêndio no Pentágono». Menos de um minuto depois, a redacção já está a cobrir o acontecimento com a entrevista telefónica a Chris Plante, que trabalha na CNN e se encontra num automóvel perto do Pentágono. Além disso, parece que a Casa Branca está a ser evacuada. Às 9h50, pela primeira vez, o plano das torres fumegantes de Manhattan é substituído por um plano de Washington: os edifícios governamentais em primeiro plano e, por detrás deles, um enorme rolo de fumo. Também aqui, a primeira imagem transmitida no ecrã está longe de ser nítida e a redacção da cadeia esforça-se por tentar esclarecer a situação. As informações acerca do acontecimento multiplicam-se à medida que aumenta o número de incidentes diferentes. A Administração da Aviação Civil americana anulou todos os voos no interior dos Estados Unidos. John King, correspondente-chefe da CNN na Casa Branca, relata que Washington considera tudo o que se está a passar como fazendo parte de um ataque terrorista e que a primeira hipótese, segundo uma fonte anónima, «é que terá a ver, ou pelo menos, tenta-se saber se haverá uma relação directa com Osama bin Laden. O governo publicou recentemente um aviso dizendo que Osama bin Laden tinha provavelmente a intenção de ordenar ataques contra alvos americanos».

Na CNN, um terceiro apresentador tem agora a antena: Aaron Brown está instalado num ponto alto, num telhado a partir do qual tem uma visão panorâmica muito clara das duas torres fumegantes que dominam toda a ilha de Manhattan. Uma câmara filma-o com as torres em plano de fundo enquanto comenta a situação em directo. Às 9h58, a CNN abandona-o para mostrar, em todo o ecrã, o Pentágono coberto por uma enorme nuvem de fumo negro. O som de fundo é um relato em directo feito a Brown por Jamie McIntyre, a correspondente militar da CNN no Pentágono:

CNN, 11/09/01, 9h58
Imagem em ecrã inteiro do Pentágono, filmada pela WUSA.
McIntyre: «Mais uma vez, parece que um avião, ainda não se sabe de que tipo, embateu efectivamente contra o Pentágono. No lado oeste que está de frente, digamos assim, para o cemitério nacional de Arlington. É um corredor onde muitos oficiais do exército têm os seus gabinetes.»

Brown: «Uau! Jamie, Jamie, temos de interrompê-la por momentos. Acaba de ocorrer aqui uma enorme explosão.»

Passagem para um grande plano muito aproximado de um dos lados da torre Norte, que está ainda de pé e, por detrás dela, uma enorme nuvem de fumo. A câmara começa a afastar-se.

«Vêem-se colunas de fumo a elevar-se e diria que não vejo a segunda torre. Mas houve uma chuva de fagulhas e de chamas.»

Voltamos a ver Brown no telhado, com a silhueta de Manhattan por trás.

«E agora, parece quase um cogumelo atómico, uma explosão. Estas enormes colunas de fumo na segunda torre, era a segunda das duas torres que foram atingidas. E eu, como sabem, não consigo ver o que está por detrás do fumo.»

Passagem para um plano panorâmico de Manhattan, do fumo a elevar-se muito acima da torre Norte e por trás dela, mas também sobre a torre Sul e em seu redor, envolvendo todos os edifícios da zona.

«Obviamente, tal como vocês não conseguem ver (ouvem--se, ao fundo, barulhos de sirenes), a primeira torre em frente não mudou e por trás de nós ergue-se uma visão incrível e aterradora da segunda torre (...) agora totalmente envolta em fumo. O que está por detrás... Não sei. (...) Mas vejam isto. Não tenho dúvidas de que nunca vereis algo mais aterrador. Lembro que tudo isto se desenrola neste momento e em duas cidades. Fomos informados de que há também um incêndio no Departamento de Estado e que está a ser evacuado. E há também incêndios no Pentágono (...) evacuado. A Casa Branca (...) evacuada, porque os serviços encarregados da protecção do presidente pensam que pode tratar-se realmente de uma ameaça terrorista. Houve duas explosões (...) dois aviões embateram contra o World Trade Center aqui em Nova Iorque. E no que respeita à natureza desta segunda explosão que se produziu, há cerca de (...) Uma explicação possível seria que a torre Sul se terá aparentemente desmoronado.»

Quando há uma cobertura em directo de um acontecimento, o tempo desenrola-se implacavelmente e a redacção empreende com cada facto novo uma viagem ao desconhecido, regressando constantemente àquilo que se passou, tentando compreender o que aconteceu há instantes. Sempre conscientes de que, de instante a instante, novos telespectadores se lhes juntam, os apresentadores recapitulam regularmente o que aconteceu até esse momento e resumem tudo o que se sabe. Enquanto que a televisão cobre o acontecimento, acrescentam-se novos elementos de informação a um relato que cresce como uma bola de neve. Pedaços de informação, que, mais tarde, se revelarão extremamente importantes, apresentam-se muitas vezes, à primeira vista, como pormenores insignificantes. Menos de uma hora depois de o primeiro avião ter colidido com o World Trade Center, o nome de Osama bin Laden é pronunciado pelo correspondente da CNN em Washington, relacionando-o com o que está a acontecer. No entanto, nesse preciso momento, a referência a bin Laden parece apenas um pormenor secundário, uma suposição emitida de passagem, imediatamente levada pela enchente dos acontecimentos que se desenrolam a grande velocidade.

2. Cobertura pela BBC no fim do dia

No Reino Unido, é às 22h00 que as televisões nacionais, a BBC e a ITN, transmitem o seu principal telejornal do fim do dia. Com efeito, a esta hora, os acontecimentos do dia já «acalmaram» e a redacção da cadeia teve tempo para reunir, avaliar e ordenar as informações provenientes de todas as fontes disponíveis. Quando chega uma nova notícia, é necessário procurar urgentemente informações, aceder aos factos à medida que chegam e relatá-los com grande prudência e condicionalismos, pois não houve tempo para verificar ou confirmar se se trata de informações fidedignas. Em contrapartida, quando a televisão informa retrospectivamente, os jornalistas puderam distanciar-se, simplesmente porque tiveram tempo para isso. Puderam seleccionar os momentos mais eloquentes e os comentários mais incisivos. Sobretudo, tiveram tempo para pôr ordem naquilo que se passou, para organizar uma narrativa, para escolher um quadro de interpretação, para adoptar um registo narrativo. A narrativa é a de uma «catástrofe».

O quadro de interpretação é o do «terrorismo». O registo de abordagem é directo, sem reservas nem condicionalismos.

BBC News, 11/09/01, 22h00
Peter Sissons, apresentador da BBC News, em estúdio, dirige-se directamente à câmara: «A América foi atacada em pleno coração por terroristas, as perdas humanas são catastróficas.»
O segundo avião embate contra a torre Sul.
«Aviões sequestrados atingem em cheio e destroem os edifícios mais altos de Nova Iorque.»
Grande plano do topo da torre Norte, que começa a desmoronar-se.
«As duas torres do World Trade Center desmoronam-se enquanto milhares de pessoas ficam presas no interior.»
O Pentágono envolto em nuvens de fumo.
«Outro avião explode sobre o Pentágono, escarnecendo do poder defensivo americano.»
A multidão em Manhattan a fugir à frente de uma nuvem de poeira que se aproxima.
«Nas ruas, o pânico. O número de vítimas é aterrador.»
O primeiro-ministro britânico a preparar-se para fazer uma declaração à imprensa.
«Esta noite, a Grã-Bretanha toma medidas de segurança draconianas, enquanto que Tony Blair condena a barbárie terrorista.»

Estes são os grandes títulos da «actualidade», lidos em voz alta antes do lançamento da música e do aparecimento dos subtítulos, que, todas as noites, constituem o prelúdio do *News at Ten*. O primeiro e o último grande título fornecem um quadro de conjunto, o do «terrorismo». É no interior deste quadro que se vai analisar a catástrofe designada pelos quatro grandes títulos intermédios. O quadro de conjunto é político. A catástrofe, por seu lado, não o é. As vítimas mais directas da catástrofe (os mortos, os moribundos, os feridos, os seus familiares e amigos) exigem a nossa atenção imediata devido ao simples facto dos seus sofrimentos, sejam quais forem as razões desses sofrimentos ([7]). Nas notícias, o relato das

---

([7]) Para uma reflexão pormenorizada sobre esta questão, ver Boltanski (1999: 7-11), que evoca a parábola do bom Samaritano. Esta parábola

catástrofes obedece a uma hierarquia da pertinência. Esta hierarquia coloca sempre no primeiro plano a natureza e amplitude da catástrofe e o seu balanço humano. A primeira metade do programa *News at Ten* de 11 de Setembro de 2001 é, pois, dedicada a uma recapitulação da sequência dos acontecimentos, a uma avaliação do impacto desses acontecimentos em termos de sofrimento humano e aos esforços dos salvadores logo após os acontecimentos. Só quando estes pontos são tratados é que as implicações políticas da catástrofe enquanto acto deliberado de terrorismo são abordadas.

A cronologia exacta dos acontecimentos é apresentada sob um grande título: «A América atacada». O primeiro relato do «dia em que o terrorismo atingiu o coração da nação mais poderosa do mundo» é apresentado por James Robins, o correspondente da BBC para as relações diplomáticas. Trata-se de uma sequência impressionante, que combina as imagens mais fortes e os testemunhos mais eloquentes, a partir do enorme conjunto de registos disponíveis várias horas após o início dos acontecimentos. As imagens transmitidas «em directo» pela CNN eram visualmente pobres, estáticas e pouco informativas; as imagens da reportagem apresentada no fim do dia são fascinantes. Vemos planos espectaculares do segundo avião a embater contra a torre Sul, um grande plano e um plano de conjunto (um vídeo amador) filmado do outro lado da baía, de onde se pode observar toda a Manhattan. Face às imagens das torres a desmoronarem-se, temos a sensação de que o coração deixou de bater, como acontecera com a visão de

---

tem hoje um significado político directo. Assim, os Franceses têm a obrigação legal de prestar socorro a quem estiver em aflição ou em perigo. Um dos principais ensinamentos desta parábola é que se deve dar ajuda imediatamente, *independentemente* da identidade e do estatuto da vítima, bem como das circunstâncias. Por outras palavras, a ajuda imediata não deve depender nem da *identidade* do indivíduo que sofre nem esperar que haja um esclarecimento das circunstâncias que causaram o sofrimento do indivíduo em questão. Todas as considerações quanto aos factores que podem estar na origem do ataque e todas as questões para saber se esse ataque é ou não justificado, devem, num primeiro tempo, ser postas de lado, e o socorro deve ser prestado de imediato.

todos os infelizes prisioneiros nas torres, filmados um pouco antes enquanto se debruçavam das janelas e chamavam em vão por socorro agitando os braços. Entrecortadas por planos de edifícios, vemos também sequências filmadas no solo com câmara portátil e que mostram de forma espectacular o pânico que se instala nas ruas, enquanto a polícia tenta em vão acalmar a multidão em fuga e organizá-la. O ruído das pessoas a correrem, dos gritos e dos choros reflecte bem a atmosfera que reina nos locais da catástrofe. Nada disto esteve disponível na CNN durante a primeira hora. As entrevistas a testemunhas oculares apresentadas agora são também muito diferentes das transmitidas na urgência. Os testemunhos da manhã vinham em grande parte de pessoas que viam o World Trade Center da sua janela e descreviam ao telefone o que viam. Estas testemunhas encontravam-se na mesma posição que a estação de televisão e que os telespectadores: todos eram espectadores, observadores afastados. Pelo contrário, as entrevistas «frente à câmara» a homens e mulheres nas ruas perto do local da catástrofe são directas e fascinantes.

BBC News, 11/09/01, 22h04
Uma testemunha ocular em Nova Iorque: «Eu estava lá, de pé, a olhar para o World Trade Center depois de o primeiro avião ter embatido contra a torre. (...) Vi um segundo avião chegar pelo sul e atingir... oh!... torre (...) sul algures entre a parte de baixo e a parte de cima da torre. Tem de ser um ataque terrorista. Não posso dizer mais nada. (...) Vi o avião embater na torre...»

Reviver um tal momento ilustra bem o *sofrimento* que se sente quando se assiste a acontecimentos deste tipo. Neste registo, a câmara capta a angústia que transparece no rosto, na voz, em todo o corpo do «homem da rua» que conta o que viu. A sua análise da situação é imediata, segura e precisa. Aquilo que viu é necessariamente um ataque terrorista. É a única interpretação que permite compreender o que, mesmo que vejamos dezenas de vezes esta imagem, é muito simplesmente incrível: um avião a embater contra um edifício célebre, sob um céu maravilhosamente azul. O último plano deste programa, filmado do outro lado da vasta baía é inesquecível: Manhattan ao princípio da noite, amputada das suas torres, está coberta por um lençol de fumo à deriva.

O fim da reportagem de Robins aborda brevemente as operações de salvamento levadas a cabo após o desmoronamento da segunda torre. Estas operações são o tema principal da reportagem que se segue, realizada por Niall Dickson. Por agora, o número de mortos é impossível de calcular, mas receia-se que seja «verdadeiramente terrível», diz o presidente da Câmara de Nova Iorque, Giuliani, o homem que dirige as operações de salvamento, numa conferência de imprensa improvisada. Os hospitais, que já receberam mais de 2000 feridos, estão sobrelotados. Os cidadãos são chamados a dar sangue, pois este começa a faltar nos hospitais, e, em frente aos centros improvisados, as filas de dadores voluntários já são longas. As imagens dos serviços de socorro a avançarem com precaução através da poeira e dos escombros, no centro de uma cidade transformada num campo de ruínas, são de uma calma inquietante. A reportagem incide também no número de mortos no Pentágono e no apoio prestado aos feridos. Também aqui, não se pode dar nenhum número exacto. O único número exacto só será dado no fim da reportagem: há 266 mortos, ou seja, o número total de pessoas que estavam a bordo dos quatro aviões: os dois que embateram nas torres, o que embateu no Pentágono e o que, mais tarde, se despenhou num campo perto de Filadélfia.

Avalia-se sempre a amplitude de uma catástrofe pelo número de mortos que causou. O impacto e as consequências imediatas desta não são mensuráveis e as primeiras reacções mostram que as pessoas estão chocadas, estupefactas, incrédulas. Um homem de meia idade conta à câmara como conseguiu sobreviver.

BBC News, 11/09/01, 22h07
    Uma testemunha ocular em Nova Iorque: «Aah... um grande bum. (...) Descemos as escadas. Tudo correu bem até ao subsolo. Nesse momento, veio tudo abaixo. (...) Fiquei preso no fundo

com outro tipo. (...) Subimos em direcção à saída. (...) Estavam sempre a cair coisas sobre as nossas cabeças (...) Aquilo continuava a cair. Por fim, conseguimos subir pelos escombros até à saída (...) Saímos de lá.»

Não são as palavras deste homem, mas a imagem que oferece ali, em pé, no meio dos escombros (com a cabeça e o rosto cobertos de sangue e poeira, as roupas rasgadas), que nos confirma que o que se passou foi muito grave. Esta vítima não encontra palavras, nesse momento, para dizer o quão importante foi o que aconteceu.

Pelo contrário, não faltam palavras para exprimir a importância estratégica do que se passou, e é nisso que se concentra emissão, agora que os acontecimentos e as suas consequências imediatas já foram tratados. «A América foi atingida no coração por terroristas, as perdas humanas são catastróficas.» É assim que começa o *News at Ten*. No entanto, nenhuma hipótese é avançada quanto à identidade dos terroristas e esta questão só é abordada na segunda metade da emissão.

BBC News, 11/09/01, 22h20
George Eakin, repórter da BBC: «E é este rico fundamentalista árabe que os Americanos citam já como suspeito imediato. Osama bin Laden dirige e financia a al-Qaeda, uma rede que agrupa diversos militantes islamitas, e jurou destruir os Estados Unidos.»

A reportagem dá depois mais informações sobre as actividades de bin Laden contra os Estados Unidos. Eakin nota, sem porém excluir tal hipótese, que ninguém falou [como no atentado bombista de Oklahoma] da possibilidade de um acto de terrorismo interno. Encara então a possibilidade de que um «Estado-pátria» esteja por detrás deste atentado, mas diz que as autoridades americanas consideram esta hipótese, por agora, pouco provável. Em seguida, Peter Sissons entrevista em directo John Simpson, o redactor-chefe dos assuntos internacionais da BBC, que se encontra em Islamabad e que, na semana anterior, esteve no Afeganistão. Pergunta-lhe se bin Laden poderá ter sido a pessoa que ordenou os ataques. Simpson responde que isso é muito possível: «Tem o fanatismo, tem os partidários, tem o dinheiro e, francamente, não lhe falta imaginação.» Sissons pede-lhe então que considere o caso de os Estados Unidos decidirem atacar bin Laden e que avalie a dificuldade da missão.

BBC News, 11/09/01, 22h24
John Simpson: «Bem, é muito fácil atacar o Afeganistão, mas penso que é importante fazer uma distinção entre o governo dos talibãs no Afeganistão, que abriga bin Laden, e o próprio bin Laden. Francamente, os Americanos terão grandes dificuldades para o capturar. Ele tem o seu próprio sistema de comunicação, um sistema particularmente difícil e complexo que os Americanos não conseguem decifrar. (...) Sinceramente, penso que vão, se decidirem atacar, se decidirem que o atacante veio de lá, irão atacar o Afeganistão com força. Vão atacar os anfitriões, mas, sinceramente, duvido que encontrem o convidado.»

Entrevistado em estúdio nos últimos momentos da emissão, James Robins, correspondente da BBC especializado em relações diplomáticas (responsável pela organização noticiosa dos grandes momentos do dia), confirma a hipótese de represálias americanas em grande escala contra bin Laden. Em seguida, o apresentador pergunta-lhe se, nos serviços de informações americanos, irão cair cabeças, já que não previram nada do que aconteceu.

BBC News, 11/09/01, 22h40
James Robins: «Penso que é também uma possibilidade muito real. É incrível que a CIA e o FBI não tenham conseguido detectar uma ameaça e impedido quatro ataques distintos, concertados e simultâneos (...) Custa-me a crer que o *establishment* americano dos serviços secretos não seja responsabilizado.»

Hoje, alguns anos depois, conhecendo o que se passou depois, sabemos que os factos deram razão a Simpson. Os Americanos atacaram realmente o anfitrião e o convidado escapou.

E soube-se, ao fim de alguns meses, que os serviços secretos americanos tinham detectado, nas semanas anteriores ao 11 de Setembro, actividades suspeitas que indicavam a possibilidade iminente de desvios de aviões por terroristas nos Estados Unidos. Perguntou-se então por que razão a administração Bush não tomou aparentemente qualquer medida nas semanas que precederam o 11 de setembro, uma vez que tinha na sua posse essas informações.

3. A política do presente

No seu esplêndido estudo de *La Souffrance à distance* [*O Sofrimento à Distância*], Luc Boltanski levanta esta questão: «Qual é a realidade da desgraça?» (Boltanski, 1993). Como pode o «espectador moral» acreditar no sofrimento humano relatado nos jornais ou visto na televisão? No âmago desta questão está o problema do testemunho (Peters, 2001). Ser testemunha é assistir a um acontecimento e, por isso, ter acesso directo e imediato ao que se está a passar. Uma testemunha vive a experiência de «estar lá». Isso confere-lhe direitos, tanto morais como comunicativos. As testemunhas têm o direito moral de avaliar e de julgar aquilo a que assistiram (têm o direito de ter opinião sobre o acontecimento), enquanto que os outros, os que lá não estavam, não têm esse direito. Deste direito moral da testemunha decorre o seu direito a exprimir-se. A testemunha tem o direito (de facto, o dever) de «testemunhar sobre». As testemunhas podem, e devem, falar aos outros sobre aquilo que viram. As palavras que pronunciam então, e pouco importa que sejam banais, manifestam uma verdade incontestável para os que lá não estavam.

Nós, telespectadores, não estávamos lá, nesse dia de cólera, nesse *dies irae*, em Nova Iorque. As estruturas e os protocolos de que se rodeia o tratamento das informações são concebidos para produzir um efeito de verdade, para nos permitirem acreditar naquilo que nos é dito e mostrado. Mas as informações indirectas, relatadas na terceira pessoa por um apresentador, não têm a força dos relatos efectuados na primeira pessoa por testemunhas directas. É por isso que as grandes cadeias de televisão gastam tanto em técnicas e em pessoal para produzir, nas notícias, relatos e avaliações na primeira pessoa. As equipas de filmagem «no local», os repórteres «no local», as testemunhas «no local», os correspondentes e analistas «no local» fornecem a prova incontestável de que aquilo que aconteceu e que está a acontecer é efectivamente real. Todos, cada qual à sua maneira, são *testemunhas* que certificam a realidade do acontecimento, não para se convencerem a si mesmos, mas para convencerem os telespectadores que não estão lá e a quem mostram o que está a acontecer. Se o fazem, é para que todos esses espectadores possam partilhar as suas experiências e adquirir assim o direito de ter e de exprimir uma opinião sobre os acontecimentos.

Boltanski critica a hermenêutica da suspeita, quando se exerce contra o movimento humanitário. Deseja defender uma «política» de reacção directa e imediata às catástrofes. Enquanto que alguns estão em casa, bem instalados no sofá, ocupados a criticar, a ajuda humanitária está «no local», está «no terreno», a tentar ser útil, a esforçar-se por fazer face à situação, apoiando e reconfortando os que sofrem. «Aquilo que, afinal de contas, justifica o movimento humanitário é o facto de os seus membros irem ao local. A presença no terreno é a única garantia de eficácia e até de verdade.» É necessário instaurar uma política do presente, que responda ao que se passa agora: «Ocupar-se do presente não é uma questão menor. Porque, sobre o passado, para sempre volvido, e sobre o futuro, ainda inexistente, o presente tem um privilégio exorbitante: o de ser real.»

É necessário que também a televisão instaure essa política. É frequente criticar os *«media»* não só por «parasitarem» os acontecimentos, mas também por os deformarem devido à sua presença e por os distorcerem nos relatos que deles fazem. Dayan e Katz, no seu estudo inovador dos acontecimentos mediáticos, começaram a corrigir esta opinião (Dayan e Katz, 1992), bem como outros autores já aqui citados. A cobertura dos acontecimentos do 11 de Setembro pela televisão mostrou a realidade daquilo que estava a acontecer, das medidas que estavam a ser tomadas. Propôs explicações e antecipou possibilidades de acções futuras, e isto sem se enganar. Não haveria política do presente sem a presença e a participação da televisão. Nas reacções imediatas aos acontecimentos do 11 de Setembro, o mundo inteiro foi testemunha, por intermédio da televisão, de um trabalho imediato e instintivo com vista à reparação da nossa experiência quotidiana desmembrada. Em momentos raros como este, a política do presente adquire existência. Isto acontece graças à cobertura televisiva em directo. As rotinas simples que caracterizam esta cobertura conseguem restituir a importância a uma existência que parece desagregar-se em frente dos nossos olhos.

Bibliografia

BOLTANSKI (Luc), *La Souffrance à distance*, Paris, Métailé, 1993. Tradução inglesa, *Distant Suffering*, Cambridge, Cambridge University Press, 1999.

DAYAN (Daniel), Katz (Elihu), *Media Events, the Live Broadcasting of History*, Cambridge, Harvard University Press, 1992. tradução francesa, *La Télévision cérémonielle*, PUF, 1996.

PETERS (John Durham), «Witnessing», *Media, Culture & Society*, 23 (6), pp. 707-724, 2001.

PHEASEY (Paul), *Convention in Chaos. CNN's search for meaning on September 11th 2001*, dissertação, Universidade de Westminster, 2002.

Capítulo 2

Realidade ou Ficção: Como Estabelecer a Diferença?

SERGE TISSERON

Nós, adultos, temos sempre tendência para pensar que a distinção entre imagens de realidade e imagens de ficção é claramente feita por nós, enquanto que, nas crianças, essa distinção é frágil. Mas esta ideia faz parte das ilusões com que gostamos de nos embalar! A confusão que paira sobre todos nós neste domínio não é um acaso nem uma fragilidade. É o resultado do nosso desejo de as confundir! É claro que desejamos também, em todos os momentos, poder fazer uma distinção clara entre esses dois géneros de imagens. Mas se não tivéssemos o desejo de a abolir, não estaríamos tão preocupados com esse risco! Em suma, a situação é um tanto paradoxal. Por um lado, a distinção entre imagens de realidade e imagens de ficção dever ser constantemente estabelecida para permitir que nos situemos no mundo e, por outro, é essencial reconhecer que é por podermos suspendê-la provisoriamente que temos prazer em ver imagens. Como é que esta distinção se constrói e em que condições, são as questões que iremos aqui tratar.

1. A confusão das imagens

Um estudo recente mostrou que as reacções dos médicos confrontados com a célebre série americana *Serviço de Urgência* eram idênticas às que teriam face a uma reportagem noticiosa. Antecipavam os diagnósticos, comentavam as escolhas terapêuticas e preocupavam-se com as consequências das más decisões sobre os pacientes. Tal como no seu trabalho, mantinham a calma e o sangue-frio face às cenas mais perturbantes... mas esboçavam um esgar de sofrimento quando, no filme, uma enfermeira acordava de forma um pouco abrupta o médico de serviço ([8])!

De uma forma geral, os espectadores têm tendência para julgar os comportamentos das personagens de ficção segundo referências morais, como se se tratasse de pessoas reais, e alguns arriscam até interpretações psicológicas a seu respeito. Em suma, quando nos interessamos por imagens, é sempre para procurar nelas semelhanças com a nossa própria vida. E, levados por este desejo, não atribuímos em geral qualquer atenção ao facto de se tratar de realidades ou de ficções ([9])! Por outras palavras, o movimento que leva o espectador a interessar-se por um espectáculo passa sempre, em primeiro lugar, pela anulação dessa distinção, ainda que esta seja restabelecida num segundo tempo ([10]). Quer se trate de notícias ou de ficção, procuramos sempre analogias entre o que sentimos e pensamos

---

([8]) Sabine Chalvon-Demersay, «Confusion des conditions de la réception, une enquête sur la série *Urgences*», *Réseaux* n.º 95, CNET/Hermès, Science Publication, 1999.

([9]) John Fiske, *Television Culture*, Londres, Methuen, 1987.

([10]) E, mesmo assim, de forma muito imperfeita! Prova disso é a tendência que muitos espectadores têm para se dirigirem aos actores – quando têm essa oportunidade – falando-lhes como se às personagens que encarnam no ecrã ou no teatro.

e aquilo que as personagens envolvidas nas diversas situações representadas podem sentir ou pensar.

Este momento articula-se em redor de identificações pontuais [11], que são, em geral, de curta duração e que só dizem respeito a uma característica secundária de uma personagem: por exemplo, o seu corte de cabelo, a sua forma de andar ou uma certa maneira de mostrar o espanto ou a dor. Além disso, basta que uma série televisiva termine e que outra comece para que elas se transformem. A socióloga Dominique Pasquier mostrou bem este fenómeno com o folhetim *Héléne et les garçons* [12]: as raparigas queriam pentear-se ou vestir-se como Héléne e esforçavam-se até por falar como ela, mas logo que a série terminou e foi substituída pela seguinte, os seus modelos mudaram e foram decalcados para as protagonistas de novas séries. Aquilo que se poderia considerar formas «de imitação» era, de facto, uma maneira de dominar o impacto emocional que essas imagens tinham sobre elas [13].

O tempo da confusão, por muito breve que seja, é então um elemento essencial do interesse que atribuímos às imagens. Para nos interessarmos por elas, devemos aceitar tratar os protagonistas dos ecrãs como tratamos as pessoas reais e devemos esquecer que as imagens constituem um mundo cujas referências são diferentes das do mundo real. Por outras palavras, face às imagens, sucedem-se sempre dois momentos: o primeiro consiste em acreditar nelas e deixarmo-nos prender por elas; o segundo em deixar de acreditar nelas e «desprender-se» delas. Estes dois movimentos são possíveis porque as imagens convidam, *ao mesmo tempo*, a entrarmos nelas para nos deixarmos embalar e a libertarmo-nos delas para nos

---

[11] É aquilo que, na psicanálise, se chama uma «identificação secundária».

[12] *Hélène et les garçons* foi uma série televisiva francesa em 280 episódios de 26 minutos, transmitida de Maio de 1992 a Novembro de 1994 na TF1. Pela sua temática (encontros e desencontros de adolescentes), poder-se-ia dizer que se trata de uma espécie da «nossa» *Morangos com Açúcar* (N.T.).

[13] Dominique Pasquier, *La Culture des sentiments*, Paris, Éditions de la Maison des sciences de l'homme, 1998.

sentirmos senhores delas. O nosso prazer em vê-las tem a ver com este vaivém ([14]).

Face ao risco (e ao desejo) de confundir a realidade e as imagens, possuímos, felizmente, três meios de restabelecer a oposição. Em primeiro lugar, as imagens são, regra geral, apresentadas num *quadro que lhes fixa a significação*: há muito que as salas escuras do cinema já não apresentam imagens de actualidades e, na televisão, os espectáculos de ficção e os telejornais não têm os mesmos horários nem o mesmo aspecto. O segundo quadro que permite estabelecer a distinção entre imagens de actualidade e imagens de ficção consiste nas *possibilidades psíquicas* de cada um de nós. Face à realidade, devemos aprender a converter as nossas emoções em acções; pelo contrário, face às imagens, as emoções destinam-se apenas a ser vividas por si mesmas. É por isso que a aprendizagem da distinção entre imagens de actualidade e imagens de ficção não é cognitiva, mas emocional: devemos aprender a poder libertar-nos das emoções sentidas sem recorrer à acção, apenas por um trabalho interior. Ora, neste caminho, podemos encontrar um obstáculo de peso: é quando as emoções sentidas face a ficções despertam em nós emoções sentidas na realidade, a ponto de já não sabermos se aquilo que sentimos se baseia na nossa imaginação ou na realidade. Por último, um terceiro quadro organiza para todos nós a distinção entre realidade e ficção: é o quadro constituído pela *família e pelos próximos*, nomeadamente pelas referências cognitivas que apresentam e pela confusão emocional em que eles próprios se encontram. Foram estes quadros que se destruíram no 11 de Setembro e nos dias que se lhe seguiram.

2. O conteúdo das imagens e o seu quadro de apresentação

Muitas pessoas – e sobretudo crianças – que ligaram os seus televisores no dia 11 de Setembro de 2001, entre as 14 e

---

([14]) Acerca deste movimento «de entrar» na imagem, pode-se consultar a minha obra *Y a-t-il un pilote dans l'image? Six propositions pour prévenir les dangers des images*, Paris, Aubier, 1998.

as 16 horas, e sem outra informação, começaram por acreditar estar a ver uma ficção. Esta confusão tinha pelo menos três causas. Em primeiro lugar, os espectadores descobriam essas imagens numa hora em que estão habituados a seguir, com um misto de excitação e de prazer, emissões que sabem ser programas de ficção. Em segundo, o horror daquilo que mostravam era tal que levava a afastar a ideia de que se pudesse tratar da retransmissão de um acontecimento real. Por último, aquelas imagens eram radicalmente diferentes das que são habitualmente mostradas nas catástrofes ou nos atentados, quando as câmaras de televisão chegam junto do acontecimento ao mesmo tempo que os bombeiros e as equipas de salvamento. Aqui, pelo contrário, assistia-se em directo ao próprio acontecimento – nomeadamente, o despenhamento do segundo avião –, e a evocação de milhares de vítimas não era acompanhada por nenhuma imagem de cadáveres – à excepção dos corpos, dificilmente identificáveis com tais, que caíam de uma torre. Tudo levava então as crianças a adoptarem, face a estas imagens, a postura psíquica de um espectador de ficção a visionar efeitos especiais e a retirar prazer do seu carácter extraordinário.

A descoberta do facto de actualidade impôs-se finalmente, segundo os espectadores, após alguns segundos ou dezenas de segundos. Contudo, esse momento de confusão inaugural – por muito breve que fosse –, no qual se confrontavam o desejo excitado de um espectáculo inesquecível e a angústia deprimente de um atentado horrível, desempenhou um papel essencial na economia que presidiu, para muitos, à gestão psíquica do acontecimento e das suas imagens. Não haveria tanta precipitação em dizer que se podia confundir essas imagens com ficções se a confusão inicial de muitos adultos não tivesse provocado, logo a seguir, um forte sentimento de culpa. É claro que, hoje, é fácil mostrar que essas imagens são diferentes das ficções de Hollywood. Mas serão as imagens que interessam ou, ao invés, as relações que os espectadores estabelecem com elas? Se forem as imagens, podemos então dizer que a confusão era impossível. Mas se forem os espectadores, como eu penso que sejam, então é essencial repetir que a confusão era possível, nomeadamente para todas as crianças que ligaram a televisão num segmento horário que lhes está habitualmente reservado. Não se trata de um problema teórico. Dizer que a confusão era possível é permitir que aqueles que a ela estiveram sujeitos a aceitem e, ao mesmo tempo, reconheçam o sentimento de culpa e a vergonha que dela resultaram. Em contrapartida, afirmar que a confusão era impossível pode levar os mesmos a um sentimento de culpa e a uma vergonha ainda maiores, de tal forma que já nem ousarão falar disso.

Identificar as imagens – ou seja, indicar em cada uma delas, com um sinal visível, a proveniência e a data da sua produção – é portanto essencial. Mas não é a única medida necessária. A existência de informações claras sobre a maneira como as imagens foram fabricadas é também um elemento fundamental do distanciamento que os seus espectadores podem estabelecer em relação a essas imagens. A este respeito, os acontecimentos do 11 de Setembro são, mais uma vez, muito instrutivos. Desde o princípio que a maioria das televisões convidou, com rapidez e eficácia, especialistas em todos os problemas relacionados com esses atentados: economistas, pilotos de avião, peritos em balística e em terrorismo, no mundo islâmico e na América. A tal ponto que as imagens se tornaram rapidamente uma espécie de pano de fundo que acompanhava os diversos comentários sobre as causas e as consequências desses atentados. Mas, nesse dia, nunca se falou da proveniência dessas mesmas imagens. Foi preciso esperar pelo dia seguinte e pelos primeiros comentários dos jornais para descobrir que as imagens do segundo atentado tinham sido captadas por uma câmara automática instalada no topo de um edifício pela cadeia americana CNN, à espera de uma catástrofe eventual... Do mesmo modo, os locais de Nova Iorque onde os habitantes eram mostrados a fugir nunca eram localizados num mapa pelos apresentadores; o facto de não se perceber em que sentido fugiam reforçava a confusão das imagens. De uma forma geral, nenhuma imagem era acompanhada por uma informação sobre o local onde tinha sido captada, o que podia levar alguns a pensarem que toda a Nova Iorque estava em chamas! De um modo ainda mais simples, os jornalistas falavam das «duas torres», ou das «Twin Towers», como se toda a gente as conhecesse e soubesse onde se localizavam. Nem toda a gente conhece Manhattan como a palma das mãos! Sem essas referências, muitos espectadores, e sobretudo as crianças, podem então resvalar para o fascínio. Num tal estado, o espectador de um acontecimento já nada espera da sua própria actividade, psíquica ou física, face ao acontecimento. Renuncia a compreender e a observar esta transformação no próprio acontecimento. O discurso interior que preside ao seu olhar sobre o acontecimento não é: «Que posso fazer?» ou «Que posso fazer disto?», mas: «Quando é que vai parar?», «Quando é que acaba?» ou ainda: «O que mais irá acontecer?». As primeiras referências que permitem interromper o fascínio das imagens são espaciais e temporais: «Onde e quando é que ocorreu esse acontecimento?» E, para isso, o espectador deve saber onde, como e por quem foram as imagens construídas, seleccionadas e montadas. É a partir destas indicações que estabelece entre si e as imagens uma primeira distância, que lhe permite não confundir a realidade representada com as suas angústias pessoais, como, por exemplo, o facto de «não aguentar o golpe em caso de choque» ou de «se desmoronar». Por isso, é essencial que os poderes públicos obriguem as estações de televisão a produzirem emissões – normalmente chamadas *making of* – que expliquem como são fabricadas as imagens, quer sejam de ficção, de publicidade ou da actualidade.

No dia em que, em cada família, se ligar o televisor dizendo: «Vejamos o que a televisão escolheu mostrar-nos hoje e tentemos juntos compreender como ela escolheu fazê-lo», o problema das imagens terá feito um grande progresso! Não é uma utopia, é a condição da nossa liberdade face às imagens.

3. O espectador e o seu quadro psíquico

A capacidade de um espectador poder, alternadamente, entrar e libertar-se das imagens depende, pois, da forma como estas são apresentadas, e este movimento é consideravelmente facilitado quando as imagens são claramente indexadas como ficções ou como imagens reais. Mas a personalidade desempenha também um papel importante e, mais precisamente, a parte de cada um que permite circunscrever as emoções no interior de si mesmo. Com efeito, vimos que, seja qual for o «quadro» de apresentação das imagens, realidade ou ficção, as emoções sentidas pelos espectadores são sempre as mesmas e são idênticas às que sentem na vida real: a angústia, o medo, a sedução, a fúria, a raiva, o embaraço, o desgosto, etc [15]. Face às imagens, a questão principal consiste então em saber como adquirir distância relativamente a essas emoções, enquanto que, na vida real, a questão seria antes saber como utilizá-las para viver a vida o melhor possível. Para isso, é necessário, em primeiro lugar, que o espectador seja capaz de as examinar, de as reconhecer e de as conter no interior de si mesmo sem ser por elas submergido. Mas isto não é automático. É indispensável que haja uma aprendizagem e a criança realiza-a nas suas brincadeiras. É assim que aprende a gerir emoções que sabe não terem a ver com a «verdadeira vida», mas que, porém, sente como se lhe dissessem respeito. É por isso que uma criança que brinca se deixa invadir de emoções muito intensas, que ela associa a situações que sabe serem fictícias. Aprende assim a familiarizar-se com elas e a dominá-las. Por outras palavras, aplica a pouco e pouco a capacidade de as localizar, de as controlar e, igualmente importante, de deslocar as emoções que sente em situações reais que ele não domina para situações lúdicas que já é capaz de controlar. O adulto que vai ao cinema comporta-se da mesma maneira. Nada muda àquilo que sente, mas desloca-o para as situações de ficção encenadas. Pode então entregar-se a elas sem se preocupar com o que daí resultará, como acontece na vida real.

Esta aprendizagem, por ser complexa, necessita de etapas. A criança pequena confrontada com imagens – nomeadamente violentas – que lhe causam cargas emocionais intensas não está, de facto, numa situação lúdica, ainda que não esteja também

---

[15] Como mostra o estudo que realizei com o apoio do ministério da Cultura, da Direcção da Acção Sanitária e Social e do ministério da Educação (*Enfants sous influence, les écrans rendent-ils les jeunes violents?*, Paris, Armand Colin, 2000).

numa situação da vida real. Ou seja, tem um juízo exacto sobre a natureza das imagens que vê, mas esse juízo não lhe assegura por si só o distanciamento suficiente relativamente às emoções intensas que sente. Para resolver esta dificuldade, adopta face à ameaça psíquica a mesma reacção que teria face a uma ameaça física: foge e esconde-se! Sejamos claros. Nesse momento, a criança não confunde o real com o imaginário. A criança sabe bem que as ameaças das imagens não são reais. Mas tenta utilizar os recursos da sua motricidade para gerir os riscos de um excesso sensorial e emocional que ela teme não conseguir controlar. Por outras palavras, o que a criança teme não são as imagens, mas aquilo que sente em relação a elas. E se se esconde das imagens, é para controlar melhor as suas emoções.

Certa vez, surpreendi o meu filho, então com seis anos, a recorrer a essa atitude. A porta do quarto dele estava situada ao lado do sofá da sala no qual ele se costumava sentar para ver televisão. Um dia, quando ele estava a ver um *western*, vi-o a correr e a refugiar-se no quarto sempre que havia tiros. Contudo, não queria deixar de ver, muito pelo contrário! Mas desejava poder ver sentindo-se protegido atrás da divisão quando havia tiros. Eu disse-lhe: «Ouve, é só a televisão, não podes ficar ferido». Ele adquiriu então um ar melindrado, como se eu o tomasse por um bebé, e respondeu-me: «Sei isso muito bem, papá, mas mesmo assim tenho medo, por isso vou-me habituando». A distinção entre realidade e ficção estava nele bem estabelecida, mas o impacto sensorial e emocional das imagens era ainda demasiado forte para ele, e era disso que tentava proteger-se.

A partir dos sete ou oito anos, os quadros psíquicos que permitem controlar as emoções no interior de si mesmo estão, em princípio, constituídos. Mas algumas crianças têm ainda necessidade de se apoiar no corpo e na motricidade sensorial face a imagens particularmente violentas. Por exemplo, desviam-se das imagens que as destabilizam, quando lhes bastava fecharem os olhos para as não verem. E quando as observamos, apercebemo-nos de que, efectivamente, fazem exactamente como o meu filho face às imagens do *western* que lhe incutiam medo. Vêem «pelo canto do olho», por olhadelas rápidas, virando a cabeça como se não as quisessem ver. Para as crianças, este comportamento é também uma forma de dominarem, a pouco e pouco, a situação. A diferença é que, entre os 11 e os 13 anos, já não fogem do sofá para se esconderem no quarto!

Quanto ao adulto, pode também sentir-se emocional e sensorialmente invadido por determinadas imagens. Mas a sua atitude é diferente. Em geral, fecha os olhos e guia-se pela banda sonora para os reabrir. Alguns adultos mantêm os olhos bem abertos face a sequências que os perturbam, mas... sem nada verem daquilo que, porém, se passa à sua frente! Esta atitude é radicalmente diferente das anteriores. Para eles, não se trata de dominar progressivamente as representações e as emoções que as imagens lhes evocam, mas, pelo contrário, de lhes fechar totalmente o espírito. No entanto, não deixam de ser interiormente mobilizados pelas imagens que vêem; as emoções, os pensamentos e até os fantasmas que sentem pelo contacto com as imagens são imediatamente encerrados num espaço psíquico mantido à distância da consciência. Infelizmente para eles, o sucesso desta atitude é, em geral, de curta duração. Essas pessoas acabam sempre por reencontrar o caminho dessas emoções, desses pensamentos e desses fantasmas escondidos, mas é geralmente no momento em que menos esperam, sozinhas a tomar o pequeno-almoço, ao volante do automóvel, quando fazem amor ou brincam com os filhos, ou então na forma de pesadelos inexplicáveis.

Por conseguinte, é exactamente o contrário do que se passa quando uma criança se esforça por se confrontar apenas com cargas emocionais que sabe poder assimilar. Neste caso, para ela, trata-se sempre de as «domesticar». Este termo pode parecer estranho ao leitor: pode-se domesticar um cavalo, um cão, mas imagens? De facto, o significado é quase o mesmo. Domesticar um animal consiste em facilitar a sua transformação de tal maneira que ele deixe de ser imprevisível. Mesmo que esse animal não seja perigoso no estado selvagem – muito simplesmente porque não se importa connosco –, é impossível colocá-lo ao serviço das nossas intenções antes de o ter domesticado. O mesmo sucede com as imagens. A única diferença é que, aqui, a domesticação não incide nas próprias imagens – ao passo que, face a um animal, incide nos seus comportamentos –, mas nas ressonâncias pessoais que têm para nós. Para domesticar um animal, é preciso falar-lhe, impor-lhe comportamentos, mostrar-lhe outros, em suma, fazê-lo passar por transformações, durante as quais é acompanhado pelo domador. Para domesticar as imagens, o processo é semelhante, mas só transformamos as imagens para modificar as representações que delas temos. E, para isso, existem três meios: as palavras, que permitem falar daquilo que sentimos; as imagens que cada um fabrica e transforma, quer seja apenas nos sonhos ou na realidade; os gestos, as atitudes e as mímicas através dos quais nos familiarizamos com os efeitos sensoriais, emocionais e motrizes das imagens que vimos. Estas manifestações fazem parte de um trabalho psíquico de *transformação* do conteúdo das imagens e, ao mesmo tempo, dos estados emocionais por elas provocados. Não se opõem a uma construção verbal do sentido, mas apoiam-na e acompanham-na.

4. A família e o seu quadro emocional

Determinadas situações de recepção são uma espécie de liturgia: os membros da família ou os amigos reúnem-se diante do pequeno ecrã, vibram juntos com as mesmas emoções e partilham os mesmos juízos ([16]). E quando esta forma de participação não se exerce durante a recepção, intervém depois, no trabalho, no pátio do recreio ou durante a refeição familiar. O espectador isolado é uma abstracção que não existe. O quadro de recepção de um espectáculo é assim constituído por, pelo menos, três elementos: o conteúdo das imagens; a relação mantida com elas por cada espectador em função das suas experiências vividas e dos seus pontos de referência específicos; e o contexto social da relação que tem com as outras pessoas diante do televisor. As experiências destas pessoas

---

([16]) Ver a este respeito D. Dayan e E. Katz, *La Télévision cérémonielle*, Paris, PUF, 1996.

fazem eco das suas próprias experiências, quer amplificando-as, quer, pelo contrário, afastando-as ou inibindo-as.

Também neste caso, os atentados de 11 de Setembro tornaram particularmente visível este fenómeno que, de uma forma geral, passa despercebido. Com efeito, as crianças reagiram de forma muito diferente em função do modo como os pais viram essas imagens. Nos adultos que estiveram nos Estados Unidos algumas semanas antes dos atentados, ou que tinham previsto ir lá algumas semanas depois, essas imagens foram, em muitos casos, vistas como a encenação da sua própria morte. Alguns deles passaram por crises de angústias extremamente fortes, sem qualquer relação com aquilo que poderiam dizer dessas imagens. Mas, ao mesmo tempo, para os filhos, essas imagens já não tinham apenas um estatuto de acontecimento noticioso. Adquiriam um estatuto de realidade próxima. Por exemplo, uma mãe que fizera uma estadia em Nova Iorque nas semanas anteriores aos atentados sentiu uma angústia tão grande que o filho teve muita dificuldade em relativizar o acontecimento. Pensava sempre, e acreditava, que a catástrofe podia chegar a sua casa. De facto, esse era o medo da mãe, que se «via» literalmente, na sua imaginação, na torre em chamas cada vez que esses acontecimentos eram evocados. Por isso, a distinção essencial face às imagens, do ponto de vista da criança, não passa entre «ficção» e «actualidade», mas entre as que os pais vêem com distanciamento e as que despertam neles emoções e inquietações não domináveis e sempre visíveis pela criança.

A questão das imagens em família não pode, portanto, ser reduzida à protecção das crianças contra a «violência televisiva». É também a da memória familiar, na medida em que os pais transmitem geralmente indícios incompreensíveis da sua história própria através das imagens que escolhem, condenam ou censuram. Prova disso é que, nos dias que se seguiram ao 11 de Setembro, muitas crianças manifestaram mais ou menos a sua própria inquietação face a um acontecimento do qual nada tinham compreendido, e a angústia dos pais alimentada de memórias de guerras precedentes sem grande relação com a nova situação. O trabalho a que a criança deve ser convidada não é apenas reconhecer e identificar o que sente, mas também distinguir as suas próprias emoções das dos pais – dos quais tem sempre tendência para seguir os passos – e a realidade do acontecimento das suas imagens.

5. A origem da confusão: as três formas da «realidade»

Para compreendermos as confusões em que nos mergulham as imagens e os perigos que representam, temos de partir das várias facetas que compõem aquilo a que chamamos «a realidade». Com efeito, sob este termo escondem-se três «realidades» muito diferentes. Para as explicar, consideremos um exemplo. Se vir na televisão as imagens de uma manifestação, sou confrontado, sem saber e ao mesmo tempo, com três formas de realidade. Em primeiro lugar, certamente, ocorreu algo que se assemelha ao que me é mostrado: pessoas manifestaram-se. Mas também é certo que este acontecimento poderia ter sido diferente: talvez os manifestantes fossem mais (ou menos) numerosos, e talvez a maioria deles não se parecesse com os que vi no ecrã. Por outras palavras, a realidade do mundo é diferente da das imagens. As mesmas distinções podem ser estabelecidas face a um espectáculo de ficção: se vejo uma cena de amor no cinema, isso prova que os actores se beijaram frente à câmara... mas talvez não o tenham feito como dá a crer a sequência organizada pelo realizador.

Até aqui, tudo parece simples. Por um lado, há a realidade do mundo, por outro, a realidade das imagens. Mas uma terceira forma de realidade vem baralhar tudo: face tanto a um acontecimento de imagens como a um acontecimento real, a pessoa constrói uma *representação pessoal* daquilo que viu, na encruzilhada da sua história e das suas preocupações do momento. Prova disso é que, se pedirmos a várias pessoas para falarem de uma imagem que tenham visto, nenhuma a descreve da mesma maneira e todas estão presas na ilusão de que a sua versão é a verdadeira! Portanto, assim que percebemos que a imagem não reflecte a realidade do mundo e que só oferece um ponto de vista do mundo, incorremos logo noutro erro, que consiste em vermos pelo menos a imagem «tal como ela é»! Em suma, só abandonamos a ilusão de que as imagens são o reflexo do mundo para cairmos noutra, segundo a qual as imagens coincidem exactamente com as representações pessoais que delas fabricamos.

Por isso, é essencial reconhecer que a «realidade» não tem apenas um aspecto, nem dois, mas três indissociáveis. Em primeiro lugar, há a realidade do mundo objectivo, depois a realidade das imagens cada vez mais numerosas que as tecnologias nos dão desse mundo e que obedecem a regras próprias e, por último, a realidade das representações pessoais que cada pessoa delas fabrica. E o problema é que todos nós corremos sempre o risco de as confundir...

O objectivo daquilo a que se chama «a educação para as imagens» – ou ainda «educação para os *media*» ou «para o olhar» – consiste então em aprender a distingui-las. E, para nos ajudar, não deve levar apenas em conta o risco de confundir as imagens materiais com a realidade, mas também o de confundir as imagens que cada um tem no seu interior com a realidade, e até as imagens que vemos com as que nos mostram, porque cada pessoa fabrica uma imagem pessoal das imagens que vê. A liberdade face às imagens obriga a fazermos, a todo o momento, uma distinção entre a realidade, a sua imagem material e a imagem interior que dela formamos, e cada vez seremos mais obrigados a isso.

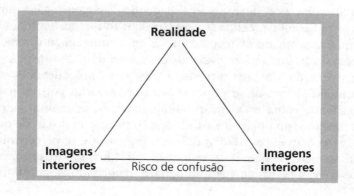

Capítulo 3

Informação, Emoção e Imaginários a propósito do 11 de Setembro de 2001

PATRICK CHARAUDEAU

Há momentos, como este, em que o acontecimento – no próprio instante em que surge sob os nossos olhos, em que vemos a sua manifestação material inscrever-se num tempo que acreditamos ser o nosso, em que explode na sua verdade factual – é ininteligível. Ininteligível a ponto de já não se saber o que acontece no acontecimento. Este é o paradoxo da nossa relação com o mundo: é quando o vemos na sua instantaneidade que mais se nos escapa o seu significado. Adornamo-lo então de enfeites de acontecimentos para nos convencermos de que algo de invulgar se produziu que nos permitirá extasiarmo-nos – porque o homem precisa de se extasiar para o bem ou para o mal –, que nos permitirá falar dele com os outros – porque o homem tem necessidade de se sentir em comunidade, – e, no entanto, nada mais estranho ao nosso entendimento do que o aparecimento daquilo a que chamamos um acontecimento.

Assim foi o 11 de Setembro de 2001, em que se passaram coisas que só sei nomear por uma data: tentativa de essencialização de uma multiplicidade de sentidos e emoções. Além disso, ao aparecimento do acontecimento acrescenta-se uma particularidade que o torna ainda mais obscuro: a percepção de uma transformação do mundo através de um *medium*, a televisão, por uma instância do olhar, o telespectador. À ininteligibilidade consubstancial do acontecimento junta-se a ininteligibilidade desse meio de transmissão: essa imagem de ecrã que, acompanhada por diversas falas (incluindo as do silêncio), se apresenta como um espelho transparente que me leva, a mim, telespectador, para o outro lado reflectindo-me. Outro paradoxo: quando creio que a televisão me mostra os acontecimentos do mundo, é ainda de mim que se trata. Paradoxo sobre paradoxo.

Compreender-se-á a dificuldade em que nos encontramos quando queremos analisar um acontecimento como o 11 de Setembro. Porque o sentido das informações que a televisão transmite depende, em simultâneo, das condições em que a instância televisiva relata os acontecimentos, os apresenta, e das condições em que o telespectador é levado a interpretar essas informações. Daí resulta uma multiplicidade de sentidos. O sentido de um acontecimento (dever-se-ia dizer os sentidos) não existe *a priori*, não tem verdade em si. Os sentidos surgem de um encontro entre as condições da sua produção e as condições da sua interpretação. O acontecimento não existe em si, é sempre construído. Não se trata de negar a existência de uma realidade na qual surgem fenómenos, mas de afirmar que, no que respeita ao seu significado, o acontecimento é sempre resultado de uma leitura, e é esta leitura que lhe confere sentido. Neste caso, o acontecimento mediático é objecto de uma dupla construção: a de uma encenação aquando da sua transmissão e que revela o olhar e a leitura que dele faz a instância mediática; a do leitor-ouvinte-telespectador que a recebe e interpreta.

Partiremos então desta hipótese, que nos levará a analisar as características desta encenação para tentar descobrir os seus efeitos de sentido possíveis. Reflectiremos nos efeitos que podem ser suscitados pelas imagens e pelas encenações nas quais aparecem, bem como na sua articulação com as palavras que as acompanham, porque a informação televisiva é o resultado de uma alquimia subtil entre imagens e palavras (relatos e comentários), de que todos se apropriam através dos «imaginários» que circulam nas sociedades em que vivemos.

1. A imagem

A imagem é susceptível de produzir vários efeitos, desde os mais «retinianos», através da sua textura, do seu grão, do seu cromatismo, da sua luminosidade, que remetem para sensações e pulsões, até aos mais «simbólicos», que remetem para movimentos do inconsciente. O que nos interessa aqui é o valor «sintomático» da imagem.

O que é uma imagem-sintoma? Uma imagem «já vista». Uma imagem que remete para outras imagens, quer por analogia formal (a imagem de uma torre que se desmorona remete para outras imagens de torres que se desmoronam), quer por discurso verbal interposto (uma imagem de catástrofe aérea remete para todos os relatos que ouvimos sobre as catástrofes aéreas). Qualquer imagem tem um poder de evocação variável que depende de quem a recebe, já que se interpreta em relação com as outras imagens e relatos que cada pessoa mobiliza. Assim, o valor dito referencial da imagem, o seu «vale pela» realidade empírica, é, desde o início, condicionado pelo facto de uma construção que depende de um jogo de «intertextualidade», jogo que lhe dá uma significação plural, nunca unívoca. A imagem das torres a desmoronarem-se no 11 de Setembro de 2001 não tem apenas uma e a mesma significação.

Mas isso não é tudo, porque, para que uma imagem tenha efeito sintomático, é preciso que seja dotada de uma forte *carga semântica*, que seja *simples* e que tenha uma certa *recorrência* de aparição tanto na história como no presente. Todas as imagens têm sentido, mas nem todas têm necessariamente um efeito sintoma. É preciso que estejam cheias daquilo que mais sensibiliza os indivíduos: os dramas, as alegrias, as tristezas ou a simples nostalgia de um passado perdido. A imagem deve remeter para imaginários profundos da vida. Deve ser também uma imagem simples, reduzida a alguns traços dominantes, como o sabem fazer os caricaturistas, pois a complexidade confunde a memória e impede a percepção do seu efeito simbólico. Por útimo, a imagem deve ter um aparecimento recorrente, tanto na história como no presente, para que possa fixar-se nas memórias e acabe por se tornar instantânea. A imagem em movimento, à força da repetição, acaba por se fixar numa espécie de paragem e torna-se fotografia; sabemos bem que é a fotografia que fixa melhor nas memórias os dramas da vida (basta recordar a fotografia da menina vietnamita a correr, nua, no meio de uma cena apocalíptica, para fugir dos horrores da guerra).

Assim, carregadas semanticamente, simplificadas e fortemente reiteradas, as imagens acabam por se instalar nas memórias colectivas como sintomas de acontecimentos dramáticos. Pensemos na estrela amarela dos judeus, nos arames farpados, nas torres de observação, nos corpos descarnados e nas cabeças rapadas dos campos de concentração, nas colunas de populações que marchavam lentamente, os corpos curvados sob o peso das suas trouxas, fugindo à miséria e à perseguição. Do mesmo modo, nos acontecimentos do 11 de Setembro são essencialmente as imagens daqueles aviões que não cessam de embater nas torres, daquelas torres que não cessam de se desmoronar, que se mantêm fixas nas memórias sob a forma de duas torres ainda de pé, rodeadas de uma nuvem de fumo e, ao seu lado, um avião que parece muito pequeno. E essas imagens de torres que se incendeiam e depois se desmoronam dão-nos, ao mesmo tempo, uma impressão de *déjà vu*: já visto em filmes de catástrofes de torres em chamas, já visto em reportagens que mostram a destruição de edifícios por implosão. Mas também, de forma mais profunda, uma impressão de já sentido, cada vez que nos encontramos face a uma cena de fim do mundo.

2. A imagem como argumento

Mas a imagem – mesmo a fotografia aparentemente isolada de qualquer suporte – nunca aparece sozinha. Ou seja, na sua relação com o olhar que a recebe e que nela se projecta, a imagem está sempre «adscrita» (Ricœur) num dispositivo; sem esta adscrição, não há sentido possível. Tratando-se da televisão, a imagem adquire sentido através de um certo tipo de narrativa visual, uma «colocação em argumento». A televisão recorre a dois tipos de colocação em argumento que foram largamente descritos por outros ([17]) e, desse ponto de vista, a forma de colocar em argumento os acontecimentos de 11 de Setembro é muito banal. Vemos aí entrecruzarem-se dois tipos de argumentos: os argumentos dos *filmes catástrofe* e os argumentos das *reportagens* que relatam os conflitos, as guerras e as catástrofes naturais.

O argumento de um filme (do tipo de *A Torre do Inferno* ou *Armageddon*) é organizado no modo do conto popular: 1) uma *situação de partida*, na qual vemos pessoas reunidas (ou a viver) num local (o futuro local da catástrofe), a prepararem-se para uma cerimónia festiva (ou ocupadas nos seus afazeres quotidianos), num estado de alegria e de verdadeira felicidade, numa despreocupação tranquila, quando muito com conflitos psicológicos; 2) o *surgimento da catástrofe*, durante a qual nos são mostradas em paralelo a enormidade da explosão destrutiva e as reacções das pessoas (as que têm medo e gritam, as que têm medo e se escondem num canto, as que tentam escapar de forma egoísta, as que enfrentam a situação e tentam organizar a salvação dos outros); 3) e depois, evidentemente, como estes heróis do interior não são suficientes, aparecem os *heróis vindos do exterior* (os bombeiros, a polícia, o exército, as autoridades locais ou nacionais, conforme o caso), que, no termo de duras provações, acabarão por vencer o perigo e salvar a maior parte das pessoas.

([17]) Ver o livro de Jean-Claude Soulages, *Les Mises en scène visuelles de l'information*, Paris, Nathan-Ina, 1999.

O argumento-reportagem caracteriza-se por: 1) o *anúncio* da eclosão de um conflito; 2) a *apresentação* das imagens após o acontecimento conflitual (porque raramente a câmara pode estar presente no momento do drama), imagens que se centram no resultado dos prejuízos materiais e, sobretudo, nas vítimas, 3) a *acção dos socorros* (Cruz Vermelha, ambulâncias, hospitais, médicos, bombeiros, associações humanitárias).

Estes dois tipos de argumentos têm, porém, um ponto em comum: colocam sempre em cena três géneros de actores: as *vítimas*, os *responsáveis* e os *salvadores* [18]. Insistem, conforme os casos, ora nas vítimas – para produzirem um efeito de «compaixão» – ora no agressor – origem do mal, para produzirem um efeito de «antipatia» – ora no salvador, para produzirem um efeito de «simpatia» [19].

Os acontecimentos do 11 de Setembro foram relatados tomando como base estes dois argumentos, com algumas particularidades. A situação inicial, composta de tranquilidade ou de ordem do mundo antes da eclosão da desordem está ausente: do ponto de vista dos *media*, é suposto que exista uma ordem do mundo antes do aparecimento da desordem de que têm de falar. O surgimento dos factos (o impacto dos aviões contra as torres e o desmoronamento destas), como nos argumentos dos filmes (raramente nos das reportagens televisivas), foi filmado em directo, por acaso, com câmaras de amadores e, depois, pela presença de câmaras jornalísticas; o facto de o telespectador descobrir essas imagens em diferido nada muda ao efeito de realidade e de autenticidade que elas continham (desta vez, a televisão não lhes acrescenta nada quanto à autenticidade dos factos). Esse efeito, independentemente dos sentimentos que animavam os telespectadores, só podia deixá-los siderados, sem palavras. As vítimas são tratadas com as

---

[18] Ver, sob a nossa direcção, *La Télévision et la guerre. Déformation ou construction de la réalité? Le conflit en Bosnie (1990-1994)*, Bruxelas, De Boeck Université-Ina, 2001.

[19] Estes termos abrangem as categorias por nós descritas como tópicos discursivos da emoção, em «La pathémisation à la télévision comme stratégie d'authenticité», em *Les Émotions dans les interactions*, Lyon, Presses universitaires de Lyon, 2000.

imagens habituais das reportagens: apresentação dos feridos e contabilidade abstracta do número de vítimas, o que produz, em simultâneo, um efeito de anonimato e de horror [20]. Note-se, porém, que não vimos vítimas feridas nem cadáveres, e que só se viu alguns corpos transportados de urgência. Muitos comentários foram feitos a este respeito: «muitas lágrimas e pouco sangue» [21]. Além disso, sabe-se que a CNN declarou não querer «traumatizar o povo americano» e não pretender dar provas de «mau gosto». Esta declaração é curiosa da parte de um órgão de informação que, aliás, mostrou imagens de Palestinianos em regozijo em Nablus e que, nas reportagens sobre outros conflitos (Bósnia, Kosovo), se concentrou no estado das vítimas [22]. Em contrapartida, apresentaram-nos entrevistas a numerosas testemunhas, que todas contaram as mesmas coisas com as mesmas palavras sobre o que viram, ouviram e viveram. Mas tratava-se aqui, em grande parte, de testemunhas que estavam nas torres ou perto delas e que, portanto, tinham escapado à morte: o testemunho de um sobrevivente produz sempre um efeito de fascínio, pois remete-nos para a imprevisibilidade do nosso próprio destino: por que razão, numa mesma situação de perigo, alguns morrem e outros ficam vivos? Além disso, essas testemunhas apresentam-se como vítimas inocentes, pois não tinham pedido nada a ninguém, apenas estavam ou iam para o seu trabalho quotidiano, como qualquer bom cidadão ou cidadã: pessoas comuns que podiam ser nós mesmos. Suprema crueldade do acaso ou da fatalidade. Quanto aos salvadores, foram profusamente mostrados, em particular a intervenção e as entrevistas aos bombeiros, de quem se sublinhou o heroísmo, bem como a presença no terreno de personalidades políticas, como o presidente da Câmara de Nova Iorque, grande figura carismática,

---

[20] Recordemos que, no início da catástrofe, circularam os números mais fantasistas.
[21] *Le Monde*, 19 de Setembro de 2001.
[22] De facto, trata-se de um discurso e de uma decisão política que faz lembrar a época do Maio de 68, na qual Jean-Paul Sartre declarara: «Não se deve desesperar Billancourt». [Billancourt é um dos subúrbios mais populosos de Paris (*N.T.*)].

mais tarde decretado herói do dia. Por fim, posteriormente, o grande salvador (seria melhor dizer o «grande reparador», pois o mal estava feito) apareceu na cena mediática, de início com um discurso que tendia a preservar, simbolicamente, a identidade do povo americano, a integridade e o poder da América, e depois na figura do Vingador, apelando à cruzada e à guerra contra o Terrorismo.

3. A palavra como factor de «essencialização»

Apesar do poder da imagem, já não se pode negar que esta precisa da palavra para ser interpretada. A palavra como factor de «ancoragem» (Barthes) da imagem e da sua colocação em argumento, mas também a palavra como fixação de uma substância significante da imagem. Do conjunto dos relatos e comentários produzidos pela televisão sobre as imagens do 11 de Setembro, ressaltam duas características:

1. o acontecimento é *inexplicável*
2. os actores e as causas são *essencializados*.

O inexplicável é aquilo que, afinal de contas, supera o entendimento e não pode remontar a uma causa profunda, última. Tal como numa narrativa fantástica, mantém o *suspense* sobre o que será a causa dos acontecimentos e sobre a identidade do cérebro escondido que está na sua origem. Para compensar esta falta de explicação, as causas e os actores são essencializados, ou seja, as causas são apresentadas de forma global e os actores como entidades abstractas, como se se tratasse da essência das coisas que existem na natureza.

Por exemplo, os comentários começam por apresentar a causa do acontecimento (a *origem do mal*) como «acto terrorista». Em seguida, alguns actores são identificados sob a denominação de uma categoria de indivíduos anónimos, «os *kamikazes*», por uma analogia com Pearl Harbor. São depois essencializados em «artesãos» por terem usado x-actos, mas, ao mesmo tempo, em «malfeitores modernos», porque soubemos que, como quando se prepara um roubo com meios aperfeiçoados, recorreram a meios de comunicação sofisticados. Mas só podia tratar-se de actores executantes e não os que deram as ordens, os verdadeiros agressores. Fala-se assim deles sob designações globalizantes de etnia ou de lugar (Afeganistão), ou designando o verdadeiro culpado, bin Laden, acusado de ter ordenado e preparado o atentado há muito tempo. Mas este bin Laden é na altura uma figura ainda desconhecida do público e beneficia da mesma essencialização que os outros como «agressor do mundo ocidental». Trata-se de denominações que têm por efeito desencadear uma interrogação sem fim: quem está por detrás de tudo isto? O agressor indeterminado pode estar em *toda a parte* e em *lado nenhum*. Efeito paranóico garantido, que mantém a ideia de uma conspiração ou da existência de um espírito maligno, grande organizador da desordem do mundo.

Para se tentar explicar o inexplicável (o «como é possível?»), começa por ser avançada uma pequena causa: a fragilidade dos serviços de contra-espionagem; depois, uma verdadeira causa, globalizante: o ataque a uma civilização, a do mundo livre (o Ocidente) por outra civilização (o Oriente) e por outra religião (o Islão), lugar de um obscurantismo fanático[23]. É esta causa, essencializada, que, associada à partilha do sofrimento dos sobreviventes e dos seus próximos, implica outra essencialização, a da solidariedade que podem sentir os indivíduos que pertencem a cada uma dessas civilizações: por um lado, o «Somos todos Americanos» de J.-M. Colombani no editorial do jornal *Le Monde* (impossível na altura da Guerra do Golfo, já que se tratava de uma guerra de vários Estados contra um Estado, todos bem determinados); por outro, uma solidariedade dos países árabes, ainda que prudente, e mediaticamente representada pelas imagens de Nablus. Um pouco mais tarde, foi posta em causa «a arrogância americana» (mas mais na imprensa), por comparações entre os mortos do World Trade Center e os das outras guerras ou genocídios

---

[23] Note-se que, no princípio, os termos «integrismo» e «fundamentalismo», mais determinantes, são pouco usados.

(Iraque, Ruanda, intifada, etc.) permitidos ou suscitados pela América, e pela análise da sua política internacional, do seu intervencionismo no mundo, considerados uma inversão justa das coisas. Porque onde há pró-americanismo, há também anti-americanismo: é preciso satisfazer os dois.

Por fim, essencialização da *reparação possível* pela construção de várias figuras absolutas. A do Vingador, braço da vontade divina, do Deus que castiga, o da Bíblia dos protestantes, construída por G. W. Bush pelas suas declarações contra «o império do Mal»: «um combate monumental entre o Bem e o Mal». A figura do grande *cow-boy* justiceiro («Wanted: bin Laden»), como regresso às origens da fundação da América através do imaginário do Oeste. A figura, medievalesca, do cavaleiro sem medo e sem mácula que apela à «Cruzada contra os islamitas que declaram guerra ao Ocidente».

4. A verdade dos imaginários

Assim, imagens e palavras associam-se para construírem «imaginários da verdade». Mas o que é a verdade? Existem vários tipos de verdades: há a verdade dos *factos*, que levanta o problema da sua autenticidade; há a verdade da *origem*, que coloca a questão dos fundamentos do mundo, do homem e dos sistemas de valores; há a verdade dos *actos*, que parece emergir no próprio momento da sua realização. E depois há também duas outras verdades, as que me interessam aqui: a verdade de *opinião* e a verdade de *emoção*.

A verdade de opinião tem duas características: baseia-se em sistemas de crença e procura ser partilhada pela maioria das pessoas; esta partilha estabelece um consenso que seria o garante do valor de verdade. Contudo, no interior desta verdade, podemos distinguir três tipos de opinião: a opinião *comum*, que pretende ao universal, normalmente expressa por enunciados de valor geral («Não se pode matar inocentes»); a opinião *relativa*, que se discute, mas que remete para uma convicção, exprimida com a ajuda de enunciados modalizados («Acho que é uma inversão justa das coisas»); a opinião *colectiva*, que faz um juízo sobre os outros, encerrando--os numa categoria que os essencializa («Os Americanos são dominadores») (²⁴). É frequente produzirem-se passagens de um tipo de verdade para outro, uma vez que é próprio de uma verdade parecer o mais universal possível. Na forma como foram comentados os acontecimentos do 11 de Setembro, percebe-se bem que a opinião comum, que queria que a barbárie fosse castigada, ocultou a opinião relativa, que pretendia colocar neste caso o problema da responsabilidade dos Estados Unidos devido à sua acção dominadora no mundo. E essa ocultação é reforçada pela opinião colectiva essencializante, que queria que assistíssemos ao confronto do Ocidente contra o Oriente, sendo este último definido como o agressor. Mas poderia ser o contrário: a opinião relativa, que queria denunciar a responsabilidade dos Estados Unidos, reforçada pela imagem essencializante de um Estado dominador, anti-árabe (Guerra do Golfo e conflito israelo-palestiniano), tudo fundado na opinião comum, que diria que há uma vingança justa dos pequenos contra os grandes (David contra Golias).

A verdade de emoção, por seu lado, fascina ou provoca uma reacção irreflectida. Deixa-nos sem voz ou provoca um grito, paralisa ou desencadeia uma acção pulsional. Isso porque se apoia na história pessoal consciente, não consciente e/ou inconsciente daquele que a sente. Por isso, esta reacção tem estatuto de verdade, porque nada no mundo, nenhuma razão, pode fazer mudar de opinião aquele que a sente (basta pensar no pai do pequeno Palestiniano que morre ao seu lado) (²⁵). Mas, ao mesmo tempo, qualquer emoção é socializada, porque aquilo que afecta o indivíduo inscreve-se em sistemas de valor (as pessoas não reagem da mesma maneira em França, nos Estados Unidos ou nos países árabes). Esta verdade precisa então de ser confortada, em simultâneo, por

---

(²⁴) A respeito destes diferentes tipos de opinião, ver o nosso artigo «Tiers, où es-tu», *La voix cachée du tiers. Des non-dits du discours*, Paris, L'Harmattan, 2004.

(²⁵) Durante um dos confrontos israelo-palestinianos, em Setembro de 2000.

efeitos de autenticidade e pela explicitação de um sistema de valores sociais. Aqui, por exemplo, o facto de os acontecimentos terem sido focados do ponto de vista das vítimas produz efeitos de verdade emocional diversos, conforme o telespectador fosse próximo das vítimas, um amigo dos Americanos ou, pelo contrário, estrangeiro. Pode ter também sentido compaixão relativamente a essas vítimas por já ter passado por uma situação semelhante; mas pode também tê-la sentido em nome de um princípio moral que não aceita nenhuma acção contra vítimas inocentes. A morte, se é sempre um escândalo para os seres humanos – incluindo quando a causam –, é-o ainda mais quando imprevista (o acaso que não avisa), quando atinge inocentes (expressão suprema do mal, pois nenhuma razão, nenhuma lógica pode sustentar tal ignomínia: uma morte não merecida é uma morte que reduz o homem à sua própria insignificância), ou quando é o resultado de um projecto organizado, planificado e executado com uma frieza implacável (outra loucura humana, que pelo menos tem o mérito de nos apontar um culpado que não deixará de assombrar a memória dos povos).

De facto, relativamente a acontecimentos dramáticos susceptíveis de afectarem os seres humanos de qualquer cultura, produzem-se sempre fusões entre as verdades de opinião e as verdades de emoção, sendo umas sustentadas pelas outras, alimentando-se todas mutuamente a fim de aumentarem a sua força de evidência. É disto que estão impregnados os nossos imaginários sociais. No relato dos acontecimentos do 11 de Setembro, produziu-se uma fusão destes tipos de verdade: fusão entre o acto terrorista (emocional), o sofrimento das vítimas (emocional), o porquê desse acto e a arrogância americana (opinião), o mau árabe islamita bin Laden (emocional) e o salvador da identidade americana, G. W. Bush, tal como se apresentou o seu pai durante a Guerra do Golfo. Todos estes tipos de verdade remetem para os nossos próprios imaginários. Por exemplo, o surgimento deste acontecimento e o desmoronamento que se lhe seguiu evocam-nos algo como o surgimento do nada, um nada que nos fascina porque supomos que nele se encontra o diabo ou o destino. Por exemplo, o ferimento e a desagregação do centro de qualquer coisa evocam-nos o ataque àquilo que existe de mais vital num indivíduo: a vida. O desmoronamento das torres pode significar a colocação em causa derrisória da tecnologia e do progresso humano, o desafio, desde as catedrais, de erguer cada vez mais alto uma construção contra as leis do equilíbrio e da gravidade; pode significar também o ataque a uma identidade colectiva que se caracteriza pelo orgulho de poder reconhecer-se num monumento simbólico (basta pensar o que isso teria representado para os Franceses, se se tratasse da torre Eiffel). Mas também, de forma mais profunda, ferimento e desagregação de tudo o que nas nossas vidas pode desmoronar-se ou desaparecer: ambições, realizações pessoais, entes que nos são queridos. Trata-se de uma analogia mais abstracta, mas igualmente significativa, reforçada pelo facto de essas imagens nos aparecerem sem som [26], como num filme mudo, que dá às imagens uma determinada intemporalidade, produzindo um efeito de espelho. Pode-se pensar que, pela conjunção entre colocação em argumento fílmico (que nos remete para a ficção), colocação em argumento de reportagem (que nos remete para a reportagem) e imagem-sintoma de desmoronamento (que afecta o nosso inconsciente), passamos para o outro lado do espelho, onde talvez «te tornes poeira». Evidentemente, não houve nada disto na mediatização da Guerra do Golfo, que nos remeteu mais para a frieza de um jogo de vídeo.

A menos que tudo isto seja coberto por uma verdade jubilosa sado-masoquista, a verdade de quem, ao ver as torres a desmoronarem-se, veria desmoronar-se o poder exibido pelos Estados Unidos: ruína do outro, ruína de si. Podemos ver aí a encenação de uma variação em torno do imaginário do «poder» (resumido pela caricatura de Plantu ([27])):

---

[26] Ou um som fraco, estranho, que nada tem a ver com aquilo que se ouve habitualmente nas reportagens televisivas, nem com o som com volume alto das salas de cinema. Efeito do filme amador?

[27] Nela, vemos, de lado, a enorme silhueta do Tio Sam com a sua cartola em forma de estrela, cujas pernas se confundem com as duas torres que explodem. *Le Monde*, 13 de Setembro de 2001.

1. o grande *desafio* ao poder do poderoso, história recorrente desde o pecado original e da revolta de Caim, passando por David contra Golias;
2. o *escarnecer* do poder tecnológico pelo triunfo da mão sobre a máquina (os x-actos), que põe em relevo aquilo que o humano tem de mais autêntico: o seu corpo;
3. a ironia do *destino* como castigo justo de Deus, que lembra ao poderoso que, ao julgar-se invulnerável, acaba por fazer o mundo voltar-se contra si;
4. a ameaça do Mal supremo, que se tornou poderoso pela sua essencialização anónima, representada por figuras abstractas ou indeterminadas (bin Laden, os talibãs), que sugerem a existência de um grupo com vontade de agir, actor de uma grande conspiração contra o mundo;
5. a tentativa de contrapoder pela imagem, como dissemos, de vingador de G. W. Bush, mas também pelas declarações e movimentos de solidariedade relativamente às vítimas em sofrimento, como se todos estivéssemos ligados por um sentimento de culpa comum (esse é o imaginário do «humanitário»).

*
* *

A verdade de um acontecimento como o de 11 de Setembro, relatado pela televisão, é marcado por um paradoxo: aquilo que é visto é interpretado num desejo de autenticidade, porque é necessário poder-se supor que existe a realidade e que esta, de vez em quando, nos salte à vista (e, para isso, acreditamos na singularidade do facto e no acaso da co-presença entre o acontecimento e um olhar da câmara, como aconteceu com o impacto dos aviões contra as torres); mas, ao mesmo tempo, sabemos que essa realidade é encenada por uma máquina de informar para tentar afectar-nos (daí a repetição da apresentação do acontecimento que, por isso, o torna menos realista). O paradoxo é que aquilo que acreditamos ser o visível do mundo é apenas um invisível, intocável, construído como visível pelo efeito conjunto de uma colocação em espectáculo e da projecção da nossa memória sobre esse espectáculo. O espectáculo de uma catástrofe é um exemplo disso. Pode-se compreender que, numa sociedade de sobre-abundância em que vive o mundo ocidental, sem porém resolver os problemas e dramas do quotidiano de todos, o telespectador-cidadão se refugie no espectáculo do sofrimento dos outros. Há vítimas, mostram-nos cadáveres, falam-nos de mortos, mas nunca ninguém viu a morte. Enquanto seres humanos, não temos nenhum indício dela (a não ser, talvez, Lázaro). Mas isso não impede que construamos o seu espectáculo como um fantasma necessário, demanda insaciável de verdade, talvez porque esse espectáculo remete sempre para a nossa própria morte.

Os *media* estão também presos nesta assimetria entre as intenções (louváveis ou não) da instância de produção e as interpretações dos telespectadores. Se passarem as mesmas imagens de catástrofe, de guerra, de morte, de um telejornal a outro, de manhã à noite, todos os dias, com o pretexto (sincero ou não) de as mostrarem a quem as não tenha ainda visto ou para fazerem delas uma reportagem, uma colocação em perspectiva, uma recapitulação, um resumo, etc., as televisões serão acusadas de sensacionalismo e, portanto, de não informarem. Se fizer um uso mínimo dessas imagens, se as mostrar uma ou duas vezes para dar lugar a outros acontecimentos, a televisão será acusada de não fazer o seu trabalho de informação, o que poderá ter consequências desastrosas nas medições de audiência. A televisão está presa na sua própria armadilha, entre a lógica comercial, sensacionalista, e a lógica democrática, minimalista.

No entanto, a televisão contribui, de qualquer forma, para a formação das opiniões. A opinião pública não existe, dizia Bourdieu. Ela existe, mas difusa, fragmentada, móvel, instável, seguindo movimentos brownianos, fixando-se por vezes na parede de uma certeza, como moluscos na rocha batida pelas ondas. De facto, todos formamos uma imensa «diáspora» de telespectadores, para usar uma noção proposta por Daniel Dayan ([28]). Uma diáspora de circunstância, que se reúne no

---

([28]) Daniel Dayan, «Télévision: le presque public», in *Communiquer à l'ère des réseaux, Réseaux* n.º 100, vol. 18, Paris, Hermès Science, 2000.

momento do aparecimento de um acontecimento posto nas praças públicas do mundo pela televisão, tratado, construído e dramatizado por esta, uma diáspora de telespectadores reunidos num mesmo desejo de voyeurismo e de compaixão.

Assim, a verdade da opinião é a da sua própria existência, que surge no instante. Após o atentado do 11 de Setembro, quer tenhamos reagido em nome de um princípio universal, que diz que nada justifica a barbárie e que é preciso punir os culpados, quer tenhamos reagido em nome de uma solidariedade emocional, que nos diz que era preciso apoiar os Americanos e partir para a guerra contra o terrorismo, ou quer o tenhamos feito em nome de uma verdade de opinião, que diz que só há a lógica cruel, a que faz com que, por se considerarem dominadores, guardiães do mundo, os Americanos só têm o que merecem, em todos os casos, trata-se apenas da verdade dos nossos imaginários. Mas se esta fosse partilhada por outros, por um grande número de pessoas, como opinião relativa que é, tenderia a tornar-se opinião de evidência, não discutível, opinião absoluta. Não haverá então verdade acima dessas verdades de opinião? Talvez seja então necessário mergulhar no inconsciente, onde se encontrava uma verdade recalcada, ou um salto no além, lugar de um poder oculto, acima dos homens, detentor da única verdade absoluta que só pode ser alcançada por uma palavra de revelação. Mas será que os homens não poderão ser criadores da sua própria verdade? Este é o paradoxo da existência do absoluto.

Capítulo 4

As Imagens do 11 de Setembro são Imagens Violentas?

FRANÇOIS JOST

Se a semiologia das imagens animadas é uma disciplina já antiga que, ao longo das décadas, alcançou resultados indiscutíveis (ou seja, alguns resultados que ninguém discute), a sua difusão no grande público avança menos por um lento trabalho de divulgação ou de educação do que por sobressaltos bruscos provocados pelos abalos da história e pela sua mediatização. Deste modo, após Timisoara (1989), tornou-se evidente, primeiro aos jornalistas e depois ao grande público, que as imagens não eram «objectivas», que nem sempre eram provas do discurso e que até podiam mentir. A tomada de consciência foi tal que se pode ver nela a causa de uma nova perda de confiança das pessoas comuns em relação aos *media*. Embora este efeito secundário da «revolução» romena não seja negligenciável, não deixa de espantar aqueles para quem a análise da imagem é uma ocupação profissional. Seria realmente necessário um acontecimento televisivo deste género para se descobrir que a imagem não é transparente nem «falante»? Espanto tanto maior já que este questionamento da imagem se faz, em geral, com maus argumentos: fustigaram-se os responsáveis pela «derrapagem» do «carniceiro» de Timisoara, sem se saber muito bem quem eram: os Romenos, acusados de terem tentado manipular a imprensa do Ocidente, ou os jornalistas franceses, sempre prontos a anunciarem catástrofes? Poucos puseram em causa o telespectador crédulo, que, porém, era o único a incriminar. Por que razão acreditou nas 12 000 vítimas de Ceausescu anunciadas por Bilalian ([29]), quando a imagem lhe mostrava, no máximo, uma dezena de cadáveres grosseiramente cosidos após a autópsia? Porque não se interrogou sobre a diferença considerável entre o visível e o comentário? Seja como for, Timisoara passou a ser um ponto de viragem na história da crença na imagem, que talvez tenha encerrado, se não definitivamente (nunca nada é garantido neste domínio), pelo menos temporariamente, a era da crença na objectividade da imagem iniciada em inícios do século XX, em que imperava a ideia de que a fotografia era mais objectiva do que qualquer olhar ([30]).

A Guerra do Golfo foi uma segunda viragem, com o seu novo *topos*: os *media* não nos mostraram nada, não houve imagens. Face a esta ausência, alguns intelectuais não hesitaram em pôr a própria realidade em causa e em proclamar que *a Guerra do Golfo não existiu*. Tal como o caso do ossário não pusera em causa a actividade do espectador, esta nova condenação encantatória dos *media* evitou, de forma muito geral, que se pensasse sobre o que se esperava das imagens da guerra no final do século XX. Algo mais do que clarões na noite? Soldados em combate? Feridos nos hospitais? Dez anos depois, a segunda Guerra do Golfo deu-nos a oportunidade de vermos imagens de uns e outros sem que o nosso apetite de

---

([29]) Daniel Bilalian é um jornalista francês que, nesta época, apresentava um dos principais telejornais franceses, na estação de televisão France 2 (N.T.).

([30]) Ver, a este respeito, François Jost, *Le Temps d'un regard. Du spectateur à l'image*, Paris, Méridiens Klincksieck, 1998.

conhecer a guerra fosse realmente saciado. Martelaram-nos os ouvidos do ponto de vista de Fabrice em Waterloo ([31]), mas ninguém, tanto quanto sei, evocou a réplica de *Hiroxima, meu Amor*, que era mais propositada do que qualquer outra coisa: «Não viste nada em Hiroxima». Também não vimos nada em Bagdad, porque nesta, tal como noutras, a guerra não se vê, vive-se.

Terceiro momento forte da construção da vulgata sobre a imagem neste início do terceiro milénio: 2001, o aparecimento do programa televisivo *Big Brother* ([32]). Trata-se de um programa formatado inventado na Holanda e vendido a todo o mundo, assente na promessa de um mundo autêntico mostrado tal e qual por 25 câmaras e 50 microfones... Embora todos os dias houvesse algumas revelações, e depressa se soube que o directo era falso (a transmissão fazia-se com 2 minutos e 45 segundos de atraso), que os participantes comunicavam com o exterior, contrariamente ao que fora anunciado, que a escolha dos candidatos era semelhante em vários países, que os votos eram manipulados, etc., a expressão «tele-realidade» teve o sucesso que se conhece. E assistimos a este paradoxo: enquanto que as imagens da Guerra do Golfo pareciam irreais, isoladas do terreno, o espectáculo de 11 jovens fechados num estúdio dava a sensação de abarcar o real! Dois anos depois, impõe-se a conclusão de que, mesmo após se resvalar progressivamente para os jogos de personagens, ninguém desata a rir face à sua pretensão de dar um testemunho da realidade. Não será isso sinal de que, actualmente, a vida quotidiana do anónimo parece mais real do que uma análise abstracta da realidade socioeconómica?

Questionamento da objectividade, manipulação dos *media*, o quotidiano identificado com a mais forte realidade pela televisão... Eis as duas ou três coisas que, hoje em dia, todos sabe-

---

([31]) Referência à personagem de Fabrício del Dongo, do romance *A Cartuxa de Parma*, de Stendhal. Fabrício representa aqui a incompreensão do espírito cavalheiresco face à guerra moderna (*N.T.*).

([32]) No original, a versão francesa deste programa é designada por *Loft Story* (*N.T.*).

mos da imagem, graças a três momentos marcantes da nossa história mediática ou da nossa história geral vista através dos *media*. Qual é, na mesma ordem de ideias, a lição do 11 de Setembro? Que nos ensinaram as transmissões deste acontecimento?

1. Ver e saber

O *topos* do 11 de Setembro é a violência das imagens. Com o desmoronamento, em directo, das torres gémeas, fomos confrontados com imagens de uma violência extrema. Obviamente, esta tese enquadra-se muito mal na atitude de toda a gente. Dos muitos relatos dos telespectadores, poucos (não conheço pessoalmente nenhum, mas nunca se sabe) manifestaram um tal horror que os levasse a desligarem a televisão. Em contrapartida, muitos deram mostras da sua sideração, como se, à guisa de Medusa, a imagem de um avião a colidir com um edifício nos tivesse transformado em estátuas de sal.

Se a imagem tivesse sido tão violenta quanto se diz, poderíamos ter permanecido frente ao ecrã? Não teríamos adoptado uma estratégia de fuga, como a criança que se refugia no quarto quando uma imagem a aterroriza, lançando-lhe, ao mesmo tempo, um olhar furtivo[33]? Para resolver esta questão, não basta opor o nosso comportamento adulto, insensível e aclimatado a todos os horrores. Não tenho dúvidas de que aqueles que se mantiveram vidrados na televisão não suportam a visão do olho cortado em *Um Cão Andaluz*, e que os seus antepassados ficavam assustados com a entrada de um comboio na estação de uma cidade remota como La Ciotat. Temos de admitir que o desmoronamento das duas torres não suscitou o mesmo recuo quase reflexo. Temos também de lembrar, porque parece que toda a gente esqueceu, que nem a TF1

[33] Penso na história que Tisseron conta sobre o seu filho, assustado com um *western*, que se «refugiava no seu quarto logo que havia tiros», «Le chavirement du cadre des images», *Dossiers de l'Audiovisuel*, n.º 104, *À chacun son 11 septembre*, Julho-Agosto 2002, p. 52; ver, neste livro, o capítulo 2.

nem a France 2 acharam por bem suspender a emissão da sua série em curso para transmitir o acontecimento. Nos dois casos, esperou-se pelo fim do genérico ([34]).
Terá a visão do acontecimento suscitado uma má consciência do telespectador, como disseram os psicanalistas? Certamente não tanto quanto a agonia da pequena Omeyra ([35]). O espectáculo desta criança absorvida pela terra chocou certamente mais do que a morte dos passageiros de dois aviões, que, na verdade, suscitou poucos discursos emotivos. Em contrapartida, a atitude estética de Stockhausen, que viu nessas imagens a última obra de arte do século XX, ofuscou. Se, por um lado, o telespectador comum pôde ver esse directo sem pestanejar e, por outro, o músico pôde ver nele uma obra, não será que, em vez de se afirmar *a priori* a violência dessas imagens, se deve encarar a hipótese da sua falta de violência e reflectir previamente sobre o que significa este sintagma determinado da «imagem violenta»? Lendo e ouvindo os discursos a este respeito, tenho, com efeito, a convicção de que se confunde continuamente as imagens de violência com a violência das imagens. Mais: enquanto que se admite socialmente que se pode discutir a violência das imagens, já é mal visto que se recuse que uma imagem de acção violenta o seja em si mesma. Tanto pior. Eu admito.

Reformulemos frontalmente a questão abordada por este texto. Por que razão as primeiras imagens do atentado de 11 de Setembro não são imagens violentas? Porque foram impressionantes, certamente, mas suportáveis? A primeira resposta que vem ao espírito é que elas nos lembram imagens que já vimos e às quais estávamos habituados, como a demolição de um grupo de edifícios ([36]). É verdade, mas não chega. Outra

---

([34]) Na TF1, um telefilme, *Le Mari d'une autre*; na France 2, um episódio («La Chanson de l'ami») da série *Commissaire Lea Sommer*. Os dois programas eram repetições.

([35]) Trata-se do caso, filmado em directo e muito mediatizado, de Omeyra Sanchez, enterrada na lama, em Novembro de 1985, após a erupção do vulcão Nevado del Ruiz na Colômbia (*N.T.*).

([36]) Patrick Charaudeau, «La vérité prise au piège de l'emotion», *Dossiers de l'audiovisuel*, n.º 104, p. 31; ver, neste livro, o capítulo 3.

explicação foi-nos fornecida mais tarde, *a contrario*, quando vimos o primeiro plano de uma mulher a esconder-se atrás de um automóvel para evitar a grande nuvem de poeira e de detritos que invadia a rua. Tornou-se então claro que, se o plano geral de Manhattan com os seus dois aviões a rasgarem o céu azul era observável, até belo, para muitos telespectadores que não o confessaram tão francamente como Stockhausen, é porque não estava à *altura do homem*, porque não se baseava num olhar, mas testemunhava um ponto de vista desencarnado, quase divino, sobre esta acção, realizada aliás em nome de Deus. Basta ter estudado o cinema dos primeiros tempos para saber que esse momento de pura mostração (Gaudreault) não pode, por si só, suscitar uma emoção. Para que esse *nobody's shot*, como dizem os técnicos americanos, fosse «habitado» [37] pelo espectador, era necessário um *raccord* de olhar, que engrena aquilo a que, noutro texto, chamei um antropomorfismo regulador [38]. Não sei se vivemos uma cena primitiva, como diz Baudrillard (de facto, sei que não), mas uma coisa é certa: revivemos durante alguns minutos a organização do dispositivo cinematográfico, com a sua ausência de olhar e o seu plano geral que impede que se compreenda aquilo que é mostrado na falta de um comentador mais informado do que os espectadores.

Porque, neste estádio do plano geral fixo, como ir além da descrição? Na transmissão em pseudo-directo da «revolução romena», já tínhamos feito a experiência da não-eloquência das imagens, se assim podemos falar, da incapacidade da imagem para narrar, na ausência do saber lateral sobre a realidade. Revivemo-lo no 11 de Setembro. Que quer dizer o visível? Esta foi a pergunta de todos os comentadores, no espaço público ou no espaço privado, da primeira colisão contra o WTC. É difícil ir mais além desta simples constatação: um

---

[37] Laurent Jullier, «Images sans témoins. La Place du spectateur dans le journal télévisé», *La Communication de l'information*, Paris, L'Harmattan, 1996.

[38] Cf. François Jost, *Un monde à notre image. Énonciation, cinéma, télévision*, Paris, Méridiens, Klincksieck, 1993.

avião colide contra o WTC. Zunzunegui faz um diagnóstico do mesmo género, quando afirma que «essas imagens só adquiriram dimensão informativa a partir do momento em que se produziram dois acontecimentos ligados, mas não encadeados: um tem a ver com o desenrolar dos factos (com deslizamento progressivo do sentido: um avião despenha-se: *acidente*; dois aviões despenham-se: *terrorismo*) e com o seu carácter de sintagma temporal, que modifica o sentido do discurso que produz à medida que se encaixam os elementos do *puzzle*» [39]. Embora concorde com a modificação narrativa provocada pelo segundo embate, não a basearia no «discurso» audiovisual. O terreno de experimentação da recepção que constituiu o comentário dos jornalista em directo mostra, com efeito, que o primeiro reportório de estruturas cognitivas mobilizadas para compreender o acontecimento não tinha a ver com aviões, mas com... uma furgoneta! Curiosamente, não foi na estrutura narrativa subjacente à imagem que David Pujadas, o apresentador da France 2, procurou explicações (do género: «dois avões despenham-se: *terrorismo*»), mas no lugar-quadro do acontecimento, que lhe fazia lembrar antes de tudo (às 15h37) o atentado de 1993, provocado pela explosão de um veículo no parque de estacionamento das torres. Quanto às testemunhas imediatamente interrogadas, não estavam conscientes de ter visto aviões comerciais. Alguns falaram de um «jacto privado» (France 2, 15h43), outros de um Falcon (TF1, 15h43). Devo dizer que, na minha sala, tive a mesma sensação. Estas reacções, profissionais ou não, demonstram a dificuldade que os espectadores, directos ou indirectos, tiveram para construir um esquema capaz de sintetizar a diversidade sensível, aquilo a que Schank chama, neste caso, um Memory Organization Packet (MOP) [40]. A memória já não era suficiente para interpretar o mundo, era necessária a imaginação,

---

[39] Santos Zunzunegui, «Le futur antérieur», *Dossiers de l'audiovisuel*, n.º 104, p. 17. Ver, neste livro, o texto de John Durham Peters.

[40] Schank define o «MOP» da seguinte forma: «Uma estrutura da memória que associa acções com uma finalidade comum, que ocorreram ao mesmo tempo», *Dynamic Memory*, Cambridge University Press, 1982, p. 95.

como atestaram os comentários de um dos jornalistas da France 2, Daniel Bilalian, alguns minutos depois: «Temos dificuldade em *imaginar* que estas imagens são reais, que não pertencem a um filme de ficção científica» (15h43).

Esta ruptura do funcionamento cognitivo (da memória à imaginação) era tanto mais brutal porquanto o *nobody's shot* nos deixava, por assim dizer, no exterior. Para percorrer o caminho que leva da experiência do mundo à sua construção cognitiva, era necessário poder escavá-lo, por assim dizer, aquém do visível, a montante, e considerá-lo a película derradeira de um cálculo de intenções característico de um novo terrorismo, o «terrorismo hermenêutico» [41].

A lição semiótica deste encaminhamento espectadorial é a forte dissociação entre o ver e o saber. Quer nos concentremos na imagem parada (como alguns o fizeram depois), quer se a analise à maneira do fotógrafo de *Blow Up*, confiando nos poderes da ampliação, quer se a veja em câmara lenta, nada altera à intelecção do fenómeno. As explicações só podem vir de outro lado: já não de um *como*, mas de um *porquê*. Ao mesmo tempo, esta transmissão arruinou definitivamente a ideia de uma análise da imagem imanente e estabeleceu a necessidade de uma teoria de inspiração pragmática: como a linguagem da imagem já só nos mostrava o espectáculo do mundo, impunha-se a reflexão sobre as intenções dos que tinham transformado o mundo em imagens. Esta foi, sem dúvida, a tomada de consciência mais dura: as imagens não remetiam para nada de conhecido na memória humana, mas tinham sido anteriormente *vistas* por outros, pelo menos na imaginação. O visível era posto em cena por uma instância invisível.

A esta perda de confiança na transparência da imagem, teremos de acrescentar um choque face à violência das imagens?

---

[41] Daniel Dayan, «Cui bono?», *Dossiers de l'audiovisuel*, n.º 104, p. 28.

2. Violência da imagem ou violência do mundo?

Esta excursão teórica convence-me, para responder a esta questão, a tratar de maneira diferente as imagens que nos fazem *ver* a violência e aquelas que acerca das quais *sabemos* que têm efeitos violentos na realidade, ainda que nem todos sejam visíveis. Deste ponto de vista, as primeiras imagens do 11 de Setembro pertencem à segunda categoria: tal como o horror do ossário de Timisoara estava à altura dos 12 000 mortos *anunciados* por Bilalian, mas não mostrados, o do 11 de Setembro foi proporcional aos 40 000 mortos calculados nas primeiras horas pelos jornalistas, que tinham a ver com o simples cálculo de probabilidade.

Neste sentido, não posso concordar com Tisseron quando estabelece, como ponto de partida da sua reflexão psicanalítica sobre o 11 de Setembro, «o horror daquilo que [as imagens] mostravam» ([42]). Não por eu negar o horror suscitado pelo acontecimento, mas porque, precisamente, esse horror nunca esteve ao nível da «qualidade sensível», diria Peirce, do icónico. Resultou antes do pensamento do telespectador sobre o acontecimento e daquilo que ele podia imaginar para além do visível. Em vez de confiarmos nas memórias – o que nunca é uma boa maneira de fazer história –, é preferível rever as edições especiais das estações de televisão para objectivar um tipo de reacção atestada. Às 15h33, David Pujadas fala de «explosões muito espectaculares» e relata que se «fala de *pelo menos* vários mortos e dezenas de feridos». Este balanço comedido muda com o tom do comentário quando um jornalista da estação toma a palavra para descrever a imagem do directo: «Esperem, parece que, em Nova Iorque, uma das torres desabou...». A partir desse momento (15h59), a imaginação liberta-se e deixa o terreno da hermenêutica para adoptar o ponto de vista das vítimas. No momento do desmoronamento da primeira torre (16h00), Pujadas diz: «Temos dificuldade em *imaginar* o que se passa no interior. Podemos

---

([42]) «Le chavirement du cadre des images», *Dossiers de l'audiovisuel*, n.º 104, p. 51. *Cf.*, neste livro, o texto de Serge Tisseron.

imaginar que, no solo, causou outros danos». Seis minutos depois, esta repetição imaginativa funciona em pleno regime: «Não ousamos *imaginar* o balanço desta catástrofe *inimaginável* (Pujadas)... Podemos *imaginar* que é a Bolsa. *Imaginemos* a Bolsa com dois aviões [...]. Podemos *imaginar* que os feridos sejam às dezenas (Bilalian).»

Se quisermos definir a violência das imagens, devemos, antes de mais, compreender qual é a parte do mundo, do espectador e... da imagem nessa violência. Ora, para minha grande surpresa, os especialistas do tema lançam-se na análise ou nas estatísticas sem construírem *a priori* o seu objecto de forma teórica. O «clássico» Gerbner parte de definições que poderiam aplicar-se tanto à literatura como à BD: «actos explícitos destinados a ferir ou a matar», «expressão de qualquer ameaça séria (ferimento ou morte) contra um ser humano ou humanizado: homicídios, violações, ferimentos, tentativas de homicídio, de violação ou de ferimento». O mesmo faz o estudo da Mediascope, que acrescenta critérios éticos (A violência é sancionada? É tratada de forma séria ou com humor?). Tanto num como no noutro, a violência é mais procurada ao nível das «cenas», dos «*frames*», do que ao nível da imagem. D. Frau-Meigs e S. Jehel[43] partem de considerações da mesma ordem e fazem variar a noção de violência por várias extensões sucessivas: *da violência humana à violência natural ou acidental*, o que permite incluir no corpus *Serviço de Urgência* ou *Marés Vivas*[44]; *da imagem à palavra*, o que faz cair na definição de violência alguns desenhos animados nos quais se proferem «insanidades»[45]; *das imagens de violência às imagens de sofrimento*[46] ou *de humilhação*, o que leva a incluir na pasta da violência televisiva alguns jogos como *Não se Esqueça da Escova de Dentes*, pelas suas «provas humilhantes (reconhecer a noiva pelos seios ou pela púbis, mascarar-se de aspirador para engolir malvas espalhadas na

---

[43] *Les Écrans de la violence*, Paris, Économica, 1997.
[44] *Ibid.*, p. 69.
[45] *Ibid.*, p. 82.
[46] *Ibid.*, p. 62.

terra)» (⁴⁷). A ausência de sanções ou de consequências constitui, para os autores, uma circunstância agravante da violência, ao ponto de «não ser tanto a dureza das cenas nem a sua apresentação em imagem [que levanta problemas], mas o facto de se apresentarem numa forma anódina comportamentos que se aproximam da barbárie» (⁴⁸).

Que diz, por seu lado, *Enfants sous influence*, que tem o subtítulo de «os ecrãs tornam as crianças violentas?» (⁴⁹). Logo na primeira página do primeiro capítulo, à guisa de definição, o autor limita-se a afirmar: «Uma imagem violenta é simplesmente uma imagem que provoca comportamentos, mesmo que esses comportamentos não sejam violentos» (⁵⁰). Então, uma imagem de cerveja que leve o telespectador a dirigir-se ao frigorífico, a imagem de um país exótico que dá vontade de ir comprar um bilhete de avião e uma imagem de crime, é tudo a mesma coisa? Poderíamos pensar assim, levar essa frase liminar ao seu extremo. No entanto, o seguimento da obra restringe esta abertura pragmática, retirando a lição da recepção por crianças de «imagens violentas» e de «imagens neutras».

Se, de facto, uma imagem só é violenta na medida dos comportamentos que suscita e se é impossível categorizá-la enquanto tal, é necessário ir até ao fim do raciocínio e construir um protocolo de experiência que permita determinar quais são as imagens violentas e quais são neutras, levando em conta os comportamentos engendrados para validar a (não-)definição de partida. Porém, temos de concluir que a categorização das imagens testadas assenta numa etiquetagem *a priori*, ainda que nunca se saiba quais foram os critérios levados em consideração nesse procedimento, o que implica que é possível, em definitivo, caracterizar as imagens violentas independentemente dos comportamentos que engendram. Como definição, tudo o que nos é permitido saber é a lista das sequências,

---

(⁴⁷) *Ibid.*, p. 66.
(⁴⁸) *Ibid.*, p. 101.
(⁴⁹) Serge Tisseron, *Enfants sous influence. Les écrans rendent-ils violentes?*, Paris, Armand Colin, 2000.
(⁵⁰) *Ibid.*, p. 17.

de 43 segundos a 1 minuto e 55 segundos, que serviram para a experiência. Nenhuma imagem, nenhuma informação sobre a montagem, sobre os movimentos de câmara ou sobre as suas cores. Mais uma vez, a imagem enquanto tal parece secundária para os investigadores encarregados de analisarem a violência dos ecrãs! Sentimos a mesma admiração relativamente às «imagens neutras». O que é uma «imagem neutra»? Uma imagem fora da montagem, como o levaria a crer a vulgata da experiência Kulechov? Uma imagem de objecto? Uma imagem que provoque uma emoção «neutra» (o *studium* de Barthes)? Esta última solução parece excluída, uma vez que, diz Tisseron, «as imagens neutras suscitam, sobretudo, prazer»[51]. Contudo, a interrogação é reanimada, ao lermos que «a sequência de imagens neutras (...) é também angustiante pelo enquadramento em plano de pormenor...»[52]. Pode o enquadramento suscitar ansiedade? Tisseron não levanta a questão e, para nosso espanto, responde apenas com este argumento: «Ao ler esta descrição, o leitor pergunta-se, sem dúvida, como é que essa descrição pôde ser seleccionada nas imagens "neutras"»[53]. O leitor pergunta...

3. Violência percebida, violência vivida

Relativamente a esta breve análise dos escritos publicados em França sobre a violência[54], não me parece exagerado concluir que a imagem raramente está no centro das definições e que a distinção entre a violência representada pela imagem e a violência construída pela imagem está geralmente ausente. Para fazer face a este estado de coisas, proponho que se leve em conta a distinção que avancei noutro texto entre *signos do mundo* e *signos do autor*[55], que são duas formas de encarar

---

[51] *Ibid.*, p. 126.
[52] *Ibid.*, p. 89.
[53] *Ibid.*, p. 90.
[54] Omito o «relatório Kriegel», que nada traz de novo e que define a violência... na página 62!
[55] *Realta/Finzione*, *L'Impero del falso*, Milão, Castoro ed., 2003.

as relações pragmáticas do signo (ou *representamen*, para Peirce) com o seu objecto:

- enquanto ícone, a imagem remete para o motivo ou para o mundo, como postulam as problemáticas da representação ou da analogia; quando se fala de imagem violenta, é geralmente por abuso de linguagem, para designar imagens que captam a violência do mundo;
- enquanto índice, a imagem assenta naquele que é a sua origem ou que a utiliza. É então signo do autor, se com este termo nos referirmos não a uma entidade plena, romântica, mas à instância, antropomórfica ou não, que se coloca na sua origem. Deste ponto de vista, há um grande fosso entre as imagens *automáticas* obtidas da torre da CNN, que captaram o atentado contra o WTC, e as imagens *somáticas* que conservam o vestígio dos movimentos do corpo e das emoções daquele que filma, como as que vimos depois.

Enquanto que as imagens de dominante icónica [56] constroem uma «visão» do mundo não marcada, que favorece a «transparência», na medida em que não pressupõem qualquer presença humana atrás da câmara, as imagens de dominante indicial testemunham um olhar e, por isso, uma identificação antropomórfica, uma visão à altura do homem, que nos torna imediatamente visível a violência de que o Outro é vítima. Como já disse, esta violência exprimiu-se pela primeira vez com as imagens de um transeunte que se refugiava atrás de um automóvel, captada por um operador de câmara também preocupado em fugir do perigo. Mas só o sentimos realmente, ou seja, *corporalmente*, um ano depois, ao vermos o que tinha visto um dos irmãos Naudet quando acompanhou os bom-

---

[56] Parto da noção de que qualquer imagem cinematográfica ou de vídeo é um «ícone indicial», como diz J.-M. Schaeffer a propósito da fotografia (*L'Imagem précaire*, Paris, Le Seuil, 1987). Falo então nas linhas que se seguem de dominante icónica ou indicial, o que, sem dúvida, não é ortodoxo de um ponto de vista estritamente peirciano, para distinguir as imagens que interpretamos como ícones das que interpretamos como índices.

100 | *O Terror Espectáculo. Terrorismo e Televisão*

Violência da imagem e violência do mundo

Signos do autor (índice) \ Signos do mundo	Violência *na* imagem	Sem violência *na* imagem
Imagens violentas (índices somáticos)	Olhar sobre o atentado contra o World Trade Center (à altura do homem) Percurso de Naudet no WTC com os bombeiros (*Nova Iorque: 11 Setembro*)	Poeira que cobre o ecrã de Naudet (*Nova Iorque: 11 Setembro*)
Imagens sem violência marcada (sem índices somáticos)	O atentado contra o World Trade Center filmado a partir do edifício da CNN. «*Nobody's shot*»	Planos do WTC obtidos de helicóptero Realidade filmada em ocularização zero

beiros no World Trade Center ([57]). Em primeiro lugar, paradoxalmente, porque o som nos faz «habitar» a imagem. O plano geral assemelhava-se ao início do cinema, ao seu mutismo, incluindo durante o desmoronamento do World Trade Center. Com estas imagens do «escafandrista» imerso na realidade, segundo uma expressão de Edgar Morin, os gritos, os gemidos, as sirenas tornavam perceptível a confusão, facilitando a identificação do visto com o vivido. Segundo elemento violento: o recuo do operador de câmara face a determinadas cenas que recusa filmar («duas pessoas a arder») ou os movimentos que demonstram uma hesitação sobre o que deve olhar e, sobretudo, transcrever com o seu olho-câmara. Terceiro grau da violência indicial: a imagem que gira, que se torna abstracta, mostrando manchas de cores, num turbilhão brutal, que corresponde ao momento em que o operador de câmara é atirado ao chão pelo bombeiro que o acompanha.

Aquilo que vemos depois não é violento em si: um ecrã escuro que oculta toda a realidade, dedos em grande plano e, por fim, a paisagem da rua, cujos contornos vão aparecendo à medida que a poeira se dissipa... Este plano poderia fazer igualmente parte de um filme experimental ou de um filme de Duras, como *Son nom de Venise dans Calcutta désert*. Em si mesmo, não contém nenhuma violência. No entanto, o seu efeito é mais forte do que qualquer outro, porque vivemos o apocalipse com aquele que o vive. Já não se trata de saber nem de ver, mas de *sentir* a violência.

O 11 de Setembro fez-nos viver vários tipos de violência, que o quadro anterior tenta categorizar. O plano geral do WTC, filmado a partir do edifício da CNN, testemunha realmente uma violência do mundo através de um olhar exterior, um *nobody's shot*. Rapidamente, a esta vista juntam-se imagens captadas de helicóptero, que mostram as torres sob vários ângulos e que tornam mais ou menos visível a finalidade investigadora de uma instância antropomorfa em

---

([57]) *New York: 11 septembre* (realizado por Jules e Gédéon Naudet), transmitido a 11 de setembro de 2002 em *Des Racines et des ailes*, France 3, a partir das 20h56.

busca das feridas abertas pelos aviões. Contudo, a violência só foi verdadeiramente tangível no momento em que a enunciação assentou de facto na visão do transeunte e, muito mais tarde, na das vítimas (filmagem de Naudet). Esta identificação com o corpo do operador de câmara, esta construção de uma humanidade atrás da câmara, tem efeitos tão fortes que pode insuflar violência num objecto que não é violento em si mesmo, como mostra a ocultação brutal da câmara pelas imagens da poeira que se espalha pela rua onde se encontra o operador de câmara. A tal ponto que é possível, noutros contextos, simular a violência ou, o que dá no mesmo, introduzir a violência num mundo, afinal, sem violência. Os partidários do Dogma 95, os jornalistas das revistas ou os operadores de câmara dos desportos de aventura sabem-no bem: quando vemos pelos olhos de um homem que corre e sentimos indicialmente os abalos devidos à sua travessia do real, o mais pequeno passeio adquire dimensões de um espectáculo angustiante, sobretudo se a respiração de um homem ou os batimentos do coração ritmarem o visual.

Em suma, *a imagem violenta* caracteriza-se pelo facto de produzir um choque *perceptivo*; a imagem *da* violência produz um choque *emotivo*, que não é forçosamente perceptivo. Se uma imagem de corpos desmembrados afecta *directamente*, sejam quais forem os parâmetros visuais mobilizados, porque provoca uma identificação antropomórfica imediata (nenhuma é mais forte do que aquela que passa por rostos que nos olham), a imagem de uma torre a desmoronar-se em alguns segundos afecta-nos *indirectamente*, na medida em que *sabemos* que não mostra os sofrimentos que encerra (tal como o despenhamento do avião). A diferença não é menor e é ainda mais visível a partir do momento em que associamos o que vemos ao mundo da ficção. Com efeito, é específico da ficção poder inverter este sistema de significações: o facto de vermos imagens de violência (mortes brutais) é tanto mais suportável porquanto temos consciência de que não dão conta da violência do mundo, mas de uma realidade intencionalmente construída para e pela câmara.

Capítulo 5

Semiótica do Acontecimento e Explosão?

JORGE LOZANO

O 11 de Setembro, o impacto de dois aviões da American Airlines contra as torres gémeas do World Trade Center de Nova Iorque, é filmado em directo. No princípio era a imagem.

A primeira impressão, perceptiva, incrédula, é uma sensação de *déjà-vu*: o telespectador vive em directo, por intermédio do seu ecrã, um espectáculo a que já assistiu no passado, dando assim razão ao matemático René Thom, que afirma que só reconhecemos estruturas preexistentes. Do fundo da nossa memória surgem, durante milésimas de segundo, as imagens compartimentadas de muitos filmes, ditos de «catástrofe», argumentos nos quais uma descontinuidade terrível e brutal, a da catástrofe, vem romper sistematicamente uma normalidade pacífica.

A esta explosiva imagem imprevista, obscena («Quando as coisas se tornam demasiado reais, quando nos encontramos nesse curto-circuito, que faz com que essas coisas se aproximem cada vez mais, situamo-nos na obscenidade», gostava de dizer Baudrillard), aplicaram-se logo critérios de ficção e de memória de género. No entanto, o que se passa é muito real... E eis que se esboça uma primeira conclusão. Aquilo que vemos em directo, vemo-lo do ponto de vista da ficção, com uma lógica e uma memória específicas da ficção. Por outras palavras, é a categoria do real – e não os seus conteúdos contingentes – que é significada. Ou seja, a carência do significado torna-se o próprio significante do realismo. Produz-se um «efeito de real», fundamento da verosimilhança inconfessada que forma a estética de todas as obras correntes da modernidade ([58]).

Aquilo que se apresenta como advento estranho, imprevisto, adquire rapidamente o estatuto normal de evento, a qualidade de *fait divers*, de acontecimento mediatizado, ainda que não se trate de um *media-event* no sentido definido por Dayan. E, simultaneamente, esse efeito de real é elevado ao nível de «efeito estético» (Mattone). É nestes conceitos que nos iremos aqui concentrar.

Comecemos por recordar aquilo que Roland Barthes dizia do *fait divers* em 1962 ([59]): «Causalidade aleatória, coincidência organizada, é na junção destes dois movimentos que se constitui o *fait divers*: ambos acabam, com efeito, por cobrir uma zona ambígua onde o acontecimento é plenamente vivido como um signo cujo conteúdo é, porém, incerto. Estamos aqui, se quisermos, não num mundo do sentido, mas num mundo da significação.» E acrescenta, a propósito do *fait divers*: «O seu papel consiste, provavelmente, em preservar no seio da sociedade contemporânea a ambiguidade do racional e do irracional, do inteligível e do insondável; esta ambiguidade em que homem precisa ainda de signos (...), mas em que é também preciso que esses signos sejam de conteúdo incerto.»

([58]) Ver Roland Barthes, «L'effet du reel», *Œuvres complètes*, tomo II, Paris, Seuil, 1993 (1968).

([59]) Roland Barthes, «Structure du fait divers», *Œuvres complètes*, tomo I, Paris, Seuil, 1993 (1962).

A este respeito, as imagens das duas torres podem adquirir este tipo de sentido do *fait divers*; além disso, a primeira impressão que evocamos faz-nos entrar certamente num mundo da significação, mas não num mundo de sentido, numa semiose de conteúdo incerto. Ao comentar o texto de Barthes, Marrone ([60]) propunha o seguinte esquema semiótico:

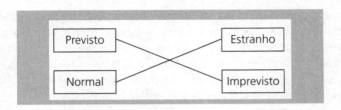

Este esquema põe em relação termos contraditórios (previsto e estranho; normal e imprevisto), termos opostos (previsto e imprevisto; estranho e normal) e implicações (previsto e normal; estranho e imprevisto). Entre estes diferentes pólos, o percurso esperado seria o seguinte: estranho-imprevisto-previsto-normal. A passagem de *estranho* para *normal* efectua-se através de uma gramática narrativa. Aqui definida como um princípio organizador de qualquer discurso, esta gramática propõe um princípio geral de inteligibilidade. Com efeito, J. Bruner ([61]) lembra-nos que narrar pode ter origem no latim *narrare*, mas também em *gnarus, aquele que sabe de forma particular*. Por outras palavras, há uma relação inextricável entre saber e narrativa.

Como mostra Paul Ricœur, a história e a historiografia confundem muitas vezes a ocorrência, o acontecimento e o facto histórico. Não se trata aqui de lembrar a desconfiança de Braudel e de toda a escola dos *Annales* relativamente ao acontecimento, à sua dimensão geralmente política, ao seu aspecto

---

([60]) Gianfranco Marrone, *Corpi Sociale*, Turim, Einaudi, 2001.
([61]) Jerome Bruner, *La Fabbrica delle storie*, Roma, Laterza, 2002, trad. de Carpitella.

fugaz, tonitruante, enganador. (Sabemos que a crítica a uma história baseada em acontecimentos resultou na análise da longa duração e no estudo das estruturas económicas e sociais.) No entanto, devo sublinhar que o acontecimento, se é suspeito, é-o também pela sua subordinação ao testemunho ocular e à esfera da visibilidade.

Sem levarmos em conta o facto de o acontecimento ser mais uma configuração discursiva do que uma unidade narrativa simples (Greimas), as histórias da modernidade caracterizam muitas vezes as transições violentas de um período para outro recorrendo, para isso, a acontecimentos marcantes: por exemplo, Valmy em Setembro de 1792; o atentado de Sarajevo em Junho de 1914; o atentado do 11 de Setembro de 2001 (que alguns consideram já um conflito mundial).

Concentremo-nos no 11 de Setembro. À medida que as imagens vão aparecendo, a necessidade de integrar o acontecimento numa narrativa, ou pelo menos numa «frase narrativa» (Danto), leva a CNN a *explicá-lo* por títulos como: «Ataque à América». Outras televisões, noutros países, chegam a intitular: «Começou a Terceira Guerra Mundial». Não se trata aqui apenas de uma pressa desajeitada ou de jornalistas enlevados por enunciados grandiloquentes. A narração, a produção de sentido, procuram aqui um princípio de causalidade. Esta demanda inscreve-se num contexto acerca do qual se sugeriu que remete mais para um mundo do fragmento do que para um mundo do sistema. Este mundo é constituído de entidades já fragmentadas e que já não podem dividir-se mais (Serres). É constituído de unidades duras, resistentes, agora indivisíveis, produzidas por uma ruptura que já não se reproduzirá. Mas, como escreve Fabbri[62], «cada fragmento é nostálgico; cada um traz a saudade de uma totalidade perdida».

A natureza daquilo que aconteceu pode transformar-se brutalmente. Segundo Lotman[63], com efeito, o objecto observado é totalmente modificado conforme seja observado do passado para o futuro, ou do futuro para o passado. Visto a

---

[62] Paolo Fabbri, *El Giro sémiótico*, Barcelona, Gedisa, 2000.
[63] Yuri M. Lotman, *Cultura y explosion*, Barcelona, Gedisa, 1999.

partir do passado e na direcção do futuro, o presente mostra-se como o conjunto complexo de toda uma série de possíveis, todos igualmente dotados de probabilidade. Pelo contrário, visto na direcção do passado, o real passa a adquirir um estatuto factual. Tornou-se o único possível. Quanto aos possíveis não realizados, tornam-se possíveis que nunca se poderiam ter realizado. Retrospectivamente, tornam-se quimeras.

Por todas estas razões, continua Lotman, o aparecimento do acontecimento envolve várias temporalidades interpretativas. Por um lado, o acontecimento está ligado à memória que guardamos do seu carácter súbito, do seu carácter inesperado, da explosão que vivemos. Por outro, adquire um carácter de predestinação, de inevitabilidade. Vemos aqui produzir-se, tal como no esquema semiótico, uma espécie de normalização, a passagem do fortuito para o regular, do estranho para o normal, do imprevisível para o inevitável. E este processo – a que Lotman chama «processo de consciência» – não se limita a realizar essa normalização. Envolve também uma dimensão de memória, a capacidade de regressar ao momento que precedeu a explosão, a de *re-presentar*, ou seja, de reviver todo o processo.

Resumamos o raciocínio de Lotman. Estamos na presença de três fases: o momento da explosão original, o momento da sua inscrição nos mecanismos da consciência e o momento da sua *re-presentação* na estrutura da memória. Numa visão dinâmica da cultura, a passagem de uma para outra traduz-se por uma coexistência paradoxal, por uma oscilação de certa forma pendular entre a fase da explosão e a fase da normalização. «O estádio da explosão é caracterizado por um momento de equação de todas as contradições: o impossível torna-se possível», diz Lotman. Depois vem o estádio da normalização que coloca o *estranho* no domínio do *normal*.

Por um lado, há o momento fortuito, imprevisível, da explosão, que interrompe uma cadeia de causas. Por outro, haverá o historiador que transformará o processo explosivo numa continuidade pensada, numa espécie de rio com um débito certamente forte, mas canalizado. Canalizado como uma ficção. Canalizado pela lógica da ficção.

Capítulo 6

O Mito de Pandora Revisitado

JOCELYNE ARQUEMBOURG

Na longa lista dos acontecimentos transmitidos em directo que marcam a história da televisão francesa desde 1952, raros são os que aparecem como que marcados por um momento imprevisível em estado puro e que só têm a ver com o indicial peirciano. Em geral, o uso do directo foi reservado pelos *media* para a cobertura de grandes cerimónias previamente programadas e organizadas por um protocolo minucioso. A coroação da rainha Isabel II de Inglaterra, tal como os primeiros astronautas americanos na Lua, os encontros desportivos internacionais ou os debates presidenciais, obedecem a uma estrutura narrativa precisa e predefinida pelos participantes ou organizadores da cerimónia. É claro que existem fenómenos de desenquadramento, em que o argumento muito codificado de um acontecimento desportivo ou político é perturbado por um acidente, por actos de violência ou por uma catástrofe. O acidente sofrido pelo corredor de automóveis Levegh nas 24 horas de Le Mans em 1955, mais recentemente o drama do Heysel Park ou a morte de Itzhak Rabin são desta ordem, mas surgiram diante das câmaras num quadro já definido e organizado no plano mediático.

Os atentados de 11 de Setembro, por seu lado, são de outra natureza. Apareceram nos ecrãs de uma maneira totalmente imprevisível, cruzando os registos do cinema amador e das câmaras profissionais, fazendo vacilar as fronteiras da ficção e da realidade, fixando os nossos olhares petrificados. Constituem uma apoteose trágica do directo, a captação e a difusão em tempo real de um acontecimento de amplitude internacional que rasgou a trama das rotinas quotidianas e que surgiu de forma desenquadrada nos ecrãs das televisões. Por conseguinte, vale a pena reflectir sobre a especificidade dos processos de ocorrência de acontecimentos em funcionamento na cobertura televisiva desse acontecimento, sobre a forma muito particular como apareceu nos *media* e, em seguida, sobre a forma como foi definido, contado e ordenado pelas autoridades, e, por último, sobre a natureza dos olhares de que as imagens difundidas do 11 de Setembro e dos dias seguintes contêm a inscrição.

1. Os registos de emergência dos acontecimentos: efeito de anúncio, efeito de choque, efeito de surpresa

Até então, os acontecimentos filmados em directo apareciam nos nossos ecrãs no registo do anúncio ou do choque. As grandes cerimónias televisionadas são geralmente «programadas e anunciadas com grande apoio da publicidade» [64]. Desenrolam ao extremo o fio de uma narrativa previamente configurada pelos próprios actores num quadro protocolar. A narrativa fílmica é nelas elaborada tendo em vista um fim previamente conhecido pelo realizador, pelos protagonistas e por vezes também pelo público, quando se trata de uma cerimónia codificada por um ritual comunitário, uma consagração ou um casamento real, por exemplo. Pode tratar-se tam-

---

[64] Daniel Dayan, Elihu Katz, *La Télévision cérémonielle*, Paris, PUF, 1996.

bém de um protocolo de natureza científica; por exemplo, o comentário dos primeiros passos dos astronautas americanos na Lua é inteiramente conjugado no futuro. O seu argumento está de tal modo organizado que o jornalista pode dar-se ao luxo de o descrever com alguns segundos de avanço sobre os factos. Noutro registo, a Guerra do Golfo engendrou também uma mobilização maciça e programada dos *media*, como o desembarque espectacular dos fuzileiros americanos na Somália. O efeito de anúncio que acompanha algumas acções militares nada tem assim a invejar às cerimónias principescas.

Por outro lado, a par das cerimónias encontramos acções programadas e codificadas, como as competições desportivas ou os debates presidenciais, cujo resultado final permanece imprevisível no quadro de uma alternativa. No entanto, ainda que o quadro e as suas regras possam ser sempre transgredidos, não deixam de servir de referência para identificar e avaliar a acção em curso. A filmagem obedece aí também à necessidade de tecer uma intriga, de fazer emergir uma narrativa com base em antecipações, mesmo quando se trata de competições desportivas que assentam *a priori* num esquema narrativo predeterminado. É a partir desses esquemas de acção que o realizador Jérôme Revon pode dizer que faz eclodir uma *acção* do simples desenrolar de uma intriga. «Contar uma história», afirma ele numa entrevista dada aos *Dossiers de l'Audiovisuel*, «é muito importante, mesmo numa competição de golfe, onde se passam muitas coisas ao mesmo tempo. Antecipar graças à escuta daquilo que se diz é também fundamental.([65])» Os protagonistas podem então «fazer golpes» que surpreendem as expectativas do público, mas o surgimento de factos inesperados efectua-se aí num quadro rigorosamente predeterminado.

É verdade que argumentos tão controlados podem ser sempre subvertidos pela intrusão de um fenómeno inesperado, sob o olhar de um público que não está preparado para tal. É então que se observam os desenquadramentos que causam

---

([65]) «L'amour du direct», *Les Dossiers du audiovisuel*, n.º 91, Paris, Ina-La Documentation française, Junho de 2000.

um efeito de choque. Neste caso, o choque resulta da contradição entre a lógica das expectativas de um público e a conclusão da acção ou da situação que este observa. Decorre de uma inadequação entre um projecto anunciado, a viagem de uma nave espacial, um jogo de futebol, uma corrida de automóveis, a viagem de um chefe de Estado, e a sua conclusão. O desenrolar do projecto é então perturbado por factos ou actos que obedecem a uma lógica diferente. Neste caso, o comentário jornalístico não consegue configurar em tempo real uma verdadeira narrativa, porque a situação se tornou incompreensível, e a narrativa cai então num impasse. O filme da acção ou do acontecimento em curso funciona plenamente como um registo do real, como uma *impressão*, origem de uma história que fica por contar.

Pode dizer-se que os atentados do 11 de Setembro constituem uma espécie de ponto culminante, de apogeu do directo, que, pela sua imprevisibilidade total, rompe com os esquemas existentes. Filmada, ou melhor, irrompendo no campo de uma câmara amadora, a colisão entre o primeiro avião e a torre Sul do World Trade Center sobrepõe *a surpresa ao choque*. Confrontado com o impensável, o operador da câmara balbucia, «Oh, my god!» A *surpresa* deve ser aqui tomada no sentido que Claude Romano lhe atribui na sua reflexão sobre o acontecimento ([66]). Constitui um fenómeno de extirpação das lógicas que prevalecem no mundo de um sujeito, que faz vacilar as suas bases, abalar os seus projectos, suspensão, desabamento das referências que permitem dominar o real num acto de compreensão, balbuciamento, «Oh, my god!...», mutismo... As imagens dispensam o comentário e acompanham-se de longos momentos de silêncio pouco comuns na televisão. A surpresa manifesta-se quando alguma coisa interrompe um curso de existência, abrindo abismos de incerteza. Corresponde aqui à distância incomensurável entre o acto de filmar tarefas que têm a ver com a banalidade quotidiana e a irrupção de um facto decididamente insensato. Ainda não se trata de um acontecimento, uma vez que o acontecimento é obra de um dis-

---

([66]) Claude Romano, *L'Événement et le temps*, Paris, PUF, 1999.

curso que só se revela *a posteriori*, mas de factos brutos, que abrem o abismo de uma indeterminação completa. Nesse momento, o acontecimento «que nunca se dá em presença» ([67]) não está consumado, está ainda em suspenso.

2. Os processos de determinação do acontecimento

Tal como não existem já consumados no real, os acontecimentos não são o produto de uma construção que só se efectuaria no campo jornalístico. É necessário juntar as abordagens que fazem dos acontecimentos, por um lado, objectos da realidade e, por outro, produtos de fabrico mediático. É verdade que os acontecimentos são fruto de um trabalho colectivo de constituição, mas implicam também a participação de actores e de um público, que é apenas uma massa de consumidores de informações. Os factos que perturbam uma ordem das coisas têm geralmente de ser determinados por um trabalho de pesquisa que mobiliza diversas categorias de actores, como os actores jornalísticos. Este trabalho de determinação realiza-se, na maioria das vezes, no quadro de uma situação posterior aos factos e que deles resulta. No caso dos atentados de 11 de Setembro, foi o momento em que se tomou consciência da sua amplitude trágica através das imagens das torres em ruínas, das lágrimas dos Nova-iorquinos. Foi também o momento em que a indeterminação dos factos começou a reduzir-se. Desde as primeiras horas, circularam palavras nas estações de televisão: terrorismo, estado de guerra, acção militar, preparativos de guerra. Depois, nos dias que se seguiram, nomes, fichas descritivas e argumentos foram elaborados no condicional. Intrigas e personagens foram postos em cena, entre o hipotético e o verosímil. Produziram-se imagens que «*tenderiam a provar* que Osama bin Laden, etc.», enquanto que «documentos escritos *teriam* sido descobertos nos escombros de um dos aviões». Protegidas pela concha de um condicional prudente, algumas informações apontavam assim ante-

---

([67]) *Ibid.*

nas facilmente retrácteis. No fim desde jogo das escondidas, o verosímil abria de par em par as portas da imaginação.

Às autoridades, actores institucionais substituídos pelos *media*, o acontecimento oferecia o fascínio inquietante da caixa de Pandora. Confrontavam-se com a necessidade de fechar o abismo ligado à indeterminação dos factos, de reduzir o sentido do acontecimento a si próprio antes até de se declarar, de se apoderar dele e de fechar o mais depressa possível os possíveis que ele abria. Neste jogo, alguns actores são mais fortes ou mais autorizados do que outros. Os atentados do 11 de Setembro, tal como anteriormente a Guerra do Golfo, são reveladores da fragilidade dos *media* relativamente às fontes oficiais: autocensura das imagens, afirmações não baseadas em provas, hipóteses em vez de certezas, etc. O sentido que se constitui desta forma deve ser tomado na sua acepção mais pragmática: uma direcção traçada rumo a acções a empreender, a fim de fazer evoluir uma situação. A 11 e 12 de Setembro, foram tomadas medidas em poucas horas, baseadas numa definição da situação que permitia subverter procedimentos instituídos. A construção semântica do acontecimento ao nível do direito internacional, realizada por actores instituídos, desempenhou aí um papel decisivo. A resposta contra os talibãs no Afeganistão foi autorizada porque os factos foram não só identificados como actos terroristas, mas também qualificados pelo Conselho de Segurança das Nações Unidas como uma verdadeira agressão armada. E as operações no Afeganistão foram possíveis, ou seja, apresentadas como legítimas, porque, desde 12 de Setembro, o parágrafo 3 da resolução 1368 do Conselho de Segurança permitiu estender a luta contra os terroristas para além dos próprios terroristas, contra os que os ajudam ou que os financiam. A definição dos factos assentava também numa análise política da situação que existia antes e da qual se extraíram recursos explicativos: assassinato do comandante Massud, conflito israelo-palestiniano, ameaça potencial constituída pela presença de Saddam Hussein no poder no Iraque.

Pré-definida pelas autoridades soberanas, assente no reconhecimento de valores universais confirmados pelo direito internacional, a mediatização já só pode edificar-se com base num consenso generalizado. Longe de se propagar de forma desordenada para fora da caixa de Pandora, o sentido do acontecimento é assim contido na definição da situação de urgência que os factos engendraram. A informação funciona então como um cicatrizante, quer-se tranquilizadora, unificadora, oscila entre a mostração/demonstrações (as ameaças e, depois, o envio de tropas para o Afeganistão) e a ocultação aceite de maneira consensual (os corpos das vítimas dos atentados, os combates no território afegão).

3. As imagens, sintomas de uma produção de acontecimento em curso

Nada permite realmente compreender em presença a acção do acontecimento no sentido existencial do termo; só é compreendido de forma desfasada. No entanto, o percurso das imagens das torres do World Trade Center e as suas várias mudanças de registo são reveladoras de uma produção de acontecimento em curso [68].

Se a imagem da colisão dos dois aviões contra as torres começou por funcionar como uma *impressão indicial* dos factos, tornou-se depois, pela sua repetição obstinada, um *traço* portador de uma vontade de inscrição. Mais, fez aparecerem as imagens agora passadas das torres erguidas na ilha de Manhattan como que carregadas da memória viva dos sujeitos, como se nela encontrássemos não só objectos destruídos, mas também nós próprios inscritos nos objectos que vêm do passado. Como sublinha Serge Tisseron, «qualquer traço atesta, em simultâneo, a possibilidade de o sujeito conter o objecto da sua emoção e o sentimento muito vivo de estar contido no objecto que acompanhou essa emoção» [69].

---

[68] No original, *événementialité en cours d'accomplissement* (N.T.).
[69] Serge Tisseron, *Le Mystère de la chambre claire*, Paris, Flammarion, 1996.

Além disso, a captação da imagem das duas torres, poucos minutos antes de se desmoronarem, não é apenas o traço de um ter lá estado, a captação em vida de um objecto que desapareceu, mas também a captura de um fragmento de tempo, um instante suspenso. Quando as imagens são apresentadas em repetição contínua, os comentários jornalísticos sublinham por vezes essas contradanças do tempo; por exemplo, na TF1, por volta das 18h00, o apresentador observa: «Alguns minutos depois, esta parte da torre *desmoronar-se-ia* e *seria* apenas cinzas». O instante que é assim capturado é um *instante crucial*, um dos instantes em que se manifestam o fascínio e o terror sentidos tanto a respeito do falo como da morte. «Os rostos das mulheres cheias de medo pintados nos frescos da *villa* dos mistérios em Pompeia, e descritos por Pascal Quingnard em *Le Sexe et l'Effroi* ([70]), exprimem esta ambivalência. A *imago* latina traduz a vontade de captar o momento de uma oscilação, nomeadamente entre a vida e a morte. Nesta perspectiva, a imagem mantém apenas uma relação de substituição com aquilo que desapareceu. Assim, a imagem contemporânea das Torres Gémeas no momento do seu desmoronamento não é o instrumento de uma representação trágica e nostálgica, mas a de uma comemoração quase imediata de um instante fixado diante dos nossos olhares petrificados. A sua repetição sistemática assinala um período de luto colectivo, marcado pela suspensão do tempo. Não se passa mais nada. Os *media* tornam-se assim o local de uma celebração que atribui ao público um papel participativo no modo da comunhão. Esta celebração obedece a uma temporalização comum, ritmada por tomadas de palavra e minutos de silêncio.

Regressam agora, sobretudo nas revistas, as fotografias do passado. As duas torres orgulhosamente erguidas sobre o fundo do céu nova-iorquino. Estas imagens são sustentadas pelos três pólos que, segundo Serge Tisserron, constituem a relação da fotografia com o luto. Em primeiro lugar, a recusa do luto, a negação da morte através da imagem de um objecto que se desejava que continuasse vivo; em seguida, a sua aceita-

---

([70]) Pascal Quignard, *Le Sexe et l'Effroi*, Paris, Folio, 1994.

ção no trabalho de separação; por último, a transfiguração do objecto perdido, que o faz aparecer com uma intensidade impossível de ver durante a vida, símbolos do sonho americano transformados em cemitério. Assim, a alternância repetitiva das imagens, as do momento crucial da colisão, as do desmoronamento das torres e as da sua glória passada, faz parte de um trabalho subterrâneo do acontecimento que vai para além dos esforços de definição e de encerramento do sentido realizados pelas autoridades. As mesmas imagens efectuam aí um percurso através do qual mudam de registo e fazem eco umas às outras. Impressões e depois traços, captações de um momento crucial, fragmentos de tempo suspenso, acabam por se tornar nos símbolos de um mundo perdido. Nada será como antes. E aquilo que se afasta assim sob os nossos olhos não são tanto os objectos que vemos desaparecerem, mas os traços de nós próprios inscritos nos objectos do tempo perdido. Ora, é justamente neste desfasamento dos sujeitos consigo próprios que o acontecimento pode começar a tomar forma.

4. Acontecimento mediático, acontecimento existencial

Os acontecimentos mediáticos difundidos em directo comportam várias dimensões. Uma delas diz respeito à captação dos factos simultaneamente à sua difusão segundo um registo de emergência específico, a segunda tem a ver com a sua determinação no cruzamento do passado e do futuro, da referência à situação que os precede e da orientação para as acções a empreender. A última diz respeito à constituição de uma experiência colectiva. Para cada uma destas dimensões prevalece uma orientação temporal específica, o presente para a primeira, a imbricação do passado e do futuro para a segunda, mas a constituição da experiência colectiva obedece a um regime de temporalidade mais complexo.

A captação do momento engendra o fascínio e o terror. À imagem desta oscilação da vida para a morte, responde o olhar exorbitado de um público petrificado. A sua repetição, em contrapartida, convida à celebração de um instante trágico num modo mais cerimonial, integrador e, ao mesmo tempo, participativo. Esta segunda etapa no percurso das imagens é acompanhada, no caso dos acontecimentos do 11 de Setembro, pela elaboração de um consenso político por actores instituídos, que retira a sua força da coesão social suscitada pelo luto colectivo. Até aí, nada indica que a identidade dos sujeitos tenha sido afectada pelo acontecimento. Os sujeitos são postos em movimento quando são levados a virar-se para a parte de si mesmos que um acontecimento fez desaparecer. Em contrapartida, é talvez esse sentimento de afastamento, de criação de uma distância, que nos é dado por imagens em que se fixa a inscrição convergente de vários olhares, os dos que captam a imagem e os dos públicos que encontraram nela a sua marca. O exemplo dos atentados do 11 de Setembro rejeita então a divisão artificial entre acontecimento mediático e acontecimento no sentido existencial. Os acontecimentos no sentido existencial não aderem de forma perfeita aos contornos nem à temporalidade dos acontecimentos mediáticos. Sobretudo, excedem o tempo da presença dos públicos e, mais do que se darem a ver, escondem-se no coração das imagens, mas a sua presença estás nelas inscrita.

Ao trabalho de encerramento do sentido dos acontecimentos realizado por actores autorizados, opõe-se o aparecimento dos possíveis imprevisíveis inerentes a qualquer acontecimento. As acções empreendidas como resposta ao acontecimento são elas próprias origem de consequências incontroláveis. A indeterminação reduzida pelos esforços de definição dos factos parece assim susceptível de voltar a aparecer noutro lado, nas situações confusas em que acções políticas ou militares foram empreendidas como resposta aos atentados. Assim, longe de estar consumado, o acontecimento do 11 de Setembro, por muito datado que seja como qualquer outro acontecimento, não está concluído nem totalmente determinado; adia a consciência que dele temos.

Capítulo 7

História e Jornalismo: Esboço de uma Abordagem Diferente da Realidade Factual

ALAIN FLAGEUL

Os *profissionais dos factos* que são o historiador e o jornalista conceberam durante muito tempo o seu ofício como a prática de uma arte da narrativa que requer apenas talento e aprendizagem – porém necessários – através de abordagens puramente discursivas do real. Consentindo, de acordo com Marc Bloch e Lucien Febvre, em alargar consideravelmente os seus ângulos de investigação no tempo, no espaço e nas disciplinas, muitos historiadores persistirem em negar a si mesmos qualquer legitimação científica, em recusar até o termo *método* histórico ([71]) para limitarem o seu projecto a uma colocação em narração de elementos artesanalmente reunidos. Estranha

---

([71]) Paul Veyne, *Comment on écrit l'histoire*, Paris, le Seuil, col. «Points Histoire», 1971 [*Como se Escreve a História*, Lisboa, Edições 70, 2008²].

profissão de fé masoquista, quando alguns afastamentos da tradição discursiva permitem entrever o real como uma matéria densa, cuja legibilidade já não estaria ligada ao finalismo estéril de um improvável *sentido da história*, mas à constatação realista, por todos verificada quotidianamente, de que a vida são apenas eventualidades, acasos, estranheza absoluta, ainda que o caos desempenhe nela um papel importante.

No que respeita ao jornalismo, como está realmente sujeito a condicionalismos comerciais imperiosos, não se exprime nenhum questionamento da abordagem dedutiva e verbal do real, salvo num conclave corporativo, de onde nunca sai fumo branco. Contudo, se não fossem as pressões económicas que a condicionam, esta profissão poderia deixar de nos apresentar como antropocêntrico e maniqueísta um mundo que é sobretudo factualidade crua, subterrânea, complexa, amoral e terrivelmente interessante.

O objectivo deste artigo é propor um regresso resoluto aos factos para passar a ligá-los, naquilo a que poderíamos chamar uma factologia (considerando-se que a *fenomenologia* de Husserl [72], que podia ter esse objecto, foi definida como uma ciência das essências e não dos factos), à sua génese, já não vista como o império das singularidades puras, mas como palpitante de estruturas, de sistemas e de objectos parcialmente inteligíveis, modelizáveis, por vezes reprodutíveis. O 11 de Setembro em Nova Iorque sendo *in fine* erigido como exemplo paradigmático desta abordagem de intenção unificadora da actualidade e da história.

1. O real

1.1 *Estruturas, sistemas, objectos, formas*

Considere-se o real. Recordemos e enunciemos alguns conceitos que o podem circunscrever:

---

[72] Edmund Husserl, *Idées directrices pour une phénoménologie*, Paris, Gallimard, 1998.

- Para parafrasear Kant ([73]), a noção de real refere-se, conforme os casos, ao *mundo em si* ou *numenal* (independente de qualquer sujeito de percepção) ou ao mundo *fenomenal* (as coisas percepcionadas por um *sujeito*).
- Salvo para o demónio de Laplace – ser teoricamente omnisciente –, o real *em si* – numenal –, por essência infinitamente complexo, dever-se-ia manter opaco a qualquer entendimento finito. Se, porém, cada sujeito compreende alguns fragmentos do real é graças à provável incerteza quântica logo após o *big bang* – muito amplificado depois pela gravitação –, que, de um germe homogéneo, fez este mundo heterogéneo, ou seja, constituído de coágulos de sentido que são as **estruturas** (princípios de organização solidária na essência das coisas), realizando-se em **sistemas** (conjuntos estruturais reificados), que se discretizam ([74]) em **objectos** (sistemas localmente limitados).
- Por **sujeito** entendemos qualquer consciência individual ou colectiva capaz de distinguir o si do não-si: ser vivo (animal ou humano), mas também povo, sociedade, instituição (Igreja, partido, empresa), opinião pública, categoria social portadora de uma constante partilhada, de uma maioria, de uma tendência.
- Para qualquer sujeito, os objectos do mundo fenomenal são as entidades objectivamente discretas do real numenal (uma pedra, um corpo humano), mais conjuntos vagos (nuvens, uma multidão), puras saliências estatísticas (em curva de Gauss, por exemplo), dominantes que o sujeito *objectaliza discretizando-os* artificialmente. Qualquer sujeito *sobre-objectaliza* então o mundo para o tornar mais inteligível.
- Muitos sistemas e objectos têm uma existência numenal ilegível na sua fenomenalidade pura: o psiquismo é

([73]) Emmanuel Kant, *La raison pure*, Paris, PUF, 1953.

([74]) Discretizar é um termo de matemática, que significa converter um espaço contínuo num espaço discreto equivalente para facilitar o cálculo (*N.T.*).

inapreensível apenas na materialidade do cérebro. A existência destes sistemas e objectos fenomenalmente opacos é tanto menos discutível já que a selecção darwiniana seleccionou alguns deles como numenalmente operatórios.
- Fenomenalmente, qualquer sujeito determina cada um dos seus objectos por uma **forma** (aparência parcial do objecto percepcionado como valendo o objecto, a não confundir com a *forma* numenal a três dimensões em acção nas morfogéneses, que é um *sistema*) sobre um fundo de um **espaço-substrato**, que se torna o ecrã – no sentido das sombras chinesas – da saliência dessa forma. Uma forma é, pois, o indício da presença de um objecto e, implicitamente, dos seus sistemas.
- O sujeito compara então a forma percepcionada com um modelo íntimo ou **morfotipo** (ou forma arquétipa: representação ideal, em cada um de nós, das estruturas formais que assinalam a presença de um mesmo tipo de objectos) forjado e memorizado pela experiência própria (o adquirido) ou pela da espécie (o inato no indivíduo, como o conhecimento instintivo da forma visual, olfactiva e táctil do seio pelo recém-nascido).
- Este reconhecimento de um objecto pela sua forma é sempre apenas probabilista (há todas as hipóteses de esta *forma-computador* traduzir bem a presença do *objecto-computador* neste sítio), nunca absolutamente certa (o computador que creio ver diante de mim pode ser uma caixa vazia, um logro). Novamente, é para reduzir o real a um conjunto de objectos tangíveis, muito mais fáceis de referenciar e tratar, que o sujeito eleva ao nível de certezas a maioria das fortes probabilidades a que está submetido.
- A partir de uma forma, qualquer sujeito pode tentar apreender grande parte da complexidade do mundo percorrendo eixos de penetração, desde as formas fenomenais até às estruturas numenais do real; eixos que podemos caracterizar assim: **uma forma assinala a presença de um objecto portador de sistemas que reificam estruturas.**

1.2 Facto, mito, acontecimento

- Um **facto** é uma transformação estrutural que afecta um ou vários objectos ou sistemas. Não há facto sem duração, mesmo que breve.
- Chamamos **facto bruto** a qualquer facto-número (o facto em si) e **mito factual** ao facto-fenómeno (tal como apreendido pelo sujeito) correspondente: sendo admitido que qualquer consciência, para memorizar um facto, deve efectuar a partir da sua forma a sua reconstrução própria em mito, ou seja, numa representação global, íntima, transcendental. Esse mito torna-se então um *morfotipo* a que o sujeito, pessoal ou social, se refere depois.
- Um **acontecimento** é um facto que apresenta uma ruptura (um ponto de inflexão estrutural) num contínuo próprio ou do ambiente. Num plano fenomenal, tal como um não-objecto pode por vezes ser considerado um objecto (uma falha numa série), alguns não-factos serão pertinentemente apreendidos como factos (a não--ida do general Grouchy a Waterloo, as carências da CIA antes do 11 de Setembro).
- As noções de facto e de acontecimento decorrem também da dupla acepção, numenal e fenomenal, do real. Qualquer facto, qualquer acontecimento pode ser também visto como um objecto.

1.3 Estabilidade, concorrência, tropismos

- Chama-se **estável** a um sistema material ou imaterial que, para conservar a sua integridade ou o seu lugar num supra-sistema, mobiliza o nível de energia mais baixo possível.
- Por nível de energia *mais baixo* deve entender-se, conforme o caso: o mínimo de calorias, de palavras, de informação, de peso, de trabalho, de tempo, de empregados, de sofrimento ou de dinheiro mobilizado para

conservar a mesma ordem externa ou interna (ordem energética, informativa, volumétrica, temporal, institucional, afectiva, financeira, etc.).
- Um sistema estável é então aquele que, para se manter, alcançou o melhor *rendimento*, a melhor *produtividade* possível, é o mais *económico* na energia, factor dessa estabilidade, devendo a *energia* ser considerada num sentido físico ou cibernético ([75]). Um sistema planetário, um animal, uma firma, um país, um avião, são sistemas *a priori* – ainda que provisoriamente – estáveis.
- Por efeito de um acontecimento interno (do tipo *avaria*) ou externo (do tipo *acidente*), alguns sistemas estáveis destabilizam-se. Se, em virtude do segundo princípio da termodinâmica, a maioria está exposta a uma desordem irreversível – uma entropia crescente –, alguns raros sistemas, pelo contrário, recuperam, ao acaso da sua recomposição estrutural, uma ordem intrínseca tão ou mais estável do que a antiga, geralmente devido a uma maior adaptabilidade sistémica às variações do ambiente.
- Em qualquer supra-sistema existem objectos mais estáveis, logo mais perenes do que outros e mais aptos a captarem no seu ambiente os elementos capazes de aumentarem a sua própria ordem (a sua neguentropia), a sua dimensão, a sua influência. Fora de qualquer visão finalista, existe assim uma **concorrência** objectiva entre objectos, em que os mais estáveis tendem a tornar-se metaforicamente *imperialistas*, pelo menos até a um limiar de crescimento óptico, para além do qual a entropia acaba também por os afectar (a morte eventual dos sistemas hiper-estáveis parece ser a contrapartida curiosa da sua hiper-estabilidade de vida). O mesmo acontece, ou aconteceu, com as multinacionais, os buracos negros, os impérios, os dinossauros.
- Esta lei da competição inevitável das estabilidades desenha um mundo global submetido a um darwinismo

---

([75]) Claude Shannon e Warren Weaver, *The Mathematical Theory of Communication*, Urbana, University of Illinois Press, 1949.

universal muito lento, um **pandarwinismo** silencioso que esclarece a estranha organização macroscópica do inerte, de que o darwinismo vital se torna apenas uma expressão paroxística.
- A concorrência sistémica entre objectos estáveis exerce--se por dois tipos de **tropismos**: um que se poderá chamar positivo, constituído de atracção, de assimilação, de convergência; o outro negativo, feito de rejeição, de dispersão, de divergência. Pode dizer-se que a força destes tropismos depende da **massa** respectiva dos objectos, ela própria função das suas dimensões e graus de estabilidade; esta noção metafórica de *massa*, material ou imaterial, aplica-se tanto aos sistemas planetários como às OPA, às modas, às línguas e culturas, às relações internacionais, a qualquer objecto histórico e ao seu contexto.

1.4 *Atractores, repulsores*

- Chamamos **atractor** a um objecto/sistema externo estável que exerce sobre um qualquer objecto X um tropismo positivo; o **repulsor** é um tropismo negativo. *Atractores* e *repulsores* constituem **lugares de polaridade** para X.
- Não existem atractores nem repulsores **em si**, mas para uma determinada categoria de objectos num supra--sistema (uma *esfera*, ver mais à frente) dado. A simples posição de um objecto pode ser, para ele próprio, um atractor ou um repulsor.
- As ciências do caos não acharam por bem manter o conceito de *repulsor*, preferindo ater-se ao atractor, que é considerado corresponder-lhe sempre simetricamente. Mas discriminar como repulsor as águas da chuva num pico montanhoso isolado no meio de uma zona plana é mais rigoroso, mais operatório, do que considerar apenas o vasto atractor da planície que o rodeia.

- Por exemplo, são **atractores**: as suas seis faces para um dado, todos os objectos celestes compactos entre si – pela gravitação –, os vales para os rios, a água para a vida, as vias férreas, rodoviárias e aéreas para os fluxos humanos, as empresas para o emprego e para o investimento, o alimento para cada ser vivo, os parceiros sexuais para os sexuados, mas também líderes, partidos, ideologias, mitos e crenças para os grupos humanos, a exposição mediática para os actores da vida social, etc. É uma lista *a priori* infinita…
- Do mesmo modo, são **repulsores**: as suas doze arestas e oito pontos para o dado, os cumes e topos para os rios, o mesmo pólo de um íman para qualquer outro íman, os extremos de temperatura e de seca para a vida, o inimigo para uma nação, certas ideologias para cada indivíduo, o horizonte da morte para a maioria dos humanos, etc.
- Nem todos os atractores e repulsores são tangíveis, visíveis, patentes, o que nos leva a qualificar os menos legíveis como *estranhos*: uma das finalidades da factologia seria elaborar instrumentos de determinação que permitissem identificar, descrever e medir os locais de polaridade estranhos que agem sobre certas categorias de objectos num espaço dado.
- Qualquer **fronteira** real ou simbólica é o indício de um contacto entre objectos sistémicos que se revelam mutuamente repulsores: por exemplo, germes distintos que proliferam numa caixa de Pétri, áreas de clientela, nações, idiomas contíguos, zonas eleitorais, etc. Cada fronteira desenha uma curva arquetípica função das massas respectivas dos objectos/sistemas em questão. A factologia estudaria e, se necessário, preveria a natureza dessas curvas.

1.5 *Esferas e campos*

- Chamemos **esfera** a um objecto dado um supra-sistema hiper-estável (um grande atractor) no qual o objecto evolui. Se as grandes esferas lembram as *ordens* [76] de Pascal ou as *regiões* [77] de Bachelard, as mais modestas são mobilizadas segundo a sua pertinência, ou não, para o objecto estudado: por exemplo, a *esfera* social de um país, ou a *esfera* do ser vivo, ou a *grafosfera* (Régis Debray).

- Um mesmo objecto pode evoluir em várias esferas ao mesmo tempo, eventualmente transparentes entre si: qualquer ser humano *habita*, ao mesmo tempo, a sua esfera fisiológica e a sua esfera social (e muitos outras mais), que só interferem de forma episódica.
- Chamamos **campo** a um supra-sistema hiper-estável (um referencial) que encontra as estruturas invariáveis – as leis – no seio de certas esferas. Antes de empregar, para descrever um corpo de atractores, o mínimo de energia conceptual, informativa, de linguagem, matemática, um *campo* é por essência um *atractor de atractores*. Se todas as disciplinas (matemática, biologia, sociologia, etc.) são campos, nem todos os campos são disciplinas. Por exemplo, o *ângulo* do jornalista é um campo.
- A distinção entre campo e esfera é apenas operatória: se a esfera tem uma função pragmática e o campo uma vocação analítica, não dependem de instrumentos *a priori* diferentes.
- As ambiguidades nascem com frequência do facto de muitos termos correntes abrangerem, em simultâneo, uma esfera e um campo: a economia de um país é uma esfera, a economia como ciência é um campo. E se Bourdieu adaptou o conceito físico de *campo* à sociologia [78], foi no sentido de esfera (o *campo jornalístico* é uma esfera).

---

[76] Blaise Pascal, *Pensées*, Paris, Gallimard, col. «La Pléiade», 1999.
[77] Gaston Bachelard, *Le Rationalisme appliqué*, Paris, PUF, 1949.
[78] Pierre Bourdieu, *Questions de sociologie*, Paris, Les Éditions de Minuit, 1984.

- Qualquer projecto racionalizado de um indivíduo ou de uma sociedade, embora seja depois realizado por esferas, é *a priori* concebido por campos alternados, encaixados ou sobrepostos: por exemplo, financeiro, logístico, técnico, político, jurídico, etc.
- O mesmo se diz da análise retrospectiva da génese de um facto: a compreensão *a posteriori* do naufrágio do *Titanic* obriga a passar do campo regulamentar (as leis respeitadas ou transgredidas) aquando do naufrágio para o da gestão do navio, mais a montante para o das escolhas no campo técnico efectuadas por motivos relativos ao campo económico, etc.
- Qualquer esfera, contida em **supra-esferas**, contém *en abîme* uma multidão (uma infinidade?) de **infra-esferas**. O mesmo sucede com os campos, **supracampos** e **infracampos**. Assim, a esfera do ser vivo, infra-esfera do inanimado, é a supra-esfera da história humana. Se Deleuze e Guattari compararam a um *rizoma*[79] todo o encadeamento de esferas, a imagem da *esponja* parece mais evocadora desses espaços vazios intricados onde circulam os objectos do real.
- Qualquer colisão de objectos e de sistemas pode criar esferas estruturalmente novas, que devem ser apreendidas por campos conhecidos ou inéditos.
- No seio de uma esfera, as infra-esferas podem ser complementares em certos campos e concorrentes noutros: na embriogénese, as esferas muscular, endócrina, vascular, digestiva, nervosa, tegumentária, etc., são complementares no campo funcional e concorrentes no campo espacial. O equilíbrio encontrado – a homeostasia – será a zona de maior estabilidade, de melhor compromisso entre imperativos e constrangimentos, obtido aqui pelo jogo das leis do campo da selecção natural ao longo da filogénese.

---

[79] Gilles Deleuze e Félix Guattari, *Mille plateaux*, Paris, Les Éditions de Minuit, 1980.

- A supra-esfera mais comum às outras esferas – mas não a todas – é o nosso espaço físico trivial a quatro dimensões, que tem naturalmente a ver com o supracampo geométrico.
- Mas o espaço comum pode ser também uma referência enganadora: numa esfera institucional (numa empresa, por exemplo), o quilómetro não é a unidade pertinente para descrever relações de poder. Muitas esferas têm assim a ver com campos que têm uma métrica própria que configura uma **topologia** – ou geometria de situação – específica.
- O estabelecimento de campos topológicos paradigmáticos das grandes esferas do mundo, o estudo das suas leis e das suas invariáveis métricas (das suas *normas*), seriam a pedra angular da factologia.

1.6 O *mundo em marcha:* um flipper *maleável e infinito*

- Tentemos uma síntese quase *daliana* do que foi dito, comparando o mundo em marcha com um *flipper* (um bilhar eléctrico) gigante, de facto infinito. Considere-se um objecto histórico, uma pessoa, por exemplo, e atribuamos-lhe o papel da bola do *flipper*. Submetamos esta bola ao atractor universal, que a movimenta sempre na mesma direcção: o tempo substitui aqui a gravitação. O bilhar electrónico do real já não é uma mesa inclinada, mas um entrelaçamento ilimitado de tubos maleáveis muito interligados, subdivididos, mudando incessantemente de formas e de dimensões. Estes tubos, que figuram as esferas que a bola percorre, estão cheios de ligações, faixas, armadilhas, em suma, objectos reactivos que repelem ou atraem a bola de maneira linear ou caótica: estes locais são os atractores e repulsores da bola na esfera.
- Esta bola – este objecto – pode assim atravessar muitas esferas ou ficar retida mais ou menos definitivamente num atractor, não sem antes ter percutido ou inflectido

a trajectória de outras bolas encontradas e ter criado por esses choques, como na física nuclear, outros sistemas ou objectos de estruturas conhecidas ou desconhecidas.

- Consideremos precisamente um desses instantes em que a bola colide – de forma contigente ou não, pouco importa – noutras bolas: esta colisão constitui um facto. Qualquer sujeito que deseje perceber a génese desse facto tentará reconstituir o trajecto das bolas, ver por que tubos – através de que esferas – elas passaram, a que locais de polaridade – atractores e repulsores – estiveram sujeitas. Tarefa *a priori* impossível, pois a origem do *flipper* remonta ao infinito dos tempos (pelo menos ao *big bang*) e nunca podemos definir *átomos* de objecto, de esfera, de polaridade: em toda a parte, em todos os instantes, podem ser encontrados subobjectos que percorrem subesferas, submetidos a sublugares de polaridade mais subtis, inapreensíveis para o analista; mas, ainda assim, é uma tarefa realizável pela análise, em diversos campos de conhecimento, dos eventuais traços deixados pelas bolas nas suas esferas.

1.7 *Etapas da análise do real pelo jornalista e pelo historiador*

1.7.1 *Nomear, problematizar o facto, determinar os campos pertinentes*

- Para tentar perceber a origem de um facto, qualquer sujeito observador – profissional ou testemunha – deve, em primeiro lugar, atribuir ao facto um **nome,** que contenha implicitamente uma **problematização** que mobilize os campos de análise convenientes; uma pequena alteração no nome pode implicar uma mudança radical dos campos pertinentes. *O naufrágio do Titanic* não é *O afogamento dos passageiros do Titanic* nem os *Erros da tripulação no naufrágio do Titanic.* Uma vez fixado

o nome, o analista deve mantê-lo, salvo se quiser mudar de problemática.
- O sujeito determina depois as esferas sucessivas em que se inscreve a génese aparente do facto, completando esta lista se outras esferas pertinentes se forem revelando.

1.7.2 Fixar uma área de análise

- No seio de cada esfera e em cada instante, o sujeito efectua uma **regulação**, fixando no espaço-substrato uma **área de análise**, ou seja, uma **focalização** (a escala, a distância de nitidez determinam um *grão*), um **quadro** (limites espaciais e temporais da observação) e um ou vários **campos** de análise, muitas vezes, mas nem sempre, disciplinares (tudo termos claramente oriundos da fotografia, em que a noção de *campo*, porém, tem um sentido mais restrito, puramente espacial).

1.7.3 Retro-dizer, pós-dizer, predizer

- Para apreciar a génese de um facto, qualquer sujeito efectua dois tipos de projecção sucessivos no passado: movimento de **retrodicção** ([80]) (para trás no tempo, a partir do facto para determinar alguns germes considerados primordiais) e, em seguida, de **pós-dicção** (reconstituir os percursos possíveis desses germes até ao facto, desta vez no sentido do tempo). O jornalista e qualquer testemunha interessada em antecipar *a quente* a continuação de um facto acrescentarão a estes dois movimentos o da **predição** (o termo *previsão* seria mais adequado, mas por razões de coerência com retrodicção e pós-dicção, conservaremos a forma predição). Mas,

---

([80]) Paul Ricœur, *Temps et Récit*, Paris, Le Seuil, col. «Essais Points», 1983.

para o historiador, que já conhece em parte a continuação do facto, o par retrodicção/pós-dicção basta *a priori*: será apenas *pré* ou *pós-factual*.
- Qualquer retrodicção, que contraria o sentido do tempo, permite uma **determinação** apenas por saltos descontínuos. Pelo contrário, qualquer pós-dicção, que segue a flecha do tempo, pode dar lugar a uma **narrativa**; a predição traduz-se principalmente pela formulação de **argumentos**.

1.7.4 *Espaços vectoriais, esperança histórica, teoria dos jogos*

- Fazendo variar o campo de observação, o sujeito pode então determinar e caracterizar os atractores e repulsores dos principais objectos implicados na génese do facto, e, tendo atravessado a área de análise fixada na esfera, nomeá-los e colocá-los em gráficos.
- Segundo Paul Ricœur, para quem «a noção de importância não é inacessível à análise» ([81]), decidamos afectar cada atractor ou repulsor de uma **massa** calculada; a factorização desse número e da distância do objecto traduz o efeito do atractor sobre o objecto. Ao determinar que qualquer morte natural é um atractor mediático, a famosa proporção mortes/quilómetros (uma vez que 1/100 = 100/10 000, um morto a 100 quilómetros de distância valeria *jornalisticamente* 100 mortos a 10 000 quilómetros) ilustra de forma emblemática esta noção.
- Qualquer espaço de atractores e de repulsores numa esfera dada é assimilável a um **espaço vectorial**, no qual direcções e grandezas dos tropismos que afectam *a priori* os objectos se adicionam, se multiplicam e são passíveis de operações matemáticas balizadas; a dificuldade reside menos nos instrumentos, conhecidos e dominados, do

---

([81]) *Ibid.*

que na complexidade extraordinária dos vectores do real, que levaria a qualificar de reducionista quem pretendesse resumi-las a algumas setas (mas o recurso maciço à informática pode deslegitimar em parte essas críticas).

- A noção de esperança matemática (multiplicação de uma probabilidade por um ganho esperado, cujo arquétipo é *a aposta* de Pascal) poderia assim inspirar cálculos de **esperança histórica**, definida como o produto da probabilidade de que um facto primário tenha ocorrido pela *importância qualitativa* – apreciada o mais objectivamente possível – dessa hipótese sobre a existência e a natureza do facto secundário que interessa ao sujeito. E a aplicação à actualidade e à história dos instrumentos, nomeadamente matriciais, da **teoria dos jogos** atribuiria a essas disciplinas alguma objectivação hoje ausente.

- A tradução mais geral das configurações factuais em teoremas, em fórmulas que revelam arquétipos de outro modo invisíveis – como fez o grupo Bourbaki para as matemáticas gerais –, permitiria aspirar a uma autêntica ciência do real em torno de um *corpus* unificado de conceitos e operações (adoptando, de passagem, um conjunto de símbolos próprios, por exemplo △ para designar os objectos, ∅ as esferas, C os campos, etc.).

1.7.5 Investigar para além das causas e dos efeitos

- Continuemos esta desconstrução relativa da história e do jornalismo tradicionais seguindo o matemático René Thom, quando afirma, na esteira de Espinosa, que «a causalidade contingente só difere da causalidade simples [...] por causa do interesse antropocêntrico que atribuímos às vicissitudes de um subsistema extraído do sistema global (o homem atingido pela queda de uma chaminé)»; por isso, «não vê de qualquer necessidade de criar este oximoro que é a "causalidade contingente"» ([82]). Porque se só as noções históricas de *causa* e *efeito* permitem descobrir responsabilidades humanas, admitimos que o acaso que coloca uma futura vítima no caminho do seu assassino não pode ser visto como uma *causa* do crime, nem um cão morto por uma bala perdida do dito assassino como um *efeito*, no sentido intencional, do crime. O que implica alargar o horizonte dos encadeamentos factuais aos **antecedentes** ditos contingentes – e não apenas às causas, geralmente antrópicas –, que constituem a **génese** do facto, às **sequências** consideradas contingentes – e não apenas aos efeitos –, que constituem a **produção** do facto.

- A necessidade de uma reavaliação do *contingente* factual prende-se aos componentes caóticos do real, implicando que a **mudança marginal** induzida por um facto sobre as suas sequências não seja legível na sua importância aparente (sejam quais forem o juiz e o aferidor dessa *importância*). *A priori*, a génese e a textura de um acontecimento importante não dependem menos de factos qualificados de *episódicos* (cf. o *efeito borboleta*) do que de grandes factos notórios.

- Objecção importante: como o real está cheio de factos contingentes, é inútil pretender abarcar este universo sem fim e não hierarquizado. Objecção à objecção: os factos episódicos, por serem tão unanimemente desprezados (cf. os *faits divers*), são pouco documentados e arquivados, sem falar do infra-episódico, do qual geralmente nada resta. Se o mundo da contingência deixa então uma impressão de infinito, é mais nas carências insondáveis dos seus traços do que na sua profusão. Só a procura dos indícios em estudos e investigações pode permitir fazerem emergir elementos parciais da *trama pobre* do mundo e depois *fazer história* como se faz o restauro probabilista de um fresco mais marcado pelas suas faltas do que pela abundância dos desenhos residuais.

([82]) «La querelle du déterminisme», *Débat*, Paris, Gallimard, 1990.

- Em factologia, a re-hearquização dos factos do mundo efectua-se, portanto, segundo critérios de *produtividade marginal*, ou seja, de medição objectiva da maior transformação produzida pela mais pequena mudança anterior. O que implica, tal como nas ciências exactas, suspender temporariamente qualquer projecto antropocêntrico e até humanista (quando qualquer historiador se glorifica geralmente do contrário), em proveito de uma abordagem mecanicista do real. Compreende-se que a própria ideia de tal empreendimento suscitaria logo uma rejeição maciça e indignada, já que se trata de uma História totalmente diferente (sem falar do jornalismo) da disciplina hoje praticada.

2. **Configuração de qualquer factogénese**

2.1 *Cones*

- Se, agora seduzido por estas abordagens e por estas ferramentas – cujo domínio colectivo está por estabelecer –, um sujeito voltar a um **facto** do passado já nomeado para tentar redesenhar as duas meadas dos antecedentes e das sequências que formam a esfera global da génese e da produção do facto, essas meadas já não aparecerão a ocupar a textura esponjosa sem limites do grande *flipper* mundano, mas, pelo contrário, aparecerão estritamente inscritas em configurações bem precisas: *dois cones* (um para os antecedentes e o outro para as sequências) não simétricos, opostos pelo cume que é *o facto* (o cone de baixo traduz aquilo que configura uma *tábua de Galton*, para quem conheça a obra estranha, por vezes confusa, deste primo de Charles Darwin).

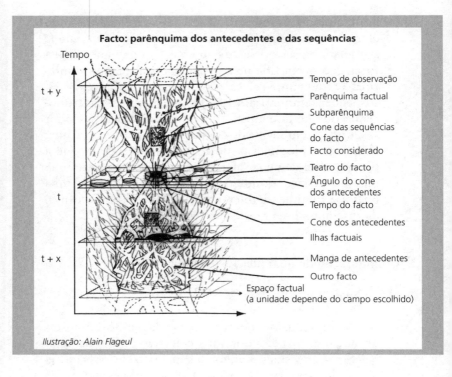

Ilustração: Alain Flageul

- Os cones discriminam no espaço aquilo que, no tempo, é totalmente estranho, ou não, ao facto. Ou seja: nada do que está fora dos cones tem responsabilidade possível, mesmo contingente, na existência e na natureza do facto, e nada dele resulta, mesmo parcialmente, sendo absoluta a fronteira entre esses dois semi-espaços.
- Esta fronteira, porém, não tem existência na morfogénese do mundo global, que não passa por cones, os quais só podem ser vistos de forma retrospectiva e em relação a um facto dado. A imagem tentadora da ampulheta para qualificar estes cones é, portanto, inadequada.
- A forma bicónica, *a priori* universal, suporta variações infinitas: qualquer regresso aos antecedentes longín-

quos de um facto acaba sempre por parar nas paredes intransponíveis do espaço de acção (por exemplo, os contornos de uma ilha real ou simbólica, os limites do planeta), que desenham mais uma manga, um *cilindróide*, do que um cone; e podemos encontrar em toda a parte gargalos de estrangulamento que invertem localmente o sentido do cone, e até impasses (plausíveis a jusante – um facto pode muito bem não ter outra sequência senão a dissolução, a entropia –, impossíveis a montante – nenhum facto está isento de antecedentes).

- Para representar o duplo cone global da génese e produção de um facto dado, o sujeito utiliza uma larga paleta de campos de análise que desenham esferas, elas próprias bicónicas (das quais retém sempre apenas um fragmento), depois sobrepõe essas esferas e estabelece pontos entre elas num espaço único entre os campos, geralmente o espaço geométrico trivial.

- Se o eixo vertical dos cones é o do tempo e o eixo horizontal o do espaço próprio a cada campo, qual é a unidade de medida no espaço entre os campos? Se a referência geométrica continuasse a ser pertinente para todos os campos, a unidade seria naturalmente o metro (do *angström* e aquém, ao *parsec* e além). Mas o recurso ao metro-padrão não se mostra útil para descrever relações de poder, fluxos financeiros ou relações afectivas. Daí a necessidade, para fundar uma verdadeira factologia, de conceber uma geometria de situação – uma *topologia* –, com a sua **métrica** própria para cada grande campo de conhecimentos, como se fez na cartografia para representar os fenómenos invisíveis [83].

- Quando um duplo cone resulta de uma mistura de campos de métricas heteróclitas, é então necessário admitir que o mundo permaneça um tecido paradoxal de espaços simultaneamente imbricados e geometricamente não sobreponíveis, ainda que passíveis de representa-

---

[83] Sylvie Rimbert, «Pour una cartographie de l'invisible», *Les Cahiers du collège iconique*, n.º XII, Bry-sur-Marne, Ina, 2000.

ções globais (mentalmente, fazemo-lo incessantemente) num universo único, mas heterogéneo.

2.2 Operadores factuais

- Nos tubos de esferas que formam a esponja do real, os objectos estão submetidos a atractores e a repulsores variados. Em toda a parte, esta proliferação de locais de polaridade (como os contactos de um *flipper*) submete cada objecto a trajectórias resultantes de configurações arquetípicas a que chamaremos **operadores factuais**.
- Deste modo, as evoluções assintomáticas, os nós e os bojos, as precipitações, diluições ou concentrações, os efeitos de lingueta ou de gargalos, os ecos, ressonâncias ou interferências, as dispersões em *lei normal*, os efeitos-tampão, os fenómenos de histerese, as colocações em espirais dialécticas (cf. os pânicos bolsistas), as encruzilhadas, impasses, bifurcações e difluências, os funis, os vórtices, turbilhões e turbulências, buracos e abismos, os movimentos tectónicos das placas, a percolação [84], os autómatos celulares de Wolfram [85], as reacções-difusões segundo o modelo de Turing, as catástrofes segundo a topologia de Thom [86], os equilíbrios de Nash na teoria dos jogos, a invariabilidade de escala (cf. os fractais), as transições de fase (cf. a passagem do líquido ao gasoso), as estruturas têxteis, os filamentos, canutilhos, tranças, dobras e pregas, etc, são *operadores factuais*. Trata-se de uma lista heteróclita e não exaustiva, longe disso, mas que, elevada pela investigação ao nível de uma **sistemática**, libertaria o jornalista e o historiador dos acasos das interpretações intuitivas do

---

[84] Pierre Grassberger, «La percolation ou la géométrie de la contagion», *Science du désordre, La Recherche*, n.º 232, Paris, 1991.

[85] Stephen Wolfram, *A New Kind of Science*, Winnipeg, Stephen Wolfram Inc., 2002.

[86] René Thom, *Stabilité structurelle et morphogenèse*, Paris, InterÉditions, 1984.

real, permitindo ligar cada facto a uma tipologia operatória.
- Um tal ordenamento permitiria legitimar de novo os jogos de **ucronia**, as suputações retrospectivas após alteração de um germe factual, *todas as coisas iguais por outra via* (como se faz, no rato, para um gene): que se teria passado – que operadores factuais teriam agido – se o *Titanic* não tivesse embatido contra aquele icebergue (teria embatido noutro, mais tarde?, com que probabilidade, ou nunca?), se o 18 de Brumário tivesse fracassado (a restauração, a anarquia, outra ditadura?), se os aliados tivessem renunciado a obrigar a Alemanha a pagar no tratado de Versalhes (o nazismo seria inevitável?). Aos historiadores modernos repugna a ideia de refazerem a história *com ses*, cujos argumentos não podem, de facto, ser confirmados ou desmentidos pela experiência. Se, efectivamente, é inútil esperar dos jogos de ucronia uma visão clara de um putativo acontecimento retrospectivo (ainda que a actual construção do castelo *medieval* de Guédelon seja um desmentido brilhante desta asserção), estes, para além dos seus trunfos lúdicos, bem-vindos numa disciplina, a história, que não os rejeita, teriam grandes virtudes modeladoras para testar, pela comparação e discussão pública dos argumentos, a legitimidade do nome dado ao facto, a pertinência dos campos de análise e dos operadores factuais referenciados e a força das polaridades, o lugar, a largura e a forma dos cones desenhados.

3. A factologia, para a unificação da história e do jornalismo

3.1 *Um novo bestiário de conceitos*

Na vida quotidiana, todos tentamos avaliar os obstáculos que se nos apresentam e as formas de os ultrapassar usando, de maneira inconsciente, métodos de análise factológicos que nunca negligenciam, por exemplo, as causalidades contingentes. Assim, o historiador e o jornalista são convidados para um regresso conceptualizado a esse olhar vulgar, para dizerem outra coisa do mundo e com outros instrumentos, o que as suas melhores narrativas já nos ensinam. Fazer factologia não seria renunciar às narrativas, mas escrevê-las com outras palavras, apoiadas por elementos decisivos inéditos, hoje desdenhados porque desprovidos de antropocentrismo; seria circunscrever as cadeias de causalidade factual em fronteiras actualmente despercebidas, as dos seus cones de antecedentes e de sequências, cones urdidos de entrelaçamentos de esferas nomeadas, examinadas através dos campos definidos, balizados, referentes a uma topologia própria, identificada, descrita; seria renunciar a ver o tecido esponjoso desses cones urdidos de acasos, de escolhas indecifráveis, de eventualidades, para o descrever repleto de atractores e de repulsores identificáveis, cada um exercendo sobre o objecto que dele se aproxima um tropismo resultante da sua massa e que lhe impõe as trajectórias arquetípicas de operadores factuais; seria explicitar incansavelmente a área de exame adoptada reconfigurando a focal, o quadro, o campo escolhidos em cada etapa da investigação e identificando os momentos de retrodicção, de pós-dicção e de predição temporais; seria permitir os jogos de ucronia sobre a história que não ocorreu, tão rica em ensinamentos quanto *a verdadeira*; seria aceitar ver também o mundo como um espaço vectorial, dependente de ferramentas matemáticas variadas. Seria, portanto, optar por uma abordagem radicalmente diferente do mundo e das suas questões, perscrutando-o com olhos novos, mais aguçados, paradoxalmente mais poéticos porque menos literários, menos suspeitos de efeitos retóricos e de afinidades electivas, mesmo que *in fine* a narrativa venha, pela sua fluidez, cores e mistério, dizer a última palavra da História.

3.2 *Um grande exemplo de produção do acontecimento*

O *11 de Setembro de 2001 em Nova Iorque* é um facto **númeno** na sua realidade infinitamente complexa, mas que exibe objectos discretos, e **fenómeno** pela consciência súbita que dele tiveram os sujeitos (indivíduos, opiniões públicas, instituições e movimentos diversos).

Nesse dia, estivemos todos, sujeitos imediatos e mediatos, submetidos a **formas** que surgiram de um **espaço-substrato** (o cenário). Em primeiro lugar, formas **explícitas**: fachadas de torres, dois perfis de aviões, dois embates, fumo, silhuetas a saltarem no vazio, uma voz anónima a gritar «Oh shit!», multidões em fuga, nuvens de poeira, e as formas abstractas *atentado, morte*. Incluímos espontaneamente essas formas numa **área de análise** escolhendo uma **focal** (zona de claridade, aqui imposta pelas câmaras) e um **quadro** (*idem*). Em seguida, surgem em todos nós formas **implícitas**, decorrentes de um **morfotipo** (uma forma-arquétipo) urdido pela nossa cultura, pela nossa experiência pessoal. Para muitos ocidentais: terroristas odiosos, vítimas aterrorizadas, sobreviventes feridos/aliviados, testemunhas sideradas, instituições destruídas e logo calculadas, famílias de luto, empresas arruinadas, Bolsa abalada, a nação americana ferida, a democracia ameaçada, os comanditários dos atentados exaltados.

Estas formas denunciam a presença de **objectos**. Objectos inanimados: Torres Gémeas, empresas, aviões, câmaras e, depois, chamas, ruínas, cadáveres. Objectos vivos: terroristas, passageiros dos aviões, trabalhadores e visitantes das torres, socorristas, testemunhas. Objectos ideais: atentados, ódio, terror, abnegação, pânico bolsista, represálias.

A questão «*o que liga estes objectos?*» apela a uma inquirição por grandes **sistemas** ou **esferas**: institucional (organismos, Estados, empresas afectadas), estratégico (finalidade militar desses actos), logístico (concepção e execução dos atentados), bancário (fontes de financiamento), ideológico (crenças e doutrinas dos agentes), mediático (modos de difusão mundial da informação), etc., todos relacionados com alguns **campos** de análise aqui pertinentes: gestão, economia, psicologia, polemologia, história, sociologia, teologia, ou campos sem nome, como os que respeitam aos erros na prevenção e na segurança (a fracassologia?), ou a construção de sistemas coerentes/delirantes de representações (a rumorologia) em todos os meios sociais. A cada campo a sua geometria, a sua **topologia**, quer própria, que não está ainda decifrada, quer redutível ao nosso espaço trivial.

O facto começa a ganhar **nome**: *Atentados contra os Estados Unidos, Aviões embatem contra os arranha-céus mais altos de Nova Iorque, O World Trade Center destruído*, etc., com cada denominação a privilegiar implicitamente determinados campos.

Cada grande sistema (esfera), incluído em **supra-sistemas** (o Estado americano, a cidade de Nova Iorque, a Al-Qaeda, etc.), comporta uma infinidade de **infra-sistemas**: redes digitais de dados, circuitos de financiamento, hierarquias de comando, máquinas e equipamentos (eles próprios tecnicamente subdivisíveis à vontade), laços afectivos no seio dos grupos implicados, protocolos criminosos em acção, etc.; e depois incêndios, colónias de suicidados, de queimados, de esmagados, montes de ruínas, tudo *neo-sistemas* caracterizados por uma entropia fulminante: do encontro de um avião e de uma torre, sistemas arquetípicos conhecidos, nasce um desmoronamento de natureza sistémica desconhecido. E depois todos os infra-sistemas ínfimos (tal pensamento individual), transversais (todas as atitudes arquetípicas face à morte) ou globalizados (o World Trade Center no seu todo), cujas aparências nada dizem.

Estes sistemas são a reificação de **estruturas** abstractas: torres nos seus princípios arquitectónico e simbólico, nos seus esquemas de entradas (*inputs*) e de saídas (*outputs*) materiais (alimentação, resíduos, mobílias, etc.) e imateriais (dados), aviões na sua concepção técnica e humana, empresas na sua organização financeira, de gestão, cibernética, seres humanos na sua própria essência – física, mental –, pânicos nas suas leis imutáveis, atentados enquanto procedimento *a priori*, o choque dos aviões contra as torres criando numerosas estruturas inéditas. E depois estruturas imperceptíveis à primeira vista, como aquelas, propriamente psíquicas, que fazem com que muitos prisioneiros do alto das torres prefiram a morte por queda no vazio à cremação em vida.

Como resultado destes divisões, temos, por um lado, o **facto bruto**: *o 11 de Setembro de 2001 em Nova Iorque*, globalidade numenal confinada no espaço e no tempo, parcialmente abarcável pela razão a partir das formas, objectos, sistemas e estruturas identificados. Por outro, o **mito factual**: representação íntima, indivisível e transcendental inscrita na memória de cada sujeito individual ou colectivo e que reemerge em bloco, ou por fragmentos, a cada evocação do nome O *11 de Setembro de 2001* ou de outra denominação semelhante.

Devido à presença **contingente** de alguns passageiros decididos a intervirem, um grupo terrorista não conseguiu fazer embater o quarto avião, que se despenhou na Pensilvânia, contra o seu alvo, sem dúvida o Capitólio, o que teria conferido ao *11 de Setembro de 2001* um sentido intrinsecamente diferente, o de um atentado contra a Democracia e não só contra a América.

Se as causas do facto atormentam logo cada sujeito, ninguém **negligencia** os seus **antecedentes** não causais: quais eram as empresas sediadas nas torres, como é que os passageiros dos aviões viveram a sua sorte?, o todo formando a **génese** do facto. O mesmo se diz quanto aos efeitos, mas também em relação às **sequências**, que juntos formam a **produção** do facto: três anos depois, a teoria delirante da conspiração sionista que terá urdido o *11 de Setembro* é uma sequência e não uma consequência do facto.

Para sondar as causas e os antecedentes, cada indivíduo procede por **retrodicção**, supondo no sentido contrário do tempo os momentos e os locais em que a sorte dos atentados se decidiu de forma binária: quando e como é que os terroristas controlaram os aviões? Onde e como é que passaram as barreiras de segurança? Quando é que entraram nos Estados Unidos, vindos de onde? Quem tomou a decisão do atentado, onde e quando? Etc. Sobre cada uma destas perguntas desenrolam-se logo histórias de **pós-dicção**, narrativas hipotéticas que partem de nós de retrodicção. A **predição** (que irá acontecer agora?) só pode ter interessado os contemporâneos. Mas, para o historiador de 2015 e para o comentador de 2006, que conhecem parcialmente a sequência, continuam a ser possíveis predições **ucrónicas**: *que se teria passado se...?*

O tecido dos antecedentes do *11 de Setembro de 2001 em Nova Iorque* funde-se totalmente num **cone** cujo cume é o facto nomeado, cone que tende a alargar-se – mas isso não é inevitável – à medida que se remonta ao passado. Assim, na esfera geográfica trivial, todos os actores do 11 de Setembro evoluem obrigatoriamente no interior de um círculo de 500 quilómetros de raio em redor de Nova Iorque 30 minutos antes do atentado; este raio passa para 1000 quilómetros uma hora antes do facto, etc. O mesmo se passa com as sequências do 11 de Setembro, que se inscrevem num cone oposto que, na esfera da informação, se alarga de forma explosiva – sem dúvida única na história – devido à dinâmica e à universalidade do eco mediático. Apesar das métricas distintas reveladas pelas topologias específicas de cada campo, a sobreposição teórica dos cones de todas as esferas de causalidades revela *in fine* os cones **absolutos** que encerram, sem excepção, todos os antecedentes e sequências do *11 de Setembro*.

Cada objecto do *11 de Setembro* foi submetido a numerosos **atractores** e **repulsores**, que reforçaram ou enfraqueceram, ou destruíram, a sua estabilidade intrínseca. Na esfera ideológico-religiosa dos terroristas, o céu prometido aos mártires, o sonho da restauração do califado eram atractores prováveis; os valores judaico-cristãos, a democracia, o capitalismo e as suas pretensas perversões eram repulsores. Na esfera logística, as torres eram atractores, qualquer avião de caça era um potencial repulsor. Para alguns ocupantes das torres, o vazio foi súbito, na esfera psicológica, um atractor de **tropismo** estranho face ao repulsor das chamas, etc. Sendo admitido que, para qualquer ser vivo, a **massa** do repulsor-chamas é sempre considerável. Para um **lugar de polaridade** dado, o conjunto das setas de atracção/repulsão desenha o **espaço vectorial** no qual se moveu o objecto.

Podemos assim submeter retrospectivamente alguns actores do facto (como os terroristas que tramam o seu projecto) a um cálculo de **esperança histórica**, por exemplo multiplicando a probabilidade de um entrave na acção (como um controlo policial eficiente no aeroporto, a intervenção de passageiros, etc.) pelo grau de gravidade final residual (tendo em conta o número de mortos, o grau de destruição das torres) resultante desse entrave, em seguida adicionando-lhe todos esses produtos ao longo de uma história completa; por último, comparando o resultado com o das outras histórias e avaliar o impacto visual de cada uma. E a colocação em matriz de hipóteses ponderadas poderia conferir à **teoria dos jogos** uma pertinência invulgar em historiografia.

Enfim, foi a conjunção de todos os lugares de polaridade em toda a porção das esferas que configurou **operadores factuais**, dando a cada objecto a sua trajectória até ao facto. Assim, a montante do facto, o momento em que os terroristas apareceram nos aviões foi uma *lingueta* que lhes interditou qualquer regresso atrás; a jusante, a Bolsa foi arrastada numa *espiral* de baixa, parada de forma *assintomática*; a percepção mundial mediática adquiriu a forma de uma *onda de choque* que evocava uma explosão atómica virtual, etc. Tudo configurações a multiplicar, a desenvolver e a afinar, a refutar e inventar, tudo dados para pôr em quadros, em matrizes, em gráficos, em curvas, em mapas; em que a utilização de símbolos, fórmulas e espaços normalizados depressa se imporia para fazer emergirem arquétipos factuais.

*
* *

A abordagem **factológica** do mundo – eclética, aberta, técnica e lúdica – não pode ser concebida sem novos conceitos, *ad hoc* ou vindos de outros campos de conhecimento (daí o ecletismo); sem uma legitimação do vertiginoso universo da contingência (daí a abertura); sem um distanciamento da pesada herança literária do jornalismo e da historiografia e um recurso admitido a abordagens científicas (daí a técnica); sem admitir que, a par de grandes elementos caóticos, o real obedece também a leis, a forças de atracção e de repulsão estranhas, mas referenciáveis, que é possível descobrir, modelizar e comparar em argumentos ucrónicos (daí o lúdico).

Este artigo tem apenas a ambição de deixar entrever um *potencial* para outras culturas do real, outras *praxis* políticas, económicas, intelectuais; aos investigadores, cabe formalizar, balizar esse mundo, sair dos impasses, explorar as pistas mais promissoras. A meteorologia empírica de há um século recorria à adivinhação e ao *Almanach Vermot*, a de hoje decorre dos computadores e da revista *Science*: às vezes é difícil compreender por que razão a História e acessoriamente o jornalismo parecem tão pouco tentados por estas mutações.

Bibliografia

ARON (Raymond), *Introduction à la philosophie de l'histoire*, Paris, Gallimard, col. «Tel», 1997.

«L'événement», *Communications*, n.º 17, Paris, Le Seuil, 1972.

DAYAN (Daniel), Katz (Elihu), *La Télévision cérémonielle*, Paris, PUF, 1996.

LEPETIT (Bernard), *Carnet de croquis, Sur la connaissance historique*, Paris, Albin-Michel, 1999.

LINDEPERG (Sylvie), *Clio de 5 à 7*, Paris, CNRS Éditions, 2000.

WEBER (Max), *Essais sur la théorie de la science*, Paris, Plon, 1992.

Segunda parte

MOSTRAR

A PERFORMANCE DOS MEDIA

Capítulo 1 **Incerteza e globalização: as lições do 11 de Setembro e os *media* italianos**
Paolo Mancini

Capítulo 2 **A mediatização da catástrofe: o 11 de Setembro e a crise do Outro**
Roger Silverstone

Capítulo 3 **O 11 de Setembro, a sua colocação em imagens e o sofrimento à distância**
Lilie Chouliaraki

Capítulo 4 **Fotografia, jornalismo e traumatismo**
Barbie Zelizer

Capítulo 5 **O extraordinário regresso do jornalismo político vulgar**
Michel Schudson

Capítulo 6 **Quando mostrar é fazer**
Daniel Dayan

A segunda parte deste livro aborda o momento em que os media beneficiam de um domínio recuperado face ao acontecimento. É verdade que os media não dispõem de um saber sobre o resultado do acontecimento, mas o acontecimento é agora situado no mapa dos objectos imagináveis e é possível fazer dele uma «mostração». Esta desenrola-se então em três registos. Em primeiro lugar, consiste em definir o acontecimento, em construir o seu contexto, encontrar-lhe antecedentes e modelos. Esta performance prolonga a que se esboçou no momento da irrupção do acontecimento. Em seguida, consiste em definir o «Nós» a que as emissões se dirigem, em pôr limites a esse «Nós» e identificar, numa espécie de casting, os grupos que o constituem. A mostração consiste, por último, em preconizar determinados comportamentos e determinadas reacções face ao acontecimento, mas essas reacções não são simplesmente preconizadas. Inscrevem-se nas próprias imagens do acontecimento. Seguir o acontecimento na televisão consiste então em aceitar (aceitar o olhar) ou em rejeitar (rejeitá-lo) os gestos de que se acompanha a mostração: gestos em que se manifestam a proximidade, a simpatia ou, pelo contrário, a distância, a aversão. Quatro questões são aqui abordadas.

Deve-se mostrar o terrorismo? A publicidade que lhe é dada não será precisamente aquilo que procura (Paolo Mancini)? Mas, inversamente, será legítimo prestar atenção apenas ao nosso próprio discurso e ignorar o olhar que os outros lançam sobre nós (Roger Silverstone)? Como é mostrado o terrorismo? Segundo que topoi se organiza a cobertura do 11 de Setembro pela televisão dinamarquesa (Lilie Chouliaraki)? A que modelos e a que precedentes recorrem os fotógrafos de imprensa americanos (Barbie Zelizer)? Quando é que se deve deixar de mostrar um acontecimento traumático? Em que momento deve um jornalista de catástrofes apagar-se para permitir o «regresso do jornalismo político vulgar» (Michael Schudson)? Em que consiste o mostrar na televisão? Como caracterizar as performances que adopta (Daniel Dayan)?

Capítulo 1

Incerteza e Globalização: As Lições do 11 de Setembro e os *Media* Italianos

PAOLO MANCINI

A comparação entre a cobertura jornalística do terrorismo que assolou a Itália a partir de finais dos anos 60 e a do ataque do 11 de Setembro põe em evidência importantes mutações ocorridas na sociedade. Apresento imediatamente a tese que desenvolverei neste artigo: apesar de todos os laços internacionais que implicava (falaremos mais à frente do terrorismo palestiniano em Itália), o terrorismo italiano desenvolveu-se essencialmente em relação com a noção de Estado, de nação; os atentados que ensanguentaram a Itália durante mais de 30 anos eram dirigidos contra as estruturas políticas e governamentais nacionais, contra objectivos solidamente enraizados nas culturas, nos símbolos, nas imagens e nas tradições do país. Em contrapartida, ainda que dirigido contra alvos americanos, o atentado de 11 de Setembro põe a tónica, acima de tudo, nos processos de globalização entretanto ocorridos: os Estados Unidos e o mundo ocidental foram atacados por aquilo que representavam e faziam fora do seu território nacional, pelas suas escolhas e pelo seu papel na sociedade globalizada. Não foi por acaso que os atentados visaram o World Trade Center. A cobertura jornalística do acontecimento deu amplamente conta desta mutação.

A Itália confrontou-se com o terrorismo a partir de finais dos anos 60. Diversas formas de terrorismo se sucederam e sobrepuseram aí ao longo dos anos, a ponto de se poder dizer que, dos países europeus, a Itália foi sem dúvida o que enfrentou a maior variedade e sofreu o radicalismo mais extremo e mais sanguinário.

Em termos cronológicos, o primeiro desses terrorismos decorreu, directa ou indirectamente, de movimentos, ideologias e culturas que tinham dado vida às revoltas estudantis e operárias em 1968 e nos anos imediatamente seguintes. As Brigadas Vermelhas e outros grupos terroristas aparentados nasceram certamente das ideias e das pessoas que haviam sido os protagonistas dessas experiências. Estes grupos estiveram activos durante quase 30 anos e até recentemente, através dos seus últimos epígonos, foram os protagonistas de vários episódios sangrentos. O último episódio que implicou membros de grupos ligados a este movimento cultural data, com efeito, de Abril de 2003.

Em reacção, ou simplesmente a exemplo das Brigadas Vermelhas, assistimos ao desenvolvimento de um terrorismo que, ao contrário do da esquerda, visou sem discriminação inocentes em atentados que causaram centenas de vítimas. Se o objectivo das Brigadas Vermelhos era atacar pessoas representativas ou dirigentes de estruturas do Estado, de indústrias privadas ou de jornais, o do terrorismo de direita era, sobretudo, semear o medo e o terror. Ambos foram interpretados por parte importante da opinião pública e do sistema político segundo a perspectiva dita dos «extremismos opostos»; esta perspectiva permitia assimilar numa mesma condenação grupos de cores políticas opostas, grupos, por assim dizer, nascidos por oposição recíproca, grupos cuja visão dos fenómenos sociais produzia uma violência gratuita. Esta leitura acabou por causar uma deslocação maciça para o centro de todo o panorama político italiano.

Mas, como se sabe, a Itália não foi palco só de um terrorismo político, mas também de um terrorismo mafioso. Este terrorismo alvejou os principais agentes da luta antimáfia, com os atentados contra os juízes Falcon e Borsellino, ambos envolvidos em investigações sobre os chefes da máfia siciliana, mas levou também a cabo uma estratégia de terror, através de ataques indiscriminados destinados a semearem o pânico e operações de chantagem contra os aparelhos de Estado italianos. O atentado de Florença contra a Torre dos Georgofili, junto ao célebre museu dos Ofícios (tal como outros episódios menos marcantes), decorria desta estratégia.

A Itália passou também pela experiência do terrorismo oriundo do Médio Oriente. Em 1973, um atentado perpetrado por terroristas palestinianos no aeroporto de Fiumicino contra um avião da companhia aérea americana Pan Air provocou três dezenas de mortos. Em 1985, o desvio do paquete *Achille Lauro* provocou uma crise diplomática entre a Itália e os Estados Unidos.

Em muitos casos, os terroristas de que falámos até aqui ajudaram-se mutuamente: existem provas irrefutáveis de relações entre o terrorismo das Brigadas Vermelhas e os grupos terroristas do Médio Oriente; do mesmo modo, falou-se sempre das relações entre o terrorismo «negro» e o da máfia. Estas conexões e sobreposições dificultaram bastante a definição do terrorismo italiano.

Obviamente, todos estes terrorismos tiveram um impacto importante nos *mass media*: concentraram a atenção pública e deram origem a problemas de ética profissional que não devem ser negligenciados. O terrorismo «vermelho», em particular, que foi certamente o mais dramático, o mais duradouro e o que mais influenciou todo o panorama político e social italiano, criou um novo problema para os meios de comunicação. Este problema pode ser resumido pela expressão «desligar a ficha da tomada», ou seja, calar-se, fazer um *black-out*. Com efeito, pode dizer-se que, a cada novo acto terrorista, as mesmas questões se colocam aos jornais e à televisão: dever-se-á falar dele? Quando? Como? Desde os primeiros atentados que parece evidente que o objectivo principal das Brigadas Vermelhas (e dos grupos afins) é captar a atenção dos *media* e, pela repercussão assim criada, demonstrar a debilidade da ordem democrática e recrutar novos militantes. O verbo «desligar» designa então metaforicamente o acto de recusar a atenção reclamada pelos terroristas, o acto de desligar os projectores. Desde o início que é evidente que a finalidade dos terroristas não é atacar indivíduos, mas visam um objectivo essencialmente simbólico: trata-se, graças aos *media*, de amplificar o impacto dos seus actos.

Em muitos aspectos, este foi sempre e continua a ser o objectivo principal de qualquer grupo terrorista. No caso do terrorismo italiano, em particular de esquerda, este objectivo manifestou-se de forma ainda mais evidente. Foi expresso de modo explícito pelos próprios grupos e, em cada nova ocasião, constituiu uma chave de leitura fundamental da cobertura mediática. Em 1974, um magistrado, Mario Sossi, foi raptado em Génova. Os terroristas garantiam a sua libertação em troca da publicação de um comunicado nos principais jornais italianos. As redacções confrontaram-se então com um dilema dramático: por um lado, a vida de um homem; por outro, a independência do trabalho jornalístico. Ceder significava expor toda a sociedade italiana à chantagem terrorista.

Se considerarmos o terrorismo segundo o ângulo particular da comunicação de massas, podemos afirmar que, a partir deste acontecimento, um tema importante (entre muitos outros, certamente, como a violência de grupo, as vítimas inocentes, a estratégia aplicada, etc.) se impôs na cobertura jornalística do terrorismo italiano. Cada novo atentado é agora acompanhado de muitos artigos, comentários e entrevistas, nos quais se levanta a questão sobre a forma de agir face ao desafio terrorista. Que espaço reservar para este terrorismo nos jornais e nos programas de televisão? Deve-se ou não «desligar», ou seja, silenciar totalmente os novos actos de terror, de forma a eliminar-lhes o alcance simbólico?

Na época, o terrorismo dispunha, em termos gerais, de um interlocutor principal, a saber, o sistema italiano de comunicação de massas. Os atentados eram cometidos para atraírem a sua atenção e atingirem assim, pelos menos simbolicamente, toda a sociedade italiana. Os jornalistas confrontavam-se com responsabilidades dramáticas.

O que impressiona, quando se compara a cobertura jornalística do terrorismo italiano com a do 11 de Setembro, é precisamente a ausência de tal interrogação. Os jornalistas não têm alternativa. Com efeito, não se pode ignorar o acontecimento, nem sequer exigir que se fale dele em voz baixa. O atentado contra as Torres Gémeas é um acontecimento histórico e é enquanto tal que é tratado pelos *mass media*. Evidentemente, a difusão do terror através da cobertura jornalística faz claramente o jogo dos terroristas. Mas no tratamento jornalístico italiano tal como se desenvolveu aquando do atentado do 11 de Setembro, distinguem-se outros temas simbólicos importantes. Tentemos ver quais.

Identifico pelo menos três maneiras de «enquadrar» o acontecimento, que resumo pelas três expressões seguintes: «tudo mudou nas relações internacionais», «guerra de religião» e «exigências da segurança». Por não me ter debruçado sobre a cobertura jornalística dos outros países, não sei se estas observações encontram eco noutros sítios: o facto é que, em Itália, grande parte da cobertura jornalística não se limita a descrever os acontecimentos ou a exprimir o terror, o medo e a indignação suscitados pelos atentados. Concentra-se nestes grandes temas. «Nada será como antes nas relações internacionais», «É preciso evitar que a descrição do que aconteceu e das medidas necessárias que disso decorrem dê lugar a uma nova guerra de religião» e, por último: «É preciso tomar as medidas de segurança adequadas, porque uma violência sem limites, agora incontrolável, se propagou pelo mundo».

Como tentarei demonstrar mais à frente, estes temas traduzem a situação geopolítica da Itália e as relações de aliança e de trocas que este país mantém com os países, ou melhor, com os mundos envolvidos neste acontecimento. A Itália poderia diferir, pelo menos parcialmente, dos outros países quanto à denúncia do horror, do ódio, da violência indiscriminada ligados ao atentado das Torres Gémeas. Estas dimensões, embora claramente presentes, foram talvez subordinadas à atenção prestada às várias implicações decorrentes do acto terrorista e, por isso mesmo, foram provavelmente atenuadas. Por outras palavras, a hipótese que defendo aqui é que a cobertura jornalística do atentado contra as Torres Gémeas, ainda que tenha traços comuns em todo o mundo, variou em função das diferentes culturas nacionais e da situação geopolítica de cada país.

Desde o início que os jornais e a televisão sublinham o facto de o ataque contra as Torres Gémeas ser uma manifestação violenta e dramática dos processos de globalização que estão a mudar de forma radical o panorama das relações internacionais. Este tema beneficia de uma atenção muito especial. Como evoluirão as relações entre o mundo ocidental e o mundo árabe? Que consequências terá o atentado nas relações entre Israel e o mundo árabe? Irá facilitar ou complicar mais a questão israelita, da qual resulta, pelo menos em parte? Na primeira página dos jornais e nos títulos dos telejornais, uma questão mais crucial aparece ainda em letras garrafais: como reagirão os Estados Unidos a este atentado? Que actos de represálias empreenderão? Para além das questões específicas a que se tenta responder, toda a cobertura jornalística é dominada por uma interrogação difusa a que os intervenientes são incapazes de dar resposta: como será o mundo após o 11 de Setembro? Mais do que a factos, a acontecimentos ou a interpretações específicas, este tema remete para uma atmosfera, para sentimentos; remete para as dúvidas, que se exprimem nas páginas dos jornais ou nas afirmações daqueles que falam na televisão. Em suma, nada será como antes: o ataque contra as Torres Gémeas terá repercussões necessariamente dramáticas, mas ainda desconhecidas, sobre o sistema global das relações internacionais.

Directamente ligado ao primeiro tema, encontramos o tema da «guerra de religião». Mesmo que seja imediatamente evidente que o atentado tenha sido perpetrado por extremistas islamitas ligados a bin Laden (pelos menos esta era, e continua a ser, a opinião dominante), os *media* italianos tentaram evitar um risco mais do que latente, o de identificar os atentados com o Islão em geral e, por isso, desencadear uma guerra de religião generalizada contra todos os muçulmanos. Desde cedo que insistem no facto de que o ódio contra o mundo ocidental caracteriza apenas uma minoria, que é insensato construir uma oposição ideológica, cultural e religiosa entre o Ocidente e o Islão e que, além disso, estes dois mundos partilham muitos fundamentos religiosos. O objectivo consiste aqui em distinguir as franjas mais extremistas da cultura islâmica, como a de bin Laden, do resto do mundo do Médio Oriente. As motivações deste discurso são evidentes: por um lado, não comprometer trocas frequentemente frutuosas com os países do Médio Oriente, com os quais a Itália mantém relações comerciais importantes; por outro, evitar que o atentado contra as Torres Gémeas reforce o racismo relativamente aos imigrados muçulmanos, racismo que já há muito constitui um problema para uma sociedade multicultural recente como a da Itália.

O debate que se desenvolve em torno deste tema deve boa parte da sua intensidade e persistência a um artigo de Oriana Fallaci, «La rabbia e l'orgoglio» ([87]). A contracorrente de grande parte da imprensa italiana, o artigo defende a hipótese de uma oposição cultural e religiosa radical entre o Ocidente e todo o mundo árabe. Este longo artigo publicado no *Il Corriere della sera*, o jornal diário mais difundido em Itália, suscitou um vasto debate sobre a possibilidade de uma «guerra de religião generalizada», e muitos artigos propõem aprofundamentos históricos sobre as cruzadas e o passado das relações entre o Oriente e o Ocidente. Este debate tem a virtude de esclarecer claramente a necessidade de se fazer uma distinção entre a situação geopolítica dos Estados Unidos e a da Europa, em particular a de um país como a Itália, ligado ao mundo árabe

---

([87]) Trata-se de um artigo muito longo, escrito por uma das principais autoras do país. Num tom veemente e alarmista, Oriana Fallaci lança acusações contra todo o mundo muçulmano e contra grande parte dos seus representantes (o artigo foi traduzido para francês com o título *La Rage et l'Orgueil*, Paris, Plon, 2002). [Existe uma tradução portuguesa, com o título *A Raiva e o Orgulho*, Lisboa, Difel, 2002 (*N.T.*)],

não só pela proximidade geográfica, mas também por laços culturais e comerciais.

O meu terceiro tema, a segurança futura, está associado aos dois primeiros. Onde é que os terroristas atacarão na próxima vez, já que um ódio difuso contra a cultura ocidental invadiu o mundo? Será a basílica de S. Pedro um local seguro? E os grandes monumentos de Florença? Será que podem destruir a catedral de Milão com o auxílio de um pequeno avião? As companhias aéreas irão colocar milícias nos aviões? As portas das cabinas de pilotagem serão trancadas por dentro? O tema da segurança não só invadiu boa parte dos artigos e debates suscitados pelos atentados de 11 de Setembro, como constitui hoje um tema fundamental, um tema que regressa de forma recorrente às páginas dos jornais e à televisão. De vez em quando, um ministro ou um chefe das forças armadas lança um «alarme terrorista» que constitui actualmente um *leitmotiv* da cobertura jornalística. Podemos então afirmar que o atentado do 11 de Setembro criou um novo tema jornalístico, que, embora já existisse, era de menor importância: o da segurança face ao terrorismo que se tornou global.

Chegamos aqui ao âmago do problema: a cobertura jornalística do 11 de Setembro, pelo menos a cobertura italiana, pôs em evidência dois fenómenos sociais – não encontro expressão mais adequada – que caracterizam e ameaçam caracterizar cada vez mais as sociedades contemporâneas: a globalização e a incerteza ou a ameaça. Como já sublinhei no início deste artigo, uma primeira diferença entre o terrorismo que se desenvolveu na Itália a partir de finais dos anos 60 e o atentado contra as Torres Gémeas reside precisamente no facto de o primeiro remeter para o Estado-nação, enquanto que o segundo foi cometido na perspectiva da globalização. O terrorismo das Brigadas Vermelhas, dos grupos neofascistas, da máfia e dos grupos ligados a esta organização tinha um alvo bem preciso: o Estado e a opinião pública italianos. Visavam uma mudança nas relações de poder entre grupos solidamente enraizados nas culturas, nas estruturas sociais e políticas nacionais. Ainda que as referências ao «inimigo imperialista supranacional» fossem numerosas, o acto terrorista visava influenciar decisões, iniciativas e relações exclusivamente italianas. Outros terrorismos de carácter nacional agiam e continuam a agir da mesma maneira: a ETA em Espanha, o IRA na Grã-Bretanha, etc., Estes actos visam sistemas políticos, culturas, percepções quase exclusivamente nacionais.

Era neste contexto que se concebia a estratégia do *black--out* sobre o terrorismo. Tal *black-out* dizia respeito exclusivamente ao funcionamento do sistema mediático italiano. Do mesmo modo, ainda que pudesse ter por quadro um Estado estrangeiro (a Itália) e por alvo uma companhia estrangeira (a Pan Am), o terrorismo palestiniano visava, de facto, influenciar as decisões e as relações de força existentes no interior de um Estado-nação: Israel. No entanto, não há qualquer dúvida de que este tipo de atentado prefigura já as mutações que ocorrerão nos anos seguintes. Não é certo que o terrorismo «nacional» tenha acabado. A verdade é que deu origem a outro terrorismo. Este terrorismo ultrapassa as fronteiras do Estado-nação e acompanha a par e passo a globalização.

Com efeito, o atentado contra as Torres Gémeas foi perpetrado numa perspectiva completamente nova: é verdade que os Estados Unidos foram os atacados, mas o atentado era dirigido contra os actos deste país fora do Estado nacional, ou seja, contra aquilo que a cultura e a ordem económica tributárias dos Estados Unidos representavam mais geralmente no mundo. Esta nova abordagem implica a mudança radical de decisões, de actos e de escolhas antes feitas exclusivamente na lógica e nos espaços de uma só cultura política. Repito, o facto de terem escolhido por alvo, além do Pentágono, um sítio chamado «World Trade Center» é esclarecedor: os terroristas vinham de países diferentes e a sua estratégia relacionava-se não com um país específico, mas com todo o mundo.

A cobertura jornalística relativa aos temas acima enumerados reflecte este novo contexto: a grande preocupação dos jornais e da televisão italiana diz respeito, sobretudo, à nova ordem de relações internacionais que resultará do atentado. O que aconteceu não diz respeito apenas aos Estados Unidos, mas a todo o sistema político internacional. Do mesmo modo, o tema da «guerra de religião» engloba problemas e temas que não são apenas do âmbito nacional: pelo contrário, põe em jogo religiões que não só ultrapassam as fronteiras nacionais, mas que, todas juntas, dizem directamente respeito a mais de metade do globo terrestre. Por fim, o tema da segurança reflecte o facto de as ameaças contra a integridade pessoal já não dependerem de actos e de personagens ligadas a contextos locais, mas que podem emanar de mundos longínquos, imprevisíveis e dificilmente controláveis.

Aquilo que ressalta da cobertura jornalística do 11 de Setembro é a incerteza que parece caracterizar a sociedade contemporânea. Encontramos nela a confirmação das hipóteses de Bauman, que falava precisamente de «sociedade da incerteza» [88], e de Giddens, que, já no seu tempo, sublinhava a dimensão de risco que caracteriza a modernidade [89]. A globalização marca o fim de uma ordem política e militar, a ordem que regia o mundo na época da guerra fria. Amplifica incessantemente a fractura que separa as experiências reais da vida quotidiana e as percepções, incontroláveis e inverificáveis, adquiridas através dos meios de comunicação de massas. Essa fractura é acentuada por uma cobertura jornalística que, para conquistar um mercado cada vez mais competitivo, tende a exacerbar os conflitos e a dramatizar os acontecimentos, a reforçar o sentimento de insegurança e de incerteza nascido do terrorismo. Caracteriza o comportamento da opinião pública italiana face ao 11 de Setembro. A lição a reter para o futuro é que o estado de incerteza não é um inconveniente passageiro; pelo contrário, está para ficar. É um dos elementos constitutivos da modernidade.

---

[88] Zygmunt Bauman, *La società dell'incertezza*, Bolonha, Il Mulino, 1999.
[89] Anthony Giddens, *The Consequences of Modernity*, Cambridge, Polity Press, 1990.

Capítulo 2

A Mediatização da Catástrofe:
O 11 de Setembro e a Crise do Outro

ROGER SILVERSTONE

Todos nós temos agora na mente uma série de sons, imagens e vozes mais ou menos indeléveis que traduzem a nossa própria experiência e a memória que conservamos daqueles dias terríveis. Além das imagens angustiantes e mostradas de forma cíclica – pelo menos no início – da própria catástrofe, tenho também na memória, desde Londres, onde resido, um pequeno número de momentos como este. A primeira conferência de imprensa de George W. Bush após os atentados e quando voltou ao Congresso: sentado ao lado dos generais e dos altos responsáveis do governo, envergando uma roupa que hesitava entre o uniforme de combate e o corta-vento – iria ele à caça ao terrorista ou à caça ao urso? Três operários já de idade saem do estaleiro de destruição, cobertos de poeira, exactamente como se tivessem sido fotografados pela *National Geographic* no fim de uma iniciação tribal. A voz de John Simpson, correspondente do Chanel 4, que não se limita a fazer a sua reportagem para a BBC, mas anuncia que está a libertar Cabul, conferindo, por isso mesmo, um sentido novo à expressão «imperialismo mediático».

Estes momentos traduzem, tanto em geral como em particular, a forma singular como cada um de nós é capaz de elaborar a sua própria versão dos acontecimentos. Mas esta aptidão – a começar pela dos próprios *media* para representar esses acontecimentos – depende da presença, na nossa cultura e nos nossos espíritos, de imagens preexistentes. Logo desde o início, quando os jornalistas e o grande público se esforçavam por compreender o que estava a acontecer, tornou-se banal dizer que parecia que estávamos em Hollywood. No entanto, é preciso dar um sentido àquilo que nos traumatiza e nos ameaça. Apesar dos momentos particularmente catastróficos do 11 de Setembro, os *media* dispõem, nos seus arquivos conscientes e inconscientes, de um *stock* de imagens, planos e narrativas que contêm e explicam ao mesmo tempo. É o contentor do conhecido, do familiar, cujo papel é, mais cedo ou mais tarde, atenuar o choque. Há algo de tranquilizador no lugar-comum. Há algo de reconfortante na narrativa.

A minha intenção, neste curto artigo, é mostrar que a mediatização de acontecimentos como o do 11 de Setembro possui uma dimensão estrutural [90]. Talvez não exista outro acontecimento deste género. Mas, mesmo na sua singularidade – na sua singularidade catastrófica –, não podemos compreender a relação dos *media* com esse acontecimento se nos interessarmos apenas no momento imediato e nos dias seguintes. Temos de compreender esta relação e a nossa própria relação com essa relação num contexto mais amplo: a forma como os *media* nos apresentam constante e obstinadamente o mundo, a alteridade, os outros povos, as outras culturas e, ao fazê-lo, a forma como definem por nossa intenção uma relação com o mundo à qual, sem eles, não teríamos acesso.

---

[90] Este ponto de vista, evidentemente, não é original: ver, por exemplo, D. Dayan e E. Katz, *La Télévision cérémonielle*, Paris, PUF, 1996.

A imagem imediata e a reportagem em directo têm – como mostraram as reportagens sobre a Guerra do Golfo – poucas hipóteses de representar de maneira adequada uma realidade que, aliás, não é mediada. A imagem e a reportagem estão ambas condicionadas pelos limites que lhes são impostos – com razão e cinismo – pelos militares e pelo Estado, mas, de certa maneira, conseguem transcender essas restrições. É evidente que, nos conflitos, a verdade é a primeira vítima, mas o impacto do imediato e do directo oculta o grau de compreensão verdadeiramente possível. Oculta também o facto de os *media* trabalharem continuamente e de esse trabalho implicar escolhas, representações e traduções, intervenções que têm consequências materiais na forma como a maioria de nós – que não dispomos de outras fontes de informação ou de comunicação – obtém aquilo que deseja saber, não só para compreender o que se passa «lá», mas, o que tem uma importância crucial, para saber onde nos situarmos relativamente a esses acontecimentos.

Pretendo analisar aqui as informações do 11 de Setembro através deste quadro da continuidade mediática e do conforto. Falarei da interrupção (no domínio do tempo), da transcendência (no domínio do espaço) e da diferença (no domínio da ética) [91].

1. A interrupção

Numa análise das notícias que relatam o acidente do vaivém *Challenger*, a 26 de Janeiro de 1986, a americana Patricia

---

[91] Só podemos abordar aqui estas questões de forma superficial. Para análises mais pormenorizadas (mas ainda incompletas), ver: Roger Silverstone, *Why Study the Media?*, Londres, Sage, 1999; Roger Silverstone, «Proper Distance: towards an ethics for cyberspace», *in* Gunnar Liestol, Andrew Morrison, Terje Rasmussen, *Digital Media Revisited: Theoretical and Conceptual Innovation in Digital Domains*, Cambridge, Massachusetts, MIT Press, 2003; Roger Silverstone (ed.), *Media, Technology, and Everyday Life in Europe; From Information to Communication*, Aldershot, Reino Unido; Burlington, Vermont, Ashgate, 2005.

Mellencamp, crítica e teórica do cinema ([92]), reflectiu sobre o que faz com que uma catástrofe seja uma catástrofe. Não basta reconhecer a realidade de um acontecimento. Um facto torna-se uma catástrofe, afirma Mellencamp, quando os boletins de informações que o anunciam são autorizados a interromperem o fluxo habitual dos programas de rádio e de televisão. E é esta interrupção (mesmo antes da passagem de um filme com John Wayne ou de um episódio de *Serviço de Urgência*) que é em si mesma catastrófica para aqueles cuja segurança ontológica necessita, em certa medida, que sigam as narrativas ininterruptas da mediatização quotidiana. É um ponto essencial que se relaciona com a importância considerável que a continuidade dos *media* e a pertinência dos programas têm na gestão da vida quotidiana ([93]).

Só as catástrofes podem interromper o fluxo e a ordem da representação mediática. Só as interrupções desta ordem e deste fluxo podem ser consideradas catástrofes. A psicodinâmica desta interrupção é claramente evidente. A ocupação contínua, o lado «sempre ligado», a presença e a disponibilidade ilimitadas das imagens e dos sons prestam-se ao conforto e à criatividade ([94]).

Os aspectos tranquilizadores da vida quotidiana – se é que existem – baseiam-se fortemente na conservação de um espaço transitivo no qual o público e os *media*, a pessoa e a tecnologia, a experiência do «real» e a do «virtual» são mantidos num estado de tensão criativa na semipermanência do conhecido transmitido pelos *media*. Esta tensão só raramente é quebrada, porque mesmo as notícias da noite, tanto na televisão como na rádio, na sua ritualização e encadeamento genérico de histórias, suavizam o mundo cru. *A priori*, a realidade não mediada raramente consegue passar pelas redes da mediatização.

([92]) Patricia Mellencamp: «TV Time and Catastrophe: or beyond the pleasure principle of television», *in* Patricia Mellencamp, *Logics of Television*, Bloomington, Indiana University Press, pp. 240-266.

([93]) Para uma análise mais completa da segurança ontológica enquanto dimensão do processo mediático, ver Roger Silverstone, *Television and Everyday Life*, Londres, Routledge, cap. 1.

([94]) Donald W. Winnicott, *Jeu et réalité*, 1975.

No entanto, isso acontece de vez em quando. Foi nomeadamente o caso no 11 de Setembro de 2001, em dimensões dramáticas e planetárias. As próprias reportagens, na forma da sua imediatidade, davam a escala da interrupção e do desafio que representava. Pelo menos Orson Welles, quando difundiu a *Guerra dos Mundos* na rádio em 1938, seguia um argumento e aqueles que saíram em pânico para as ruas com medo de uma invasão de Marcianos puderem encontrar consolo no facto de terem sido vítimas de um género mais frequente de interrupção: a interrupção da vida quotidiana pelo seu equivalente mediatizado ([95]). Mas, no 11 de Setembro, tratou-se do contrário. Foi a vida quotidiana – de um certo tipo – que interrompeu os *media*. O 11 de Setembro não tinha argumento – ainda que tenha sido pré-escrito – e, ao mesmo tempo, em certo sentido, estava prescrito ([96]). Foi necessário suster, canalizar a realidade. Foi necessário arrastá-la à força enquanto ela se debatia o mais que podia nos «como se» da mediatização quotidiana, porque sem essa sustentação – a da metáfora, do lugar-comum, do estereótipo –, teria ultrapassado as nossas capacidades de compreensão e, sem esta compreensão, a vida tonar-se-ia inviável. Aliás, foi-o durante algum tempo em Nova Iorque, tanto mais que o mau cheiro e o fumo que saíam das ruínas não pararam de nos fazer lembrar uma certa realidade, mesmo que se tratasse de uma realidade fortemente perturbada.

Uma interrupção, portanto. Mas talvez não demasiado longa, por razões evidentes. Era preciso que a vida continuasse. Era esta a mensagem política, a retórica motriz da resistência e da sobrevivência sociais e psicológicas. Mas era também a mensagem dos *media*. Não só a vida devia continuar, mas também a televisão. Dois meses após o 11 de Setembro, e quando as cartas contaminadas com antraz assolavam desde há quatro semanas os Estados Unidos, duas das três

---

[95] Hadley Cantril, Hazel Gaudet, Herta Herzog, *The Invasion from Mars: a study in the psychology of panic*, Princeton, Princeton University Press, 1940,

[96] Soube-se depois que o presidente Bush havia sido avisado da preparação dos atentados.

grandes cadeias americanas de televisão recusaram emitir em directo o discurso do presidente à nação – o primeiro desde o início da epidemia de carbúnculo. A NBC preferiu assim não deixar de emitir um episódio da série *Friends*.

Não há dúvida de que o tempo cicatriza tudo. Mas, nas nossas sociedades modernas, a cicatrização da temporalidade é definida e dirigida pela permanência – 24 horas por dia e sete dias por semana – dos *media*. A estrutura contínua das narrativas mediáticas afasta-nos, a nós, o público, da imediatidade e permite, ao mesmo tempo, integrar essas estruturas nos hábitos da vida quotidiana ([97]). Tal como o funeral mediatizado de Lady Di tinha ligado as emoções das nações (pode um país chorar?) e transformado os passeios das cidades em santuários (tanto em Paris como em Londres), as ruínas do World Trade Center tornaram-se também um santuário e, ao mesmo tempo, uma atracção turística. Estes dois aspectos reflectem o reencantamento dominado da vida quotidiana, a sacralização da catástrofe operados pelos *media*.

2. A transcendência

Na mediatização tanto do terror como da guerra, a distância é, em simultâneo, uma aliada e uma inimiga. Pretender, como fazem os *media*, ser capaz, ao abolir a distância, de transcender os limites da comunicação directa e de dar novos meios de libertar a conectividade mundial, é também contraditório. Desse modo, pretendem naturalmente que a imagem transmitida e a reportagem em directo nos ponham, a nós, o

---

([97]) Anthony Giddens apresenta o «sequestro da experiência» ou o afastamento para as margens da sociedade de todas essas dimensões – a morte, a incapacidade, a dor, a exploração – como sendo uma componente das sociedades modernas. Trata-se apenas uma parte da questão, porque os *media*, pelo contrário, confrontam-nos quotidianamente com esses fenómenos e apenas nas suas formas mediatizadas (essencialmente através da narrativa); são então visíveis, mas já não parecem dèsempenhar um papel decisivo na nossa vida nem na dos outros. Ver Anthony Giddens, *The Consequences of Modernity*, Cambridge, Polity Press, 1990.

público, em contacto – em contacto directo – com aquilo com o qual é manifestamente impossível ter contacto.

O facto de os *media* transcenderem o equilíbrio de poderes existentes no frente-a-frente apresenta, ao mesmo tempo, vantagens e desvantagens. A imediatidade explosiva do acontecimento em directo – o avião a embater no World Trade Center – é claramente mimética. Nesse momento exacto, a distância e o tempo são abolidos. Todos nós, espectadores do mundo inteiro, estamos «lá», no local, e o ecrã torna-se um espelho que reflecte o horror que está a ocorrer no outro lado do oceano. No entanto, como Kurt e Gladys Lang o mostraram há algum tempo na sua análise rigorosa da transmissão em directo do general McArthur a desfilar em Nova Iorque após o seu regresso da Coreia, mesmo que essas imagens sejam um pouco enganadoras, são superiores ao acontecimento real ([98]). Não estar no local vale mais do que estar lá. É estar lá.

Por conseguinte, existem dois tipos de distância. A primeira é a distância que separa o acontecimento da sua representação, a realidade da sua imagem. A segunda é a distância que separa a imagem das realidades da vida quotidiana, nas quais essas imagens se reflectem e são absorvidas (ou não) noutro fluxo, a continuidade rigorosa da rotina quotidiana.

Para se compreender processo de mediatização de acontecimentos tão importantes, é necessário então compreender o carácter geral da relação entre os *media* e a vida quotidiana. Duas observações se impõem. Os *media* podem fornecer – e fornecem – inúmeras ocasiões de nos libertarmos, de forma utópica ou não, das pressões do quotidiano, ou pelo menos de nos interessarmos brevemente por uma realidade diferente, por vezes aterradora. Mas fazem sempre parte do quotidiano, pertencem irrevogavelmente à normalidade do seu tempo e espaço. O limiar é mantido e a separação – uma separação que implica a possibilidade de circular do prosaico ao sagrado, do vulgar ao sublime – implica o regresso.

([98]) Kurt Lang, Gladys Engel Lang: «The Unique Perspective of Television and its Effect», 1953, *American Sociological Review*, 18 (1), pp. 103-112.

A segunda observação, todavia, é que a vida quotidiana já não é o que era. Como diz, entre outros, John Thompson, o quotidiano é já um conjunto complexo de mediações, tanto do frente-a-frente como do quase frente-a-frente [99]. É já, simultaneamente, uma mistura prosaica e cerebral do físico e – no sentido mais lato – do virtual. A nossa experiência do mundo é já influenciada pela sua mediação electrónica. O vivido e o representado tornam-se, por conseguinte, a cadeia e a trama do quotidiano, e aquilo que está em jogo em qualquer estudo sobre a sua relação mútua é a especificidade histórica e sociológica do tecido que dela resulta, as suas forças e fraquezas, as suas coincidências e contradições. O próprio estofo da cultura – a ética e a estética da experiência.

Neste contexto, a transcendência é a de um mundo já transcendente. Ou seja, é completamente ilusória. Do ponto de vista estrutural, os *media* aspiram à conectividade, uma conectividade permitida e ampliada pela imediatidade e impacto da comunicação mundial. Para aceitar este grau de conexão, temos de admitir que a electrónica é a pedra de toque do nosso contacto com o mundo e do interesse que lhe atribuímos. Ora, como já disse, é exactamente isso que exige a nossa capacidade de gerir a vida quotidiana. Mas há um preço a pagar. Se quisermos realmente compreender a natureza e as implicações das estruturas mediáticas, temos de arranjar forma de nos mantermos de fora. É muito difícil fazê-lo, mas essencial. Neste contexto, os *media* são para nós como uma língua natural e, tal como observou George Steiner [100], podemos tão pouco sair dela como um homem desembaraçar-se da sua sombra. O problema é que, em geral, não temos os instrumentos, os meios críticos, para nos mantermos fora desses quadros. Podemos deixar o campo, virar as costas às imagens dos *media*. Mas não podemos, salvo a custo de muitos esforços e dificuldades, opor-nos a elas.

---

[99] John Thompson, *Media and Modernity*, Cambridge, Polity Press, 1995.

[100] George Steiner, *After Babel*, Oxford, Oxford University Press, 1975.

É precisamente por os *media* operarem um desenraizamento da vida quotidiana, uma extirpação da experiência, que a transcendência reivindicada como ainda possível na sociedade contemporânea perde a autenticidade. Por isso, a nossa aptidão para nos interessarmos por universos e indivíduos para além dos que nos são próximos é – com algumas raras mas inevitáveis excepções – totalmente canalizada e limitada pelos quadros específicos dos *media*. Estes universos e indivíduos não sobrevivem para lá da difusão das suas imagens. A difusão faz com que sobrevivam apenas através desses quadros.

O 11 de Setembro foi um momento transcendente, reduzido a dimensões realistas pelo facto de os *media* procederem a uma rearticulação e a uma naturalização contínua das suas imagens e das suas narrativas. Esta naturalização não podia – e não o fez – favorecer a compreensão. Porque a capacidade dos *media* para nos fazerem entrar em contacto autêntico com o Outro – mesmo num contexto de morte e de destruição – revelou-se uma ilusão, uma ilusão perigosa.

3. O Outro

O conflito deixou-me outra recordação radiofónica. Foi a de um ferreiro afegão que, não tendo ouvido ainda a propaganda sobre o seu país lançada pela aviação americana, explicou à BBC por que razão, a seu ver, tantas bombas caíam perto da sua aldeia. Era porque, pensava ele, a rede Al-Qaeda tinha matado muitos Americanos e os seus burros e destruíra alguns dos seus castelos. Não estava totalmente fora da verdade. A chegada da estação Al Jazira às televisões ocidentais foi uma afronta, não só porque Osama bin Laden aparecia nos lares ocidentais, mas também porque essa estação mostrava que faziam reportagens sobre nós – para eles, nós éramos o Outro.

Não há dúvida de que foi um choque terrível. Foi um choque porque se transgrediu um odioso lugar-comum dos *media* ocidentais, a saber, produzimos imagens sobre eles – e não eles sobre nós. E a nossa relação com o outro nas nossas imagens e narrativas – relação aliás profundamente inscrita nas estruturas da nossa cultura intensamente mediatizada – é definida por uma incapacidade em reconhecer a diferença. Uma resposta simultaneamente individual e política ao mal e ao bem causados pelos homens depende da nossa capacidade em tomar consciência e admitir que aqueles que sofrem, tal como aqueles que fazem sofrer, são seres humanos como nós e diferentes de nós. A sua semelhança permite-nos conhecê-los e julgá-los. A sua diferença implica admitirmos que haja coisas que talvez nunca compreendamos neles.

As narrativas dominantes dos *media* ocidentais tendem a rejeitar esta aceitação da diferença. Ou os outros são considerados de tal modo semelhantes a nós que não podemos distingui-los, ou tão diferentes que os consideramos menos que humanos. Por um lado, a incorporação; por outro, a aniquilação, tanto literal quanto simbólica. Esta oposição acentua-se naturalmente em tempos de crise, mas não se limita a estes momentos. Nas notícias, mas também nas narrativas fragmentárias oferecidas pela publicidade e pela imprensa popular, a aceitação de uma humanidade comum – uma humanidade que exige uma relação ética assente em princípios de assistência e de compreensão – é sistematicamente recusada.

Quando os *media* concebem as suas reportagens com os quadros e os filtros particulares, temporais e espaciais, visuais e narrativos que descrevi neste artigo, é menos provável, tanto em geral como em particular, que nos confrontemos com a nossa própria humanidade e desumanidade; é menos provável que sejamos capazes de ir além do preto e branco moral da representação contemporânea.

Estes são os quadros no seio dos quais se deve compreender os acontecimentos do 11 de Setembro, as suas consequências imediatas e a cobertura jornalística do conflito no Afeganistão que se seguiu. Os instrumentos de representação estão prontos e esperam servir para canalizar o catastrófico. A sua renaturalização na repetição infinita da imagem, bem como na reiteração e no reforço nas narrativas consolida uma visão do mundo que evolui de forma imperceptível, mas totalmente, para aquilo que é conhecido e vulgar. Para nós, a vida continua, pelo menos enquanto funcionar o distanciamento espacial, temporal e de representação necessário para reprimir as ameaças da destruição.

Ainda que seja difícil reconhecê-lo – e a linguagem da crítica dos *media* não nos ajuda muito –, o ponto de partida de qualquer compreensão das incidências das reportagens ocidentais (e não ocidentais) sobre a catástrofe do 11 de Setembro deve ser ético. No domínio da reportagem factual e do fabrico da informação, os *media* têm apenas uma responsabilidade: a de tornar o mundo compreensível. Pois só na sua inteligibilidade é que o mundo – incluindo os outros que vivem neste mundo e nós próprios – se torna humano. A catástrofe do 11 de Setembro foi bem visível. Mas outra catástrofe se prepara. É a catástrofe – de combustão lenta – da sua representação nos *media* do planeta.

Capítulo 3

O 11 de Setembro, a sua Colocação em Imagens e o Sofrimento à Distância

LILIE CHOULIARAKI

Este artigo analisa extractos de imagens difundidas na televisão dinamarquesa no 11 de Setembro do ponto de vista do discurso. Pretende mostrar como o acontecimento relatado «significa», como se torna inteligível através das construções televisivas. A que género de espectáculo mediático pertence o 11 de Setembro[101]? Este será o meu ponto de partida. Esta

---

[101] O termo discurso refere-se às dimensões semióticas das práticas sociais. Neste sentido, «discurso» inclui a linguagem (tanto escrita como falada, combinada com outros elementos semióticos, por exemplo, a música quando se trata do canto), a comunicação não verbal (expressões do rosto, movimentos corporais, etc.) e as imagens (fotografia, filme, etc.). O conceito de «discurso» pode ser considerado uma categoria particular dessas diversas formas de semiose – articula práticas sociais com outras práticas extra-discursivas (Chouliaraki e Fairclough,

questão não tem uma resposta directa. As imagens do 11 de Setembro não se parecem com as das «informações», no sentido em que estas aparecem claramente como tais na grelha quotidiana das cadeias. Também não se parecem com a «televisão cerimonial», ainda que tenham interrompido a televisão rotineira para nos confrontarem com o extraordinário. Não se trata aqui nem de uma coroação, nem de uma conquista, nem de um «conflito resolvido». O 11 de Setembro escapa aos limites destes géneros, embora integre elementos que pertencem a todos esses géneros[102]. O interesse do 11 de Setembro – enquanto fenómeno mediático – reside, talvez, no seu carácter insolúvel. No centro desta insolubilidade encontra-se uma dialéctica de abertura e de fecho. Em termos de espaço, o acontecimento é mediatizado simultaneamente enquanto tragédia local e enquanto facto político global; no que respeito ao tempo, o acontecimento é simultaneamente mediatizado como contingente – como «notícia» – e como produtor de história – como *media-event*, que opera uma ruptura com o passado, introduzindo uma nova era. Proponho concentrar a análise na natureza genérica do acontecimento e no seu carácter insolúvel. O meu objectivo é descrever a forma como a mediação dá sentido aos acontecimentos, articulando as tensões espaço-temporais – as dialécticas do «aqui e agora», do «antes e depois»[103]. A ambição epistémica de tal «análise

---

1999, p. 38). Ver também Fairclough, 1992, 1995; Lemke, 1999, Kress e Van Leeuwen, 2001, para o conceito de discurso e das análises do discurso utilizadas neste artigo.

[102] Cf. Daniel Dayan e Elihu Katz, *Media Events*, Harvard University Press, 1992, e *La Télévision cérémonielle*, Paris, PUF, 1996.

[103] Ainda que as teorizações correntes, relativas à modernidade recente, assentem largamente num princípio fundamental, «as compressões do espaço e do tempo» (cf. Harvey, 1989, 1996; Giddens, 1990, 2000; Thomson, 1995), é surpreendente que esta categoria não tenha sido prioritariamente integrada nos estudos empíricos que tratam do meio televisivo. (No entanto, a respeito destes conceitos, dever-se-á ver a obra de Dayan e Katz, 1992, pp. 165-167; e Ekecrantz, 1990, 2000, para um estudo do espaço-tempo na imprensa.) O termo «cronótopo» de Bakhtine é muito pertinente neste tipo de análise. Engloba o carácter histórico, específico ao contexto, da construção das dimensões do espaço

cronotópica» é mostrar, através das articulações espaço-temporais, que a mediação do 11 de Setembro *moraliza* o espectador; molda a relação ética entre o espectador e o espectáculo; incita a agir enquanto cidadão.

Existe outra tensão espaço-temporal na mediação do 11 de Setembro: os ataques contra Nova Iorque e Washington inverteram provisoriamente, de forma dramática, o espaço-tempo do «centro» – o local de onde se pode ver tudo em segurança – e da «periferia» ligada a uma existência marcada pelo perigo. Nesse dia de 11 de Setembro, o «centro» – a única superpotência contemporânea – passou para o lado do perigo e tornou-se vítima ([104]). A análise cronotópica permite colocar uma questão específica: como se negocia a relação entre um espectador – situado em casa, em toda a segurança – e uma vítima, enquanto que o espectador não pode agir sobre a

---

e do tempo, permite a análise delas, uma «análise cronotópica», meio de examinar as estruturas fundamentais nas quais a nossa experiência quotidiana é contextualizada e, ao mesmo tempo, conceptualizada. Enquanto tais, as dimensões espaço-temporais não são explicitamente tematizadas pela nossa consciência, não estão visivelmente presentes na representação dos acontecimentos. Agem antes como «condições de representação» dos acontecimentos. Estruturam e organizam esses acontecimentos «do interior» (cf. Morson e Emerson, 1991, para um comentário teórico sobre este termo «cronótopo»; Chouliaraki, 1999, 2002, para as aplicações analíticas deste termo aos dispositivos televisivos.

([104]) A propósito de um ponto similar, ver Chomsky: «Os abomináveis ataques terroristas desta quinta-feira constituem algo totalmente novo nas questões do mundo, não por causa da sua escala ou do seu carácter, mas devido ao seu alvo. Para os Estados Unidos, é a primeira vez desde 1812 que o seu território é atacado e até submetido ao terror. As colónias tinham sido atacadas, mas não o território nacional.» (Entrevista realizada na Radio 9 em Belgrado, em Setembro de 2001). Este ponto de vista permite-nos compreender a relação «centro-periferia» em função de uma distribuição dominante das posições espectador – vítimas, no contexto dos *mass media*. O «Centro» é o espaço-tempo da visão; é o Espaço da segurança e o Tempo da reflexão e da análise. Enquanto que outros sofrem, «nós» temos tempo, em casa, para meditar. A «Periferia» é o espaço-tempo do sofrimento: é um espaço entregue ao perigo; o Tempo é o da contingência, o seu desenrolar efectua-se instante por instante.

desgraça súbita, violenta e horrível dessa vítima. O sofrimento, aqui, não remete para uma simples descrição fenomenológica dos acontecimentos. Trata-se, em primeiro lugar, de um dispositivo conceptual que permite identificar como os recursos semióticos da televisão produziram, acerca do 11 de Setembro, discursos «normativos», sobre o que é legítimo e justo sentir e fazer face ao acontecimento. Neste sentido, o sofrimento é o princípio discursivo que constitui o espectador enquanto sujeito moral e, para isso, organiza as relações sociais e políticas da representação à distância do 11 de Setembro (Boltanski, 1999). A inversão do «centro» espaço-temporal face ao sofrimento é interessante, pois mostra que a televisão faz aparecerem determinadas posturas morais como universais e, assim, liga-as a projectos políticos hegemónicos, como «a guerra contra o terrorismo». No âmbito deste artigo, é-nos impossível descrever em pormenor a natureza dessas ligações. No entanto, mostrar que a mediação do 11 de Setembro constitui o espectador como sujeito moral pode contribuir para compreender o processo sociocultural mais vasto, a que Mouffe chama *moralização dos factos políticos*: a reformulação contemporânea de racionalidades e de práticas políticas na forma de discursos éticos (Mouffe, 2001) [105].

Relativamente ao 11 de Setembro, colocar-me-ei na perspectiva da mediação televisiva do sofrimento à distância e dos seus efeitos sobre o espectador. O trabalho de Luc Boltanski será a referência central da minha argumentação. Introduzirei, em primeiro lugar, a problemática da representação à distância referindo-me àquilo a que Boltanski chama «política da piedade», uma política que visa conferir aos acontecimentos uma dimensão de «proximidade» e, desse modo, implicar o espectador emocional e eticamente. Em segundo lugar, baseando-me ainda em Boltanski, confrontarei diferentes modos (ou «tópicos») de representação do sofrimento, referindo-me aos três excertos emitidos em directo pela televisão nacional da Dinamarca (DR): planos de ruas de Manhattan logo após o desmo-

---

[105] Cf. também Dean, para a *remoralização da guerra* no final do século XX; Rose, 1999, para o nascimento da eto-política.

ronamento das Torres Gémeas; o resumo dos acontecimentos do dia, com as imagens da colisão do segundo avião e a primeira intervenção do presidente Bush; um longo plano do céu de Manhattan em chamas ([106]). Descreverei então cada «tópico» levando em conta as suas dimensões espaço-temporais, os seus elementos semióticos distintivos, bem como o modo afectivo e o horizonte moral que abre ao espectador. Em conclusão, abordarei brevemente aquilo que representa a «moralização» do espectador implicado nos tópicos do sofrimento do 11 de Setembro.

1. A mediação televisiva do 11 de Setembro como «política da piedade»

Na televisão, o espectador é confrontado com o sofrimento à distância. Isso tem a ver com o poder deste meio: reduz a distância e entrega ao domicílio imagens perturbadoras e experiências que, de outro modo, seriam inacessíveis a grandes públicos. «Não podem dizer que não sabem nada» é o seu modo de interpelação dominante, o telespectador é convocado para o lugar de «testemunha», uma interpelação crucial para as identidades sociais contemporâneas ([107]). É relativamente a esta moralização efectiva do telespectador testemunha que a questão das espaço-temporalidades se torna um conceito-chave. Com efeito, a televisão tende a suspender o centro geopolítico do espectador, o local doméstico do seu contexto nacional, e a reconfigurar novos modos de proximidade e de sensibilidade em relação ao sofrimento.

([106]) DR, a cadeia nacional da televisão dinamarquesa, é o serviço público televisivo que beneficia da taxa mais elevada de credibilidade e de audiência (Sondergaard, 1999). Relativamente ao 11 de Setembro, seleccionei aqui três excertos, todos eles objecto de transmissão de uma hora em directo (entre as 16 e as 17h00, hora local). Para além da televisão dinamarquesa, o meu material empírico baseia-se em registos da televisão grega e da CNN.

([107]) Cf. Ellis, *Seeing Things: Television in the Age of Uncertainty*, Londres, I.B. Tauris Publishers, 2000.

Esta perspectiva analítica sobre a mediação do sofrimento concentra-se nos microprocessos de formação televisiva. Esta formação (movimentos de câmara, falas e gráficos) e o seu suporte semiótico (verbal, visual, oral) induzem um efeito constitutivo sobre a produção do universo moral do espectador. Assim, cada meio coloca-nos em modos distintos, mobiliza emoções distintas e disposições que nos levam a agir. A simples existência de uma compressão da distância afecta de diferentes maneiras a nossa relação com o local. Não há proximidade que, ao mesmo tempo, não produza uma reivindicação ética, a «certeza» de que o espectáculo com que nos confrontamos tem um sentido, uma indicação da maneira como devemos reagir a esse espectáculo ([108]). Que devemos sentir ao ver o avião em chamas que, numa explosão espectacular, embate contra a torre? Que devemos fazer ao ver as brigadas de bombeiros, o pessoal médico, a polícia, os agentes municipais precipitarem-se para socorrer as vítimas logo após o desmoronamento das Torres Gémeas?

A análise de tais dispositivos exposta na parte seguinte mostrará que essas instâncias de mediação implicam as suas próprias «proximidades», ou seja, cada uma evoca um sentimento potencial, um «modo afectivo» que se adequa a essa proximidade. Cada instância sugere, além disso, um determinado horizonte moral, uma postura normativa relativamente

---

[108] Existem duas «certezas ligadas a uma moral televisiva, em especial no caso do 11 de Setembro: 1) na base de uma humanidade comum, não há dúvida de que os espectadores são solidários do povo americano atingido pela desgraça – é o discurso progressista-humanista; 2) a aliança constituída, em resposta aos ataques terroristas, é uma consequência natural das redes internacionais que, sob hegemonia americana, irrigam o Ocidente, em função de obrigações políticas e militares. São precisamente essas «incertezas» que é preciso suspender, para se compreender a relação entre mediação televisiva e compromisso moral. Nem a «humanidade» nem a obrigação contratual de uma aliança militar são dados naturais ou não problemáticos, pelo menos no caso do 11 de Setembro. Ambas têm as suas próprias condições de possibilidade, o que significa que ambas dependem de um campo discursivo para aparecerem como «naturais».

ao sofrimento e, por isso, uma determinada disposição para intervir a seu propósito. É nesta perspectiva que o «sofrimento» começa por ser uma figura conceptual que produz determinadas formas de narração ética, ligadas a uma «política da piedade». Como devemos compreender esta «política da piedade»?

A piedade não é aqui um sentimento natural de empatia humana. A piedade é, sobretudo, um princípio constituído politicamente a fim de relacionar sujeitos sociais, a partir daquilo que um espectador é capaz de sentir por uma vítima, a fim de estabelecer, segundo a expressão de Boltanski, «uma relação generalizada com o Outro». Como tal, a piedade é central nas concepções contemporâneas da sociedade (do Ocidente) e indispensável para a construção das colectividades modernas e democráticas. E de forma crucial para o nosso objecto, para que a piedade funcione como princípio de relação deve agir de forma discursiva, a fim de produzir sentido sobre o sofrimento. A ideia de uma «política da piedade» sublinha precisamente o facto de esse trabalho semiótico se efectuar de maneira estratégica: «Com o interesse de generalizar, a piedade torna-se eloquente, reconhecendo-se e descobrindo-se enquanto emoção e sentimento.» (Boltanski, 1999, p. 6).

As diferentes modalidades da «piedade eloquente» permitem-nos analisar a cobertura televisiva dos acontecimentos do 11 de Setembro. Os três excertos seleccionados são: um «directo» de Nova Iorque e as imagens das ruas de Manhattan; um resumo dos acontecimentos; um plano de conjunto sobre o horizonte de Manhattan.

2. A moralização do espectador

2.1 *O sofrimento à distância e a «ligação directa» a Nova Iorque*

Eis uma longa sequência de oito minutos. Trata-se de uma conversa telefónica entre o estúdio da televisão dinamarquesa, em Copenhaga, e a embaixada da Dinamarca em Nova Iorque.

O apresentador interroga o cônsul-geral, que descreve a situação como testemunha directa, exprime os seus sentimentos pessoais e avalia as consequências a longo prazo do acontecimento. A sequência tem lugar no interior do estúdio da televisão dinamarquesa. Quase a meio, este quadro é abandonado por duas vezes para se transmitir imagens de Manhattan, antes de a entrevista ser concluída com um regresso ao estúdio. Aquilo que caracteriza principalmente estas vistas de Manhattan são os planos caóticos, os movimentos erráticos de câmaras as focagens e enquadramentos incertos, as objectivas das câmaras cobertas de poeira. Trata-se claramente da transmissão de uma realidade desorganizada. Através destas imagens, entramos na realidade concreta, quase tangível, de Manhattan: omnipresença da poeira e das cinzas; fragmentos de tijolos, de pedra e cimento; sobreviventes cobertos de poeira, a andar ou a fugirem; trabalhadores de capacete na cabeça, sugerindo que os trabalho de limpeza já se iniciaram. Outros planos mostram ainda ambulâncias, bombeiros, funcionários municipais a montarem barreiras nas ruas, nos locais onde se desenrolam cenas de sofrimento. Estas imagens são entrecortadas pela descrição, feita em directo pelo cônsul, de veículos a circularem com as sirenes a tocar, hospitais em estado de emergência, pontes fechadas ao público; são também relatadas as decisões tomadas pelas autoridades, que tentam ter uma visão global da situação, a fim de assegurarem o melhor socorro às vítimas e de fornecerem informações ao maior número possível de pessoas.

Em que espaço-tempo entramos? Uma câmara «implicada» leva-nos «ao próprio local» da cena de sofrimento, «ao próprio instante» em que os acontecimentos se desenrolam, momento a momento. É um espaço-tempo de «proximidade instantânea», o espaço-tempo por excelência da função de testemunha; o da «ligação directa». Ao mesmo tempo, porém, esta realidade móvel filmada em «tempo real» suscita um sentimento de distância relativamente à cena. A técnica de mediação torna-se visível para o espectador: a câmara está coberta de poeira, os satélites de transmissão perdem o sinal por curtos momentos, não há efeitos sonoros para «vestir» as imagens. Somos convocados como «testemunhas» do sofrimento, ao mesmo tempo que estamos conscientes do nosso distanciamento: estamos em casa, temos tempo para comentar e analisar; situamo-nos num espaço-tempo seguro, o do «Centro». Não somos nós que respiramos as cinzas ou que sacudimos a poeira da roupa. Tudo o que podemos fazer é continuar a olhar.

Por muito evidente que possa parecer, isto coloca em destaque outra dimensão fundamental. A mediação televisiva atribui ao espectador a posição de sujeito moral, de testemunha que se sente levada a agir sobre o sofrimento. Daí a tensão entre o sentimento de «estar no local» e a impotência de agir, provocada pela distância que separa o espectador do local onde este não se encontra. É neste ponto de tensão que se concentram as políticas que instrumentalizam o sofrimento à distância – e que a piedade se torna eloquente. Como o espectador não pode agir sobre o sofrimento, as «políticas da piedade» canalizam os sentimentos que o espectador possa ter relativamente à vítima para outros actores. Diferentes possibilidades de canalização dão origem a diversos «tópicos do sofrimento». «Sentimento, se a canalização se operar em direcção ao «benfeitor», àquele que tenta aliviar o sofrimento; «denúncia», se a canalização se faz para o «perseguidor», para aquele que provocou directamente o sofrimento; «sublime», se os sentimentos são organizados em torno do próprio espectáculo, que se torna objecto de apreciações estéticas[109]. Para que tópico do sofrimento nos orienta a «ligação directa»?

2.2 A «ligação directa» e «a tópica do sentimento»

Três elementos semióticos pertencentes à «ligação directa» levam-nos a pensar que o 11 de Setembro se integra na «tópica do sentimento»: a figura do benfeitor, a emotividade da linguagem e a afirmação de uma humanidade comum. A figura

---

[109] Em *La Souffrance à distance* (Paris, Métailié, 1993), Boltanski faz do «sublime» uma articulação da «Tópica estética». Prefiro utilizar «estética» num sentido mais lato.

do benfeitor emerge principalmente dos dispositivos visuais, mas está também presente na descrição das cenas de sofrimento pelo cônsul-geral em Manhattan. As ambulâncias, os bombeiros, o encerramento das pontes e as urgências dos hospitais formam um campo semântico, cujo «protagonista», ainda que não explicitamente nomeado, está presente enquanto agente colectivo das operações de socorro. O benfeitor é também visualizado e designado como aquele que alivia o sofrimento, num contexto de actividades frenéticas que não sofre qualquer atraso. A emoção do cônsul-geral transparece na descrição e na avaliação que faz dos acontecimentos. Faz constantemente referência aos seus próprios sentimentos («dramático, impossível de descrever, chocante, indescritível»). A emoção é também evocada por uma pergunta do apresentador: «Sr. cônsul-geral, o sr. não é apenas uma personagem política, é também um ser humano. O que sente ao ser testemunha de uma catástrofe tão terrível?» Se a «denúncia», orientada para uma «metafísica da justiça», mobiliza a indignação relativamente à injustiça do acontecimento, pelo contrário, a «tópica do sentimento» joga precisamente com a emoção provocada pela tragédia. Proporciona uma «metafísica da interioridade». Como diz Boltanski, não basta o espectador falar do sofrimento, deve também virar-se para si mesmo, para o seu foro interior e ouvir o que lhe dita o coração. Nesta tópica, o cônsul funciona como testemunha de outro sofrimento que lhe «enche o coração de compaixão». Por fim, surge a afirmação de uma «comunidade humana» quando o cônsul é questionado sobre as consequências do acontecimento. Aí, espectador e vítima estão associados num destino comum, mudança que se traduz nas declarações do cônsul, passando de um descritivo (as vítimas) com o «eu» pessoal para chegar a um «nós» inclusivo, global, mundial. O futuro do mundo é aqui objecto de um cenário sombrio («entramos numa nova fase, não podemos prever onde isso nos conduzirá», «preocupação, inquietação profunda, um acontecimento aterrador, aterrador», «profundas consequências políticas que dizem respeito a todos nós»). A tópica do sentimento opera aqui um salto, da particularidade do espectador para uma consideração de valores universais.

Este salto, «imaginação do coração» segundo Boltanski, constrói o horizonte moral desta «tópica»: partilhar a tragédia do outro enquanto humano, reconhecer esse sofrimento como fazendo parte do nosso destino comum. Com efeito, a tópica do sentimento consiste em identificarmo-nos com o próximo; em reconhecer uma humanidade comum.

2.3 O resumo dos acontecimentos e a tópica da denúncia

Dois minutos de imagens colocadas em sequência permitem dar aos telespectadores dinamarqueses uma cronologia dos acontecimentos, inserida na torrente do directo a intervalos regulares. Trata-se essencialmente de um texto visual que joga com o enorme impacto das imagens do 11 de Setembro. Começamos por ver as imagens da primeira torre em chamas e, depois, as do segundo avião a embater contra a torre, seguidas da primeira intervenção de Bush na Geórgia e do desmoronamento das duas torres. Mostram-nos depois Washington e o Pentágono a arder. A banda sonora não inclui nenhum comentário, nenhuma avaliação, apenas indicações sobre os locais e as horas dos acontecimentos, uma informação sobre o trajecto dos voos, o seu número de identificação, bem como o número de passageiros presentes a bordo. A intervenção de Bush não é citada nem resumida; é transmitida tal e qual.

Em termos de espaço-tempo, estamos na omnipresença. As câmaras transportam-nos de um lado para o outro (Manhattan, Geórgia, Washington), num passado imediato (essa manhã de 11 de Setembro). Que leque de sentimentos se quer aqui suscitar? Três elementos constituem semioticamente o 11 de Setembro em função dos termos da tópica de denúncia: a figura do perseguidor, a aura da objectividade estrita, a exigência de justiça.

O perseguidor não tem rosto e manter-se-á geralmente invisível, mesmo quando acaba por ser identificado. No entanto, enquanto agente causal do sofrimento, é já evocado graças à montagem do impacto do segundo avião, um plano espectacular que a câmara regista vários segundos depois de o avião se enfiar na torre (sem qualquer comentário). Este plano intervém após a primeira declaração pública de George Bush, feita na Geórgia. O discurso presidencial começa com um resumo: «Hoje, sofremos uma tragédia nacional». Em seguida, localiza a origem do mal, «... um ataque, aparentemente, de natureza terrorista contra o nosso país». As imagens da catástrofe e as palavras pronunciadas são ligadas pela figura do perseguidor, orientando os sentimentos do espectador para o carácter desleal e cruel do acto.

A evocação do perseguidor está aqui estritamente ligada a outra das propriedades da «denúncia», a exigência de justiça. Esta é formulada na conclusão do discurso, com a promessa de «perseguir os responsáveis». Aqui, o presidente exprime um desejo colectivo: identificar e enfrentar o perseguidor. Esta exigência de justiça inscreve-se na lógica do «olho por olho», joga com os sentimentos de cólera, de indignação, com um desejo de vingança. Ao contrário da tópica do sentimento, a tópica da denúncia não se baseia na empatia ou na implicação subjectiva. O potencial emocional da denúncia assenta na avaliação racional dos factos – «dois aviões colidiram contra o World Trade Center num ataque, aparentemente terrorista, contra o nosso país» – e apela a acções coordenadas e organizadas – «falei com o vice-presidente, com o director do FBI, com o presidente da Câmara de Nova Iorque...». Desta maneira, a aura de objectividade estrita, que caracteriza o comentário do resumo dos acontecimentos, envolve também a intervenção presidencial. Estas duas mensagens organizam a passagem da «indignação» (o sentimento nacional) para a «denúncia» (o apelo à justiça) numa cuidadosa ocultação da emoção daquele que fala. Há uma ocultação do locutor. Sabe-se que, segundo Boltanski, o discurso da denúncia apresenta-se então como indignado e minucioso, emocional e factual.

Em suma, este excerto insere o espectador no interior de um espaço-tempo em que ele é testemunha do sofrimento – mas não do ponto de vista de um «espaço real» ou de um «tempo real» – e sem lhe solicitar a empatia para com a vítima. Este excerto, pelo contrário, multiplica as posições que a testemunha será levada a ocupar à medida que assiste à escalada dos ataques terroristas, propondo-lhe uma «objectividade sem perspectiva», segundo a expressão de Boltanski. O horizonte moral desse espaço-tempo está subordinado a uma «metafísica da justiça»; a promessa de restaurar a justiça e de «perseguir» os culpados é uma promessa de acção concreta. Essa disposição para agir concretamente sobre o sofrimento está evidentemente ligada à grande aliança militar e política que, um mês depois, culminará na operação de «guerra contra o terrorismo» travada no Afeganistão.

2.4 O plano de conjunto do horizonte de Manhattan: o sublime

Eis um plano de oito minutos sobre o horizonte de Manhattan em chamas, uma duração excepcionalmente longa para um ritmo televisivo. O plano é filmado à distância. Temos realmente tempo de mergulhar visualmente no espaço do sofrimento. O comentário vem de um especialista dinamarquês, que especula sobre as causas possíveis do acontecimento e avalia consequências políticas e reacções internacionais. Este comentário afasta-nos das particularidades do ambiente directo e funciona como uma macroperspectiva política sobre o acontecimento. Com efeito, tanto o visual como as afirmações afastam-nos do «aqui e agora» do «directo»; afastam-nos também da omnipresença do resumo. Encontramo-nos agora no espaço-tempo fixo daquilo a que podíamos chamar um quadro vivo. Tal como num quadro, a temporalidade é a de um presente eterno, sem contingência nem evolução. Três elementos semióticos constituem o sofrimento a partir de tal espaço-tempo. O plano de conjunto e a sua significação icónica; o contraste entre o belo e o sublime; as figuras retóricas do «anacronismo» e do «anatopismo».

O plano de conjunto tende a universalizar. Descontextualiza as significações específicas para lhes acentuar o carácter icónico. E, de facto, este plano funciona de forma genérica, embora objectivamente, e particulariza determinados elementos (como o horizonte de Nova Iorque). Ainda que represente um espaço dado, a metrópole contemporânea, os seus grandes edifícios, a sua arquitectura moderna, as suas massas densas, o quadro destaca as colunas de fumo que cobrem a cidade e, assim, associa duas séries temáticas. O cinzento do céu e a água turquesa do oceano. Em termos estéticos, a câmara associa o horror do sublime à tranquilidade familiar dada pela beleza. Estes dois elementos estão visualmente organizados numa série de contrastes: paisagem (terra coberta de fumo – oceano calmo); cores (cinzento – turquesa); actividade (invisível, em terra – explícita, oferecida à vista, no oceano). Os barcos que passam parecem ignorar completamente o inferno que se vive na cidade. Neste quadro vivo, o 11 de Setembro oferece-se à apreciação estética. O meio visual propõe a cidade ao espectador, numa relação de contemplação. O sentimento suscitado por esta «proximidade contemplativa» não é transferido nem para o benfeitor nem para o perseguidor, «permanece» em nós como experiência de um abandono estético. É o que Boltanski designa como efeito de «sublimação» na representação do sofrimento à distância, um efeito que instaura um prazer estético em dois tempos: um movimento inicial de horror, que se confundiria com o medo se o espectador não estivesse pessoalmente ao abrigo do perigo; em seguida, um segundo movimento de apropriação, de apreciação e de avaliação daquilo que uma percepção vulgar teria rejeitado.

É verdade que, como diz Boltanski, o registo estético contém, de facto, a possibilidade de uma *rejeição radical da piedade*. No entanto, o espectador é efectivamente moralizado, mas de uma maneira diferente da das duas tópicas precedentes. Com efeito, se a câmara abstrai o particular para projectar uma visão estética da cidade, os gráficos que se exibem no ecrã e a voz *off* do comentário voltam a particularizar essa abstracção. Os elementos gráficos (como os subtítulos recorrentes a dizerem «Nova Iorque») inscrevem a imagem da metrópole em chamas na temporalidade do presente, um presente a desenrolar-se. Esta combinação semiótica põe em destaque a inversão crucial da relação entre centro e periferia em acção nesse 11 de Setembro: Nova Iorque, centro invencível, entregue ao caos. A tematização visual do centro «sofredor», representação nova e paradoxal, faz surgir duas inversões interessantes desta tópica: uma inversão do tempo, o anacronismo, uma inversão do espaço, o anatopismo ([110]).

No eixo do tempo, a actualidade contínua dos gráficos, combinada com o presente eterno do quadro vivo, evoca um novo elemento temporal na representação do sofrimento do centro, o de Pearl Harbor durante a Segunda Guerra Mundial ([111]). O efeito de *anacronismo* consiste precisamente em produzir, para os acontecimentos presentes, uma referência passada, ligando assim dois tempos, um repetindo o outro, na torrente eterna da história. A profundidade assim atribuída ao acontecimento presente inscreve-o num discurso que remete para o passado nacional; torna-se um motivo recorrente que, mais uma vez, requer uma resposta, ainda que a natureza da resposta, represálias ou diplomacia, permaneça em aberto.

O palco do sofrimento, identificado como sendo Nova Iorque e associado ao longo plano do horizonte em chamas, evoca um novo contexto espacial da representação do sofrimento, o do centro: este poderia ser qualquer metrópole ocidental. O efeito de anatopismo leva a estabelecer uma equivalência entre diversos locais. A Nova Iorque que sofre torna-se um significante crucial, em que se associam o espaço onde a vida está em perigo e o espaço de segurança que inclui outras cidades do centro. Qual será a próxima cidade? Neste espaço, o espectador identifica-se com uma vítima potencial. Nesta representação sublimada do sofrimento à distância, o anato-

---

([110]) Cf. Bakhtine, a propósito do *Bildungsroman*, em *Speech Genres and Other Late Essays*, University of Texas Press, 1986, pp. 10-59.

([111]) A relação entre o 11 de Setembro e Pearl Harbor foi também feita por um americano na Dinamarca, na altura desta sequência de informações em directo, 15 minutos após a difusão desta longa sequência. Esta relação *anacrónica* faz parte do repertório mais vasto dos discursos histórico-políticos utilizados para contextualizar o 11 de Setembro nos *media* (DR, televisão dinamarquesa, Mega, televisão grega, CNN) e, mais geralmente, nos fóruns políticos.

pismo introduz então uma nova dimensão de proximidade, a proximidade como vulnerabilidade ([112]).

Em suma, o complexo espaço-tempo do sublime, com os seus efeitos anacrónicos e anatópicos, elabora um horizonte radicalmente diferente de todas as tópicas anteriores. Na ausência de um benfeitor e de um perseguidor, o espectador é libertado do sentimento de um dever urgentemente ligado a essas figuras que o implicam emocionalmente e o levam a envolver-se. Jogando com a contemplação reflexiva do espectador confrontado com a cena do sofrimento, o sublime é um meio de transformar a cena num objecto passivo face a um sujeito que olha, consciente do seu acto de olhar: um «meta--descritor», segundo Boltanski. Fundamental para a moralização do espectador, este dispositivo não implica, porém, qualquer simpatia redentora ou indignada, mas uma simpatia distante do seu objecto: «a beleza que, por esta operação de sublimação do olhar» capaz de transformar qualquer objecto em obra de arte (G. Froidevaux, *Baudelaire. Représentation et modernité*, Paris, Corti, 1989, p. 21), «é extraída do horror, nada deve então ao objecto» (Boltanski, 1999, p. 127; 1993, p. 184).

Esta ausência de obrigação para com o objecto do sofrimento resulta nisto: ao espectador, é dada a opção de estabelecer a relação entre o 11 de Setembro e outros contextos temporais e espaciais, e de estabelecer assim relações com outros passados e com outros locais. É verdade que as duas relações de que falei pertencem aqui aos discursos previsíveis da história e da política ocidental. No entanto, tornou-se possível o espaço de um exercício reflexivo e analítico.

Não é por acaso que o próprio conceito de simpatia foi objecto da análise mais atenta do excerto ao longo da montagem de oito minutos. O 11 de Setembro é ocasião para os

---

([112]) O tema da «proximidade como vulnerabilidade» está presente no directo difundido na televisão dinamarquesa, DR, via diferentes «cronótopos» da representação televisiva. Para uma abordagem teórica ao tema da segurança internacional e do mundo ocidental, ver Ulrick Beck, «The Cosmopolitan State», *Der Spiegel*, 15 de Outubro de 2001.

Estados Unidos serem um objecto de simpatia em todo o mundo. A superpotência, longe de ser invencível, tem as suas próprias vulnerabilidades. Esta simpatia é, porém, condicionada pelo modo de resposta que a superpotência entende dar ao acontecimento. Represálias, diz o especialista, colocariam em causa esta simpatia.

É em referência a esta tópica do sublime que as «certezas» relativas a uma «humanidade comum» (tópica do sentimento) e a uma aliança mundial (tópica da denúncia) são explicitamente formuladas e, portanto, avaliadas de maneira crítica.

3. Conclusão

Tentei mostrar como uma política da piedade constitui o espectador do 11 de Setembro em sujeito moral: como a piedade «se exprime» – em formas específicas de emoção e de disposição para a acção – através dos recursos semióticos da televisão. Neste processo, a articulação dos espaços-tempos ordena a distância que separa o espectador da cena do sofrimento. A lógica discursiva que mediatiza o sofrimento é uma lógica de deslocamento. Insere o sofrimento num universo espaço-temporal maior e, por isso, contextualiza-o em tópicas diferentes: sentimento, denúncia, sublime. Cada tópica foi semioticamente descrita em função dos sistemas de relações que mantém com a cena do sofrimento e que ela instaura entre essa cena e o espectador. É pela inserção do sofrimento em espaços-tempos distintos, e pelas relações que esses espaços-tempos evocam, que determinados horizontes morais, determinadas orientações para o outro se tornam possíveis, aceitáveis e legítimas no espectáculo televisivo do 11 de Setembro.

Enquanto que a tópica do sentimento moraliza o espectador inscrevendo-o numa relação de empatia com a vítima, a tópica da denúncia moraliza o espectador inscrevendo-o numa relação de indignação em que ele se opõe àquele que perpetra o mal. Cada tópica constitui estas relações na base de uma metafísica específica; cada uma estabiliza a representação do sofrimento segundo uma reivindicação de verdade. No caso do «sentimento», uma metafísica da interioridade baseia o horizonte moral do espectador numa exigência de humanidade universal. No caso da «denúncia», uma metafísica da justiça baseia o horizonte moral numa exigência de acesso imparcial à verdade. Os dois discursos, o da humanidade universal e o da verdade imparcial, são condicionados por aquilo a que Bakhtine chamaria as «condições de representabilidade» do sofrimento, os «cronótopos» do sofrimento. A humanidade universal é evocada através de um espaço-tempo caracterizado por uma proximidade imediata, por um *estar lá agora*. A verdade imparcial é invocada através de um espaço-tempo caracterizado pela omnipresença, o passado imediato, e por uma «objectividade» concebida como uma perspectiva que não se situaria em «parte alguma» ([113]).

Qual é o efeito destas «condições de representação»? Como se esperaria, é necessário adoptar exclusões significativas. Cada espaço-tempo esforça-se por limitar a possibilidade de um discurso diferente sobre o sofrimento.

A proximidade instantânea vai suscitar um discurso relativo a uma humanidade universal, excluindo a possibilidade de historizar a situação da vítima no campo das relações políticas contemporâneas. Colocando a tónica na dimensão humana do sofrimento, o discurso suprime a especificidade política do sofrimento como sofrimento do centro ([114]) e, ao mesmo

---

([113]) A «objectividade sem perspectiva» visa conferir uma legitimidade ao espectáculo televisivo. Mas, como diz Boltanski, «a constituição de uma esfera pública e a definição de uma legitimidade política baseada numa concepção da objectividade que amplifica as possibilidades de uma observação sem qualquer perspectiva particular são estritamente independentes» (Boltanski, 1999, p. 24).

([114]) A especificidade deste sofrimento como sofrimento do «centro» levanta, entre outras, a questão moral da eleição de uma vítima particular, noção também implícita na conclusão de Chomsky. Se recorremos à nossa humanidade comum, por que fazer do 11 de Setembro «a» tragédia relativamente a muitos outros sofrimentos no mundo? Um dos pontos frágeis do discurso sobre a humanidade universal é o facto de as «emoções [da qual é portador] poderem ser desacreditadas se não permitir a construção de um dever moral válido em qualquer generalidade» (Boltanski, 1999, p. 100; p. 148).

tempo, as reflexões sobre a natureza das causas e dos efeitos.

A objectividade sem perspectivas vai suscitar um discurso sobre uma verdade imparcial, excluindo a possibilidade de uma referência a ela fora de uma «lógica de reiteração». Ligar estritamente a verdade imediata do terror à promessa de perseguir os terroristas (e, finalmente, contra-atacar), significa suprimir as outras possibilidades de uma alternativa política, diplomática ou militar ([115]).

A terceira tópica, a sublimação do sofrimento, instaura uma relação de contemplação reflexiva relativamente ao próprio espectáculo do sofrimento. Dispensa as figuras do benfeitor e do perseguidor e, deste modo, vê o sofrimento como não opressivo nem injusto. Ao invés, convida o espectador a entregar-se ao prazer estético de um quadro vivo, à colocação em imagens do horizonte de Manhattan. Por isso, a moralização do espectador adquire contornos diferentes. As figuras retóricas do anacronismo e do anatopismo revelam uma tensão entre continuidade e descontinuidade, quer em relação ao tempo (referência feita à Segunda Guerra Mundial), quer em relação ao espaço (aquilo podia acontecer em qualquer metrópole ocidental): como é o passado recente relacionado com esse acontecimento? Que conexão pode haver entre esta cidade e as outras? O comentário aproveita esta abertura para contextualizar o acontecimento, avaliando as condições que permitiriam aos Estados Unidos gerarem, ou não, simpatia histórica ou política; o sublime abre a representação do 11 de Setembro à possibilidade de uma *historicidade*. A historicidade é aqui entendida no sentido de Bakhtine, em que o presente não deriva daquilo que ocorreu anteriormente, mas constitui um processo sem finalidade, rico em potencialidades múltiplas: nenhuma predição ou retrodicção pode determinar definitiva-

---

([115]) A lógica da reiteração requer a nomeação de um agente colectivo que represente o mal e isto revela-se difícil no que respeita aos acontecimentos do 11 de Setembro. A controvérsia a propósito da guerra do Afeganistão assenta nas premissas da operação problemática que consiste em identificar os perpetradores do mal.

mente a natureza, a causa ou a consequência do acontecimento. O convite a contemplar o espectáculo não é, pois, apenas um movimento estetizante que isola esse espectáculo da história e da política. Talvez seja uma re-historização potencial e um movimento de repolitização que permite ao espectador operar uma distância e oferecer-lhe uma temporalidade favorável à reflexão.

Evidentemente, a descrição que fiz destas três tópicas não visa abranger toda a dinâmica das imagens difundidas em directo no 11 de Setembro, nem a sua apresentação temporal ou, segundo a expressão de Bakhtine, a produção do próprio acontecimento. Na verdade, nenhuma destas tópicas é, por si só, capaz de tomar a seu cargo a representação do 11 de Setembro. As três alternam-se, fundem-se e completam-se, recontextualizando os acontecimentos no seio de um universo de *heterocronias* e de *heterotopias*. É aqui que reside o importante. Face a tal acontecimento – cujo efeito sobre todos nós é enorme e complexo –, temos necessidade, enquanto espectadores, de nos situarmos de várias formas relativamente a várias «verdades». Por conseguinte, não se trata de escolher, mas de explicar as condições nas quais serão possíveis os diferentes modos de envolvimento resultantes do espectáculo do 11 de Setembro. Avaliar um espectáculo sob o ângulo de «como é que significa» é reconhecer que o nosso conhecimento do acontecimento, aquilo que sentimos sobre ele e que nos dispomos a fazer sobre ele, não são potencialidades universais a-históricas, mas antes «efeitos de verdade». A tendência contemporânea para a «moralização da política», a que já me referi, pode beneficiar desta reflexão sobre a «política da piedade».

Este trabalho deve ser situado na trajectória de uma «análise da verdade». Esta análise é fundamental para compreender os acontecimentos do 11 de Setembro. Espécie de «história do presente» (Foucault, 1997), este projecto crítico, mais do que humanizar excessivamente ou denunciar directamente os males deste mundo, prefere identificar «as questões políticas e éticas levantadas pela nossa própria inserção num presente e os problemas colocados pela acção, nos limites estabelecidos por esse próprio presente» (Dean, 1994).

Capítulo 4

Fotografia, Jornalismo e Trauma ([116])

BARBIE ZELIZER

Pouco depois dos atentados do 11 de Setembro contra o World Trade Center e o Pentágono, o Instituto Americano de Imprensa enviou aos directores editoriais e aos jornalistas americanos uma circular que explicava como deviam utilizar «correctamente» as fotografias da crise. A directiva explica nomeadamente: «Viramos as costas ao pódio e as câmaras são apontadas para os rostos na multidão» (Lower, 2001). O conselho parece curioso: a ideia de utilizar imagens do público em vez de descrever o acontecimento contradiz aparentemente as regras do jornalismo.

([116]) Tenho de agradecer a Bethany Klein pelo trabalho de pesquisa que efectuou, bem como a Barbara Kirshenblatt-Gimblett e a Marianne Hirsh pelas suas observações resultantes de uma primeira leitura deste manuscrito. Este documento foi parcialmente apresentado no CNRS em Paris, em Fevereiro de 2002, no «Voice/Over», um seminário em honra de Roger Abrahams, organizado na Universidade da Pensilvânia em Março de 2002, e no Solomon Asch Center for the Study of Ethnopolitical Conflict, em Abril de 2002.

No entanto, o papel desempenhado pela fotografia em resposta aos acontecimentos do 11 de Setembro faz parte das lendas redentoras da profissão, da saga das proezas, das tragédias e dos conflitos do jornalismo após o 11 de Setembro. Foi dito que a fotografia se esforça por ocupar e preencher o espaço de caos e de confusão do qual o jornalismo tem por missão oferecer uma imagem organizada. As fotografias da imprensa popular conseguem exprimir, mas também contrariar uma incredulidade partilhada pelo mundo. A circulação frequente, sistemática e repetitiva de imagens fotográficas, em jornais, revistas, números especiais de fim de ano, volumes comemorativos permite que o público veja e reveja as imagens mais fortes de um acontecimento que parece desmentir todos os esquemas de interpretação existentes. Não parece haver dúvidas de que essas fotografias estão longe de satisfazer as exigências habituais do jornalismo.

É perturbador verificar que o grande número de fotografias sobre os ataques do 11 de Setembro não chegou a questionar a natureza daquilo que nelas é mostrado e a maneira como é representado. Este texto incide sobre os modelos adoptados pela imprensa popular americana para fotografar os acontecimentos do 11 de Setembro. As fotografias de imprensa mobilizaram a sensibilidade e a atenção do público, ajudaram-no a constituir-se como testemunha, a passar de um estado inicial de confusão e de choque para um estado pós-traumático. Garantiram também um apoio público às acções políticas e militares que se iriam desenrolar no Afeganistão.

De forma significativa, esta utilização da fotografia, que coloca o público na posição de espectador, tem precedentes históricos. A utilização de fotografias para sensibilizar a opinião pública faz eco de um período histórico longínquo, a libertação, em 1945, dos campos de concentração da Segunda Guerra Mundial. Neste caso, recorreu-se também à fotografia para ajudar o público a aceitar a evidência, mobilizando, ao mesmo tempo, o seu apoio para a campanha das forças aliadas. Este texto propõe que a invocação deste modelo visual anterior é fundamental para se compreender como a fotografia funciona, simultaneamente, como elemento de parte inteira do jornalismo, como terapia, que serve para acalmar a confusão gerada pelo trauma público, e como instrumento ao serviço de determinados objectivos estratégicos de ordem política e militar.

1. Fotografia, jornalismo e trauma

O adágio «é preciso ver para crer» parece particularmente adaptado aos períodos de trauma, aos períodos em que guerras, grandes catástrofes ou outros cataclismos abalam as ideias feitas sobre as implicações morais impostas pela pertença a um grupo. O restabelecimento passa por um longo percurso, um percurso em três etapas: instaurar a segurança, iniciar um processo de recordação e de luto, regressar a uma vida normal (Herman, 1992: 155). Quando o trauma resulta de ataques intencionais, como a violência planificada que caracteriza o terrorismo e a acção militar, o caminho para o restabelecimento passa geralmente por uma mobilização do grupo, pela escolha de uma acção que compense o trauma sofrido. O regresso a uma vida normal assenta então numa visão transformada daquilo que se entende por vida normal, as alianças são refeitas, as práticas modificadas, as acções reorganizadas, a sua hierarquia alterada e as crenças são adaptadas ao novo sistema.

A fotografia é ideal para convidar os indivíduos e os grupos à viagem para o espaço pós-traumático. A imagem fixa presta-se bem às respostas colectivas. Permite retirar os indivíduos do seu estado de choque inicial e guiá-los em direcção a um espaço pós-traumático; permite ver e continuar a ver até que o choque e o trauma ligados ao carácter extraordinário do acontecimento tenham sido dominados. Nem toda a gente progride ao mesmo ritmo. As fotografias permitem que cada pessoa continue a contemplar, à sua maneira, o objecto do trauma, até que possa dominar a dissonância causada. Contrariamente aos filmes cujas imagens aparecem e desaparecem quase simultaneamente, as imagens fixas são, segundo Marianne Hirsh, «naturalmente elegíacas» (Hirsh, 2000). A passagem do estado traumático para o estado pós-traumático pode então ser facilitada, pelo menos em parte, pela fotografia, não só no momento estratégico da tiragem da fotografia, mas também muito tempo depois. Pela sua visibilidade, pela sua centralidade, pelo seu número, as fotografias criam um espaço de «mediação documental». Cada pessoa avança ao seu ritmo na via da cura. Por isso, é normal que os governos de todo o mundo tenham utilizado a imagem para alcançarem objectivos estratégicos. Para muitos, «ver» tornou-se o acto imaginário da era contemporânea. Desde a imponente batalha de Antietam durante a Guerra de Secessão até aos recentes tribunais constituídos para julgarem os crimes de guerra cometidos nos Balcãs, a fotografia teve sempre uma influência potencialmente formidável sobre o público.

Os acontecimentos do 11 de Setembro não fogem à regra. Invulgares no sentido em que se desenrolam em tempo real frente a um público mundial e através dos meios de comunicação social, os gestos do 11 de Setembro chegam até nós de forma, antes de mais, visual. As imagens estão em toda a parte. Quando os aviões embatem contra o World Trade Center, todos correm para o televisor, para não mais desviarem dele os olhos. Durante horas, os olhares mantêm-se fixos sobre intermináveis repetições de imagens dos atentados, repetições que começam a assemelhar-se a fotografias ([117]). Nos dias que se seguiram, quando a influência dos televisores diminuiu, a imprensa popular propôs, por sua vez, uma representação visual, imediata e poderosa dos acontecimentos.

([117]) De facto, estas imagens animadas passadas em repetição contínua são tão repetitivas que, a pouco e pouco, adquirem uma natureza fotográfica. Ocupam também os mesmos espaços quando aparecem na forma de fotografias, na versão *on-line* do *New York Times* ou no CD ROM em que estão reunidas. Por conseguinte, enquanto que a natureza temporal das imagens fixas e a das imagens em movimento diferem, a ordenação das imagens fixas e a repetição das imagens animadas fazem com que se assemelhem. As fotografias, porém, conservam o seu carácter material, o que não acontece no caso das imagens animadas ou digitais. A este respeito, gostaria de agradecer a Barbara Kirshenblatt-Gimblett.

Não só as últimas edições dos jornais diários estão cheias de fotografias tiradas nos primeiros dias dos atentados, como também as revistas publicam suplementos fotográficos (mesmo durante a semana). Estas fotografias dos atentados, dos edifícios e ruas em ruínas, da população desnorteada ou desolada, dos locais transformados em memórias invadem a imprensa popular durante dias. Estão presentes em toda a parte: primeira página, páginas interiores, suplementos fotográficos, páginas duplas ilustradas. Encontramo-las sós ou reunidas, a cores ou a preto e branco. São acompanhadas por legendas em caracteres grossos e reúnem-se em torno de temáticas vagas ou muito gerais, como «Terror in America», por exemplo. Esta preponderância da imagem não se atenua à medida que as semanas passam. O *New York Times* publica fotografias a cores maiores, mais numerosas do que antes do 11 do Setembro. Cada edição contém geralmente duas vezes mais fotografias do que antes do acontecimento [118]. Isto explica então que, numa sondagem efectuada em finais de Novembro, o número de espectadores das grandes cadeias de televisão tenha diminuído drasticamente, enquanto que a imprensa popular triplicou as vendas a partir da semana seguinte ao acontecimento (Pew, 2001). Recorre-se então à explicação habitual: a capacidade da imprensa escrita para fornecer um contexto e uma interpretação (Mike Phillips, *Crisis Journalism*, 2001). Além disso, a dimensão visual da imprensa popular permite que o público conserve facilmente as recordações da sequência horrível em curso. Neste sentido, a imagem desempenha então um papel terapêutico crucial.

Este é um elemento fundamental. Embora o fotojornalismo permita aliviar o trauma, as fotografias mantêm uma relação agitada com as palavras que as acompanham. Ainda hoje, quase 150 anos após o nascimento da fotografia e mais

---

[118] A comparação do número de fotografias que figuraram nas rubricas principais durante os seis primeiros dias da crise relativamente às fotografias difundidas no mesmo período no ano anterior deu os resultados seguintes: 12/09/02–17/09/02: 50, 49, 48, 61, 64 e 45 fotografias; 12/09/01–17/09/01: 22, 19, 21, 27, 24 e 19 fotografias.

de 70 anos depois da chegada da telefotografia, continua a não haver regras aceites acerca da maneira de seleccionar e de utilizar as imagens nas notícias. As decisões relativas ao direito à assinatura, à maneira de legendar ou à simples organização das imagens nos jornais ou nas revistas – a forma de ligar um texto a uma imagem – são essencialmente intuitivas. O recurso à intuição num domínio – a relação com a imagem – já normalmente aleatório é muito mais problemático em período de crise ou de choque, ou seja, quando os tempos de resposta aos acontecimentos são sensivelmente reduzidos e as decisões são tomadas num clima tenso. Nestas condições, como podem os fotógrafos e os chefes de redacção escolher a reacção apropriada? Onde encontrar princípios que os guiem no tratamento mediático do trauma?

É aqui que o precedente histórico adquire todo o seu sentido. O bom jornalismo consiste em aplicar práticas normalizadas face a circunstâncias imprevisíveis (Tuchman, 1978). Para encontrar receitas sobre a arte de utilizar as fotografias face a um trauma, podemos então recorrer a acontecimentos passados. Por vezes é possível comparar acontecimentos diferentes, desde que o seu modelo de representação visual possa ser visto como idêntico. Isso significa que acontecimentos que não são necessariamente semelhantes poderão ser submetidos ao mesmo tratamento visual, pois podem suscitar uma reacção similar no espectador.

É o que acontece nos atentados do 11 de Setembro. É verdade que as fotografias dos ataques são assimiladas à descrição de diversos acontecimentos históricos – entre outros, a batalha de Iwo Jima, Pearl Harbor, o assassinato de Kennedy, a explosão do *Challenger* e o acidente de avião em que J. F. Kennedy Jr. perdeu a vida. No entanto, um precedente histórico impõe-se como particularmente apto para guiar os jornalistas e a opinião pública em relação ao 11 de Setembro. Trata-se da maneira como os jornalistas responderam com imagens à libertação dos campos de concentração da Segunda Guerra Mundial. Esta resposta foi quase totalmente repetida face ao 11 de Setembro. As respostas a estes dois acontecimentos ilustram aquilo que os investigadores sobre o trauma chamam «o testemunhar».

Esta analogia é curiosa, porque o Holocausto e o 11 de Setembro são episódios fundamentalmente diferentes. Um produziu-se durante uma guerra mundial, o outro é resultado de um ataque terrorista. Contrariamente ao Holocausto, que queriam manter invisível, o 11 de Setembro destinava-se a ser visto, fotografado e filmado. Enquanto que as fotografias da *Shoah* são tiradas contra a vontade dos organizadores do crime, os atentados contra as torres gémeas têm de ser transpostos em imagens para exercerem o seu enorme poder simbólico, um poder relativamente ao qual o número de vítimas parece, de facto, pequeno. Por último, as imagens de 1945 são imagens de sofrimento infligido a indivíduos. As de 2001 são imagens de aviões a embaterem em torres, deixando aos espectadores a tarefa de imaginarem o que sentirão as vítimas.

A resposta do jornalismo aos acontecimentos do 11 de Setembro não é, pois, nova, ainda que assente numa comparação errónea. O antecedente histórico torna-se um modelo pedagógico, ou seja, um precedente. Demonstra que a fotografia pode fazer evoluir o sentimento colectivo, ajudar a passar do estado de choque e de horror para um estado pós-traumático orientado para a acção. Por outras palavras, a imprensa americana – à procura de uma resposta, mas com poucos modelos – parte em busca do episódio particular que lhe possa fornecer o modelo em causa e encontra-o no episódio da libertação dos campos de concentração da Segunda Guerra Mundial. Mas a existência de uma resposta análoga tende a ocultar as diferenças entre os dois acontecimentos. Podemos então debruçar-nos sobre as razões que levam a este paralelo. Porque sobrepor dois acontecimentos tão fundamentalmente diferentes?

2. O acto de testemunhar e a fotografia

Diz-se geralmente que o facto de prestar testemunho, face ao trauma, é uma das maneiras de ultrapassar esse trauma. O acto de testemunhar retira os indivíduos do seu isolamento, permite-lhes orientarem-se na via do restabelecimento. O acto de testemunhar permite que os indivíduos se tornem responsáveis por aquilo que vêem (Zelizer, 1998: 10). Consiste em «ver», já não enquanto indivíduos, mas enquanto membros de um grupo, e permite então uma elaboração colectiva do trauma. Para Shoshana Felman, testemunhar «não é apenas contar, é também comprometer-se e comprometer a narrativa relativamente a outro. É assumir as responsabilidades face à história quanto à verdade daquilo que aconteceu... [é] um apelo à comunidade» (Felman, 1992: 204). Prestar testemunho ajuda os indivíduos a reforçarem a sua ligação ao grupo, em resposta aos acontecimentos que desmembraram, ainda que temporariamente, esse grupo. Ao assumir a responsabilidade dos acontecimentos e ao restabelecer uma ordem comum, o testemunho torna-se então a prova da vontade do grupo de evoluir para a cura.

O testemunho, interpretado como uma resposta colectiva a acontecimentos temporal ou espacialmente longínquos, é tributário de uma representação mediatizada. É inicialmente pelos *media* que o público vai conhecer os acontecimentos pelos quais se poderá ou não sentir responsável. Desde o seu nascimento em meados do século XIX, a imagem fixa é um meio eficaz para responder aos acontecimentos, em particular os que exigem uma resposta do público. Na Guerra de Secessão, a imprensa popular não estava ainda suficientemente equipada para publicar fotografias, mas as exposições de rua e a exibição de gravuras que representavam os mortos de Antietam ou os prisioneiros nos campos dos Confederados provocaram debates acesos. Durante a Primeira Guerra Mundial, a situação alterou-se, mas a censura generalizada restringiu a circulação de imagens, o que levou um fotojornalista a dizer: «As fotografias parecem ser a única coisa realmente temida pelo War Office» (Jimmy Hare, *in* Goldberg, 1991: 195). Em todos os casos, há consenso sobre a influência atribuída às fotografias.

Contudo, só durante a Segunda Guerra Mundial é que a fotografia alcançou o seu pleno desenvolvimento, com o nascimento da telefotografia. Ao tornar a transmissão e a recepção de fotografias tão instantânea quanto as das fotografias, a telefotografia criou a possibilidade de uma reacção pública a acontecimentos longínquos. Depressa se tomou consciência do poder de persuasão das fotografias: uma única fotografia que representa três soldados americanos mortos basta por si só para fazer disparar as vendas dos títulos obrigacionistas de guerra (Goldberg, 1981: 199). Aquando da libertação dos campos de concentração da Europa nazi, em Abril e Maio de 1945, a reputação da fotografia já está bem consolidada. Por isso, não admira que o tratamento em imagens da libertação dos campos, provavelmente o acontecimento mais capaz de incitar os seus públicos a testemunharem, seja impressionante, tanto pelo número das fotografias como pela sua frequência de publicação. Essas fotografias dissiparam a incredulidade e o cepticismo relativamente à experiência da Europa nazi e permitiram um reconhecimento estupefacto da verdade atroz.

3. O modelo original

Ao optar por uma abordagem dos horrores dos campos de concentração, que faz do público, próximo ou distante, uma testemunha, o jornalista suscita um sentimento de responsabilidade. Face à falta de apoio da opinião pública americana à guerra, o general Eisenhower compreende que as cenas dos campos poderiam ser um meio eficaz de dar a compreender à opinião pública em que consistem as operações dos Aliados e por que é necessária a presença americana. Ordena aos fotógrafos situados num raio de 160 quilómetros em redor dos campos que se dirijam lá para tirarem fotografias, organiza visitas de parlamentares e chefes de redacção aos campos e promove a exposição das imagens de atrocidades, nos teatros, salas de espectáculo e exposições de rua.

A resposta a este apelo ao testemunho é imediata e intensa. Seguindo as exigências formuladas pelas autoridades militares e governamentais, os jornalistas e os fotógrafos visitam os campos e registam em pormenor o que vêem. Durante três semanas, quase todos os jornais e revistas dos Estados Unidos publicam quotidianamente páginas duplas e suplementos destacáveis cheios de fotografias, cuja abundância apanha o público desprevenido. Estas imagens atrozes remetem para aquilo a que chamei estética fotográfica do Holocausto. Descrevem pela primeira vez o horror nazi (Zelizer, 1998).

Apesar da sua grande diversidade, as imagens obedecem sistematicamente a determinados esquemas de representação. Além das cenas, hoje familiares, de seres humanos submetidos à aniquilação, essas imagens concentram-se sobretudo no acto de testemunhar. Insistem não só na nossa capacidade de ver o horror, mas também na resposta que esse espectáculo suscita. O acto de testemunhar torna-se então a norma em torno da qual se organiza o discurso fotográfico sobre a atrocidade: as fotografias devem ajudar os indivíduos a «verem» o que aconteceu.

Em torno desta norma, uma estética elabora, em direcções diferentes, a própria noção de testemunho. As fotografias descrevem espectadores diferentes que prestam testemunho em estilos diferentes. Insiste-se particularmente nos grupos, nas comunidades, a fim de dissipar a incredulidade que ainda persiste relativamente ao que se passou. Fotografam-se visitantes que olham os montes de corpos empilhados ou os vagões descobertos: as delegações de soldados e civis alemães convidados a visitarem os campos durante a campanha de desnazificação de Eisenhower são mostradas, a verem. Em muitos casos, os horrores contemplados são mantidos fora de campo para obrigar o público a imaginar aquilo que ele sabe existir, mas que não está enquadrado pela máquina. Outras fotografias mostram visitantes a examinarem exposições de fotografias sobre as mesmas atrocidades. Enfim, o acto de «ver» que teve lugar torna-se uma resposta pública privilegiada: o público, até então indiferente, reconhece assim um certo grau de responsabilidade. Consultáveis à vontade, as imagens fixas da fotografia (as que foram produzidas, as que foram expostas, as que foram disponibilizadas) permitem, pois, dar forma à resposta pública (Zelizer, 1998).

Elaborado em 1945, um certo modelo do «testemunhar» cria então um precedente que pode ser usado para articular a resposta fotográfica ao horror e ao trauma face a novas atrocidades. Muito depois de 1945, nada aconteceu comparável às razias causadas pelo nazismo; assim, este precedente torna-se um modelo para a cobertura jornalística do trauma. Quando o episódio traumático exige não só uma atenção em grande escala, mas também uma reacção pública, é necessário agora recorrer à fotografia. Desde então, a fotografia faz parte da textura de todos os dramas colectivos e é esperada sempre que há acontecimentos traumáticos.

4. Imitar formalmente o modelo

Embora este modelo esteja disponível desde 1945, os atentados do 11 de Setembro constituíram o primeiro acontecimento em que o modelo foi reproduzido quase de forma integral. Pela primeira vez desde a Segunda Guerra Mundial, são difundidas fotografias na mesma grande quantidade, de maneira igualmente frequente, de maneira igualmente privilegiada e assinaladas por marcadores igualmente potentes. Mesmo quando é temporariamente interdito fotografar o local, o simples facto de a imprensa popular se dispor a modificar a sua política editorial para introduzir fotografias e mostrá-las em continuidade desempenha um papel essencial relativamente a um acto de testemunho comparável ao observado em 1945. Além disso, a focalização em fotografias prossegue muito para lá dos supostos limites do acontecimento; muito depois do período de dois ou três dias de documentação fotográfica que caracteriza geralmente os acontecimentos traumáticos [119]. Nos dias e semanas que se seguem, são publicadas fotografias a um ritmo regular, frequente e em numerosas rubricas.

Esta recuperação quase total da estética do Holocausto difere de tudo o que se mostrou durante os 50 anos que se seguiram à libertação dos campos nazis. Durante este período,

---

[119] A avalancha fotográfica devida a grandes acontecimentos traumáticos dura geralmente três ou quatro dias. Uma destas avalanchas produziu-se, por exemplo, aquando do assassinato de Kennedy ou no caso da explosão da *Challenger*. O *New York Times*, por exemplo, publicou 30 fotografias deste último episódio no dia seguinte à explosão; dois dias depois, publicou apenas seis fotografias.

nenhum acontecimento provocou uma atenção fotográfica comparável à que suscitaram os horrores nazis. Os acontecimentos traumáticos recebem uma cobertura fotográfica objectiva, mas limitada e que, em muitos casos, se reduz a certas imagens chocantes. Os acontecimentos que fazem lembrar o horror das atrocidades nazis – os actos de barbárie perpetrados contra civis no Camboja, na Bósnia ou no Ruanda, por exemplo – justificam uma forte visibilidade pública, mas recebem, apesar de tudo, um tratamento visual limitado a algumas imagens memoráveis. As fotografias que representam o público no acto de testemunhar estão longe de apresentar a diversidade fotográfica observada em 1945. Os planos de grupos que representam várias pessoas a testemunharem também desaparecem (Zelizer, 1998).

Além disso, as fotografias efectivamente expostas são rapidamente erigidas em ícones carregados de uma força figurativa tão grande quanto fragmentária é a descrição do acontecimento. É verdade que, em certos casos, a fotografia consegue moldar a reacção da opinião pública. As fotografias brutais que mostravam a violência racista dos polícias de Birmingham, Alabama, em 1963, provocaram tal escândalo que levaram o governo a tomar medidas contra as violações dos direitos cívicos (Goldberg, 1981). No entanto, essas fotografias são raras, estritamente focalizadas e de natureza mais icónica ou simbólica do que referencial.

Esta relação com a imagem é abalada pelos atentados contra as Torres Gémeas. Tal como em 1945, as fotografias são protagonistas graças à utilização das estratégias discursivas de 1945. Um chefe de redacção americano observa assim que os acontecimentos do 11 de Setembro não introduzem nenhuma «nova regra» (em termos de fotografia). A tradição do jornalismo americano dita que, face a um acontecimento histórico ou muito importante, se recorra à imagem (Bill Marinow, *in* Nesbitt, 2001a: 23). No entanto, o único precedente fotográfico de dimensão comparável data de 1945. O *New York Times* publicou 50 fotografias, sem contar com os suplementos, no dia seguinte aos atentados, uma tendência imitada por outros jornais. Numa altura normal, publicaria 20 no máximo.

Mesmo um mês depois, o número de fotografias difundidas continuou a ser proporcionalmente elevado: pelo menos 52 fotografias no corpo do jornal e numa reportagem sobre o 11 de Setembro (*New York Times*, 12 de Outubro de 2001). Segundo Philip Gefter, o responsável pelas ilustrações do jornal, o 11 de Setembro é «um verdadeiro maremoto» no tratamento, também clássico, da imagem (Hirsh, 2002).

De um ponto de vista formal, a visibilidade e a quantidade de fotografias reflectem perfeitamente o seu estatuto de há mais de 50 anos. Quer se trate do suplemento fotográfico destacável, do número em imagens do meio da semana de uma revista, da página dupla ilustrada ou da rubrica fotográfica, voltamos ao vasto leque de imagens da Segunda Guerra Mundial. Não só as revistas e os jornais utilizam mais imagens do que o habitual, como também alguns jornais criam novas rubricas a fim de responderem ao interesse manifesto pela representação visual do acontecimento.

À cabeça está o *New York Times*, que publicou a reportagem «Portraits of Grief», uma homenagem à memória das vítimas do 11 de Setembro na forma de fotografias e relatos breves que evocam os desaparecidos, bem como «A Nation Challenged», um caderno especial sobre os atentados, cujos textos são também complementados por fotografias. As fotografias inseridas neste caderno são numerosas, muito visíveis, ocupam grande parte da página, estão impressas tanto a cores como a preto e branco e servem de marcadores visuais centrais. Uma série média pode conter mais de 35 fotografias e duas páginas inteiras ilustradas (*New York Times*, 23 de Setembro de 2001). Outros jornais dedicam parte da primeira página a logotipos gráficos e a títulos garrafais ligados ao 11 de Setembro; as fotografias dominam o resto.

Este destaque da fotografia manifesta-se sob vários aspectos – a selecção das imagens, a sua apresentação, a sua paginação e contextualização. As fotografias são seleccionadas de forma reflectida, com grande cuidado, porque, segundo um redactor, «são as imagens que dizem tudo» (Wenner, 2001: 32).

Nas redacções, discute-se sobre a forma como inserir ou agrupar as imagens. Nos jornais, as fotografias cobrem páginas inteiras, meias páginas e quartos de página; nas revistas informativas, aparecem em páginas duplas e em suplementos destacáveis de três páginas. São acompanhadas por legendas simples e sucintas, muitas vezes partilhadas por várias imagens, dispensando geralmente qualquer texto suplementar. Na sua primeira edição completa após os atentados, a *Newsweek* edita, por exemplo, dez suplementos fotográficos destacáveis em página dupla e tripla, quatro dias depois de ter publicado o seu próprio suplemento fotográfico independente do meio da semana («Special Report: God Bless America 2001»). Em «Bearing Witness» e «Icon of Evil», as fotografias são acompanhadas por legendas pouco específicas: por exemplo, tal como as fotografias de 1945, tratam tanto da reacção da comunidade confrontada com a tragédia como do próprio acontecimento. Assim, um artigo do *New York Times* sobre a situação do tráfego aéreo é ilustrado por uma fotografia que mostra a Guarda Nacional a patrulhar a zona em redor do World Trade Center (MacFadden, 2001). A relação entre a imagem e o texto só se faz em referência à sensibilização ao terror provocado pelo 11 de Setembro, sem que seja necessário torná-lo explícito. Mesmo privadas de legendas específicas e ainda que não tenham relação directa com os textos que as acompanham, as fotografias fazem parte da cobertura global do horror.

Outras técnicas ilustram o papel central atribuído à fotografia. O *New York Times*, por exemplo, fê-lo acentuando e diversificando as cores do *corpus* fotográfico das páginas temáticas, como «Waving Flags and Fists» ou «A Day of Prayer» (*New York Times*, 2001a; *New York Times*, 2001c). A paginação também intervém. Imediatamente após o 11 de Setembro, os jornais redesenharam as suas primeiras páginas, em redor das fotografias, dedicando pelo menos 60% da primeira página às «imagens terríveis» do dia e utilizando a tinta preta para «realçar as imagens e dar um sentido visual à tragédia» (Nesbitt, 2001b: 19).

Dois elementos, ambos evocadores do modelo de 1945, são visíveis na apresentação das fotografias. Por um lado, as mesmas imagens são mostradas incessantemente, mas fora de qualquer cronologia. Assim, uma imagem dos aviões a embaterem contra as torres é publicada no dia seguinte, na semana seguinte, no mês seguinte e no fim do ano. Este esquema de difusão mostra que o jornalismo privilegia mais a imagem como meio de testemunho do que como nova informação. Do mesmo modo, as imagens de um acontecimento têm tendência para se focarem nos gestos. Na sua edição sobre o 11 de Setembro, uma revista publicou, por exemplo, 18 fotografias diferentes de Nova-iorquinos a fugirem do World Trade Center (*People*, 2001). Nos dois casos, o interesse informativo é relegado para segundo plano a fim de optimizar o papel das imagens no processo de testemunho.

Contrariamente ao modelo de 1945, os jornalistas invocam visualmente precedentes históricos a fim de facilitarem a compreensão do acontecimento. A cobertura mediática mistura constantemente as fotografias de acontecimentos passados com as fotografias do acontecimento presente. O *Philadelphia Inquirer*, por exemplo, publica uma fotografia do atentado bombista de 1993 contra o World Trade Center e a da explosão do casco do *USS Cole* (cf. anexo de Golstein, 2001). Neste jornal, encontramos, lado a lado, uma fotografia do ataque contra Pearl Harbor em 1941 e uma fotografia das Torres Gémeas em ruínas (cf. anexo de Infield, 2001). Nos dois casos, o facto de se dedicar a imagens do passado um espaço consagrado à cobertura da informação assinala a importância invulgar da história e da fotografia na abordagem mediática deste acontecimento.

Em suma, o acto de ver está no âmago desta construção de reacção pública. Ver é seguir na via da cura. Um grande título anuncia «Many Come to Bear Witness At Ground Zero» ([120]) (Murphy, 2001). A imprensa suspendeu as normas que regem a recolha e a apresentação das informações a fim de construir o acto de olhar como fazendo parte integrante do acontecimento.

([120]) Tradução literal: «Muitos são os que vêm prestar testemunho na zona de impacto».

5. Imitar o conteúdo do modelo

Do ponto de vista do conteúdo, a similitude entre o acto de testemunho de 1945 e o de 11 de Setembro é evidente. As imagens reproduzem, em grande medida, diferentes cenas de testemunho já vistas há anos. Imitar a estética do Holocausto consiste em prolongar a descrição do acto de testemunho.

A apresentação fotográfica ultrapassa aqui as simples ambições e objectivos jornalísticos. Tem a ver com uma missão. Embora as imagens fixas, publicadas após o 11 de Setembro, tivessem um carácter cirúrgico, desvanecido antes de as câmaras terem chegado ao local, a recorrência das imagens marca o início de uma guerra de represálias. As fotografias do desastre, das vítimas e do trabalho de memória foram determinantes para a mobilização da opinião pública a favor das acções militares e políticas futuras.

A imagem fixa exerce então uma função dupla: representa simultaneamente uma etapa no processo de memória e de luto – etapa particularmente importante após os atentados – e um instrumento de propaganda. Por um lado, erigem-se numerosos locais de luto com as fotografias dos desaparecidos; por outro, essas mesmas fotografias são acompanhadas por anúncios de procura de desaparecidos, afixados por próximos que esperam ainda obter informações. A imprensa ajuda nesses esforços. A rubrica «Portraits of Grief», do *New York Times*, é disso a melhor ilustração. A fotografia acompanha aqui o trabalho do luto.

Mas o recurso às imagens remete para outra dimensão das fotografias de 1945. Em 2001, tal como em 1945, a estética fotográfica fez intervir vários elementos recorrentes: o local dos atentados, essencialmente o World Trade Center; pessoas que olham para representações do local (principalmente fotografias) ou que tiram fotografias. Cada um destes elementos ressuscita um tipo de fotografia de grupo característico de 1945. Consideradas no seu todo, estas imagens – à excepção das primeiras – não têm qualquer interesse em termos de informação. Mas permitem que os telespectadores testemunhem o horror. Ao mesmo tempo, cumprem outra função: «ver» permite que as pessoas se preparem para o que se poderá seguir.

6. Onde o 11 de Setembro se afasta do seu modelo

Apesar de tudo, o modelo de 1945 não é seguido de forma integral. A cobertura do 11 de Setembro omite uma categoria de objectos: os corpos. Não há aniquilação da figura humana. Os corpos, os membros humanos, os restos ensanguentados estão ausentes. Contrariamente aos pedaços de cadáveres e às valas comuns cheias de corpos mostradas incessantemente em 1945, aqui, os corpos estão simplesmente banidos da imagem. «Optámos por não mostrar muito», reconheceu um responsável da informação (Eric Sorensen, *in* Rutenberg e Baringer, 2001: A24). Na noite de 11 de Setembro, a imagem de um homem desmembrado, perfeitamente reconhecível, figura na última edição do *New York Daily News*. No dia seguinte já tinha desaparecido.

As únicas fotografias de corpos humanos mais ou menos explicitamente publicadas foram as das pessoas nas janelas dos pisos superiores, ou as que saltaram para a morte para escaparem às chamas. Estas imagens provocaram grandes discussões e a sua publicação foi objecto de «debates acesos» entre os responsáveis das ilustrações dos grandes quotidianos (*ibid.*: A20). Um desses responsáveis justificou a escolha de uma fotografia particularmente chocante – a fotografia da agência Associated Press, na qual se vê um homem a cair de cabeça de uma das torres – comparando-a a fotografias trágicas do passado, como a famosa fotografia de Eddie Adams, na qual se vê um oficial vietcong a ser abatido ou a de uma menina queimada com napalm, que foge de uma aldeia vietnamita (Bill Marino, *in* Nesbitt, 2001a: 23). Há fotos deste tipo do 11 de Setembro. Foram publicadas, nomeadamente, no *Chicago Tribune*, no *Washington Post*, no *Philadelphia Inquirer* e no *New York Times*. Mas mantiveram-se discretas. De facto, preferiram-se as páginas interiores às primeiras páginas, e o preto e branco à cor. Passada uma semana, estas fotografias foram praticamente retiradas de circulação, apareceram apenas em raras revistas de informação e ficaram à margem da maioria dos documentários comemorativos dos meses seguintes (Zelizer, 2003). Em contrapartida, ficou a imagem dominante, a das torres em chamas, a que nos deixa imaginar – mais do que ver – os corpos a morrerem no interior. As torres desapareceram e os corpos tornaram-se invisíveis.

O modelo de 1945 é, pois, totalmente reproduzido, à excepção do essencial, aquilo que permite estabelecer um paralelo entre os dois acontecimentos: a terrível perda de vidas civis inocentes. Talvez seja a semelhança das abordagens fotográficas entre os dois acontecimentos que faz com que seja possível tornar invisíveis os corpos das vítimas do acontecimento mais recente. É verdade que esse pudor reflecte agora a maneira como são tratados em imagens quase todos os episódios trágicos desde há alguns anos. No entanto, é provável que a repetição dos outros aspectos de uma resposta passada tenha permitido substituir os corpos invisíveis de 2001 pelos corpos visíveis de 1945. De facto, não era necessário «ver» os corpos do 11 de Setembro, dado que as similitudes estruturais na apresentação evocavam a recordação dos cadáveres do passado.

7. Conclusão: o passado, à falta de presente

De que vale dizer que a imprensa popular aplica a um acontecimento um modelo elaborado para um acontecimento totalmente diferente que ocorreu há mais de meio século? Podemos encarar três respostas. Cada uma delas põe em jogo uma das funções da fotografia face aos atentados do 11 de Setembro: a fotografia como parte integrante do jornalismo; a fotografia como forma de atenuar ou de ultrapassar o estado pós-traumático; a fotografia como instrumento de mobilização, tendo em vista uma acção estratégica.

A fotografia é parte integrante do jornalismo. É, numa primeira fase, aquilo que lhe permite difundir as imagens. No entanto, enquanto que alguns se congratulam por o 11 de Setembro ter «mudado o significado da fotografia» (Ferresto,

2002), os critérios relativos ao tratamento jornalístico da imagem jornalística continuam tão efémeros quanto em 1945. O único novo critério tem a ver com a noção de «precedente». Mas o precedente, que inspira a cobertura de acontecimentos extraordinários como o 11 de Setembro, não deixa de ser enigmático, incompleto e insuficiente. Tal como a de 1945, a cobertura do 11 de Setembro produz imagens mais numerosas, mais visíveis, mais clarificadoras. Mas a relação exacta que essas imagens mantêm com os textos que as acompanham e com os acontecimentos que descrevem continua tão vaga quanto a de há meio século. É paradoxal atribuir um papel tão importante às fotografias de imprensa em tempo de crise sem lhes clarificar o papel, sem lhes fixar linhas directrizes.

A segunda função da fotografia fornece uma resposta que a primeira função não consegue dar. Ainda que as fotografias não sejam particularmente conformes às exigências jornalísticas, continuam a ser instrumentos eficazes para responder ao caos suscitado por um trauma público. Tal como uma criança que consegue dominar exercícios difíceis graças à repetição, a difusão regular de imagens resulta, a pouco e pouco, na aceitação daquilo que aconteceu. Contudo, esta função não corresponde à maneira como o jornalismo se define a si mesmo. Não beneficia, portanto, de qualquer linha directriz. Improvisa sem modelo. Em alturas de crise, o fotojornalismo procede apenas com o critério do «precedente» histórico. O acto de testemunhar revela-se então muito útil, pois proporciona um precedente no qual a abordagem fotográfica se pode inspirar, ainda que ultrapasse assim o papel informativo normalmente atribuído ao jornalismo. Por outras palavras, o acto de testemunhar leva à opção (invulgar) de interpretar a informação, de comparar (erradamente) determinados acontecimentos.

Daqui decorre a terceira função da fotografia, que serve determinados fins militares e políticos. Com efeito, enquanto procedem a uma espécie de terapia pela visão, as imagens do 11 de Setembro destinam-se também a mobilizar o apoio da opinião pública à guerra no Afeganistão. Esta guerra será, em grande parte, invisível. Podemos então deduzir que a abundância visual do 11 de Setembro reflecte como um espelho o desenrolar discreto dos acontecimentos que se seguirão. É verdade que assistimos a uma autêntica avalancha de fotografias, mas não são necessariamente as mais pertinentes do ponto de vista informativo. Podemos então interrogarmo-nos acerca do verdadeiro valor do paralelismo estabelecido: a quem serve afinal e com que finalidade?

Nos três quadros, o passado consegue infiltrar-se no presente. No entanto, podemos duvidar do paralelismo entre dois acontecimentos que, aparentemente, não apresentam qualquer semelhança intrínseca. Podem-se fazer sempre comparações entre factos, não só entre acontecimentos que se assemelham, mas também entre acontecimentos que se quer interpretar de maneira semelhante. Temos então de reflectir no impacto que pode ter este género de paralelismo sobre a nossa capacidade de conservar um espírito crítico. Tomar por adquiridos esses paralelismos é aceitar ver pior, ao passo que um paralelismo deveria ajudar-nos a ver melhor.

Bibliografia

BARRINGER (Felicity), FABRIKANT (Geraldine), «As an attack unfolds: a struggle to provide vivid images to homes», *New York Times*, 12 de Setembro de 2001: A25.

CLINES (Francis X.), «Stunned tourists, gridlocked streets-fleeing and fear», *New York Times*, 12 de Setembro de 2001: A24.

Crisis Journalism: A Handbook for Media Response, Reston, AA.VV: American Press Institute, Outubro de 2001.

DUNLAP (David W.), «A birth of great praise, a death beyond words for a symbol of strength», *New York Times*, 13 de Setembro de 2001: A14.

DWYER (Jim), SACHS (Susan), «A tough city is swept by anger, despair, and hopelessness», *New York Times*, 12 de Setembro de 2001: A6.

FELMAN (Shoshana), «The return of the voice; Claude Lanzmann's Shoah», *in* Shoshana Felman e Dori Laub (orgs.), *Testimony: Crises of Witnessing in Literature, Psychoanalysis and History*, Nova Iorque, Routledge, 1992.

FERRESTO (M.), «Interview», National Public Radio, 7 de Março de 2002.

GOLDBERG (Vicki), *The Power of Photography*, Nova Iorque, Abbeville Press, 1991.

GOLDSTEIN (Steve), «Speculation on Bin Laden based on past», *Philadelphia Inquirer*, 13 de Setembro de 2001: A9.

HERMAN (Judith Lewis), *Trauma and Recovery*, Nova Iorque, Basic Books, 1992.

HIRSH (M.), «Tuesday's terror evoked echoes of Pearl Harbor», *Philadelphia Inquirer*, 13 de Setembro de 2001: A11.

LOWER (J.), «Photos bring the story home», *Crisis Journalism: A Handbook for Media Response*, Reston, VA, American Press Institute, 28 de Outubro de 2001.

MCFADDEN (Robert D.), «Airplanes return to the skies, and investigators trace the outlines of a plot», *New York Times*, 14 de Outubro de 2001: A3.

MERZER (M.), «US squads enter Afghanistan», *Philadelphia Inquirer*, 29 de Setembro de 2001: A1.

MURPHY (Dean E.), «Many come to bear witness at Ground Zero», *New York Times*, 18 de Setembro de 2002: A1.

NESBITT (P.), «Tragedy in photos, a new standard?», *Crisis Journalism: A Handbook for Media Response*, American Press Institute, 23-25 de Outubro de 2001a.

NESBITT (P.), «Designing for a tragedy», *Crisis Journalism: A Handbook for Media Response*, American Press Institute, 19-22 de Outubro de 2001b.

New York Times, «After the attacks: waving flags and fists», 14 de Setembro: A14-15, 2001a.

New York Times, «New York faces fear with prayer and parachutes», 14 de Setembro: A1, B8, 2001b.

New York Times, «After the attacks: a day of prayer», 15 de Setembro: A12-13, 2001c.

New York Times, «After the attacks: bearing witness», 16 de Setembro: A3, 2001d.

New York Times, «A kind of farewell», 28 de Setembro: B1, 2001e.

New York Times, «Photographs allowed», 4 de Outubro: B10, 2001f.

New York Times, «A pause for remembrance», 12 de Outubro: B1, 2001g.

New York Times, «Tokens of Loss», 29 de Outubro: A1, 2001h.

Newsweek, «Special Report: God bless America», 24 de Setembro de 2001.

Newsweek, 11 de Setembro, 31 de Dezembro-7 de Janeiro 2001-2001.

People, «Center for the People and the Press», *Terror Coverage Boosts News Media's Influence*, Novembro de 2001.

Philadelphia Inquirer, «Wider plot emerges in probe of hijackings», 19 de Setembro: A1, A14, 2001.

POTTER (Deborah), «It isn't over», *American Journalism Review*, 23 (9): 76, 2001.

Poynter Institute, *September 11, 2001: A Collection of Front Page Newspapers Selected by the Poynter Institute*, Kansas City, MO: Andrews McMeel Publishing, 2001.

RUTENBERG (Jim), BARRINGER (Felicity), «The ethics: news media try to sort out policy on graphic images», *New York Times*, 13 de Setembro: A20, A24, 2001.

SCHMEMANN (Serge). «Hijacked jets destroy twin towers and hit Pentagon in day of terror», *New York Times*, 12 de Setembro: A1, A14-15, 2001.

STEINHAUER (Jennifer), «Famous faces with pull get into disaster zone», *New York Times*, 4 de Outubro: B10, 2001.

TRAUB (Charles), «Interview with author», 13 de Novembro de 2001.

TUCHMAN (Gaye), *Making News*, Nova Iorque, Free Press, 1978.

WENNER (Katherine S.), «Getting the picture», *American Journalism Review*, 23 (8) 32-33, 2001.

WITTY (P.), «Interview with author», 28 de Janeiro de 2002.

ZELIZER (Barbie), *Remembering to Forget: Holocaust Memory Through the Camera's Eye*, Chicago, University of Chicago Press, 1998.

ZELIZER (Barbie), «Finding aids to the past: bearing personal witness to traumatic public events», *Media Culture and Society*, 24 de Agosto de 2002.

ZELIZE (Barbie), «The voice of the visual in memory», *in* Kendall Philipps (ed.), *Framing Public Memory*, Tuscaloosa, University of Alabama Press, 2004.

Capítulo 5

O Extraordinário Regresso do Jornalismo Político Comum

Michael Schudson

A edição do *New York Times* de 28 de Setembro de 2001 assinala o fim do consenso esmagador manifestado no jornalismo do pós-11 de Setembro. De facto, muitos meses depois, o fervor patriótico e o sentimento de unidade nacional provocados pelo 11 de Setembro estão ainda presentes tanto na imprensa como no seio da sociedade americana em geral. Contudo, estes sentimentos já não são exclusivos de qualquer outro discurso. Subsistem, mas já não são mais do que um elemento entre outros da política nacional e do jornalismo político.

No dia 28 de Setembro, a primeira página do *New York Times* é dedicada a um artigo intitulado «In Patriotic Time, Dissent is Muted» ([121]) (Carter e Barringer, 2001). Neste artigo, evoca-se a sorte reservada aos Americanos, ilustres ou desco-

---

([121]) Tradução literal: «Em tempos de patriotismo, a oposição é amordaçada».

nhecidos, que rejeitaram a linha patriótica. Entre estes, dois jornalistas de província foram despedidos por se terem expressado de forma pouco política e várias empresas retiraram os patrocínios ao programa televisivo *Politically Incorrect* apresentado por Bill Maher. Noutro artigo da primeira página, Robin Toner, correspondente em Washington, evoca o declínio da união sagrada entre partidos e a atitude do Congresso, que agora «passa à lupa, e várias vezes, todos os projectos de lei do governo que visam reforçar a luta contra o terrorismo» (Toner, 2001).

Mas as expressões de contestação após os atentados terroristas não ficam por aqui. Segundo um artigo publicado em São Francisco, alguns nipo-americanos lembram-se dos campos de internamento da Segunda Guerra Mundial e decidem criticar abertamente os ataques dirigidos contra os árabes-americanos (Nieves, 2001). Outro jornal local relata que alguns Americanos aproveitaram o 11 de Setembro para desenvolver um novo tipo de fraude à caridade, explorando o espírito de generosidade dos concidadãos (Peterson, 2001). Um terceiro jornal informa que 8000 residentes frustrados não chegaram a recuperar os seus apartamentos junto ao World Trade Center. Alguns deles «ficaram furiosos». Estes Nova-Iorquinos são apresentados como muito críticos relativamente à administração municipal (Lambert, 2001).

Estes episódios conduzem-nos ao presidente da Câmara de Nova Iorque, Rudolph Giuliani. Logo no início da crise, Rudolph Giuliani é erigido como herói nova-iorquino e nacional. Dá mostras de dignidade, calma, uma energia infatigável e profunda humanidade. Uma análise da actualidade proposta no *Times* de 14 de Setembro nota que Rudolph Giuliano se encarregou, desde o primeiro momento, de assegurar uma reacção da cidade ao acontecimento: «Ao assegurar imediatamente a direcção das operações urbanas, avaliando pessoalmente quantas toneladas de entulho são retiradas por hora; garantindo empréstimos com baixas taxas de juro para a reconstrução; agindo como psicólogo para tranquilizar uma população aterrorizada e partilhar a sua dor, o presidente da Câmara conseguiu dar a impressão de que a cidade, e através desta, a nação, regressavam mais ou menos à normalidade.» O comprimento excessivo desta frase reflecte perfeitamente a deferência administrativa que o presidente da Câmara inspira entre aqueles que ainda há pouco tempo o criticavam (Steinhauer, 2001).

No dia 28 de Setembro, o jornal deixa de estar intimidado. John Tierney, cronista do *New York Times*, ataca Giuliani por este prolongar por mais três meses o seu mandato de presidente. Giuliani comunicou o seu projecto aos três principais candidatos à sua sucessão e, incrivelmente, dois deles aceitaram-no, esquecendo-se de que não estavam legalmente autorizados a fazê-lo. Tierney escreve: «Talvez se pense que está a sonhar ao imaginar que a cidade não poderá passar sem ele no ano seguinte. Mas não se subestime a sua sinceridade. O Sr. Giuliani é bem capaz de se julgar indispensável» (Tierney, 2001). As coisas não ficam por aqui. Num editorial crítico, o *New York Times* troça da intenção ilegal do presidente da Câmara de se manter em funções: «É uma ideia assustadora» (*New York Times*, 2001b).

Os meios de comunicação social americanos comportaram-se de forma extraordinária nos tempos que se seguiram aos atentados de 11 de Setembro. A cobertura dos ataques terroristas e das suas consequências é intensa, cheia de humanidade e, em grande medida, honesta. A sua qualidade é quase miraculosa. Não me apercebi logo disso. Embora em tempos normais eu leia diariamente o *Times* e o meu jornal local, nos dias que se seguiram ao 11 de Setembro não consegui, tal como a maioria dos meus concidadãos, desviar os olhos da televisão. Foi preciso uma semana para me dar conta de que o *New York Times* preparava algo extraordinário. Na terça-feira, 18 de Setembro, na sua rubrica habitual «Science Times», o jornal analisa todos os aspectos científicos da tragédia: como remover os destroços sem se correr o risco de abalar as fundações dos edifícios das proximidades (Overbye, 2001); como construir arranha-céus menos vulneráveis aos aviões (Chang, 2001); como maximizar a vantagem adaptativa do altruísmo na perspectiva evolucionista (Angier, 2001); como avaliar o efeito eventual da ausência de amianto, material proibido na construção de edifícios, na capacidade do World Trade Center para resistir aos incêndios (Glanz e Revkin, 2001); como avaliar os riscos de inalação de poeira na baixa de Manhattan (Revkin, 2001); como tornar o querosene menos perigoso (Broad, 2001). O jornal passa então para os relatos em primeira mão de dois médicos, nas urgências do hospital Bellevue e no Ground Zero no 11 de Setembro e que contribuíam também regularmente para a rubrica científica do *New York Times* (Jauhar, 2001; Zuger, 2001); estuda-se a dificuldade dos bancos de sangue em manterem as suas reservas de sangue (Altman, 2001); a reacção dos indivíduos confrontados com um trauma (Brody, 2001). Cada um destes temas é objecto de um artigo particular e pormenorizado; um projecto que ninguém poderia ter imaginado aquando da elaboração inicial da rubrica.

Esta tragédia terrível é uma mina de ouro para o jornalismo. O público está disposto a ver e a ler muito mais imagens e textos. Segundo James Carey, o jornalismo é como um programa escolar, em que as notícias seriam apenas o curso preparatório. Vem depois o enquadramento sobre a dimensão humana do sujeito, em seguida o resumo biográfico; depois a análise da actualidade; depois o interminável artigo de revista, já para não falar do livro final. No 11 de Setembro, muitas pessoas estão dispostas a ir além do curso preparatório. Por seu lado, os jornalistas acrescentam ao programa formas inéditas de reportagem. Citemos, por exemplo, os obituários pungentes do *New York Times*, as homenagens às vítimas de Nova Iorque. Até 31 de Dezembro de 2001, estes anúncios de falecimentos são agrupados em «A Nation Challenged» ([122]), uma rubrica exclusivamente dedicada ao rescaldo do 11 de Setembro e ao terrorismo.

Em termos retrospectivos, a rapidez com que estes notáveis retratos são disponibilizados parece surpreendente. As primeiras biografias são publicadas no sábado, 15 de Setembro, com o título «Among the Missing» ([123]). No dia seguinte, o título é mudado para «After the attack: portraits of grief» ([124]).

([122]) Tradução literal: «Uma nação à prova».
([123]) Tradução literal: «Entre os desaparecidos».
([124]) Tradução literal: «Após o ataque: retratos de dor».

«Portraits of Grief» passará depois a ser o título permanente. Será ainda utilizado um mês depois. Sem fazer referência directa àquilo que acabará por se tornar uma série, o editorial do *New York Times* de domingo, 16 de Setembro, intitula-se «The Faces Emerge» ([125]). Este artigo evoca os anúncios em que se procura um amigo ou um familiar, afixados em toda a cidade de Nova Iorque. Coloca a tónica nos avisos de falecidos que começam a multiplicar-se em todos os jornais dos Estados Unidos. Insiste também no carácter arbitrário da escolha das vítimas e pede aos leitores para que estejam atentos a «esta preciosa oportunidade de verem um retrato desta nação emergir da reunião das recordações e das imagens, concretizar-se nas palavras comuns das pessoas comuns que vos falam dos que perderam na terça-feira. Estas pessoas comuns mostram fotografias dos desaparecidos a desconhecidos e às câmaras de televisão. Os rostos que nelas nos olham nunca poderiam ter imaginado aquilo que agora sabemos; a prova disso são os seus sorrisos» (*New York Times*, 2001a).

No fundo da página da rubrica «A Nation Challenged» figura todos os dias um resumo interpretativo da actualidade. Trata-se de outra novidade, cuja estrutura relativamente livre se aproxima às vezes mais do ensaio do que da actualidade, como mostra este excerto escrito por Jane Gross no dia 26 de Dezembro: «As festividades vêm e vão. Nunca foram tão pungentes como este primeiro Natal passado num mundo alterado, numa cidade alterada. Nunca as grinaldas, por muito numerosas que sejam, podem substituir cerca de 3000 vidas desaparecidas. No entanto, apesar da nossa hesitação, apesar da nossa reticência, todos nós, inevitavelmente, avançamos para uma vida mais normal, procurando às apalpadelas uma sabedoria, uma nova perspectiva...» (Gross, 2001).

Jane Gross usa aqui a elegia, um estilo diametralmente oposto à prosa habitual do *New York Times*. O tom de «Portraits of Grief» é ainda mais curioso. Estes retratos nada têm a ver com os obituários de estilo pesado e rígido a que estão habituados os leitores do *New York Times*. Não se trata de

---

[125] Tradução literal: «Os rostos emergem».

fazer a lista dos membros da família do defunto, mas antes de dar a sentir, em forma de esboço, aquilo que tornava cada ser único ou diferente. De um ponto de vista estilístico, trata-se de um verdadeiro artigo e não um mero obituário. De qualquer modo, trata-se de uma nova forma híbrida, uma espécie de *haiku* necrológico, resultante de um jornalismo que presta homenagem, testemunha, consola, aspira à arte.

A rubrica «A Nation Challenged» interrompe-se no fim do ano civil. A passagem para o ano seguinte parece ser ocasião para voltar ao normal, com todos os sentimentos contraditórios que o «regresso ao normal» faz nascer numa família ou numa nação enlutada.

Apesar da qualidade excepcional deste jornalismo ligado ao 11 de Setembro, senti-me aliviado com a edição de 28 de Setembro do *New York Times*. Durante duas longas semanas, os jornalistas tinham não só dado provas de rigor factual e de capacidade analítica, mas também insistido na sua própria pertença à comunidade. Contudo, o regresso à reportagem política vulgar pareceu-me redentor, como se a febre tivesse baixado após uma longa doença. Porquê? Em que é tranquilizante a cobertura habitual da política?

No dia 7 de Dezembro, a editorialista independente Ellen Goodman escreve: «Quando os terroristas atacaram, no 11 de Setembro, só havia um campo. Nenhum jornalista justificou o facto de se projectar aviões contra edifícios. Ninguém esperava que os repórteres lançassem um olhar 'objectivo' sobre os terroristas» (Goodman, 2001). Embora criticando a cadeia de televisão Fox News pela sua cobertura facciosa e pelas suas palavras de ordem, Goodman está, porém, disposta a subscrever o «mantra» de Roger Ailes, o director dessa mesma cadeia: «Ser rigoroso, ser justo, ser Americano».

No mesmo dia, num artigo de imprensa, o apresentador de televisão Tom Brokaw comparou o 11 de Setembro de 2001 ao 7 de Dezembro de 1941 [126]. Entre as similitudes que ele aponta, figura o papel central dos meios de comunicação social: «Naquele domingo e nesta terça-feira, os Americanos ficaram

---

[126] Data do ataque japonês a Pearl Harbor (*N.T.*).

agarrados às notícias. O país imobilizou-se.» E deve-se sublinhar que, nos dois casos, «a nação comunicou electronicamente» (Brokaw, 2001).

O 11 de Setembro desfez as ideias preéconcebidas, sobre o jornalismo e sobre quase tudo o resto. Os jornalistas fiam-se no seu instinto, no seu profissionalismo, e fazem todo o possível para obter informações, para estarem no local para cobrir os factos, para entrevistar o Presidente, o presidente da Câmara, o chefe da polícia, o médico das urgências, o ferido, a testemunha. Em muitos casos, difundem boatos, mas depressa os corrigem. No início, estão desarmados: não têm linguagem para descrever o terrorismo. É uma tragédia, uma atrocidade. Mas trata-se de uma guerra ou de uma actividade criminosa? Onde estão os responsáveis? Quem toma as decisões? O Presidente exprime-se com fúria, talvez até com imprudência, mas recua. Os republicanos aceitam o reforço das autoridades policiais e militares. A opinião pública, um pouco céptica quanto à credibilidade de George W. Bush, alia-se ao presidente. E o jornalismo?

O meio jornalístico sofre duas mudanças imediatas que provocam efeitos duradouros. Por um lado, vemo-lo a abandonar rapidamente a abordagem clássica dos acontecimentos políticos, deixar aquilo a que Daniel Hallin chama «controvérsia legítima» (Hallin, 1986: 116). A conceptualização de Hallin é útil e permite esclarecer este primeiro ponto. No seu influente estudo sobre os *media* americanos durante da guerra do Vietname, Hallin explica que o envolvimento dos jornalistas em matéria de objectividade foi sempre segmentado em referência a esferas distintas. No interior da «esfera da controvérsia legítima», o jornalista tenta conscientemente adoptar um ponto de vista equilibrado e objectivo. Contudo, há outra esfera, uma «esfera de consenso», no interior da qual os jornalistas são livres de invocar um «nós» colectivo e de levar em consideração valores e pressupostos comuns (*ibid.*: 117). Aquando do assassinato do presidente Kennedy, nenhum jornalista se sentiu obrigado a recorrer a fontes que aprovavam o assassinato. De facto, nessa época, alguns Americanos exultaram, mas os jornalistas não julgaram necessário representá-los como vozes legítimas na cobertura do acontecimento. O assassinato de Kennedy foi tratado como uma tragédia nacional e o público dos *media* apresentado como uma família que acabara de perder um ente querido.

Hallin distingue também uma terceira esfera: a «esfera de desvio», no seio da qual os jornalistas transgridem as regras clássicas da reportagem objectiva e tomam a liberdade de ver como marginais, grotescos, perigosos ou ridículos os indivíduos e os grupos que são totalmente excluídos do leque das variações consideradas respeitáveis (*ibid*.: 117). Os pré-adolescentes em delírio perante as vedetas do *rock* podem ser descritos num tom trocista ou condescendente, que seria, pelo contrário, desajustado se se tratasse de membros do Congresso. Do mesmo modo, a existência de um candidato à presidência pró-vegetariano ou anti-álcool pode servir para insuflar alguma ligeireza à seriedade que reina na arena política.

Após o 11 de Setembro, os jornalistas ficaram com a impressão de estarem presos na esfera de consenso. Nem a objectividade, nem o profissionalismo normal face às «controvérsias legítimas» pareciam apropriados. Não parecia suficiente que o jornalismo fosse um veículo de informação e um instrumento de análise da esfera pública. Os jornalistas mudaram então de registo, como mudariam de tom musical ou de língua. Passaram então para a esfera de consenso, envergando, de algum modo, o hábito sacerdotal. O seu tom de neutralidade foi substituído por um tom solene digno de um serviço fúnebre. Seria fácil criticar o presidente actual, o presidente anterior, o Congresso: ninguém levou em conta os relatórios sobre o terrorismo, relatórios cuidadosamente redigidos, publicados e depois guardados na gaveta, negligência que a maioria dos *media* também partilhou (Evans, 2001). O presidente Bush estava demasiado ocupado a travar uma cruzada para um desagravamento fiscal de 300 dólares. No entanto, as críticas a respeito da miopia dos dirigentes nacionais foram, quando muito, murmúrios. Os jornalistas esqueceram-se de procurar o habitual bode expiatório. Não era o momento adequado, havia um luto nacional.

Em vez do debate, da informação e da análise, o jornalismo do pós-11 de Setembro tenta dar consolo e conforto. Um jornalista do *New York Times* explica que a rubrica «Portraits of Grief» se destina a reconfortar as famílias das vítimas. No entanto, como observa James Follows, jornalista e analista dos *media*, «é claro que o verdadeiro significado da rubrica é reconfortar não só a comunidade de Nova Iorque ou dos que conheciam pessoalmente as vítimas, mas também toda a comunidade nacional, para quem a recordação tem a força de um sacramento». James Follows felicita o *New York Times* pela rubrica «Portraits of Grief», mas lembra (com um tom malicioso) que é exactamente esse tipo de «jornalismo público» que Howell Raines, o chefe de redacção do *New York Times*, condena com vigor. Trata-se então de um jornalismo «sem ilusões sobre a sua capacidade de manter um olhar distanciado e objectivo sobre a vida pública. Tentámos, com sucesso, ajudar a cidade e a nação» (Fallows, 2002: 17).

Há três situações em que os jornalistas americanos renunciam de maneira instintiva e voluntária à neutralidade. Em primeiro lugar, a tragédia. Esta confere aos jornalistas um papel sacerdotal: na televisão, os correspondentes falam com uma voz abafada, num tom deferente e solene. É uma característica recorrente da cobertura dos assassinatos de dirigentes políticos, de funerais nacionais, oficiais/públicos, da «televisão cerimonial» em geral e, desde o 11 de Setembro, da cobertura do luto das vítimas. Em segundo, o perigo público. Os jornalistas trocam a sua objectividade profissional por um papel de vizinho reconfortante, quer a ameaça venha de terroristas ou de furacões. O papel deles combina os conselhos práticos e a expressão de simpatia. Este papel já não tem a ver com o domínio da informação pública, mas com o da saúde pública. Por último, a segurança nacional. Os jornalistas esquecem a neutralidade quando a segurança nacional é ameaçada. Se estiverem convencidos da realidade do perigo, estão prontos a anular ou a emendar as suas reportagens. Foi esta a atitude dos jornalistas americanos em 1961, aquando da invasão da Baía dos Porcos, em Cuba, e sempre que a transmissão de informações ameaçava pôr em perigo as forças americanas.

O 11 de Setembro oferece uma combinação destes três elementos: é, simultaneamente, identificado como uma tragédia, um perigo público e uma ameaça grave à segurança nacional. Não é necessário pedir ao jornalistas que mostrem respeito pelas vítimas; que transformem em heróis os bombeiros e os polícias envolvidos no 11 de Setembro; que tranquilizem os cidadãos na altura em que a contaminação por antraz pode semear o pânico. A tragédia, o perigo público e a segurança nacional comprometida já não admitem que se escolha um «campo». Estamos todos no mesmo barco. Preferem-se as efusões de solidariedade à prosa da informação.

A segunda mudança ocorrida no jornalismo incide sobre os próprios jornalistas. Para eles, trata-se talvez de uma espécie de revelação: apreciam esta nova intimidade conferida pelo «nós» consensual. Sentem-se em sintonia com (e importantes para) o seu público. Têm a sensação de ser finalmente apreciados pelo seu justo valor, coisa rara na profissão. Muitos jornalistas americanos encarregados de cobrirem o 11 de Setembro e, depois, a guerra no Afeganistão sentem que o seu trabalho tem valor. «Finalmente!», parecem eles dizer, a suspirar: «Isto é que é o jornalismo! Foi para isto que me tornei jornalista!» No 11 de Setembro, Nick Spangler, estudante de jornalismo na Universidade de Columbia, cujo exercício consistia em preparar uma reportagem sobre a eleição do presidente da Câmara (as primárias estavam marcadas para 11 de Setembro), encontrava-se perto do Ground Zero quando os terroristas atacaram. Agarrou imediatamente na sua máquina fotográfica e no seu caderno de apontamentos a fim de recolher o maior número possível de elementos. «Aquelas horas foram, para mim, um momento de paixão intensa, de exaltação», escreveu ele mais tarde. «Eu estava sozinho, no centro do mundo. Todos os pormenores se tornavam cruciais. Tentava registar tudo» (Spangler, 2001). Katerine Finkelstein, repórter do *New York Times*, chegou ao Ground Zero antes de as torres se desmoronarem e ficou lá durante 40 horas. Um polícia deu-lhe a sua caneta quando Katerine perdeu a dela. Deste modo, pôde fazer o inventário do material que fazia falta aos médicos. Estava lá como jornalista e, no entanto, o seu ponto de vista não era o de um observador externo. Contribuiu de alguma forma para um trabalho de interesse geral, o que muitos (mas nem todos) em seu redor reconheciam. Mostravam-se amistosos: Katerine era embaixadora de uma instituição e de uma função que podem revelar-se úteis (Finkelstein, 2001). Mesmo as reportagens mais distanciadas e mais profissionais podem ser concebidas como defesas dos ideais mais nobres do país. Por exemplo, as que denunciam a intensidade das críticas sobre os detractores da política americana ou os ataques perpetrados por concidadãos estúpidos contra muçulmanos americanos.

É uma espécie de milagre que jornalistas de imprensa elogiem os seus colegas do audiovisual. Orville Schell, reitor da faculdade de Jornalismo da Universidade da Califórnia, em Berkeley, evoca a «nova, mas passageira dignidade» conferida pelo 11 de Setembro ao jornalismo televisivo. Nota que os *media* audiovisuais «informaram-nos e geraram a calma graças à qual pudemos recorrer às nossas faculdades críticas e reflectir sobriamente sobre o que nos acontecera. A intensidade sem precedentes do nosso sentimento de unidade nunca teria existido sem a rádio e a televisão. Estamos extremamente gratos por isso» (Schell, 2001).

Segundo Charlie Leduff, repórter do *New York Times*, «durante uma semana, todas as raças tinham desaparecido, só havia a raça humana». Estava evidentemente emocionado com as operações de socorro no Ground Zero, de que ele assegurou a cobertura, vendo operários, o pessoal médico, imigrantes e centenas de voluntários a trabalharem juntos. «Naquele local, estávamos envoltos de humanidade», escreverá ele no jornal dos antigos estudantes da faculdade de jornalismo. «Foi uma lição» (Carvalho, 2001: 3).

Mesmo à distância, a lição produz efeito. Todos parecem seguir as operações e fazer o seu melhor para participar. O meu corretor enviou-me a seguinte carta: «Caro cliente, na terça-feira, 11 de Setembro, muitos dos que, entre nós, trabalhavam no World Trade Center foram para casa para junto dos seus. Infelizmente, não foi o caso de todos.» Cheguei até a receber uma carta de bons-votos do meu dentista, que dizia: «Caros amigos, muitas pessoas foram afectadas pelos terríveis acontecimentos ocorridos recentemente», e propõe então um branqueamento de dentes cujos proveitos irão para a Cruz Vermelha. Os meus colegas de trabalho decidem que, na qualidade de responsável universitário, devo usar uma bandeira americana na lapela do meu casaco. Aprecio esse gesto e o facto de usar essa insígnia leva-me a sentir solidário com os meus colegas. Vou às cerimónias de comemoração na universidade e junto-me aos outros para cantar «God Bless America». Em suma, durante uma ou duas semanas, os *media* são apenas a parte visível de um icebergue relacional. Toda a gente telefona a amigos ou familiares em Nova Iorque. Todos falam com os filhos ou tentam compreender por que não os conseguem contactar. Vemos televisão com eles ou tentamos deliberadamente protegê-los desse mesma televisão. O meu vizinho é bombeiro. Começo a admirá-lo.

Mas, actualmente, o meu dentista voltou a ser o meu dentista (já não é meu camarada) e o meu vizinho voltou a ser um simples vizinho. Nos Estados Unidos, a normalidade é inimiga do patriotismo. O jornalismo «de sacerdócio» não é viável durante muito tempo. Procura tranquilizar e não informar. Fala a um povo unido em nome da unidade, em vez de se dirigir a uma população dividida por conflitos. Visa construir uma comunidade em vez de a informar. Contudo, este não é apanágio dos Estados Unidos. Até ao dia em que foi assassinado, Yitzhak Rabin foi um político. Depois, passou a ser um estadista, um mártir, um santo. No período que se seguiu à sua morte, deixou de ser criticado na imprensa (Peri, 1997). Não houve críticas do exterior, pois os jornalistas sabiam instintivamente que qualquer crítica seria indecente.

O jornalismo que reagiu ao 11 de Setembro revelou-se assim capaz tanto de nos consolar e de nos comover como de nos informar e nos fazer pensar. Forneceu-nos verdades mais profundas do que aquelas a que geralmente se presta a confrontar. Uma dessas verdades diz respeito ao próprio jornalismo: o jornalismo nunca está completamente fora da comunidade que ele descreve.

Mas este período acabou. Terminou ainda antes de os *media* estarem preparados para virar a página. Criou-se então um desfasamento entre os títulos retumbantes como «America

Under Siege» (¹²⁷) ou «America Strikes Back» (¹²⁸) e outras palavras de ordem impressas ou na rádio – os *slogans* televisivos continuavam a ser os mais estridentes – e uma realidade em que já não tinham utilidade. Estas palavras de ordem são rapidamente percebidas como *marketing* e não como jornalismo. Parecem artificiais, falsas, enfáticas, empoladas. Do mesmo modo, baptizar o orçamento atribuído à luta contra o terrorismo «USA Patriot Act» revela-se embaraçador, já que se trata de um acrónimo infantil (United & Strengthening America by Providing Appropriate Tools Required to Intercept and Obstruct Terrorism). Aquilo que, no início, parecia natural, na agitação que envolve a catástrofe depressa se revela odioso.

Em finais de Setembro e quando a guerra no Afeganistão se começa a perfilar, o «nós» incriticável começa a desfazer-se. Ouçamos Slavenka Drakulic a evocar a vida na Jugoslávia: «Detesto a primeira pessoa do plural... Cresci num universo de "nós": no jardim infantil, na escola, nas organizações de juventude pioneira, na comunidade, no trabalho (...). Cresci a ouvir os políticos declararem "Camaradas, nós devemos..." e, com esses mesmos camaradas, fazíamos o que nos diziam para fazermos, pois não existíamos sob mais nenhuma forma gramatical» (Drakulic, 1996: 1).

O «nós» é frequente na apresentação das notícias do 11 de Setembro. É totalmente justificado. O ataque dos terroristas tem uma mensagem clara: para um suicida disciplinado e cruelmente determinado, um bom Americano é um Americano morto. Os amigos e admiradores desses terroristas não têm lágrimas a verter pelas vítimas, sejam ricas ou pobres, americanas ou estrangeiras, cristãs, judias ou muçulmanas. Entre essas vítimas figuram tantos Americanos de gema como imigrantes chegados há pouco tempo. Nenhum terrorista se interessa em ler no nome «Cantor and Fitzgerald», uma sociedade de corretagem muito severamente atingida, o símbolo extraordinário daquilo que constitui uma grande vitória da história

---

(¹²⁷) Tradução literal: «A América cercada».
(¹²⁸) Tradução literal: «A América contra-ataca».

americana do século passado: o casamento de dois grupos religiosos (judeus e cristãos), de dois grupos étnicos arrastados pelas ruas da amargura ainda há um século. As torres gémeas não servem apenas para o comércio mundial. São também locais onde, pela negociação e pelo contrato, seres humanos escapam às suas comunidades paroquiais e (através do comércio, do amor, da ambição ou da camaradagem) inventam novas relações.

É então fácil reconhecer a legitimidade do «nós» exibido pelo jornalismo do pós-11 de Setembro; considerar aceitável que a bandeira americana ornamente as roupas dos repórteres e dos apresentadores das televisões locais, ou que flutue sobre as sedes das empresas mediáticas.

Mas será que se pode ser, em simultâneo, um jornalista americano e um patriota? Esta questão não se colocou durante a Segunda Guerra Mundial. O governo americano considerava então o jornalismo um «serviço essencial», o que permitia a uma pessoa ficar isenta de serviço militar, ao mesmo título que o trabalho exercido nas fábricas de armamento. Tanto para os jornalistas como para os responsáveis do governo, a reportagem é uma arma de guerra. Durante a guerra da Coreia, os repórteres que seguiam as tropas das Nações Unidas negociavam o acesso à informação prometendo não criticar as tropas. Só no Vietname, e já muito tarde, é que a «nossa guerra» passou a ser «a guerra» (Hallin, 1986: 127). Os jornalistas adoptaram então um distanciamento profissional e deixaram de manifestar deferência patriótica relativamente ao poder militar. Desde então, em tempo de guerra, os jornalistas americanos tentaram sempre reunir o máximo de informações e não deixaram de se mostrar renitentes em relação à censura e ao controlo exercidos sobre as informações militares.

Em períodos normais, o rosto do jornalismo é, portanto, muito diferente. Em períodos normais, a sociedade americana não duvida da sua segurança. Os «perigos públicos» estão agora longe e as tragédias estão contidas na esfera privada. Em períodos normais, a nossa vida enriquece-se com cada opinião divergente e torna-se mais complexa com cada conflito. Em períodos normais, a falta de consenso acentua e reflecte as aspirações democráticas da nação em vez de as dissimular.

O Extraordinário Regresso do Jornalismo Político Comum | 229

Em períodos normais, os cidadãos são simultaneamente atraídos e chocados pelo maquiavelismo, pela arrogância e pela astúcia da linguagem política. Em períodos normais, os jornalistas servem a sociedade subscrevendo os seus ideais profissionais e não tentando aliviar a dor da sua comunidade atacada.

Um jornalismo político comum acompanha este sentimento de segurança, que permite uma atmosfera em que as vozes se erguem, em que os punhos tremem de fúria, em que a retórica é a do escândalo e em que as rivalidades adquirem dimensões históricas. Tal mundo não convém a todos. Mas é pegar ou largar. A política é um ofício sujo. Aqueles que procuram a solidariedade e a comunidade devem fazê-lo noutro lado.

Há muito a aprender em tudo isto. A política devia servir a sociedade e não regê-la. Devia ampliar e tornar mais seguro o espaço onde os seres humanos prosperam em comum. É impressionante ver como a chama de patriotismo que se seguiu ao 11 de Setembro se atenuou. Alguns pronunciam palavras que depois lamentarão (ou deviam lamentar), como o reverendo Jerry Falwell, por exemplo. No entanto, não são muitos e, entre eles, há muito poucos dirigentes eleitos. A determinação acompanha-se de moderação. Não há dúvida de que se considera o fervor patriótico justificado e necessário. Mas também se percebe que é perigoso. É certamente verdade para os *media,* que, alguns dias depois do atentado, difundem reportagens inquietantes: poderemos realmente, perguntam eles, reforçar a segurança nacional sem, porém, atentar contra as liberdades civis, tão vitais para a imagem que os Estados Unidos têm de si próprios?

Em suma, por muito admirável que tenha sido o comportamento do *New York Times* nos dias que se seguiram ao 11 de Setembro, há algo de profundamente tranquilizador na edição de 28 de Setembro. É tranquilizador saber que democratas e republicanos se defrontam no Congresso, que os jornalistas fazem a vida dura a Rudolph Giuliani, que este já não é um semideus, mas um simples demagogo, que os habitantes do centro de Manhattan protestam contra a burocracia, que os Americanos de origem japonesa, outrora maltratados pelo governo americano, socorrem árabes americanos, que as críticas emitidas contra os detractores do consenso sejam também objecto de crítica.

É maravilhoso ver esta desordem, estes conflitos, observar o regresso da política mesquinha, da corrida ao poder, do vespeiro. Desde há anos que os especialistas dos *media* deploram o cinismo com que a imprensa americana relata a actualidade política habitual. Os políticos são descritos como infalivelmente motivados por um desejo de cargos oficiais ou pela esperança de uma reeleição, pelo seu carreirismo, e nunca por convicções (Patterson, 1993; Capella e Jamieson, 1997). Eu faço parte desses especialistas (Schudson, 2000). O cinismo que deploramos existe realmente. Mas subestimámos as suas virtudes, o seu vigor democrático.

Bibliografia

ALTMAN (Lawrence K.), «Donors flood blood banks, but a steady stream is what's needed», *New York Times*, 18 de Setembro: D4, 2001.

ANGIER (Natalie), «Of altruism, heroism and evolution's gifts», *New York Times*, 18 de Setembro: D1, 2001.

BROAD (William J.), «Making planes safer by making fuels wafer», *New York Times*,, 18 de Setembro: D3, 2001.

BRODY (Jane E.), «During traumatic times, small acts can bring a measure of comfort», *New York Times*, 18 de Setembro: D4, 2001.

BROKAW (Tom), «Two dates which will live in infamy», *San Diego Union Tribune*, 7 de Dezembro: B13, 2001.

CAPPELLA (Joseph N.), JAMIESON (Kathleen Hall), *Spiral of Cynicism*, Nova Iorque, Oxford University Press, 1997.

CAREY (James W.), «Why and how: The dark continent of American journalism», in R. Manoff e M. Schudson (orgs.), *Reading the News*, Pantheon Books, 1986, pp. 146-96.

CARTER (Bill), BARRINGER (Felicity), «In patriotic times, dissent is routed», *New York Times*, 28 de Setembro: A1, 2001.

CARVALHO (I.), «Alumnus Le Duff chronicles lives lost», *North Gate News*, boletim da Graduate School of Journalism, University of California, Berkeley: 28 (8), Outono: 3, 2001.

CHANG (Kenneth), «Defending skyscrapers against terror», *New York Times*, 18 de Setembro: D1, 2001.

DRAKULIC (S.), *Café Europa: Life after Communism*, Nova Iorque, W. W. Norton, 1996.

EVANS (Harold), «Warning given... story missed», *Columbia Journalism Review*, Novembro/Dezembro: 12-14, 2001.

FALLOWS (James), «The New York Times: a civic nomination, Civic Catalyst», Inverno 2001: 17. Reimpresso na *Slate*, 3 de Dezembro de 2002.

FINKELSTEIN (Ketherine E.), «40 hours in hell», *American Journalism Review*, 23 (Novembro): 28-33, 2001.

GLANZ (James), (Revkin) ANDREW C., «Haunting question: did the ban on asbestos lead to loss of life?», *New York Times*, 18 de Setembro: D2, 2001.

GREENHOUSE (Linda), «The clamour of a free people», *New York Times*, 16 de Setembro, secção 4: L., 2001.

GROSS (Jane), «A muted Christmas, corporate obligations, The anthrax mystery», *New York Times*, 26 de Dezembro de 2001.

HALLIN (Daniel C.), *The "Uncensored War": The Media and Vietnam*, Nova Iorque, Oxford University Press, 1986.

LAMBERT (Bruce), «They had everything they needed, except survivors to treat», *New York Times*, 18 de Setembro: D3, 2001.

JAUHAR (Sandeep), «8,000 residents, still displaced, grow frustrated and then angry», *New York Times*, 28 de Setembro: A25, 2001.

New York Times, «The faces emerge» (editorial), 16 de Setembro, secção 4: 10, 2001a.

New York Times, «The mayor's dangerous idea» (editorial), 28 de Setembro: A30, 2001b.

NIEVES (Evelyn), «Recalling internment and saying "never again"», *New York Times*, 28 de Setembro: A14, 2001.

OVERBYE (Dennis), «Engineers rackle havoc underground», *New York Times*, 18 de Setembro: D1, 2001.

PATTERSON (Thomas E.), *Out of Order*, Nova Iorque, Alfred A. Knopf, 1993.

PERI (Yoram), «The Rabin myth and the press: Reconstruction of the Israeli collective identity», *European Journal of Communication*, 12, 1997, pp. 435-58.

PETERSEN (Melody), «Reports of scams preying on donors are on rise», *New York Times*, 28 de Setembro: A18, 2001.

REVKIN (Andrew C.), «Dust is a problem, but the risk seems small», *New York Times*, 18 de Setembro: D2, 2001.

SCHELL (O.), «The media clarified», *North Gate* News, boletim da Graduate School of Journalism, University of California, Berkeley: 28 (8), Outono: 9, 2001.

SCHUDSON (Michael), «Is journalism hopelessly cynical?», *in* S. Kernell e S. S. Smith (orgs.), *Principles and Practices of American Politics*, Washington DC, CQ Press, 2000, pp. 742-751.

SPANGLER (Nick), «Witness», *Columbia Journalism Review*, Novembro//Dezembro: 6-9, 2001.

STEINHAUER (Jennifer), «Giuliani takes charge, and city see him as the essential man», *New York Times*, 14 de Setembro: A2, 2001.

TIERNEY (John), «Most heroes would go, but Giuliani isn't most», *New York Times*, 28 de Setembro: A26, 2001.

TONER (Robin), «Bush law enforcement plan troubles both right and left», *New York Times*, 28 de Setembro: A1, 2001.

ZUGER (Abigail), «They had everything they needed, except survivors to treat», *New York Times*, 18 de Setembro: D3, 2001.

Capítulo 6

Quando Mostrar é Fazer ([129])

DANIEL DAYAN

Uma relação ritual instala-se quando uma sociedade impõe aos seus membros uma certa atitude em relação a um certo objecto.

RADCLIFFE-BROWN, citado por GOFFMAN

«Algumas das críticas que se fazem às imagens de atrocidades são críticas que se podem dirigir também ao sentido da visão em geral. A visão não requer qualquer esforço. A visão

---

([129]) Este artigo retoma e desenvolve alguns temas já explorados em textos anteriores. Trata-se, nomeadamente, de: Pierre Musso (org.), *Politique Symbolique et Décision*, Lucien Sfez, Paris, PUF, 2005; *Plurielles*, n.º especial, «La Fidélité, Paris, 2005; Listol Skov, Solum O., *Mellom Mediene*, Oslo, Unipubforlag, 2003; Denis Maréchal, *Les Temps de l'événement*, Paris, Ina-L'Harmattan, 2004; J. Lozano, «Cultura de Masas», *Cuadernos de informacion y Comunicacion*, vol. 1, 2004.

adapta-se a uma distância espacial. A visão pode ser interrompida: os nossos olhos têm pálpebras, mas os ouvidos não têm postigos. De facto, estas mesmas características que, para os filósofos, faziam da visão o sentido mais nobre, são hoje associadas a um défice» (Sontag, 2003).

Mas a visão é tanto um meio de emitir discursos como de ver. Para retomar o tipo de metáfora proposta por Sontag, a visão não serve apenas de ouvido. Pode também tornar-se «boca» e prestar-se a um dizer. O ver remete então não só para actividades de visão, mas também para processos de colocação em visibilidade, o que já foi sublinhado por Serge Tisseron e Hans Belting. A originalidade da minha proposta consiste talvez em afirmar que as imagens têm a ver com categorias benvenistianas do discurso e que envolvem diversos «actos de olhar» identificáveis em referência aos «actos de fala» de Austin.

Trata-se aqui de imagens de televisão. Estas têm certamente a ver com uma semiologia da imagem, mas referem-se também a uma pragmática da *mostração*. Requerem uma análise que é menos a que se consagraria a um quadro do que a que se consagraria a esse quadro num museu. Tal como qualquer quadro exposto, a imagem de televisão é seleccionada, enquadrada, posicionada, iluminada, designada, comentada e dotada de um título. Do mesmo modo, a imagem de televisão é objecto de «uma retenção institucional», serve de emblema à instituição que a promove. Mas as instituições diferem pela sua finalidade. Algumas imagens tornam-se *museais*, outras são «jornalizadas».

Por que falar de imagens «jornalizadas» e não de imagens jornalísticas? «Jornalístico» é um termo pejorativo. «Jornalizado» propõe, pelo contrário, uma referência normativa. O valor acrescentado da informação «jornalizada», relativamente ao tipo de informações que podemos encontrar agora em todo o género de *sites* de internet, é o da filtragem operada pelo jornalismo como corpo profissional, como instituição normativa, como instituição ligada às normas da democracia. À pergunta «O que aconteceria se o jornalismo não existisse?», o sociólogo Michael Schudson responde: «Seria preciso inventá-lo». Mas seria preciso inventar o quê? O que se deve conservar se se quiser reinventar o jornalismo? O jornalístico? Certamente que não. Resta então a informação «jornalizada». A informação jornalizada caracteriza-se como uma informação submetida a critérios. O processo de filtragem a que se chama *gate keeping* representa uma validação daquilo que chega à esfera pública (verificação das informações, representatividade das opiniões, respeito pelas regras deontológicas de separação entre público e privado). Uma informação que não obedeça a estes critérios em teoria é rejeitada. Não merece passar para a esfera pública. Se for problemática relativamente a algum dos critérios de validação, mas se ainda assim parecer importante, a informação é submetida a um «inquérito», findo o qual os critérios serão satisfeitos ou a informação rejeitada.

No entanto, sabemos que muitas informações que não merecem passar para a esfera pública acabam, porém, por entrar nessa esfera e que a informação jornalística (aquela que acede *de facto* à esfera pública) nem sempre é uma informação jornalizada (a que beneficia *de jure* do direito de nela figurar). A diferença entre *jornalístico* e *jornalizado* remete para patologias do funcionamento da esfera pública, patologias que é importante designar e combater. Quando nos pedem que nos mobilizemos em defesa dos jornalistas, pedem-nos que nos mobilizemos em defesa de uma informação jornalizada e não reclamar tablóides ou promover jornais de denúncia. Quais são, portanto, em matéria de imagem, os critérios de uma informação «jornalizada»? Como podemos descrevê-los e que relações têm com a pragmática da mostração?

1. A esfera pública «séria»

No momento em que poderia terminar o reinado daquilo que William Uricchio (2005) descreveu como uma televisão especializada na difusão para as periferias de mensagens vindas dos centros, podemos reflectir sobre qual foi o impacto do reinado incontestado durante meio século desta versão da televisão. Esse impacto, a meu ver, confunde-se com alguns dos aspectos mais evidentes desta televisão: com o que nela vimos. Aquilo a que se chama «A» televisão conseguiu formular diferentes facetas da experiência humana em termos de uma série de géneros, de linguagens ou, para citar a expressão de Bakhtine, de *glossias*. Um primeiro grupo de géneros incide na *intimidade extrema*. Trata-se de géneros a propósito dos quais se deu um novo sentido à noção de «realidade». Um segundo grupo remete para a *esfera da intimidade* (folhetins, debates). Haveria depois os géneros que propõem uma *versão lúdica da esfera pública* (jogos, desportos, programas dedicados ao *agon* e à *mimicry* de Huizinga e de Caillois). Por último, os géneros específicos da *esfera pública séria*, na sua dimensão vulgar (programas de informações ou noticiários) ou na sua dimensão extraordinária (grandes acontecimentos e rituais propiciatórios, de celebração ou de ostracismo). Cada um destes géneros, cada uma destas *glossias* teve tendência para se universalizar e, depois, para se declinar em dialectos locais.

Interesso-me aqui especificamente pelos géneros televisivos que caracterizam a esfera pública séria e pelas imagens que nela circulam. Estes géneros acabaram por constituir uma espécie de esperanto visual, tanto mais partilhado já que serve agora de campo de batalha a muitas guerras travadas com golpes de boletins noticiosos. Será preciso então reciclar no fundo de notícias o velho mito de uma «linguagem cinematográfica»? Não, porque a televisão centralizada é, em grande parte, um meio da fala. Além disso, como mostrou Serge Saney, há uma diferença considerável entre as imagens de cinema, caracterizadas por um desequilíbrio, por uma falta, por um vazio que é sempre preenchido pelo plano seguinte, e as imagens do audiovisual, no qual se manifesta, pelo contrário, uma plenitude de sentido. É destas imagens que se trata aqui e de duas grandes discursividades que partilham a esfera pública séria. Por um lado, as «notícias» que alimentam em informações os domínios de «controvérsia legítima». Por outro, os grandes acontecimentos consensuais ou catastróficos que, no modo da epopeia, da imprecação ou do panegírico, servem de suporte a uma realidade. Estas duas discursividades são, de certa forma, antinómicas.

2. Mostrar, demonstrar

No universo das ciências e das técnicas, diz-nos o sociólogo Claude Rosental, aquilo a que se chama uma «demonstração» consiste, por um lado, em exibir, mas, por outro, em provar. A demonstração situa-se «entre a ostentação e a prova». Em que consiste então aquilo que não é «demonstração», mas apenas «mostração»? O que são essas mostrações contínuas propostas pela televisão? Mostrações de pessoas, de acontecimentos, de situações, de interacções. Serão estas mostrações apenas «ostentações»? Não estarão ligadas a uma demonstração? Não remeterão para um argumento explícito ou implícito de que seriam as ilustrações ou as provas? Parece-me que o facto de mostrar, neste tipo de televisão, remete inevitavelmente para um agir confirmativo. Mas a prática do «mostrar» veicula também outras formas de agir.

Algumas destas acções inscrevem-se na esfera do gesto. Um olhar nunca é neutro. Há uma forma de ver que exprime a proximidade ou a simpatia. Há outra que exprime a distância ou o afastamento. Algumas maneiras de ver podem ser adoptadas e outras, pelo contrário, rejeitadas com horror. Parece-me, pois, que esses «performativos» fundamentais a que J. L. Austin chama *behabitives* ([130]) estão no âmago da

---

([130]) Já horrível em inglês, como o reconhecia Austin, o termo *behabitive* é-o ainda mais quando traduzido em francês/português (*comportamentativo*). Daí a minha opção de não contribuir para o horror e, na maioria dos casos, de não traduzir neologismos inventados pela filosofia da linguagem para descrever os seus «performativos». Contudo, devemos lembrar que há cinco grandes tipos de performativos, cinco grandes tipos de enunciados, como o facto de «dizer» constituir nele um «fazer». Os «veredictivos» pronunciam um julgamento, um veredicto (por exemplo: condeno, absolvo, perdoo...); os «comissivos» implicam um compromisso (por exemplo, prometo, juro, desafio...); os «behabitives» correspondem aos actos, aos comportamentos, aos acasos e às infelicidades de outrem (por exemplo: deploro, felicito, bendigo, maldigo...); os «exercitivos» proclamam, em nome de uma autoridade reconhecida, aquilo que é uma realidade, ao contrário dos enunciados que se limitam a constatar tal realidade (por exemplo: nomeio, aponto, excluo,

actividade que consiste em mostrar (Austin, 1962). Tal como os discursos ideológicos, as imagens traduzem gestos e posturas: estar com ou em frente de. Estar perto ou longe. Incluir, abranger, ou excluir, rejeitar.

É por isso que, por muito indispensável que seja, a análise de conteúdo explica tão mal, por si só, a cobertura de acontecimentos como, por exemplo, o 11 de Setembro de 2001. Os conteúdos são realidades inertes, realidades tornadas não pragmáticas, realidades *descontextualizadas*. Em situação, uma imagem responde a outra imagem; um discurso a outro discurso. Retirá-los da continuidade em que se inscrevem é amputá-los de grande parte do seu sentido. Com efeito, a circulação mundial das imagens não é apenas uma circulação de conteúdos visuais. Vários espaços públicos dedicam-se a um trabalho que consiste em libertar as imagens dos «actos de olhar» em que figuram, em «descascá-las» e atribuir-lhes um novo acto de olhar. As mesmas imagens são mobilizadas por narrativas diferentes e estas próprias narrativas são objecto de globalizações diferentes. É verdade que há imagens por todos partilhadas, imagens cruzamentos. Mas os cruzamentos são propícios às colisões.

As mesmas imagens prestam-se a avaliações divergentes, a gestos opostos. Por muito impressionantes que possam parecer numa dada esfera pública, algumas «leituras aberrantes» podem dominar outras (pode-se assim passar da compaixão pelos mortos do 11 de Setembro para o júbilo face à existência desses mesmos mortos). É por essas «aberrações» que as grandes viragens históricas se manifestam. É importante saber não só o que dizem as imagens, mas também o que as diferentes esferas públicas fazem daquilo que dizem as imagens.

Significa isto então que as imagens são infinitamente maleáveis? Não. Em muitos casos, as imagens resistem. O seu conteúdo, por muito polissémico que seja, não se presta ao acto de olhar que se lhes quer lançar. Este é o principal interesse da

---

declaro aberto, fechado...); por último, os «expositivos» expõem, clarificam o estatuto daquilo que é dito (por exemplo: afirmo, reconheço que, considero que...».

análise pormenorizada das imagens e da de um tipo de leitura exemplarmente levada a cabo por Marc Ferro e preconizada num contexto diferente por outro historiador, Carlo Ginsburg. Trata-se de uma leitura indicial da imagem; de uma leitura da imagem *contra* o discurso que a coloca em acto. Com efeito, é frequente a imagem só informar à segunda leitura. Temos o exemplo disso sempre que revemos as imagens de um telejornal. Vemos então essas imagens a afastarem-se dos discursos que as enquadram. Que se passa então na primeira leitura? Consideremos um exemplo.

3. *Cum, de*

As imagens da informação falam frequentemente de sofrimentos segundo um mecanismo muito bem descrito por Boltanski em *La Souffrance à Distance* (Boltanski, 1993). No início, há compaixão do espectador face a um sofrimento que ele pode ver em pormenor e, em muitos casos, em tempo real no seu televisor, mas ao qual não pode dar nenhuma resposta, nenhum conforto. Esta empatia impotente leva a que se ponha em causa o culpado desse sofrimento, leva à sua denúncia, à sua condenação e a uma mobilização contra esse culpado.

Pode-se então instrumentalizar o sofrimento exibido. Com efeito, basta mostrar os sofrimentos de uns e silenciar os de outros. Em seguida, é preciso traduzir os sofrimentos demasiado grandes, logo invisíveis, em dores individuais, fragmentá-los em sofrimentos que sejam visíveis, em sofrimentos suficientemente pequenos para serem personalizados. Ou seja, é necessário organizar sofrimentos «gota a gota».

Depois, jogando com a gama dos enunciados *veredictivos*, é preciso fazer a distinção entre vítimas e carrascos, entre inocentes e culpados, entre culpados relativos (desculpáveis pelas circunstâncias) e culpados absolutos. Por último, desta vez jogando com a gama dos *behabitives*, é necessário fazer a triagem dos próximos e dos distantes; fazer a distinção entre os que se incluem no NÓS e, face a este nós, os que devem ser designados como o OUTRO. Os discursos do 11 de Setembro, por exemplo, esculpiram uma figura dos Estados Unidos que, para os Franceses, se tornou, em menos de seis meses e muito antes da guerra do Iraque, na do outro. Essa escultura corresponde bastante à gama dos *behabitives*. Por um lado, recorre aos gestos que assentam na raiz latina *cum* (compreensão, comiseração, compaixão, condolências). Por outro, recorre aos construídos a partir da raiz latina *de* (desvelamento, desmentido, denúncia, derisão).

4. Mostrar pessoas

É o que ilustram de forma espectacular os trabalhos de Theo Van Leuwen e de Gunther Kress (1996) sobre a leitura das imagens. Centrados nas imagens de pessoas, estes trabalhos incidem sobre três aspectos da «mostração» dessas pessoas.

«Existe, desde logo, uma diferença fundamental entre as imagens nas quais as pessoas representadas fixam directamente o olhar do espectador e aquelas em que isso não acontece.» Nas primeiras, os seres representados exigem ou «pedem uma resposta imaginária por parte do espectador». Esta reciprocidade entre o espectador e a pessoa representada foi já observada por Hans Belting a propósito das imagens de devoção da Idade Média: «Os monges do século III guardavam nas suas celas imagens da Virgem e do seu filho crucificado para (...) poderem olhá-las e, em troca, serem olhados por elas com os olhos da compaixão» (Belting, 1990). Esta exigência de reciprocidade põe em jogo, notam os autores, «o sistema gramatical da pessoa». As imagens que lhe pertencem remetem para a forma visual do «tu». Pelo contrário, as imagens que não lhe pertencem atribuem aos indivíduos que mostram um estatuto que é, diria Benveniste, o da não-pessoa. São «ele» ou «eles». A opção entre uma mostração que se limita a exibir e uma mostração que instaura um pedido de reciprocidade é inevitável, dizem Van Leuwen e Kress, «sempre que pessoas são representadas». A escolha instaura uma relação variável com os outros postos em imagens. Leva o espectador a «aproximar-se de uns e a afastar-se dos outros».

Os autores destacam depois a homologia que há entre a nomenclatura dos planos elaborada no cinema (e adoptada na televisão) e o sistema das distâncias sociais descritas pela proxémica de Edward Hall. O sistema dos planos no cinema substitui uma série de opções discretas (do plano de pormenor ao plano mais geral) pela continuidade que vai do próximo ao afastado. Edward Hall insiste, por seu lado, na existência de uma série de fronteiras invisíveis, uma série de muros transparentes que separam os espaços da distância pessoal próxima, da distância pessoal menos próxima, da distância social (também ela escalonada) e da distância «pública». Vemos assim que o sistema dos planos e a gradação das distâncias que cria «permite estabelecer entre as personagens representadas e o espectador uma nova espécie de relação imaginária: as personagens são representadas quer como amigos, quer como estranhos». Como escreve a este respeito um retratista citado por Edward Hall (1966), «é à distância, que caracteriza normalmente a intimidade social, a conversação sem restrições, que a alma de um modelo começa a revelar-se».

A mostração da pessoa apela a uma terceira dimensão essencial. Esta dimensão consiste, segundo Van Leuwen e Kress, em relacionar dois planos: o plano que o espectador encara; o plano que as personagens representadas encaram. Estes dois planos frontais podem ser paralelos e até se podem confundir. O espectador encara então as personagens representadas. Mas estes dois planos frontais podem também ser deslocados, podem divergir, formar um ângulo mais ou menos marcado: as personagens representadas aparecerão então ao espectador não frontalmente, mas de forma oblíqua (estarão mais ou menos de perfil). A diferença entre uma visão frontal e uma visão oblíqua, dizem-nos os autores, é a que distingue o desapego da possibilidade de uma interacção.

Por um lado, reciprocidade, intimidade, interacção. Por outro, negação da pessoa, distância, desapego. As três grandes dimensões da mostração sublinhadas por Van Leuwen e Kress são complementares, mas podem ser dissociadas. Combinando-se, podem resultar em mostrações matizadas. Nada impede, por exemplo, que se filme alguém de maneira frontal mas à distância, ou com o rosto virado, em grande plano. No entanto, as dimensões tendem muitas vezes a aparecerem agrupadas, a reforçar o seu poder de aproximação ou de afastamento. O seu reagrupamento permite então caracterizar estilos de mostração. «Aquilo que é uma convenção aceite num dado contexto pode, noutro contexto, constituir um erro ou um lapso.» Por exemplo, como propõem Van Leuwen e Kress, se seguirmos desde o jardim infantil até ao final do secundário a evolução das representações de pessoas nas ilustrações dos livros escolares, vemos que aquilo que é de regra no infantil vai desaparecer progressivamente, para dar lugar a um jogo de regras mostrativas muito diferente. No livro infantil, abundam as imagens frontais, interactivas. Trata-se de estabelecer uma relação com a pessoa figurada, fazer dela um novo amigo. No final do secundário, as imagens distantes, diagramáticas, substituem as que convidavam à intimidade ou à interacção. O desapego objectificante é obrigatório.

Este jogo duplo de regras parece-me existir noutros domínios e, em especial, no das mostrações televisivas relativas às notícias. Parece-me corresponder muito precisamente à dimensão visual dos anunciados que descrevi como *behabitives* de proximidade ou *behabitives* de distância; como *behavitives* que remetem para as raízes *cum* ou *de*; como *behabitives* que contribuem para a delineação de um «nós».

É verdade que as dimensões sublinhadas por Van Leuwen e Kress não são as únicas e a sua presença não resulta inevitavelmente de uma escolha. Quando as notícias dizem respeito a acontecimentos que se desenrolam de forma incontrolável, jornalistas e operadores de câmara nem sempre dominam da mesma maneira os parâmetros da filmagem. Filmam onde se conseguem situar; onde se vê; onde há menos hipóteses de serem atingidos por bombas ou por balas. Contudo, a imensa maioria das notícias não diz respeito a acontecimentos deste género e a exibição das pessoas pode ser aí cuidadosamente «esculpida». Além disso, mesmo quando se trata de um acontecimento difícil de dominar, todo o tipo de correcções podem ser introduzidas na montagem a fim de se retirar as mostrações rebeldes do lado de um ou do outro jogo de regras.

5. Cismogénese contra «objectividade»

A existência de estilos de «mostração» é fácil de verificar estatisticamente comparando, num dado tema, diversas categorias de pessoas e as mostrações a que são respectivamente sujeitas. Isto levanta directamente a questão dos efeitos dos *media* sobre a percepção dessas pessoas e, portanto, sobre a construção da opinião pública. Questão pouco interessante, dizem muitos investigadores, que reviram os olhos quando se ousa falar de «efeitos». Efeitos negligenciáveis, dizem muitos jornalistas, que acabaram por memorizar de forma defensiva a lição do *two step flow* [131].

Compreenderam mal a lição. A tese segundo a qual os *media* têm efeitos limitados não exclui que alguns dos seus efeitos, em determinados contextos, sejam imensamente poderosos. Os mesmos factores que limitam em geral o poder dos *media* podem, em certos casos, amplificar esse poder. O papel dos públicos consiste, com efeito, em servirem de filtros ou de amplificadores. Existem ou não existem públicos retransmissores, minorias activamente envolvidas num papel de construção da recepção. A instrumentalização dos sofrimentos visa, por exemplo, mobilizar os públicos existentes, criar novos públicos e lançá-los na acção. Assim, sofrimentos futuros podem ser previstos e previamente condenados; sofrimentos invisíveis podem ser representados ou mimados por públicos que querem sensibilizar outros públicos; sofrimentos efectivos podem ser apagados.

O que mais impressiona na situação após o 11 de Setembro é o facto de estarmos numa situação de exacerbação, numa situação em que se desenvolve aquilo a que Bateson chama *cismogénese*. Alguns relatos de acontecimentos provocam a vontade e a capacidade de compreender as motivações de

---

[131] *Two-step flow* é uma teoria de comunicação proposta por Paul Lazarsfeld, Bernard Berelson e Hazel Gaudet. Esta teoria, que se pode traduzir por teoria do fluxo comunicacional em duas etapas, enfatiza o papel dos formadores de opinião comunitários como construtores da opinião pública em micro-escala (*N.T.*).

diversos actores. Outros são concebidos de forma a introduzirem a distância máxima entre o «nós» a que pertencemos e o outro que é construído. Tudo é aí feito para conduzir à escalada dos conflitos, à adopção de posições extremas e inconciliáveis. Deverá então esta escalada afectar a própria prática da informação, chegando ao ponto de criar factualidades paralelas e estritamente subordinadas aos *behavitives* amigo/inimigo, ao imperativo do *cui bono*? Ou será preciso, pelo contrário, regressar à noção de uma informação partilhável e, portanto, à de uma objectividade possível? Poder-se-á ainda falar de objectividade sem correr o risco de parecer ridículo?

Correrei esse risco em referência à expressão de Clifford Geertz: «Há tanta objectividade quanto esterilidade absoluta. Esta esterilidade não existe. Deveremos, então, praticar a cirurgia nos esgotos?» Não há dúvida de que a objectividade é construída. E não há dúvida de que a objectividade dispõe de uma genealogia. Tem até várias. Envolve já uma dramaturgia do *mostrar* nas encenações a que se dedica a ciência empírica do século XVIII. Dispõe também de uma genealogia mais comercial. Com efeito, é ela que permite às agências desejosas de venderem as mesmas notícias a jornais diferentes alargarem a sua clientela, evitando ir contra as convicções dos públicos desses jornais. A objectividade é, pois, uma construção e sofre de um pecado original, do defeito que constitui uma hereditariedade comercial. Será isto suficiente para a rejeitar?

Salientemos, desde já, o que permite essa construção. A objectividade, mesmo como noção comercial, remete para a existência de públicos diferenciados. Permite que esses públicos façam uma ideia sobre determinados acontecimentos a partir de narrativas que devem concordar num certo número de elementos pertinentes. Esses acontecimentos são assim tornados disponíveis para um debate comum. A sua disponibilidade serve de preliminar para a discussão. Diferentes públicos dispõem da mesma série de factos para interpretarem, sem que a escolha dos factos prejudique a sua interpretação; sem que diversos públicos tenham a possibilidade de se dividir, estando cada um deles munido de uma panóplia de «factos» à medida dos seus gostos. É então a possibilidade de um debate assente em bases partilháveis – que remete para a noção de um mundo comum – que permite a noção de «objectividade». No entanto, se permite um debate que não seja um combate até à morte, se permite diminuir os riscos de «cismogénese», esta disponibilidade comum de narrativas para públicos diferentes deverá chamar-se ainda «objectividade»?

A noção de objectividade foi submetida a uma barragem de críticas. Tem de ser reformulada. Proponho fazê-lo em termos que não impliquem a impossibilidade de adequação entre uma realidade e um discurso. Trata-se de designar as normas que qualificam um determinado tipo de *performance*. Esse ideal normativo e esse tipo de *performance* vão completar aquilo que se ensina nas escolas de jornalismo (multiplicidade das fontes, verificações, independência, etc.). Qual é então, de forma muito esquemática, esse objecto paradoxal que constitui a objectividade como *performance*? A que tipos de *performance* dá lugar, em termos visuais, uma informação «jornalizada»?

Tal informação decorre fundamentalmente de um compromisso, de uma promessa, daquilo a que Austin chama um «comissivo». Apelando à confiança do espectador, esta dimensão contratual sobredetermina todas as outras [132]. O apelo à confiança justifica-se então pela maneira como os *media* se dedicarão a três «*performances*» mais específicas: uma «exercitiva», pela qual afirmarão a sua autoridade, o seu poder de marcar a importância da situação mostrada; uma «expositiva», pela qual dotarão esta de uma definição que lhe assegure uma legibilidade; uma «comissiva», que consiste em não fazer depender de um preconceito a definição da situação ou a importância a ela atribuída.

6. Importância, pertinência

O primeiro destes contratos é um contrato de lealdade para com regras. Diz respeito às regras que, em determinada

---

[132] Esta confiança estabelece a relação entre a construção de um universo simbólico e o real. Roger Silverstone destaca, a justo título, a importância do papel desempenhado pela confiança.

sociedade e para um dado público, fazem com que uma informação seja pertinente ou importante. A pertinência é então a dos acontecimentos (que se podem relatar ou ignorar) ou a dos problemas sociais (que se podem pôr na agenda ou abandonar à sua sorte).

Tal como as estudadas pela *etnometodologia*, estas regras de pertinência são frequentemente implícitas. Contudo, são facilmente determináveis. Algumas práticas jornalísticas não param de as ilustrar. Se dissermos que tal tipo de acontecimento é altamente pertinente quando se trata do Ruanda, não pode deixar de o ser se se trata do Sudão, ou, se o racismo provoca escândalo no caso do grupo A, não pode perder todo o interesse quando se trata do grupo B. O respeito pela pertinência social dos acontecimentos e dos problemas levanta a questão da sua visibilidade. Poderíamos assim formular como regra ideal que tudo o que é pertinente para uma dada sociedade deve ser visível. Pelo contrário, só deve ser visível o que é pertinente. Por último, o grau de visibilidade deve ser proporcional ao grau de pertinência ou de importância.

É em referência a critérios de pertinência que se pode pôr em causa silêncios incompreensíveis ou, pelo contrário, questionar valorizações monstruosas. Imaginemos, como fizeram os investigadores noruegueses Johann Galtung e Mari Ruge, que fazemos mapas do mundo, desenhando neles os países ou os continentes à escala da sua representação pelos *media*. O resultado arrisca-se a ser muito impressionante. É verdade que o país a que pertencem os *media* em questão figurará sempre como um centro cartografado em grande pormenor, mas veremos outros países transformarem-se em cabeças de alfinete, continentes inteiros a desvanecerem-se e espaços minúsculos a adquirirem as dimensões de um universo, com cada bairro ou cada rua figurada em pormenor, como se fosse a Dublin de Joyce ou a Alexandria de Cavafis. Pensemos, por exemplo, no território do tamanho da região parisiense a que os *media* franceses chamam curiosamente «Próximo Oriente», excluindo desse «Próximo Oriente» o Iraque, o Líbano, a Síria ou a Jordânia, aparentemente mudados para outro continente. Não se trata aqui, evidentemente, de responder a esta geografia alucinante por uma paródia de ciência exacta, mas de sublinhar a existência de uma articulação normativa entre três noções: a noção de pertinência, o contrato de lealdade que o jornalismo se compromete a respeitar, a visibilidade.

A visibilidade decorre de um «fazer», de uma colocação em visibilidade relativamente soberana. A informação «jornalizada» compromete-se então a garantir uma visibilidade pública às situações que satisfaçam os critérios de pertinência. No plano estritamente visual, este contrato traduz-se pelo tempo que será dedicado às imagens de determinada situação.

Aquilo que a televisão tal como a conhecemos pode oferecer de mais precioso é o tempo. Significa que um relato em directo corresponde a uma despesa sumptuária. Esta despesa marca a importância do acontecimento relatado. Em certos casos, se for suficientemente autonomizado relativamente ao discurso habitual das notícias, o relato de um acontecimento pode deixar o domínio da informação para aceder ao do ritual. A ritualização pode ser explicitamente anunciada. Traduz-se então por identificadores facilmente reconhecíveis (a simultaneidade do directo, a interrupção dos outros programas, a omnipresença em todas as televisões). A ritualização pode também ter lugar sem se exibir como tal. Acompanha-se então de transformações menos marcadas (relato contínuo, mas emitido em diferido, passagem em série repetitiva, etc.). É interessante saber que tipos de situações são assim retiradas dos registos da informação para receberem um papel ritual, e de que vão falar. O efeito de lupa que descrevo aqui corresponderá sempre à importância do acontecimento? Importância para quem? Segundo que critérios?

7. Interacções: legibilidade

A segunda *performance* aqui encarada implica também uma dimensão de pertinência, mas já não incide no *quê* da mostração, e sim no seu *como*. Trata-se de relatar os elementos necessários à compreensão da situação, de relatar todos esses elementos e apenas esses. Não é preciso ser positivista para notar que a falta de certas informações cruciais e a abundância excessiva de informações inúteis prejudicam a compreensão de uma situação. Por exemplo, a recensão dos Americanos obesos não é directamente pertinente se se trata de compreender a intervenção americana no Afeganistão. Pelo contrário, a omissão de um grande lobo mau já não permitiria identificar a história do capuchinho vermelho.

A colocação em visibilidade implica uma *performance* que consiste em garantir a inteligibilidade do mostrado. Em termos austinianos, a imagem oferecida de uma situação dada nunca é um simples «constatativo», mas um «expositivo», e consiste em dizer: *eis o que entendo pela situação x*. A *performance* que garante a legibilidade consiste então em relatar a interacção mostrada em termos em que possa ser identificada (por exemplo, o relato de uma corrida implica pelo menos dois corredores, o de um combate dois lutadores).

As situações evocadas pelas notícias não dizem geralmente respeito a objectos do mundo físico e nem sempre consistem em propor retratos (neste sentido, a descrição feita por Van Leuwen e Kress daquilo a que chamei «*behabitives*» de proximidade ou de distância deve ser completada). O discurso das notícias da televisão diz respeito, essencialmente, aos objectos do mundo social que são as acções ou as interacções. Falam-nos, não de alguém, mas sempre de alguém que faz alguma coisa a outro ou contra outro qualquer, ou com a ajuda de outro qualquer, ou à revelia de outro qualquer. Cada interacção remete para um jogo de «regras construtivas» que permitem identificá-la. Estas regras construtivas podem ser respeitadas pelo expositivo da mostração. A interacção é então identificável. Mas podem também não ser respeitadas.

Neste caso, a *performance* expositiva pode dar lugar a duas espécies de derrapagens, suscitar dois géneros de patologias da legibilidade. A primeira (*ofuscação*) consiste em criar a ilegibilidade. Pode-se mostrar assim uma reacção sem mostrar a que responde a reacção, uma resposta sem ataque, uma réplica sem interlocução. A segunda (*desvio*) consiste em criar uma legibilidade falaciosa, em identificar uma interacção diferente da filmada. Deste modo, a interacção «espancamento» pode tornar-se na interacção «zaragata» quanto o espancado é antipático e os espancadores são identificados como simpáticos. Ou então, mudando de escala, a interacção «genocídio» pode ser substituída pela interacção «conflito étnico», o que foi feito – segundo Edwy Plenel – pelo *Le Monde* na sua abordagem inicial aos acontecimentos no Ruanda ([133]).

Tal como uma interpretação musical (mais ou menos fiel relativamente à partitura), a *performance* mostrativa pode apresentar-se como uma *performance fiel* ou como uma *traição*. A «fidelidade» consiste aqui em enquadrar a interacção de forma a permitir que o receptor identifique as suas «regras constitutivas» (Searle). A «traição» consiste em apresentar outro jogo de regras, muitas vezes relativo a um preconceito sobre o que devia ser o acontecimento apresentado. Este preconceito apresenta muitos perigos, o principal dos quais é fechar os olhos às novas informações, facilitar a sua captura pelo estereótipo. Consideremos um exemplo particularmente interessante pela sua dimensão visual.

No dia 26 de Março de 2005, por volta das 7h00 da manhã, vejo as notícias do canal Euronews e deparo com uma das sequências que fazem a originalidade do canal. Esta sequência quotidiana é formada de planos emitidos sem qualquer comentário, em que a imagem (com a banda sonora) «fala de si mesma». O exercício consiste em propor uma pitada de realidade, um momento da vida diária, uma sequência cuja banalidade remete para a temporalidade do imperfeito: uma realidade que, no local onde se desenrola, é muito vulgar, mas que pode tornar-se exótica ou apaixonante para espectadores distantes...

Mas, nesta manhã, a imagem é diferente. Não há imperfeito. Estamos no centro de um presente. Estamos no centro de um acontecimento. Estamos naquele espaço que toda a gente

---

([133]) Edwy Plenel comentou a enorme demora do seu jornal em relatar os acontecimentos do Ruanda como um genocídio e a espécie de cegueira manifestada por essa demora, no seminário «Temps, média et société», IEP, Paris, 10 de Dezembro de 2004 (com Dominique Mehl, Géraldine Muhlman).

conhece por «territórios ocupados». Um plano-sequência permite ver em primeiro plano soldados em uniforme de combate e com armas na mão. A uma dezena de metros da câmara está um miúdo com cerca de 11 anos, aterrorizado. Os soldados gritam ordens que não compreendemos. O miúdo obedece docilmente a essas ordens. Dizem-lhe que dispa uma espécie de colete que tem em redor do corpo. Ele despe-o. Em seguida, mandam-no levantar a camisa. Com as mãos a tremer, o rapaz levanta a camisa. Dizem-lhe para baixar as calças. Ele obedece. A criança é publicamente humilhada pelos soldados, sem dúvida esperando o pior. Não há qualquer comentário. Passamos para outra coisa.

Esta imagem não é acompanhada por nenhum comentário. Mas é legível sem comentários. Corresponde ao cenário de um fantasma colectivo. Freud chamaria a esse fantasma *uma criança é sovada*. Aqui, diríamos antes: um pequeno palestiniano é brutalizado por soldados israelitas. Os três papéis previstos por Freud são bem visíveis. A criança é humilhada e provavelmente será brutalizada. O adulto está armado, pronto a bater e grita ordens. O espectador fica enfurecido, indignado com o espectáculo de tamanha injustiça. Que se passa aqui?

Sei (através de outras televisões, através de outros órgãos de imprensa) que a criança é um suicida, que o seu colete está cheio de explosivos, que ficou com medo e que já não quer morrer estilhaçada, nem arrastar outros para a morte. Os soldados que lhe gritam ordens são sapadores. Gritam porque temem que o miúdo faça algum gesto que provoque a explosão, fazendo-os também explodir. Mandam-no despir-se porque pode estar equipado com várias cargas. Por outras palavras, os soldados ajudam o rapaz a libertar-se da sua carga de explosivos. Assistimos a uma tentativa de sabotagem. Assistimos a um salvamento bem sucedido.

Trata-se de uma situação que o tratamento do Euronews tornou ilegível ou, mais exactamente, tornou «legível» de outro modo. «Não importa», dirão os responsáveis do Euronews, «toda a gente sabia qual era a situação». Na verdade, nem toda a gente sabia. Muitos dos espectadores desta sequência não sabiam. «Não importa», dirão outros. «É verdade que, nesse dia, os soldados estavam a salvar o miúdo. Mas outros soldados israelitas martirizam outras crianças palestinianas, vemos exemplos disso todos os dias.» A legibilidade proposta justificar-se-ia então com uma espécie de verosimilhança estatística. Mas a frequência destes maus tratamentos justificará que se tenha reconstruído esta situação específica? O carácter específico das informações é que, se se sucedem, nem sempre se assemelham. Uma «informação» distingue-se de um ritual pelo facto de não ter por função perenizar símbolos. Se o mau tratamento do pequeno suicida decorre de um artifício de leitura, é difícil não pensar se esses artifícios serão raros e se os outros maus tratamentos invocados como justificação não serão também maus tratamentos «verosimilhantes». Por conseguinte, todas as informações dadas estão afectadas de descrédito. Jogar com o «expositivo» de legibilidade só pode levar à secessão dos públicos e à cismogénese de que já falei.

8. Dramaturgias: independência

Para constituir uma *performance* fiel, para justificar a confiança de que é investido, o relato de um acontecimento deve estabelecer a sua independência relativamente aos protagonistas desse acontecimento. É por isso que há algumas regras que visam assegurar essa independência: independência documental (utilizar várias fontes); independência lexical (evitar utilizar o léxico dos actores e, por isso, sucumbir àquilo que Stuart Hall descreve como a influência dos *primary definers*). Por exemplo, não é por alguns militantes se descreverem como «pacifistas» que são efectivamente pacifistas, e não é por os terroristas se qualificarem «militantes» que passam a ser apenas militantes.

A regra de independência consiste não só em não se deixar capturar por um vocabulário, mas também em não colocar o seu próprio vocabulário na boca dos actores no terreno. Trata-se de evitar a demasiada proximidade dos relatos e a confusão de papéis causada por essa proximidade. Consideremos outro exemplo. O de Baudrillard, segundo o qual bin Laden não compreende o sentido da sua própria acção, e segundo o qual o acontecimento do 11 de Setembro, tal como orquestrado por bin Laden e pelo seu grupo de islamitas fanáticos, «é desprovido de qualquer dimensão simbólica». Podemos então perguntar a Baudrillard: que autoridade tem para estar tão certo disso? Com que direito se substitui aos actores do acontecimento? Talvez Baudrillard possa não gostar da simbolização dos terroristas, mas é a deles. Ao substituir a sua voz pela deles, inaugura um novo tipo de *performance* política: o *karaoke* [134].

É verdade que esse *karaoke* é inevitável quando certos grupos resolvem fazer-se de advogados de outros grupos. As causas justas vão arrolar públicos para as defenderem, e esses públicos vão defendê-las com o vocabulário que lhes parece adequado, sem o qual não se envolveriam. Mas aquilo que parece justo a esses públicos corresponderá ao que pensam os actores históricos que esses públicos defendem? Não haverá aqui um problema de tradução? Não veremos então aparecer uma espécie de esperanto das causas justas? Causas que acabam por se assemelhar mais umas às outras do que às situações que as inspiraram?

Num esfera pública globalizada, é inevitável que alguns grupos abracem causas que não são directamente as suas e cantem a sua própria partitura pensando estar a cantar a do vizinho. Rejeitar as confusões causadas por esta situação significaria recusar *a priori* qualquer possibilidade de existência aos públicos. Isso não se põe em questão.

Mas o que é verdade para os públicos será também verdade para os meios de informação? Deverão os jornalistas comportar-se como se fossem esses públicos-advogados e substituir o seu discurso pelo dos grupos que defendem? A *performance* que assegura a legibilidade da interacção mostrada deve responder à pergunta de *quem fala?* Em matéria de jornalismo, o *quem fala* manifesta sempre uma dimensão «dialógica», uma interacção entre o observador e o observado,

---

[134] Ver «À chacun son 11 septembre», *Les Dossiers de l'audiovisuel*, n.º 104, Paris, Ina-La Documentation française, 2002, p. 28.

entre o jornalista e os seus informadores ou as suas fontes. A quem pertencem as palavras que o espectador ouve? De que público se ouve a voz? Quem forneceu ou orquestrou as imagens?

Em termos visuais, parece-me claro que a *performance* do jornalismo de televisão deve evitar ser o veículo de certas dramaturgias oferecidas de mão beijada. Os jornalistas de televisão não são operadores de câmara à disposição de realizadores já providos de um argumento.

Entre as patologias do discurso mediático, é necessário então mencionar a indistinção das vozes e dos argumentos. O carnaval bakhtiniano devia interromper-se onde começa o jornalismo. Aquilo que é polifonia em Rabelais ou em Poe torna-se confusão ou má-fé na banda sonora de um jornal televisivo.

9. Imagens de ficção: a questão da autenticidade

O problema de saber *quem fala* desaparece quando passamos das imagens de notícias para as imagens de ficção. Longe de exigir uma separação rígida entre as diferentes entidades enunciadoras (a do autor do filme, a das personagens), o regime ficcional caracteriza-se, pelo contrário, pela fluidez das idas e voltas entre as diversas «origens» das imagens propostas; por uma delegação enunciadora móvel, por uma circulação contínua do *eu vejo*.

A questão que se coloca então já não é a de uma fidelidade em relação à origem verdadeira das palavras ou das imagens, mas a de uma autenticidade que põe em jogo a capacidade de os cineastas nos fazerem partilhar verdadeiramente, ou, pelo contrário, de fingirem fazer-nos partilhar a experiência das suas personagens. O perigo já não é o da demasiada proximidade com o discurso de outro qualquer, mas o de uma proximidade insuficiente, falsa, caricatural. Já não há *qui pro quo* sobre a identidade do locutor, mas infidelidade na apresentação de uma experiência transformada em tribuna, contrafacção de uma subjectividade. É o que manifesta de maneira exemplar o primeiro dos filmes de ficção que teve o 11 de Setembro como tema. Produzido por Alain Brigand na forma de curtas-metragens realizadas por cineastas de 11 países diferentes, este filme (*Onze minutes, neuf secondes, un dixième*) reúne Samira Makhlalbaf (Irão), Claude Lelouch (França), Ken Loach (Reino Unido), Youssef Chahine (Egipto), Alejandro Gonzales Inarritu (México), Idrissa Quedraogo (Burkina Faso), Mira Naïr (Índia), Sean Penn (Estados Unidos), Amos Gitai (Israel), Danis Tanovic (Croácia), Shohei Imamura (Japão).

Para falarem do 11 de Setembro, quase todos estes cineastas descrevem, aparentemente sem nada combinado entre eles, situações caracterizadas pela surdez, a cegueira e a loucura; pelo facto de não ver, não ouvir, não compreender. A autenticidade das suas propostas compara-se quase à sua capacidade de reconstituírem o estado de sideração provocado pelas primeiras imagens do acontecimento. As crianças de Makhlalbaf são incapazes de imaginar o que são as torres. Os adultos de Quedraogo passam por bin Laden sem o verem, ou vêem-no sem o identificarem. A protagonista de Lelouch não vê que as torres se desmoronam e não ouve a televisão descrever o desmoronamento: está fechada na sua surdez. A jornalista de Gitai é demasiado narcísica para ouvir o que lhe dizem. O soldado-serpente de Imamura sofre de demência.

Em contrapartida, alguns filmes propõem uma visão tão penetrante que permite longas conversas com fantasmas, um olhar tão clarividente que passa através das aparências, um rigor tão radiográfico que permite designar novas realidades. Para o octogenário de Penn, a queda das torres traduz-se por uma luz que dissipa instantaneamente os sortilégios da negação. Para Shahine, o 11 de Setembro constitui uma ocasião para uma travessia das aparências, graças à qual as vítimas nova-iorquinas e os seus assassinos serão substituídos por vítimas mais respeitáveis e por assassinos mais desprezíveis. Do mesmo modo, para Loach, o falso 11 de Setembro (o de Nova Iorque) é apenas um obstáculo para afastar, a fim de evocar o verdadeiro 11 de Setembro (o da morte de Allende em Santiago do Chile).

Pouco importa então que o acontecimento seja novo e que as vítimas de hoje sejam diferentes das de ontem. Sabemos previamente o que deve significar o acontecimento. Tudo o que havia a saber, os filmes já sabem. O ver já não é aqui senão a tradução de um saber, um tornar visível, uma retórica. Os três filmes que citei sofrem então, não de um *ver mal*, mas de um ver *demasiado* ou de um ver *demasiado bem*. Compreende-se assim que os seus argumentos pareçam uma álgebra e as suas personagens monumentos para jardins públicos. Estes filmes levantam a questão da autenticidade.

Alguns realizadores nada sabem de antemão. Olham. Ouvem. Tentam compreender ou sentir. Como sugeria Bazin, auscultam a realidade. Outros não têm de fazer auscultação, nem realidade. As questões do mostrar são, para eles, questões de retórica. A sua inautenticidade consiste em propor a ilusão de uma subjectividade.

10. Fugir ao debate. A experiência como argumento

Esta transformação da experiência em tribuna caracteriza então não só alguns textos de ficção, mas um novo «género» televisivo, concebido para evitar a possibilidade do debate. É o género que a socióloga francesa Dominique Mehl descreveu como ligado ao aparecimento de um «espaço público/privado»; como o nascimento de um espaço público dominado pela publicitação do privado. Ao propor experiências que valem pela exemplaridade, pelo significado, pelos valores que afirmam, mas que não se limitam a afirmar «experiências», o espaço «público/privado» constrói-se em redor da figura central da testemunha. Podemos então falar de uma quase ditadura da testemunha (Mehl, 2003).

Com efeito, o problema levantado pelas testemunhas públicas que relatam as suas experiências é que o seu discurso, enquanto defende valores e produz argumentos, escapa a qualquer possibilidade de refutação ou de contestação, uma vez que não admite o debate. Um perito pode contradizer outro perito. Pelo contrário, um perito não pode contradizer uma testemunha quando esta se refere à sua própria experiência. Ninguém pode dizer a essa testemunha: isso não é a sua experiência; não foi isso que viveu; você não sabe realmente do que fala; conheço a sua experiência melhor que você. Ter a pretensão de isso saber seria presunçoso, fosse qual fosse o perito; mesmo que esse perito fosse um perito em experiência: um psicanalista.

Ao tornar-se uma esfera «pública/privada», a esfera pública vê multiplicarem-se os «nichos» que fogem ao debate. A noiva do terrorista Carlos fala do seu amor por este e do seu respeito pelo ódio que Carlos tem pelas instituições e pelos povos. A noiva de Carlos, Beatrice Coutant-Peyre, é aliás sua advogada, e se aceita ser convidada para certos programas (um deles intitula-se, precisamente, *Public-privé*), é para neles defender determinados discursos. Mas não defende esses discursos apenas como advogada ou militante, ou em fóruns onde pode encontrar uma resposta. Apresenta também esses discursos num programa sobre os amores contrariados (o homem que ela ama está na prisão). Por muito discutível que possa ser, o discurso que apresenta foge então a qualquer refutação.

Do mesmo modo, a mãe de um suicida do Hamas, mergulhada na sua dor, o rosto desfeito, a voz sem timbre, os olhos secos por tanto chorar, declara aprovar o filho, que morreu ao assassinar numerosos civis israelitas. Era um bom filho. Aquilo que fez foi apenas justiça. Poder-se-á contradizer esta mãe no momento em que ela exprime a sua dor? Mas deveremos aceitar sem nada dizer a sua defesa de uma violência indiscriminada? Será que se pode, em nome da experiência maternal, aceitar um discurso que convida abertamente ao massacre? Novamente, o relato da experiência, e o tipo de «publicidade» instalado pela figura da testemunha, põe em causa uma esfera pública que se destinaria não aos rituais identificativos, mas à possibilidade de uma deliberação ([135]).

([135]) Devo a Ignacio Ramonet um excelente exemplo deste processo. Uma jovem actriz, que seria aliás a filha do embaixador americano no Kuwait, é filmada, diz Ramonet, no papel de uma enfermeira chorosa. Testemunha o momento em que a maternidade onde trabalha como voluntária é invadida pelos soldados iraquianos, que têm por missão

Reflictamos nessas duas figuras simétricas, nessas duas patologias do discurso que são as ficções com tese e os nichos subtraídos ao debate. Nos dois casos, há uma relação com uma experiência. Nos dois casos, há publicidade do privado, nos dois casos, por fim, há um acto de mostração que permite que a experiência individual se torne o suporte, o identificador e a máscara de um discurso público. Nos dois casos, a experiência de um indivíduo é tornada pública, a fim de servir de apoio ou álibi a uma ideologia. Em ambos os casos, a resposta reservada a um acontecimento grave é subtraída a esse tipo de debate público, apenas permitido pela *performance* narrativa da informação «jornalizada».

11. Mostrações, regras e jogos

Resumamos o argumento central aqui apresentado. Face a esta esfera que Daniel Hallin descreve como uma esfera da «controvérsia legítima», esfera a que pertencem as notícias em geral, existiriam duas esferas: a esfera do consenso, destinada à celebração do «nós», e a esfera do desvio, destinada à estigmatização dos «outros» hostis a esse nós (Schudson, 2005). Estas duas esferas são, de certo modo, o direito e o avesso da mesma realidade, duas versões daquilo a que se poderia chamar a esfera pública dos momentos de excepção (catástrofes, guerras, grande viragens históricas). Não são informações que nelas se apresentam, mas sim ritualizações grandes ou

---

pilhar o hospital e levar as incubadoras. Os soldados retiraram os bebés kuwaitianos dessas incubadoras e puseram no chão os pequenos corpos, que deixaram assim morrer. Este testemunho permite, diz o jornalista, o voto do Congresso que resulta na intervenção americana no Kuwait (Ignacio Ramonet, «Transparence et occultation», debate com Daniel Dayan, Paris, Instituto Cervantes, 19 de Abril de 2005). É verdade que não assistimos directamente à agonia dos bebés. No entanto, a emoção e as lágrimas da jovem enfermeira convidam a partilhar os sofrimentos de que ela testemunha. Não estamos num discurso de informação, mas sim no espaço «público/privado» da testemunha: não há nele debate sobre os factos.

pequenas, explícitas ou não, que, em resposta a determinadas situações, defendem e ilustram um conjunto de valores. Essas ritualizações estão longe de ser sempre explícitas e continuam, em muitos casos, a apresentar-se como informação; a sua secessão relativamente à esfera da «controvérsia legítima» faz-se sem pré-aviso.

Contudo, há casos em que a televisão de informação propõe rituais explícitos. É o caso do tipo de televisão que Elihu Katz e eu próprio definimos como uma *televisão cerimonial*. Este tipo de televisão marca tão claramente quanto possível os limites que a separam dos telejornais. O espectador habitual das notícias é aí convidado a deixar de ser espectador e a tornar-se testemunha. A televisão cerimonial leva-o a mudar de papel. Convida-o a uma *performance* marcada por quatro grandes características: a insistência; a existência de uma dependência de definição assumida; a presença de performativos formais; a escolha da proximidade.

1. A televisão cerimonial caracteriza-se por uma insistência exibida, em simultâneo, pela continuidade narrativa, a omnipresença dos acontecimentos transmitidos, o recurso ao directo, a duração das emissões; a interrupção relativamente à programação regular; a passagem repetida de certos excertos.
2. A televisão cerimonial retoma abertamente a definição do acontecimento proposta pelos seus organizadores. Face a uma definição hesitante ou conflitual, pode por vezes desempenhar um papel de reformulação ou de arbitragem. No entanto, nunca se põe em causa a dramaturgia proposta. Esta dramaturgia é aceite e transmitida.
3. A televisão cerimonial não se acantona em qualquer neutralidade. Toma partido, multiplica os veredictivos, acusa ou inocenta, condena ou justifica. Quando é consensual, a televisão cerimonial multiplica as marcas de deferência. Quando não é consensual, os seus rituais de exclusão e de excomunhão não hesitam em estigmatizar aqueles que tomam como alvos. Os comportamentos diferenciais e a voz abafada do apresentador são os seus sinais mais conhecidos, mas não são os únicos.
4. A televisão cerimonial visa oferecer não um saber, mas uma experiência, a possibilidade de uma participação. A sua voca-

ção participativa traduz-se em «*behabitives*» de proximidade ou de anulação da distância, em rituais de inclusão num «nós».

Nas notícias, encontramos formas que remetem para a vocação participativa da *televisão cerimonial*; formas que manifestam de maneira mais ou menos marcada as dimensões que essa televisão cerimonial exibe. Os exercitivos de insistência (tempo de antena alargado, continuidade narrativa respeitada, passagem em repetição) são apresentados mesmo que sejam menos espectaculares. A independência relativamente a dramaturgias *prontas-a-filmar* está longe de ser sempre absoluta. As marcas de deferência podem consistir em mostrar de um indivíduo ou de uma instituição apenas aquilo a que Goffman chama a *front region* (aquilo que o indivíduo ou a instituição desejam realçar). Quanto aos gestos estigmatizadores, poderão, do mesmo modo, consistir em mostrar apenas de um indivíduo ou de uma instituição aquilo que Goffman chama a *back region* (aquilo que o indivíduo ou a instituição não desejam realçar). Estes gestos não são explícitos, mas existem. Enfim, para regressar aos trabalhos de Van Leuwen e Kress, as notícias não têm alternativa senão praticarem quer a aproximação, quer o distanciamento. Em suma, existe uma continuidade paradoxal entre o jornalismo de informação e o jornalismo sacerdotal, entre o jornalismo que se pratica na «esfera da controvérsia legítima» e o que se pratica nos momentos de excepção. Que devemos então concluir?

No plano teórico, podemos concluir que, graças à dimensão explícita das *performances* que adopta, a televisão cerimonial oferece um excelente ponto de partida para quem queira compreender o estatuto da imagem nas notícias. Com efeito, à excepção dos sistemas de videovigilância, sistemas que não têm por vocação mostrar, não há na televisão um «grau zero» da mostração; uma mostração neutra, «simplesmente» informativa, à qual se deveriam opor as práticas ritualizadas que se desenrolam nas esferas do consenso ou do desvio. As mostrações realizadas não são bizarrias que se oporiam, pela sua excentricidade, a um estatuto «normal» da imagem que seria o das notícias. Recordemos a forma como Austin generaliza a sua teoria dos «performativos». Deixando de apresentar os «actos de fala» como curiosidades de linguagem que se deveriam explicar, Austin nota que os constativos são também actos de fala, actos que são simplesmente diferentes dos outros actos de fala, actos que consistem em fazer «outra coisa». A generalização de Austin aplica-se à pragmática da mostração televisiva. Seguir um acontecimento na televisão consiste sempre, e este *sempre* inclui as notícias, em prestar-se (a prestar o seu olhar) ou em recusar-se (recusá-lo) aos gestos de que se acompanha a mostração. Com efeito, podemos recusar ver uma imagem. Mas não podemos nem aproximar aquilo que ela afasta, nem reintroduzir aquilo que ela excluiu.

As práticas informativas e as práticas ritualizadas constituem, portanto, tanto umas como outras, *performances*. No entanto, estas *perfomances* são profundamente diferentes, remetem para jogos de regras distintos. No plano prático, esses jogos de regras podem interferir.

Há um limiar a partir do qual estariam em causa os princípios de independência, de legibilidade e de pertinência que caracterizam a informação jornalizada. Com efeito, uma insistência excessiva pode causar a hipertrofia de determinados acontecimentos e o apagamento de outros, o que se traduziria numa transgressão do princípio de «pertinência». A vontade de pronunciar um juízo pode levar a conferir a certos acontecimentos uma legibilidade compatível com esse juízo, mas incompatível com as regras constitutivas das interacções representadas: a legibilidade dessas interacções seria então anulada ou substituída. Enfim, o desejo de proximidade pode levar a validar dramaturgias ou cenografias fornecidas por determinado grupo, com a finalidade de nos fazer participar nas emoções de um tal grupo construído como uma extensão ou uma manifestação do «nós»; neste caso, haveria uma transgressão do princípio de independência.

Seja a de um acontecimento, de uma interacção ou de uma pessoa, a mostração depende então de vários jogos de regras. Tentei mostrar aqui que esses jogos de regras podem ser não só diferentes, mas diametralmente opostos. Parece-me, pois, difícil ao jornalismo de televisão jogar vários desses jogos ao mesmo tempo. Não se pode praticar uma *televisão cerimonial* e apresentá-la como uma *informação jornalizada*. É esta diferenciação dos registos que é sugerida, mesmo que de forma imperfeita, pela noção de «objectividade».

Bibliografia

AUSTIN (John Langshaw), *How to do things with words*, Cambridge, Harvard University Press, 1962.

BELTING (Hans), *The Image and its public in the middle ages*, New Rochelle, Nova Iorque, A.D. Caratzas, 1990.

BELTING (Hans), *Pour une anthropologie des images*, Paris, Gallimard, 2004.

BOLTANSKI (Luc), *La Souffrance à distance*, Paris, Metailié, 1993.

DAYAN (Daniel), KATZ (Elihu), *La Télévision cérémonielle*, Paris, PUF, 1996.

HALL (Edward Twitchell), *The Hidden Dimension*, Nova Iorque, Doubleday, 1966.

KRESS (Gunther), VAN LEUWEN (Theo), *Reading images, The grammar of visual Design*, Londres, Routledge, 1996. Ver também «Representations and interaction designing the position of the viewer», *in* JAWORSKI (Adam), COUPLAND (Nikolas), *The discourse reader*, Londres, Routledge, 1998, cap. 21.

MEHL (Dominique), «Le témoin: figure emblématique de l'espace public-privé», *Les Sens du public*, dir. de Daniel Cefai e Dominique Pasquier, introd. Daniel Cefai, Paris, PUF, 2003.

SCHUDSON (Michael), «L'extraordinaire retour du journalisme politique ordinaire», no presente volume.

SONTAG (Susan), *Regarding the Pain of Others*, Nova Iorque, Londres, Penguin Books, 2003.

URICCHIO (William), «Position paper», Seminário: «The end of television», Jerusalém, 2005.

Terceira parte

REAGIR

A *PERFORMANCE* DOS PÚBLICOS

Capítulo 1 **Vox populi. As entrevistas de rua do 11 de Setembro**
Greg Myers

Capítulo 2 **Fractura simbólica e processo de reparação: as testemunhas do 11 de Setembro**
Eric W. Rothenbuhler

Capítulo 3 **A angústia da atenção: o 11 de Setembro face à psique cultural americana**
Erica-Robin Wagner-Pacifici

Capítulo 4 **Repercussão. Os telespectadores e o 11 de Setembro de 2001**
Guillaume Soulez

Capítulo 5 **Por quem nos tomamos? O distanciamento jornalístico e o problema do pronome**
Annabelle Sreberny

Debrucemo-nos agora sobre a performance dos públicos do acontecimento, alguns dos quais nascem e morrem com o acontecimento, alguns precedem-no e outros sobrevivem-lhe. A performance dos públicos adquire por vezes a forma de manifestações de massas, mas enquanto que o acontecimento ao qual responde é o próprio acto terrorista, mais do que as respostas que suscitou, essas manifestações de massas são raras e a performance dos públicos consiste sobretudo em intervenções individuais, em textos publicados ou em entrevistas transmitidas na rádio ou na televisão. Esses textos e entrevistas permitem, em simultâneo, «representar» públicos (falar em nome deles) e recrutá-los. Em muitos casos, emanam de figuras dotadas de um capital simbólico (intelectuais, compositores, caricaturistas, cineastas), mas podem também ser da autoria de desconhecidos, como as cartas de telespectadores que figuram no correio dos vários jornais. Claramente distinta das actividades ligadas à recepção, a performance dos públicos manifesta estilos e escolhas.

Os estilos estão ligados a «maneiras do público», ao conhecimento dos comportamentos convenientes em situações sociais de que as dramaturgias terroristas fazem agora parte. Num extremo, encontram-se manifestações globalizadas, coordenadas em cada um dos países. No outro, vemos desenvolverem-se regras de conveniência, a etiqueta que rege o comportamento das testemunhas-de-catástrofe (Greg Myers); a retórica que permite aos autores dos «correios dos leitores» manifestarem as suas preferências políticas falando aparentemente apenas de televisão

(Guillaume Soulez); o altruísmo a curto prazo dos públicos de catástrofe (Erica-Robin Wagner-Pacifici); a inventividade ritual que esses públicos manifestam na sua tentativa de curar o corpo ferido da nação (Eric Rithenbuhler).

As escolhas podem estar ligadas a compromissos prévios (e ser simplesmente reactivadas pelo acontecimento) ou manifestar-se como resposta àquilo que o acontecimento contém de específico ou determinante. Vemos então alguns públicos constituírem-se ad hoc. Outros já existiam: acontecimentos anteriores serviram-lhes de ensaio. Essencialmente, a performance dos públicos manifesta aqui compromissos e lealdades. O leque dos gestos realizados poderia ler-se em referência aos tópicos analisados por Luc Boltanski em La Souffrance à distance. Com efeito, trata-se de manifestar compaixão, ou júbilo, relativamente à sorte das vítimas; de instruir o processo dos responsáveis pelo sofrimento dessas vítimas ou, por fim, de afirmar que é lícito reconhecer a dimensão «sublime» da violência. Mas, em todos os casos, trata-se de manifestar os limites de um «nós» e de decidir a que «outros» se opõe (Annabelle Sreberny). Um público representa sempre num palco, em direcção a outros públicos. Olhemos para os palcos onde se exibem os públicos.

Capítulo 1

Vox Populi:
As Entrevistas de Rua
do 11 de Setembro

GREG MYERS

Pode parecer estranho, quando se fala dos acontecimentos do 11 de Setembro de 2001, centrarmo-nos nas entrevistas a transeuntes anónimos. Mas a maioria dos espectadores que seguiram os acontecimentos na televisão lembra-se de algumas dessas entrevistas, mesmo que sejam acompanhadas por imagens muito mais espectaculares. Gostaria de mostrar aqui que essas entrevistas desempenharam um papel importante nas reportagens televisivas transmitidas desde a primeira hora após a colisão dos aviões contra o World Trade Center e o Pentágono. As pessoas interrogadas não só conseguiram exprimir por palavras a forma como viveram esses acontecimentos, mas também mostrar que as suas reacções eram apropriadas, normais. Depois de registadas, montadas e emitidas, essas entrevistas deram ao telespectador o sentimento de ter partilhado a experiência evocada. As respostas dos transeuntes, respostas breves, controladas e aparentemente banais, ofereceram uma versão pública da experiência do trauma.

1. **Para que servem as «entrevistas de rua»?**

As entrevistas a várias personalidades e a especialistas desempenham um papel importante nos acontecimentos mediáticos, incluindo os funerais, acerca dos quais não costuma haver muito a dizer. Pelo contrário, as entrevistas a anónimos não têm grande importância nos telejornais, quer se trate de emissões programadas ou de sequências em directo. Constituem um género marginal utilizado para fins específicos, que servem, por exemplo, de preâmbulo a um tema que pode ser considerado abstracto ou complexo. A montagem pode impor-lhes cortes severos ou torná-las irrisórias. Quando são seguidas de debates, estes só muito raramente se referem às entrevistas. Oferecem, com baixo custo, uma espécie de tapa-buracos agradável. De uma forma geral, são difundidas em séries: interrogar apenas uma pessoa não é suficiente quando se quer falar do «público», mas, a partir de três, tornam-se «representativas». As entrevistas levantam problemas específicos quando se realizam sob a pressão de acontecimentos mediáticos. Mobilizam uma segunda equipa, uma equipa cujas câmaras, durante o tempo da entrevista, não filmam o acontecimento. Devido ao seu carácter muitas vezes laborioso ou imprevisível, as entrevistas de rua não são geralmente transmitidas em directo, mas difundidas em diferido nos programas de síntese e que passam em revista os acontecimentos. O 11 de Setembro recorre a muitas entrevistas realizadas por diversas agências e equipas independentes; as entrevistas de rua de que falo aqui foram transmitidas por muitas televisões, em sequências e com textos de apresentação diferentes. No 11 de Setembro, tal como na morte de Diana, algo na definição do acontecimento justifica a difusão das entrevistas espontâneas a anónimos (Myers, 2000). Partirei aqui de várias entrevistas emitidas de maneira repetitiva na BBC News 24 entre as 16h00 e as 2h00 da manhã.

Apresentemos, antes de tudo, as diferentes perguntas susceptíveis de serem feitas às pessoas da rua. Andrew Roth (2002), na sua análise às entrevistas feitas a personalidades na cadeia de televisão pública americana PBS, no programa McNeill-Lehrer, faz uma distinção entre as perguntas que incidem sobre um saber e as perguntas que incidem sobre uma opinião. A formulação da questão anuncia o tipo de resposta esperada da pessoa interrogada. Na maioria dos casos, esta responde precisamente ao que dela se espera e leva em conta esta distinção, mesmo nos casos atípicos. A minha análise às entrevistas de rua efectuadas após a morte da princesa Diana resultou numa distinção semelhante entre as perguntas que solicitam uma opinião sobre um assunto de interesse público e as que apelam a uma resposta emocional.

Pretendo depois examinar um novo tipo de justificação. Os jornalistas encarregados das entrevistas de rua logo após os atentados do 11 de Setembro questionam constantemente os transeuntes sobre o que viram, sobre as suas experiências. Nunca lhes pedem um saber de especialista, uma opinião argumentada, ou que exprimam sentimentos sinceros. Aparentemente, estas questões entrariam na categoria que Roth define como a das questões de «saber». No entanto, verifica-se uma diferença clara entre as entrevistas a especialistas, ou seja, a pessoas identificáveis de quem se espera um *saber*, e as entrevistas a anónimos, a quem se pede que prestem simplesmente testemunho de um *ver*. Tal como Roth, penso que essas diferenças não se relacionam apenas com o nível dos conhecimentos, mas remetem para registos identificados pelas pessoas interrogadas e assinalados na forma como as entrevistas são apresentadas e enquadradas, bem como na formulação das perguntas e das suas respostas.

2. O quadro assinala que se trata de testemunhos

Os textos de apresentação das entrevistas sublinham não a realidade do próprio acontecimento, mas os seus efeitos sobre a testemunha:

- nos locais do drama: «aqui, é só caos e confusão»;
- «são acontecimentos chocantes»; «ninguém no distrito financeiro alguma vez o esquecerá»;
- «eis a experiência de algumas pessoas apanhadas nos atentados, mas que conseguiram sobreviver».

Estes textos de apresentação sugerem que, para os *media*, não há diferença entre o facto de ter *vivido* o drama e o facto de o ter *visto*. Mas os testemunhos das pessoas interrogadas não servem para estabelecer os factos, como por exemplo o local exacto onde o avião colidiu com o edifício ou a forma como as pessoas foram evacuadas; esses testemunhos servem para complementar os factos com uma dimensão de experiência vulgar.

Uma das particularidades das entrevistas de rua é que as perguntas são geralmente cortadas na montagem. A resposta da pessoa interrogada parece então uma expressão espontânea: opinião, emoção ou narrativa. O discurso dos transeuntes não recebe qualquer resposta e, para o interpretar, o espectador apoia-se no quadro definido pelo texto introdutório do apresentador. Mas em certas entrevistas difundidas várias vezes no 11 de Setembro, as perguntas são conservadas na montagem e salientam o facto de se tratar de testemunhos:

Jornalista: «Como é lá dentro? Já começaram a evacuação?»
Jornalista: «Havia lá outros feridos?»
Jornalista: «Como era lá dentro?»
Jornalista: «Que aconteceu?»
Jornalista: «Qual foi a sua primeira reacção quando isso aconteceu?»
Jornalista: «Viu pessoas a sangrarem e poderia dizer-nos o que viu?»

As questões colocadas sobre o World Trade Center são formuladas em termos factuais. Mas as respostas não são utilizadas para estabelecer factos. Todas as questões apelam à partilha de uma experiência pessoal, ao testemunho. As testemunhas nunca são interrogadas sobre o que poderiam saber por outras fontes. As questões focam-se sobre o que lhes aconteceu, sobre o que a pessoa interrogada viu e fez.

O enquadramento visual das entrevistas contribui para a definição categorial da pessoa entrevistada. Em geral, as entrevistas a especialistas são realizadas em estúdio. As entrevistas de rua, na maioria dos casos, são realizadas em locais assinalados como públicos, em locais abertos a todos: um café em Manchester ou um aeroporto em Dallas. No plano de fundo, as pessoas estão ocupadas nas suas actividades quotidianas. Vários tipos de enquadramentos e várias estratégias visuais foram adoptados para as entrevistas do 22 de Setembro. As primeiras entrevistas mostram por vezes as torres a arder em plano de fundo. Noutras entrevistas, as pessoas interrogadas estão feridas ou cobertas de cinza, fornecendo provas visuais do seu calvário. Noutras ainda, os grandes planos concentram-se nas emoções reflectidas pelos rostos. Contemplamos as testemunhas, não pelo que nos dizem, mas pela forma como o dizem.

3. **As respostas dos participantes são apropriadas**

As respostas das pessoas interrogadas apresentam algumas características recorrentes: propõem um quadro espacial, falam de um acontecimento extraordinário em termos de realidades familiares, relativizam, colocam reservas às suas declarações, entram em pormenores, manifestam algum tacto, citam outras pessoas, concluem as suas respostas com um resumo daquilo que disseram e mantêm o controlo das suas expressões faciais. A impressão geral produzida pelas entrevistas, após a montagem, é a de testemunhas capazes de moderação, de responsabilidade; capazes de fazer face, pela fala, ao trauma.

3.1 *Fornecer um quadro espacial*

Muitos estudos sobre a estrutura dos relatos quotidianos (Labov e Fanshel, 1997; Polanyi, 1985; Wooffitt, 1992; Sacks, 1992) sublinham o papel desempenhado por uma «orientação» que fornece inicialmente informações sobre o quadro espacial. Quando as pessoas interrogadas são mostradas desde o início da entrevista, esta começa geralmente por uma «orientação» como:

> Homem 2: «Estou a descer a 6.ª Avenida.»
> Mulher 3: «Eu estava na torre 1 do World Trade Center.»
> Homem 6: «Sim, eu estava ao volante do... meu carro na ponte da 14.ª rua. A dois passos do Pentágono.»

Ao sublinharem a factualidade e a base espacial dos seus discursos, as testemunhas apresentam-se como testemunhas competentes.

3.2 Reduzir a situação a fenómenos vulgares

Harvey Sacks (1992) nota uma constante nos relatos orais, ilustrada pelos testemunhos das pessoas que assistiram ao assassinato do presidente Kennedy. Estas dizem ter ouvido um barulho de escape vindo do automóvel presidencial: as testemunhas começam por reduzir o acontecimento imprevisto a fenómenos familiares, ainda que estes fenómenos pareçam muito improváveis em tais circunstâncias.

> Homem 3: «Houve uma explosão violenta e ficou tudo escuro, muito escuro, como se estivesse a nevar. Como pode ver atrás de mim. Só que não é neve. É o prédio que se desmoronou.»
> Homem 4: «Depois vi...vimos. Pareciam papelinhos. Parecia que estávamos numa parada, era como o 4 de Julho. Vi aqueles papéis todos e olhei pela janela e vi aah... as chamas.»

Stephen Evans, repórter da BBC, estava no World Trade Center no momento do impacto do avião; através de um bom exemplo, ilustra a tese de Sacks:

Stephen Evans: «Houve um enorme bum. Para mim, era como se estivessem a vazar um contentor de lixo. Um contentor gigante de lixo esvaziado a grande altura, no pátio entre as duas torres que constituem o World Trade Center. O prédio onde eu estava abanou até nas suas fundações. Mas, no início, pensei que era um acidente num estaleiro de obras. É assim.»

Falar de neve, de uma parada com papelinhos ou de um contentor lançado no vazio nada tem de verosímil nestas circunstâncias, mas estas referências mostram que a pessoa que fala tentou encontrar outras explicações antes de perceber que se tratava de pedaços do edifício ou que o edifício tinha sido alvejado por um avião.

3.3 *Manifestar reservas*

Em muitos casos, os participantes fazem comentários sobre os limites dos seus conhecimentos dos factos:

Homem 3: «Não sei se toda a gente está sã e salva.»
Homem 5: «Então, ah, vi mais ou menos e corri até aqui. A circulação está fechada para lá da Warren Street. E só vi o que se passa aqui.»
Mulher 3: «A torre desmoronou-se. Uma das duas. Não sei qual. Não sei se era a torre 1 ou a 2.»
Mulher 2: «O primeiro não vimos, mas os meus colegas viram o avião embater na, ah, na torre 2.»
Homem 7: «Não sei. Sabem, foi tudo o que vi.»

Quase todas as pessoas interrogadas admitem de certa maneira que se espera delas que relatem o que viram e nada mais; nenhuma tenta discutir sobre a identidade dos responsáveis pelo atentado ou comentar o que se passou noutro lado. Esta restrição é compreensível: as testemunhas limitam-se àquilo que justifica as suas entrevistas.

4. Descrever as acções observadas

Ouvindo as questões dos jornalistas atrás citadas, parece que estes estão sedentos de sangue. As entrevistas que precedem o desmoronamento das torres visam estabelecer o número de feridos que pode haver após os impactos e os incêndios. As pessoas interrogadas respondem então com tacto, rejeitando implicitamente qualquer atitude voyeurista. Uma mulher devolve a uma jornalista a pergunta que esta lhe fez e mostra a perna ensanguentada, convenientemente filmada pela câmara.

> **Jornalista:** «Viu pessoas a sangrar e poderia dizer-nos realmente o que viu?
> **Mulher 6:** «Certamente. Toda a gente podia ver sangue. Você quer sangue, aqui está. Toda a gente sangrava. Havia pessoas caídas no chão, em toda a parte, foi horrível.

As pessoas interrogadas têm um tacto especial para relatarem aquilo que para muitos constituiu a visão mais aterradora de todo o dia: a de pessoas a saltarem das janelas. A BBC não mostrou as cenas de defenestração nas suas primeiras imagens do drama e, mesmo nas reportagens emitidas no fim do dia, mostrou apenas breves imagens de pessoas nas janelas. Mas ao ouvirmos as testemunhas que, no exterior das torres, contam essas cenas aos jornalistas da BBC, temos a impressão de que se desenrolam à nossa frente.

> **Homem 1:** «Há pessoas a saltar pelas janelas. Vi pelo menos quatorze pessoas a saltar pelas janelas. É atroz, não consigo acreditar.»

Este homem censura-se; outros hesitam, utilizando ora o verbo «cair», ora o verbo «saltar», muito mais horrível.

4.1 Relatar as palavras ouvidas

Relatar as palavras de outro pode servir vários fins: as pessoas interrogadas podem assim fornecer mais informações, salientar o carácter trágico dos acontecimentos ou fornecer elementos que corroboram as suas próprias experiências (Wooffitt, 1992; Myers, 1999).

> **Homem 4:** «Eu vi... as chamas e depois telefonei à minha mulher e ela disse-me que foi um avião.»
> **Homem 5:** «Olhei para cima e a torre começou a desmoronar-se. E toda a gente na rua parou e começou a chorar e a gritar. Eu estava ao lado de um bombeiro, que me disse: bombardearam também o Pentágono.»
> **Homem 7:** «O porteiro aproximou-se de mim e disse: vi um avião a voar muito baixo. Vimo-lo aproximar-se e, de repente, bang.»

Mais uma vez, as pessoas interrogadas tentam apresentar-se como testemunhas fidedignas. Contam apenas o que viram, mas, ao utilizarem o discurso indirecto, conferem ao acontecimento a sua dimensão dramática.

5. Concluir por um resumo

Se as entrevistas não forem cortadas na montagem, as pessoas entrevistadas, tal como fazem sempre os narradores, terminam o seu relato propondo uma conclusão, uma indicação quanto à maneira como os ouvintes ou os telespectadores deviam reagir.

> **Homem 1:** «É... é atroz, não consigo acreditar que é real.»
> **Homem 3:** «Foi um pesadelo assustador.»
> **Homem 4:** «Foi inacreditável.»
> **Mulher 1:** «Oh, meu Deus!»
> **Mulher 3:** «Estou simplesmente agradecida a Deus por... me ter dado tempo para descer do 56°.»

Mulher 6: «E eu estava lá na primeira vez e aconteceu duas vezes.»
Homem 10: «Foi terrível. Terrível. Hoje foi um dia trágico.»

A firmeza com que o relato se conclui indica que é concebido para um público. As fórmulas de conclusão permitem também observar os limites fixados pelas pessoas interrogadas – ou pela BBC – quanto ao que é lícito dizer sobre o acontecimento. Não há acusação, não há apelo à vingança, não há um pesar expresso por tal pessoa em particular apanhada nas torres. As conclusões propostas sublinham o carácter terrível do acontecimento e, num só caso, uma espécie de acção de graças.

6. Controlar as expressões faciais

Para muitos telespectadores, o aspecto mais impressionante destas entrevistas decorre do facto de as pessoas interrogadas dominarem as emoções: não há lágrimas, nem tremores ou rostos escondidos. Na maioria das reportagens sobre desastres, os jornalistas lançam-se sobre os sobreviventes ou sobre as famílias dos falecidos até que fiquem em lágrimas e balbuciem palavras entrecortadas por soluços, até que sejam submergidos pela emoção, passando assim do acontecimento público para a tragédia pessoal. Aqui, a ausência de lágrimas mantém resolutamente as interacções na esfera pública. É possível estabelecer um paralelo entre a ausência de lágrimas do 11 de Setembro de 2001 e ausência de lágrimas notada durante outros acontecimentos, como o assassinato do presidente Kennedy ou a morte da princesa Diana: os telespectadores ficavam então emocionados com o esforço dos apresentadores dos telejornais que lutavam para conter as lágrimas. Barbie Zelizer assinala também a importância atribuída ao papel de testemunha na sua análise das fotografias de imprensa do 11 de Setembro (2002). Os rostos dos que assistem aos acontecimentos ajudam-nos a conferir uma dimensão colectiva às nossas próprias reacções.

As respostas às perguntas mostram que, mesmo nos minutos que se seguem a uma catástrofe terrível, quando estão ainda em choque e cobertas de cinzas, as pessoas interrogadas sabem o que têm a fazer, compreendem o que lhes é perguntado. Não se trata de dizer que estes transeuntes são naturalmente heróicos, nem de afirmar que os seus comportamentos lhes são impostos pela BBC, ainda que as entrevistas sejam, evidentemente, seleccionadas e cortadas na montagem. De facto, as pessoas entrevistadas aceitam responder a um tipo de questão específica porque esta não incide no saber delas, nem nas suas opiniões ou emoções, mas apenas naquilo que viram. E as suas respostas confinam-se à definição do género de acontecimento com que se confrontam, contribuindo também para a construção dessa definição. No momento das entrevistas, este acontecimento não é um escândalo (teria de haver uma designação dos culpados), não é uma guerra (haveria apelo à resposta), não é um calvário (haveria referência a heróis). É apenas uma catástrofe. Estamos longe das perguntas feitas mais tarde na Times Square, como, por exemplo: «Acha que demorará muito para vermos o horror transformar-se em cólera?» As nossas testemunhas das primeiras entrevistas não emitem opiniões; parece que a regra é esta: quem *pode* testemunhar, testemunha e nada mais. No entanto, ao arranjar uma maneira de falar sobre o que viu, a testemunha oferece um ponto de partida para as opiniões dos outros.

7. Construir uma participação apropriada

Quando comecei a classificar e a categorizar as respostas, pensava que os *media* faziam uma distinção entre o discurso – legítimo – das testemunhas que tinham vivido o acontecimento e o dos que o tinham visto; entre o discurso das vítimas e o dos espectadores; entre o discurso daqueles que, às 9h15 dessa manhã, estavam no interior do World Trade Center e o dos que estavam fora; entre o dos sobreviventes cobertos de poeira e o de todos os outros. Mas não, os *media* representavam quase da mesma maneira os testemunhos das pessoas que haviam escapado das torres e os dos transeuntes que as viam. Nos textos de apresentação ou nas perguntas, nada sugere que essas pessoas pertencem a categorias diferentes em termos de direito à palavra. E os próprios participantes não sublinham que estiveram lá, no interior, e que, por isso, são testemunhas privilegiadas. Esta distinção só aparecerá mais tarde, depois de milhares de testemunhos terem sido recolhidos, depois de toda a gente ter ouvido os testemunhos a quente e de se ter feito uma hierarquia dos relatos.

A imagem do 11 de Setembro veiculada pelas entrevistas efectuadas nesse dia é muito diferente da oferecida pela rubrica necrológica do *New York Times* durante o Outono de 2001 (uma imagem de dor e banalidade). Difere também da imagem proposta pelo documentário dramático sobre os bombeiros de Nova Iorque, transmitida no aniversário do 11 de Setembro (perigos que correram e actos de heroísmo). As entrevistas de rua falam-nos da experiência do acontecimento e definem-na como uma intrusão no quotidiano. A mensagem dessas entrevistas (toda a gente é vulnerável) tornar-se-á um *leitmotiv* das reacções aos atentados registadas nos dias que se seguiram. Poderíamos opor esta situação às reportagens dedicadas ao ataque contra o Pentágono. As pessoas afectadas queixam-se, nas semanas seguintes ao ataque, de serem vítimas de uma tragédia esquecida. Com efeito, a cobertura do acontecimento pelos *media* é muito mais reduzida. Talvez isso se deva ao facto de as imagens do Pentágono serem menos impressionantes, por serem captadas de longe e não haver nenhuma vista aérea – nenhum helicóptero podia sobrevoar a cena do ataque. E, claro, a evacuação de um edifício de cinco pisos, por muito vasto que seja, é menos dramática do que a de um edifício de 110 andares. Mas a cobertura reduzida deve-se também ao facto de as pessoas que trabalhavam no Pentágono ou que tinham assistido ao ataque contra o Pentágono nada terem contado. Não há dúvida de que lhes era proibido testemunhar. Deste modo, o ataque contra o Pentágono foi um acontecimento que sucedeu a outros; não constitui um acontecimento que, mesmo potencialmente, nos poderia ter sucedido.

Os estudos sobre os *media* têm o mérito de ter demonstrado que a cobertura mediática pode ser extremamente regular e organizada, mesmo quando os acontecimentos a cobrir são atrozes e sem precedentes. Na esteira de todos os que analisaram a «palavra transmitida», diria que essa regularidade não é simplesmente imposta pelas instituições ou introduzida pelos profissionais, mas que decorre daquilo a que Goffman chamou a «ordem da interacção». Ainda que não seja forçosamente a impressão que dão, as «conversas» entre jornalistas (perguntas) e anónimos (respostas) são importantes. Ilustram as relações possíveis entre os que viveram o acontecimento, os que a ele assistiram, os que realizaram as reportagens e os que as seguiram no pequeno ecrã. No caso dos atentados do 11 de Setembro, essas entrevistas alimentaram o nosso imaginário, possibilitando algumas das nossas reacções. A reacção dos telespectadores não é dizer «eu estive lá», mas «eu podia estar no lugar deles».

ANEXO

BBC 11/09/01 – 18h29

Apresentador: «Testemunhas descreveram o que viram dos acontecimentos do dia e como escaparam das torres atacadas.»

Mulher 1: «E ouvimos uma explosão enorme, depois vimos o fumo a aparecer e então toda a gente começou a correr e não vimos o avião no outro [reprime um soluço e continua] lado da torre e havia fumo por toda a parte e as pessoas saltavam pelas janelas para a rua, saltavam pelas janelas certamente porque tentavam salvar a vida, não sei. E... não sei, ninguém sabia para onde ir, não deixam... todas as saídas estão bloqueadas, nem se pode... dizem-nos para sair, mas não há para onde ir. E depois ouvi dizer que outro avião tinha embatido no World Trade Center. E se forem para o outro lado, podem ver as pessoas a saltar das janelas. Estão agora a saltar pelas janelas. Oh, meu Deus!»

Mulher 3: «Eu estava na torre 1 do World Trade Center.»

Jornalista: «Como era lá dentro? Começaram a evacuação?»

Mulher 3: «Sim, porque logo que a torre, logo que foi atingida pelo avião, fui projectada contra uma janela. Por isso, tive muita sorte por ter escapado. Há muita gente que não conseguiu fugir. Há muitas pessoas a descer as escadas e que estão gravemente queimadas. É... é terrível.»

Jornalista: «Estava ferida? Há lá outros feridos?»

Mulher 3: «Muitos feridos. Estavam no chão. Em todos os andares. Muitas pessoas tiveram crises de asma quando desciam. Na torre 1 do World Trade Center, o avião embateu mais ou menos ao nível do 67°. piso. Eu estava no 56°.

Jornalista: «Foi preciso abrir caminho para descer as escadas?»

Mulher 3: «Sim.»

Jornalista: «Como foi? Descreva-nos o que se passou.»

Mulher 3: «As escadas estavam cheias, as pessoas empurravam-se e pisavam-se e depois alguém acalmou finalmente a multidão. Para permitir que pudessem continuar a descer de forma ordenada e calma e fazê-las sair do edifício.»

Jornalista: «E que se passou nesse momento exacto?»

Mulher 3: «A torre desmoronou-se subitamente. Uma das duas. Não sei qual. Não sei se foi a torre 1 ou a 2.»

Jornalista: «Qual foi a sua primeira reacção quando isso aconteceu?»

Mulher 3: «Correr. Como todos os outros. Mas, enquanto corria, tentava acalmar as pessoas. Dizia-lhes que era assim que as pessoas se feriam. Era... quando começam, sabe, a querer passar a qualquer custo. É simplesmente de loucos e estou simplesmente agradecida a Deus por me ter dado tempo para descer do 56°.»

Jornalista: «Nas ruas de Nova Iorque, há apenas algumas horas.»

Capítulo 2

Fractura Simbólica e Processo de Reparação: As Testemunhas do 11 de Setembro ([136])

ERIC W. ROTHENBUHLER

Os acontecimentos do 11 de Setembro, as suas consequências de um ponto de vista cognitivo, cultural e comunicativo, e o impacto da sua cobertura televisiva são praticamente inextricáveis. É impossível explicá-los sem nos referirmos a termos como «cidadão» e «soldado», «guerra» e «paz», sem evocar a

---

([136]) Este artigo retoma um trabalho anterior sobre as dimensões simbólicas do Ground Zero e o papel dos bombeiros de Nova Iorque. Agradeço a Jane Martin, cujas fotografias guiaram muitas vezes o meu trabalho de interpretação. Pelos seus comentários, sugestões e críticas, agradeço também a Jim Bass, Carol Blair, Daniel Dayan, Jack Lule, Tom Mac Court, Paul Ryan, Barry Salmon, Michael Schudson, Greg Shepherd e Carol Wilder. O meu obrigado também a Dan Cherubin, Jeffrey St John e aos organizadores do colóquio «September 11. New media and old metaphors» (Athens, Ohio, 21 de Setembro de 2002).

significação daquilo que destruíram diante do olhar do imenso público da televisão. Estes acontecimentos afectam a comunicação e a cultura, tanto quanto traumatizaram Nova Iorque, Washington ou a Pensilvânia. Afectam, em simultâneo, os seus espectadores e as suas vítimas. É verdade que há uma diferença entre o facto de morrer e o de assistir à morte de outrem, entre o facto de perder alguém próximo e o de assistir ao luto dos outros. Mas a morte de 3000 pessoas, transmitida em directo, surpreendeu, consternou e aterrorizou a população americana e mergulhou na confusão o sistema de comunicação que tinha a tarefa de a tranquilizar. As implicações culturais, cognitivas e comunicativas dessas mortes terríveis e inesperadas constituem um fenómeno que merece ser analisado. O 11 de Setembro tornou-se sinónimo de uma fractura brutal na uniformidade, no tecido previsível da vida quotidiana. Esta análise concentra-se em Nova Iorque, a cidade mais afectada no plano das perdas materiais e do número de mortos, a maioria civis.

Desviar dois aviões e fazê-los despenharem-se contra as torres do World Trade Center foi um ataque contra não-combatentes, realizado por não-soldados que se batiam em nome de uma não-nação. Os acontecimentos do 11 de Setembro transformaram instrumentos de comércio e de lazer em armas de destruição maciça, locais de trabalho e atracções turísticas em túmulos. O ataque espalhou restos humanos e destroços por vários quilómetros quadrados, transformou cidadãos comuns em cadáveres irrecuperáveis, provocou um incêndio demasiado violento para ser dominado, reduziu as torres gémeas a uma cratera, destruiu o símbolo mais forte da cidade mais simbólica da iconografia americana. Reconheçamos a proeza. Um inimigo capaz de transpor as protecções militares, atinge o coração doméstico do país e ataca frontalmente a América sem encontrar resistência. Trata-se de uma viragem simbólica, um jogo temível e sagrado com a morte: a morte dada; a morte recebida; a morte tocada com o dedo; a morte prometida. Imagens tabus foram emitidas em directo na televisão. Só os mais insensíveis puderam manter-se de pedra e cal.

Qualquer comunicação contém um elemento de ritual, comporta implicações sociais para os seus participantes.

A natureza do ritual, a sua importância, a força dos constrangimentos que impõe variam. No entanto, quer se trate de um aperto de mãos ou de um sacramento, de uma conversa ou de um telejornal, de música ou de cinema, esta parte de ritual estabelece mundos possíveis, propõe papéis sociais, cria relações, envolve responsabilidades (Rothenbuhler, 1998). Na manhã de 11 de Setembro, a televisão difundiu um acontecimento impossível. Os telespectadores tornaram-se testemunhas oculares de um mundo em que a morte violenta, a destruição, o sofrimento e o medo podem surgir de qualquer parte, em qualquer momento.

Quando o impossível se produz em directo diante de milhões de telespectadores, as evidências quebram-se. Para reparar a fractura, para tornar pensáveis as novas possibilidades, o acontecimento e as suas consequências precisam de ser nomeados; ser conceptualizados; ser narráveis e dotados de papéis identificáveis. Deste modo, poderão encontrar o seu lugar nas narrações e nas memórias. Trata-se de reduzir o acontecimento aos nossos esquemas culturais de atenção e acção. Trata-se de comunicação.

Em resposta ao 11 de Setembro, a comunicação, a atenção e a acção públicas organizam-se em torno de um núcleo de símbolos. Em primeiro lugar, há o Ground Zero, um nome que determina um local físico e designa uma geografia simbólica. O «Ground Zero» permite localizar e, ao mesmo tempo, limitar a fractura, concentrar o processo de reparação. Em seguida, temos as oferendas, as dádivas, presentes e outros tributos enviados para o Ground Zero e àqueles que aí trabalham. Estas oferendas simbolizam a relação do público com as vítimas e com o que estas representam. Por último, há a bandeira americana, utilizada como uma espécie de ligadura. Particularmente necessária ao público durante os primeiros dias, particularmente visível perto do Ground Zero, a bandeira serviu para tratar uma ferida enquanto não pudesse ser tratada de outra maneira.

1. Os telespectadores testemunhas

Graças à televisão, o impacto simbólico da destruição das torres gémeas foi sentido por imensos públicos. Mas a forma televisiva utilizada nessa manhã para cobrir o acontecimento não foi nem uma apresentação clássica de notícias, nem um *media-event* típico da «televisão cerimonial» (Dayan e Katz, 1992; Liebes, 1998). Tratava-se de um acontecimento provavelmente inédito na televisão ou que muito poucos tinham já visto: a transmissão em directo da morte de milhares de pessoas. Mesmo que as câmaras evitassem discretamente filmar os cadáveres, a amplitude da destruição obstruía muitas vezes o seu campo de visão e, por vezes, os jornalistas cediam ao pânico. Nenhum telespectador podia ter dúvidas sobre o que estava a ver.

Não há dúvida de que a morte em directo provoca estupefacção, terror e angústia nos telespectadores. O carácter único da cobertura mediática, nessa manhã, só acentua o impacto dos acontecimentos. Com efeito, de um modo geral, a televisão só fala de mortes e destruições reais no passado, em textos cuidadosamente redigidos e calmamente lidos por jornalistas profissionais já ao corrente do que aconteceu. Mas durante um breve momento nessa manhã, a morte e a destruição não são contadas mas transmitidas em directo na sua forma bruta e comentadas sem suporte escrito por jornalistas que confessam não saber o que se está a passar e que, por vezes, parecem estar também em perigo de vida.

Quando a primeira torre começa a desmoronar-se, há alguns segundos cruciais durante os quais qualquer telespectador sabe tanto quanto os apresentadores prolixos, ocupados em evitar os espaços em branco e convictos de não terem informações novas. Durante os poucos minutos que se seguem, nenhum telespectador sensato precisa de um jornalista para compreender aquilo que o desmoronamento da torre significa para a vida das pessoas que ainda lá se encontram. No momento em que se perde o contacto com os repórteres no local e em que o fumo e a poeira obstruem a vista sobre toda a baixa de Manhattan, a morte está no espírito de toda a gente.

Pode-se então dizer que, nessa manhã, os telespectadores não viram apenas os acontecimentos. Foram também testemunhas. A experiência deles confere-lhes um poder ritual. Dá-lhes um novo papel social face à nova realidade. Esta realidade começa por adquirir a forma de um trauma, uma interrupção violenta do curso natural das coisas. Em seguida, esta realidade é suspensa, dando lugar a uma efervescência cognitiva que resulta num conjunto de representações novas num processo comunicativo de reorganização e integração do inaudito.

Mesmo os telespectadores situados a centenas de quilómetros da catástrofe, sem qualquer conhecimento de Nova Iorque, viram as suas vidas quotidianas ser abaladas por estes acontecimentos. Pela primeira vez, fica demonstrado que uma pessoa pode ser morta por um avião comercial quando está sentada no escritório. Milhares de pessoas que foram trabalhar numa bela manhã estavam mortas duas horas depois. Os edifícios mais majestosos de uma capital podem desaparecer. O betão pode arder. Imagens e sons de acontecimentos inacreditáveis são filmadas em directo, eliminando qualquer outra forma de transmissão da informação. A menos que se esteja radicalmente isolado do mundo, sem rádio, sem televisão, sem internet, ninguém pode viver um dia normal. Os telespectadores são as testemunhas de uma fissura nos aspectos mais sagrados da vida social. Não se trata apenas de destruição, pânico, evacuações de emergência, mas de um autêntico desmembramento das categorias cognitivas e das estruturas semióticas que tínhamos por evidentes. Colocam-se então dois problemas simbólicos. Em primeiro lugar, as testemunhas têm responsabilidades. Os telespectadores mais comuns têm a sensação de que devem reagir, fazer qualquer coisa. Em segundo, o espectáculo que testemunharam destruiu categorias cognitivas importantes. É preciso então reconstruí-las.

O impossível deve ser agora integrado, fazer parte de uma nova visão do mundo. Após alguns dias, mais ou menos conforme os locais, as pessoas retomam o caminho do trabalho. É quarta-feira ou quinta-feira na maioria das cidades dos Estados Unidos, é a semana seguinte para quase todos os que trabalham em Nova Iorque. São meses depois, ou nunca, para as muitas (demasiadas) pessoas que estavam nas torres naquela manhã. Quando as pessoas retomam a rotina, precisam de falar das suas experiências, em vez de constituírem a sua ruptura. Os relatos dos profissionais combinam-se com os dos amadores, os relatos dos jornalistas de televisão com os dos espectadores, os relatos dos jornalistas com as trocas de cartas pessoais, a fim de traduzirem esses acontecimentos impossíveis na língua do possível. É necessário representar esses acontecimentos, encontrar-lhes um lugar no sistema cultural. Os jornalistas de televisão têm agora tempo para reflectir, escrever e corrigir os seus textos. As reportagens obedecem novamente às convenções jornalísticas. Por fim, regressa-se a uma programação normal, de início em certos momentos do dia e, depois, 24 horas por dia. Os jornais que criaram rubricas especiais para gerir o acontecimento podem suprimi-las após algumas semanas ou meses. O recurso à linguagem, aos símbolos, aos ícones e aos actos rituais possibilitou esse regresso.

2. A desordem e o sagrado

O embate entre o caos e o sagrado na atmosfera de morte e destruição do World Trade Center é violento e perigoso. Segundo os analistas clássicos (Durkheim, 1912,1995, Eliade, 1959), o sagrado é poderoso e, ao mesmo tempo, temível. O sagrado é posto à distância, confinado em determinados locais e momentos; o seu contacto é regido por rituais de aproximação e de distanciamento. Quem trabalha com o sagrado deve transpor as fronteiras que protegem a sociedade desse sagrado. Mas correm o risco de criar, quando voltam a transpor as fronteiras, uma espécie de poluição. Como Douglas (1966, 1978) mostrou, a poluição é, simultaneamente, de ordem material e ideal. A impureza é uma forma simbólica de classificar aquilo que não está no seu lugar, o que implica uma ordem de relações simbólicas e a violação dessa ordem. Existe, portanto, quando se passa do prosaico para o sagrado, uma continuidade na rejeição e na reprovação da impureza.

Na manhã de 11 de Setembro, um mundo organizado é radicalmente abalado por uma força externa inesperada. A inquietação que se segue é muito mais grave do que a relacionada com um objecto que não está no seu lugar. Aqui, a morte não está no seu lugar. O heroísmo não está no seu lugar, a guerra e tudo o que esta implica não estão no seu lugar. Há um questionamento dos valores fundamentais, uma perturbação profunda dos sistemas sociais e das evidências cognitivas. Nem o contacto directo com o sagrado está no seu lugar. A própria morte, ou seja, a destruição de funções organizadas e o desaparecimento da consciência, encarna-se concretamente na destruição das duas torres do World Trade Center. Estes dois edifícios são tão altos que são omnipresentes no campo de visão periférica de todos os transeuntes da baixa de Manhattan e figuram nos cartazes de viagens em todo o mundo. A acumulação de escombros em chamas e o próprio vazio tornaram-se, para muitos, uma hierofania, uma revelação da presença ameaçadora do sagrado (Eliade e Sullivan, 1987). Reparar esses estragos, tanto materiais como simbólicos, é uma tarefa de vários meses. A primeira etapa consiste em fixar limites.

3. O «Ground Zero» e a zona de impacto

O local do World Trade Center foi baptizado «Ground Zero» no próprio dia do atentado. No início, esta expressão oriunda da terminologia das guerras nucleares é contestada. No entanto, Ground Zero parece suficientemente correcto para se tornar quase imediatamente universal. Antes de tudo, a expressão designa um local de destruição total; «ground zero» é um local onde já nada existe. A utilização desta expressão nos primeiros dias é, de facto, profética. Com efeito, serão precisas semanas para compreender que os restos humanos e até o betão e o aço foram reduzidos a cinzas pela explosão e se volatilizaram.

A outro nível, o termo «ground zero» é um ponto de referência geográfico; tudo pode ser medido em termos de distância relativamente a esse ponto. No caso de uma guerra nuclear, o «ground zero» é o centro da explosão e da propagação das radiações; a probabilidade do número de sobreviventes pode assim calcular-se como uma função da sua distância calculada a partir do centro. O termo evoca uma propagação dos estragos. Fala-nos do perigo de contágio.

Vemos então desenhar-se um sistema de espaços concêntricos com o Ground Zero como epicentro da perturbação, rodeado pela zona de impacto imediata e pelas zonas sob alta segurança e, em seguida, pela zona de impacto mais extensa (colocada sob a responsabilidade da agência Lower Manhattan Development Corporation). Foi aí que se organizaram os socorros. Foi aí que caiu uma chuva de cinzas. Foi daí que as pessoas fugiram. Este território está organizado em termos de violência decrescente – explosão, mortos, feridos, escombros, poeira, socorros de emergência, salvamentos, reinstalação, reconstrução. À medida que nos afastamos do centro para a periferia, as possibilidades de acção aumentam, mas passamos então de questões de vida e de morte para questões menos vitais. Trata-se doravante de organização, de transportes ou de comércio. No centro do sector, há a morte, os que ela levou e os que com ela contactam. À altura das barreiras, estão os que prestam homenagem e testemunham, os que querem estar próximos das vítimas, os que quase lhes querem tocar. Mais longe, encontramos o odor e as cinzas; os retratos dos desaparecidos, as velas, flores e bandeiras; os locais públicos de recolhimento. Este «território» não é apenas o de Nova Iorque. Abre-se a todo o país por intermédio dos meios de comunicação. Uma vaga de testemunhos, imagens e descrições parte de Nova Iorque. A esta responde uma vaga de voluntários, dádivas, presentes e turistas vindos de todo o país (...).

Em suma, Ground Zero não é apenas o nome de um local, o centro da zona de impacto, o ponto de destruição máxima, a origem da força explosiva. O Ground Zero é o ponto de ancoragem de uma estrutura significativa da experiência. Por outras palavras, é um local sagrado.

4. O efeito magnético das barreiras; o efeito magnético do Ground Zero

A zona de impacto, delimitada por barreiras, só é acessível a quem esteja devidamente identificado ou que se apresente em missão oficial. Nas primeiras semanas, esta zona foi sempre diminuindo em tamanho. Acabou por incluir apenas os locais onde se efectuavam as operações de limpeza e de segurança. A partir do segundo dia e durante as semanas seguintes, as barreiras atraem os visitantes. As pessoas aproximam-se delas, os realizadores mostram-nas na televisão. As barreiras preferidas são aquelas onde a actividade é mais intensa. Por exemplo, as de West Side Highway, que as equipas de salvamento, ambulâncias e veículos militares transpõem para entrar na zona e para sair em direcção ao hospital Saint-Vincent e a outros postos de comando ou de controlo. A forte concentração de actividades em redor desta barreira leva-a a receber um nome: «Point Thank You» (a mistura dos registos militar e civil não é aqui acidental, mas deliberada e um tanto irónica).

Durante as primeiras semanas, o lado ocidental da barreira torna-se uma espécie de teatro. Os visitantes cantam, aplaudem, agitam bandeiras, circulam, acumulam provisões, cozinham, comem, comportam-se como se estivessem numa festa de família. Ao constituírem a fronteira entre a ordem e o caos, as barreiras, ao longo dos dias e das semanas, organizam-se como um mundo ordenado. No início, os voluntários, os salvadores, a multidão e a polícia misturam-se entre si. As pessoas levam material em sacos de mantimentos e carros de mão; os socorristas chegam perigosamente amontoados em veículos civis. As forças da ordem nem sempre são rigorosas em matéria de segurança. Mas, pouco tempo depois, as barreiras passam a ser estritamente controladas; são distribuídos cartões de identificação; o acesso à zona é limitado; os mantimentos são armazenados, a multidão é mantida à distância.

As pessoas vão às barreiras para se aproximarem da fronteira entre mundo ordenado e caos, e para verem os que a transpõem: peritos, responsáveis governamentais, operários e até celebridades. Todos são aclamados. Num sentido, todos são socorristas, todos tentam salvar a ordem da sociedade civil. Transpor a fronteira, mergulhar no caos e regressar incólume faz parte do trabalho de reparação. À medida que o trabalho avança, as barreiras são deslocadas até ao momento em que a zona de impacto, pelo menos no sentido geográfico do termo, se confunde com o Ground Zero, agora uma atracção turística (o *New York Times* fala de um milhão de visitantes no final de 2001, embora as plataformas de observação ainda não tivessem sido construídas. Segundo as estimativas da *Newsweek*, em Setembro de 2002, o número de visitantes chegará aos 3,6 milhões antes do final de 2002).

O Ground Zero torna-se assim uma atracção turística legítima, ao mesmo título que um campo de batalha histórico ou um cemitério nacional. (...) É um local onde os incólumes vão prestar homenagem às vítimas.

Durante as primeiras semanas, enquanto se constrói um culto em redor das barreiras, grande parte dos visitantes são *death touchers* [137], para retomar uma expressão de Marvin e Ingle (1999). Os que transpõem a fronteira e trabalham no sítio do Ground Zero entram em contacto físico com a própria morte e com os seus tabus, que é necessário exorcizar antes de se poder transformar a baixa de Manhattan num local de trabalho para os civis. Os veículos militares são aclamados sobre um fundo de bandeiras agitadas. Até as limusinas de vidros fumados e Donald Trump transpõem a fronteira sob os aplausos da multidão. O mesmo sucede com as celebridades que vão cozinhar para os socorristas, levar-lhes garrafas de água ou fazer a triagem das dádivas. Contudo, nada suscita tanto entusiasmo quanto os bombeiros, as equipas de socorro médico e os operários. Estes civis anónimos são os mediadores ideais para os outros civis nova-iorquinos, transformados em vítimas de guerra.

Todos os tipos de objectos são acumulados junto às barreiras. As ofertas de alimentos, garrafas de água e roupas formam montes enormes. As pás, cordas e outras ferramentas não são utilizadas. As ambulâncias enviadas pelos estados vizinhos

---

[137] Literalmente, «os que tocam na morte».

continuam no parque de estacionamento. As pessoas acumulam-se até ao ponto de provocarem problemas de circulação. Há demasiadas bandeiras. Muitos querem cantar, mas ignoram as letras. As fanfarras das escolas são demasiado numerosas. Os camiões de entregas permanecem estacionados, sem descarregarem as mercadorias. As dádivas de dinheiro são demasiado numerosas para serem contabilizadas ou utilizadas.

Esta profusão de dádivas resulta, em grande parte, da necessidade, sentida pelo resto do país, de enviar alguma coisa. Pelo seu próprio excesso, a acumulação de objectos, a multidão de visitantes com aplausos, aclamações, bandeiras e canções, revelam-se simbolicamente apropriados. A concentração dos vivos junto às barreiras responde à montanha de mortos no Ground Zero. Aquilo que é trazido após o 11 de Setembro faz contrapeso ao que, nessa manhã, foi levado pelo 11 de Setembro.

5. A profusão das dádivas

A enchente de mantimentos, dádivas e ofertas enviados para Nova Iorque por todo o país é tão grande que, nos primeiros dias, provoca um problema de gestão e armazenamento. Um ano depois do acontecimento, o afluxo não diminuiu. No fim de Julho de 2002, a brigada dos bombeiros destaca uma equipa de seis pessoas para trabalharem 18 horas por dia em vários entrepostos. O trabalho desta equipa consiste apenas em receber, seleccionar e armazenar as dádivas. Como explicar este fenómeno? (...)

É verdade que a história está longe de ter terminado, mas o certo é que nunca terminará para todos os corpos volatilizados: mais de 1500 pessoas desapareceram sem deixar vestígios. Dezasseis mil fragmentos de cadáveres são encontrados de tal forma calcinados que nem se pode ler o seu ADN. A pira fúnebre consumiu-se até ao fim de Dezembro, durante mais de três meses. Como não fantasiar sobre o cheiro particular do ar? Onde estão agora os mortos? O vazio do Ground Zero criou uma zona de depressão cultural. A nossa imaginação é por ela engolida. Bem como as nossas oferendas.

As razões para se enviar uma dádiva são numerosas: ajudar, prestar homenagem, participar, preencher um vazio, compensar, responder a necessidades frequentes e convincentes. Mas o acto de dar é, antes de tudo, simbólico. É uma maneira pessoal de dar sentido ao Ground Zero. É reconhecer o laço entre a vítima, o espectador e a testemunha. É reconhecer a importância do acontecimento e prestar homenagem àqueles que o acontecimento destruiu. Ao jogarem com o poder contagioso do sagrado, essas dádivas podem ter funcionado como um ritual oposto ao culto das relíquias. Os bombeiros não podem chegar a todos os Americanos. Mas todos, sem excepção, podem enviar-lhes uma relíquia, a fim de esta ser abençoada pelo contacto dos bombeiros.

Se enviar um objecto é uma forma de estender a mão e de tocar, então este esquema poder-se-ia aplicar a outros domínios. Quando um acontecimento é suficientemente importante para ser apresentado e aceite como uma catástrofe nacional, qualquer contacto pessoal com esse acontecimento tem grandes implicações. É por isso que os relatos na primeira pessoa se tornam omnipresentes; estabelece-se uma hierarquia de estatutos entre os que estavam mais próximos do local dos ataques e os que estavam mais longe. Os que não estavam presentes na manhã de 11 de Setembro podem, porém, ir ao Ground Zero enquanto voluntários ou visitantes, enviar para lá alguma coisa que lhes pertença. Deste modo, podem afirmar ter participado realmente no acontecimento, tal como cada relíquia da verdadeira cruz contém alegadamente em si todo o poder da original. O sagrado é um líquido viscoso (Durkheim, 1912, 1995). Adere a tudo em que toca e, sobretudo, propaga-se. As dádivas, ofertas e tributos funcionaram então como uma espécie de elo tangível entre o centro do acontecimento e a sua periferia. (...)

6. A súbita omnipresença da bandeira

A bandeira proporciona outra maneira de estabelecer uma relação com o acontecimento, sobretudo durante as primeiras semanas. Nos dias que se seguem ao 11 de Setembro, Nova Iorque é a cidade do mundo onde se agitam mais bandeiras. Os Nova-Iorquinos nunca se mostraram particularmente patrióticos. Mas, subitamente, sentem a necessidade de agitar a bandeira americana. A bandeira está em toda a parte: alguns vestem-na, outros colocam-na no carro, agitam-na na rua, nas varandas, nas janelas, e içam-na nos mastros. Pela primeira vez desde a sua criação, há 80 anos, a New School University iça a bandeira americana no topo do edifício. Todd Gitlin, especialista nos *media* e analista político progressista, célebre fundador do SDS (movimento estudantil de extrema esquerda), é citado nos jornais a propósito da bandeira que pendurou na varanda do seu apartamento. «Neste Outono, da janela do meu gabinete, podia contar 17 bandeiras nos edifícios vizinhos sem ter de me mexer na minha cadeira. Os *media* e os meus amigos viram bandeiras por todo o país.» Segundo a *Newsweek*, o Walmart vendeu 116 000 bandeiras só no dia do 11 de Setembro (18 vezes mais do que o número de bandeiras vendidas no 11 de Setembro do ano anterior, o que mostra que a média de vendas se situa perto das 6500 por dia, um número mesmo assim impressionante). Durante o Outono, porém, o número de bandeiras diminui. Mas não em Nova Iorque.

A bandeira é um símbolo complexo e a sua exibição, em Nova Iorque ou na televisão, tem muitas significações. É verdade que o terrorismo reactiva um nacionalismo patriótico, que tem a bandeira como símbolo principal, mas a bandeira presta-se a outras utilizações. A forte concentração de imigrantes em Nova Iorque encontra aqui uma ocasião excepcionalmente convincente para exprimir a solidariedade e a pertença. O militarismo do ataque transforma, de forma inesperada, os cidadãos em combatentes e os locais públicos em campos de batalha. De todos os símbolos da nação, a bandeira é provavelmente o mediador mais frequente entre o civil e o militar.

Marvin e Ingle (1999) analisam a bandeira enquanto símbolo do corpo da nação. Quando os terroristas marcam um ponto, alvejando o corpo civil, atingem também o da nação. É preciso então tratar a ferida, aplicar o curativo o mais perto possível da ferida. De uma forma geral, as relações entre cidadão e nação são interiorizadas. Quando cidadãos, sem armas nem uniformes, são mortos por pertencerem ao seu país, mas sem ter expressado previamente a sua vontade, essas relações são exteriorizadas, exibidas. De invisíveis, passam a ser visíveis. De implícitas, passam a afirmadas. A bandeira contribui para tratar a ferida do corpo da nação. Fá-lo tanto melhor quanto mais perto está do trauma no tempo e no espaço. E quando o trabalho de reparação avança, a bandeira torna-se menos necessária.

A bandeira é a afirmação pública de um envolvimento pessoal. Pode ser cosida à roupa ou usada como vestuário em locais públicos. Neste caso, a bandeira permite uma mediação literal entre a dimensão privada do corpo nu e a dimensão pública da identidade social. Colocada nas casas ou nos automóveis, a bandeira serve também de mediação entre público e privado. A bandeira permite exprimir a identificação, a pertença à nação, seja qual for o sentido que se lhe dê. Permite, sobretudo, criar um laço com o 11 de Setembro. Numa altura em que nenhum outro símbolo está disponível, a bandeira é uma forma de dizer: «Reconheço a importância deste acontecimento; não vou fazer como se nada tivesse acontecido. Este acontecimento está nos meus pensamentos.» Ao fim de alguns meses, os capacetes de bombeiros e outras insígnias serviram de alternativas e a própria sede de símbolos diminuiu. A pouco e pouco, a bandeira tornou-se menos omnipresente em todo o país. Só se manteve visível perto do Ground Zero.

7. Conclusão

A transmissão em directo dos acontecimentos da manhã de 11 de Setembro transformou os telespectadores em testemunhas, levou-os a terem um sentimento persistente de responsabilidade. Pelo seu poder expressivo, esses acontecimentos desarticularam e puseram em causa evidências fundamentais sobre a vida, a morte, a segurança, a guerra, a paz, a cidadania, a nação, a força militar. Os locais onde esses acontecimentos se desenrolaram – pela sua localização geográfica, mas também pela sua presença perturbante e caótica nos espíritos – tornaram-se sagrados, perigosos, marcados pelo tabu. A designação de um «Ground Zero», a criação de barreiras físicas e simbólicas em redor desse local, o poder de atracção que exerce, desde a veneração pelos bombeiros até ao envio de oferendas e ao culto da bandeira, tudo isto permitiu identificar e, sobretudo, conter os acontecimentos dessa manhã, fixar-lhes limites, entrar em contacto com eles; reorganizá-los e assimilar a experiência deles.

Bibliografia

Dayan (Daniel), Katz (Elihu), *Media Events. The Live Broadcasting of History*, Cambridge, Harvard University Press, 1992.

Douglas (Mary), *Purity and Danger: An analysis of concepts of pollution and taboo*, Londres, Routledge & Kegan Paul (originalmente publicado em 1966), 1978.

Durkheim (Émile), *The Elementary Forms of the Religious Life* (trad. K. E. Fields), Nova Iorque, Free Press (originalmente publicado em 1912), 1995.

Eliade (Mircea), *The Sacred and the Profane: The Nature of Religion*, Nova Iorque, Harcourt Brace Jovanovich, 1959.

Eliade (Mircea), Sullivan (L. E.), «Hierophany», *Encyclopedia of religion* (vol. 6, pp. 313-317), Nova Iorque, Macmillan, 1987.

Marvin (Carolyn), Ingle (D. W.), *Blood sacrifice and the nation: Totem rituals and the American flag*, Nova Iorque, Cambridge University Press, 1999.

Liebes (Tamar), «Television's disaster marathons: a danger for democratic processes?», *in* Liebes (Tamar) e Curran (James), *Media, Ritual and Identity*, Nova Iorque, Routledge, 1998, pp. 71-84.

Rothenbuhler (Eric W.), *Ritual Communication: from Everyday Conversation to Mediated Ceremony*, Thousand Oaks, Sage, 1998.

Capítulo 3

A Angústia da Atenção: O 11 de Setembro Face à Psique Cultural Americana

Erica-Robin Wagner-Pacifici

Mesmo para mim, que estudei em profundidade os ritmos específicos dos acontecimentos traumáticos e violentos ([138]), a questão é tanto mais surpreendente porquanto ser desprovida de calculismo, de ironia. No final de Setembro e início de Outubro de 2001, vários jornalistas me telefonaram para me fazerem esta pergunta, angustiada e insistente: «Quando iremos regressar ao normal?» O trauma do 11 de Setembro datava apenas de algumas semanas e já os grandes *media* pediam aos especialistas em terrorismo para fixarem a data de um regresso

---

([138]) No meu livro, *Theorizing the Standoff: Contigency in action*, Cambridge, Cambridge University Press, 2000, interessei-me particularmente pelos parâmetros temporais dos acontecimentos dotados de uma violência iminente – como os casos de pessoas iradas cercadas pela polícia.

ao normal. Não queriam simplesmente ter a certeza de que *haveria* um regresso ao normal, queriam também estabelecer o seu calendário. Quanto tempo, perguntam eles, resta ao acontecimento?

Esta questão é paradoxalmente abafada por uma nova fanfarra mediática. O desejo de um regresso a uma normalidade redentora dá lugar a uma afirmação solene, feita pelos grandes especialistas e tão abstracta, angustiante e irreal quanto a sua questão: «Doravante, nada será como antes.» A América mudou para sempre. Já não se pode esperar um regresso eventual ao normal. Apanhada neste fogo cruzado de opiniões aparentemente incompatíveis, só posso responder: «O que é a normalidade? Temos a certeza de que queremos regressar a ela?»

O que entendem *realmente* os jornalistas e os repórteres por «normal»? Poder-se-ia supor que fariam referência a um estado de indiferença cívica: cidadãos que se deslocam para o trabalho, fazem as suas compras, assistem a provas desportivas ou eventos culturais, vêem televisão – estando todos estes elementos inseridos numa cultura votada ao solipsismo e aos entretenimentos inofensivos ([139]). A angústia e o medo engendrados pela antecipação de ataques iminentes em solo nacional são certamente vistos como *anormais* pelo povo americano (que faz também excepção àquilo que é a regra para muitas outras nações habituadas, a bem ou a mal, aos perigos crónicos da guerra civil, às incursões armadas, às insurreições, etc.). Mas a natureza real de tal normalidade não é objecto de uma reflexão aprofundada da parte dos *media*. Um modo de vida normal é um modo de vida que, precisamente, não suscita ou não requer qualquer reflexão.

Como me pedem para anunciar o regresso ao normal, parece-me importante traçar os seus contornos. Uma ligeira despreocupação, é isto que poderia caracterizar melhor o modo normal de ser-no-mundo da classe média americana. A vida

---

([139]) Obviamente, esta visão de uma serenidade interna concebida como «normal» assenta na ignorância das preocupações quotidianas das mulheres e das pessoas de cor relativas à sua segurança.

pessoal, as suas ambições e problemas passam para o primeiro plano. A mobilidade social é muitas vezes concebida como uma sequência de promoções profissionais e de aquisições (na principal auto-estrada da costa Leste, a I-95, pode ler-se no painel que delimita a fronteira entre a Pensilvânia e o Delaware: «Bem-vindo ao Delaware, terra dos produtos não taxados»).

Neste contexto, as questões políticas raramente são vividas de forma visceral. São antes sentidas como uma intrusão no universo individual. Quanto às questões de política internacional, são periféricas para a maioria dos Americanos. O afastamento deles dissocia-os das preocupações correntes da vida quotidiana. Alguns acontecimentos traumáticos são a excepção a esta regra geral. A sua irrupção oferece uma consciência abrupta do mundo exterior, concentrando então toda a atenção dos Americanos. O seu estado de distracção é interrompido.

No seu estudo sobre a pintura francesa do século XVIII na época de Diderot, o historiador de arte Michael Fried analisou o jogo complexo das expressões de absorção e de distracção. Baseando-se nas principais cenas de género realizadas por artistas como Greuze ou Chardin, Fried chama a nossa atenção para a maneira como as personagens que figuram nessas pinturas da vida quotidiana exprimem esta absorção. Para Fried, a chave dessas pinturas é a adesão que testemunham. Nessas telas, as personagens estão totalmente integradas no seu ambiente familiar, nos seus trabalhos quotidianos, nos seus pensamentos. Fried nota, sem aprofundar, que na maioria das pinturas figura uma personagem, geralmente uma criança, cuja atitude é claramente distraída. Parece estar noutro lado, triste ou sonhadora. A atenção dela não está concentrada em nada, não está absorta. A distracção opera aqui uma ruptura na composição – introduz um elemento estranho à cena, ao clima de atenção – e estabelece a importância desse estado de absorção por efeito de justaposição. Nessas cenas da modernidade emergente, a diferença entre absorção e distracção está claramente estabelecida. Uma tarefa importante (coser ou ler) exige atenção, o patriarca autoritário lê para a família; objectos misteriosos (como as bolhas de sabão luminosas) atraem e retêm a atenção das personagens. Só as crianças, secretamente rebeldes, permanecem distraídas. Mas a dialéctica entre atenção e distracção, na era moderna, parece diferente. Talvez esta diferença se exprima já, através de Baudelaire e de Benjamin, na temática do *flâneur*, das passagens, dos grandes armazéns. Talvez tenha origem na produção na produção em massa dos objectos de consumo, na sedução que deles resulta; talvez seja uma característica do desenvolvimento das nações de vastos contornos terem de ser mediatizadas para poderem ser apreendidas ([140]). Talvez seja também consequência do tipo de verosimilhança produzida pelo mundo do espectáculo e dos *mass media*. Seja qual for a sua origem, estamos perante um dilema: que fazemos desta estranha solicitação da modernidade, mistura de absorção e de distracção? Como avaliar a consciência de cidadãos *absortos* por uma distracção que lhes permite abandonar a política? Como avaliar o aumento repentino de atenção que os ataques terroristas provocaram nos cidadãos deste tipo?

Se normalidade é sinónimo de distracção e se o estado de *hyper attention* no qual os Americanos se encontraram mergulhados após o 11 de Setembro é visto como não sendo apenas desconfortável ou aterrador, mas realmente patológico, não admira que alguns jornalistas tenham perguntado: «Quando regressaremos ao normal?» Os acontecimentos traumáticos que permanecem não resolvidos e o estado de absorção que geram devem encontrar a sua resolução.

Torres do World Trade Center; aviões que embatem contra o Pentágono, que se despenham num campo na Pensilvânia: o 11 de Setembro é um choque terrível para o povo americano. Os impactos são tão conceptuais quanto reais. O universo nacional entra em colisão com o mundo internacional; aviões civis transformam-se em armas de destruição; locais destina-

---

([140]) Para diversas críticas desta esfera cultural, vejam-se as obras de Robert Putnam, *Bowling alone: The collapse and revival of American community*, Nova Iorque, Simon and Schuster, 2000, e de Nina Eliasoph, *Avoiding politics: How Americans produce apathy in everyday life*, Cambridge, Inglaterra, Nova Iorque, Cambridge University Press, 1998.

dos à segurança do comércio e do turismo transformam-se em zonas de carnificina. O chão parece desabar sob os nossos pés. É verdade que os Americanos já tinham sofrido actos de terrorismo no seu território (o primeiro atentado contra o World Trade Center; a bomba no Murrah Building em Oklahoma City). Mas o 11 de Setembro não deixa de ser uma anomalia, uma novidade absoluta, isto por três razões.

Tipicamente, os Americanos não esperam ser atacados. Relativamente ao contexto internacional, vivem na ilusão de uma perpétua inocência política.

Prever o 11 de Setembro teria exigido deles uma reavaliação do terrorismo; a capacidade de ver nele mais um perigo sistemático do que um risco episódico; a de compreender o seu poder de afectar o curso da história (recordemos as análises do historiador William Sewell dedicadas aos acontecimentos verdadeiramente históricos e, por isso, susceptíveis de «mudarem o curso da história» pelas rupturas que introduzem nas estruturas múltiplas – combinadas ou autónomas – que são, em simultâneo, a condição e o resultado das nossas práticas).

A natureza das armas e dos alvos (à excepção do Pentágono) é totalmente inédita.

Os Americanos tendem a reagir rapidamente às urgências provocadas por uma crise, quando nela estão mergulhados. Dão espontaneamente o seu tempo, a sua força de trabalho, o seu dinheiro. Têm consciência das suas competências neste género de circunstâncias. São rapidamente galvanizados por um impulso de solidariedade.

Por contraste, têm grande dificuldade em concentrar-se nos seus problemas crónicos: pobreza, racismo, degradação do ambiente. Alguns programas e planos visam resolver esses problemas, mas não de forma contínua, e a atenção do público nunca é suficientemente conservada para se manter concentrada. É que esses problemas não são urgentes. Atenção e distracção respondem assim à temporalidade das crises: atenção quando a crise é aguda; distracção quando se torna crónica. De facto, os nossos reportórios culturais – como mostram Alexander e Smith – tendem a organizar-se em função deste género de oscilações binárias ([141]). A oscilação entre o egoísmo e o altruísmo não foge à regra. Profundamente apegados à ideia do mercado livre, desejando que a prosperidade generalizada das empresas gere proveitos sólidos e sirva os seus interesses pessoais, os Americanos parecem precisar de um choque para que surja o outro pólo desse movimento binário: o altruísmo. O 11 de Setembro forneceu esse choque. Nos dias que se seguiram, as atitudes e objectivos egoístas pareciam não só deslocadas, mas também indecentes. Cidadãos cheios de altruísmo ofereceram espontaneamente ajuda. Os restaurantes de Manhattan ofereceram refeições gratuitas aos bombeiros, polícias, sobreviventes e voluntários. Todas as cidades do país enviaram materiais e mão-de-obra. Organizaram-se acções de auxílio e colectas de dinheiro. Durante algum tempo, o culto do lucro foi colocado entre parêntesis. Os Americanos tratam os outros Americanos como súbditos.

Mas, a pouco e pouco, de forma invisível, efectua-se um regresso ao normal. Este regresso ilustra-se na resposta rápida da indústria aeronáutica à crise provocada pela reticência das pessoas em viajarem agora de avião. As companhias aéreas anunciam o despedimento de milhares de empregados, a fim de reduzirem os custos. Para um público temporariamente sensível a uma generosidade e a uma solidariedade excepcionais, a atitude banalmente comercial das transportadoras aéreas é vista como transgressiva, o que *normalmente* não aconteceria. O «regresso ao normal» significa também o regresso a um capitalismo livre desse tipo de escrúpulos.

Face ao choque extremo do 11 de Setembro, era relativamente fácil mostrar-se à altura. O regresso ao normal, pelo contrário, é angustiante. O acontecimento parece escapar a qualquer controlo prático, cognitivo ou até narrativo (nenhum modelo permite, com efeito, contê-lo). Muito mais horrível do que um desastre, mais incompreensível do que um problema crónico, o 11 de Setembro tem a particularidade de ameaçar ser, ao mesmo tempo, uma crise aguda e um problema crónico.

([141]) Jeffrey Alexander e Philip Smith, «The Discourse of American Civil Society», *Theory and Society*, Abril 1993, pp. 151-207: 161.

Anuncia uma série ilimitada de acontecimentos; problemas instalados de forma permanente. Para um público americano habituado a uma clivagem distinta entre atenção e distracção, entre o momento da crise aguda (o do altruísmo) e a temporalidade enfadonha do problema recorrente (a da negação, do egoísmo), há um desaparecimento das referências, um curto-circuito conceptual.

Daí o dilema actual do povo americano no momento de sair deste período confuso e contraditório. O 11 de Setembro conduziu à guerra no Afeganistão e à perseguição dos suspeitos ligados à Al Qaeda. O conflito do Médio Oriente parece também ligado aos acontecimentos do 11 de Setembro, sem que a relação seja claramente estabelecida. Mesmo as tensões entre a Índia e o Paquistão a propósito de Caxemira parecem relacionar-se de alguma forma com aqueles acontecimentos. Mas estas ligações são apenas esboçadas de forma intermitente pela imprensa e pelos *mass media*, que estão tão ansiosos quanto o público para fixar limites ao acontecimento. No fim da Primavera de 2002, a comemoração do 11 de Setembro é objecto de uma grande cobertura, tanto na televisão como na imprensa. Apresentam-se os planos de reconstrução do Ground Zero. Deseja-se a cicatrização do 11 de Setembro. Pretende-se uma duração definida e uma direcção. Mas do mesmo modo que, no momento do choque, se repete incessantemente que «nada será como antes», sente-se hoje que o acontecimento pode muito bem não ter limites. Não se trata apenas de fundamentalismo religioso ou de uma nova vulnerabilidade americana, mas do risco de que haja, em simultâneo, uma crise aguda e uma doença crónica. Se o 11 de Setembro está para ficar, cabe então ao público encontrar um novo reportório de respostas à história.

Capítulo 4

Repercussão:
Os Telespectadores
e o 11 de Setembro de 2001

GUILLAUME SOULEZ

O desmoronamento em directo das torres cativou os espíritos das pessoas; muitos foram os comentadores que evocaram o impacto, a força da imagem, a incrível surpresa da destruição dessas torres que simbolizavam o poder americano. Mas como reagiram os telespectadores? O que é um «telespectador do 11 de Setembro»? O que se reteve do acontecimento? Que papel desempenha a televisão para os telespectadores, quer se trate do «filme» da catástrofe ou das declarações emocionais e políticas avançadas para a interpretar? É possível perceber parcialmente esta reacção pela análise das cartas dos leitores-telespectadores nos jornais de programação, desde que estes começam a evocar o acontecimento até deixarem de falar dele ou quase não falarem, ou seja, desde meados de Setembro até meados de Novembro ([142]). Esta expressão dolorosa, forte e por vezes polémica, pode ver-se em sete jornais de programação muito diferentes que apresentam um correio de leitores, desde o *Télé Poche* ao *Télérama* ([143]). Observámos também no mesmo período, a título de comparação, três outros periódicos ou suplementos dedicados às programações ou aos *media* que não apresentam correio de leitores (*TéléObs*, *Stratégies* e *Télé Satellite*).

Neste jogo de três instâncias – a televisão, os jornais e o público que se exprime –, temos sem dúvida não só um eco da irrupção no domicílio de milhares de leitores de um atentado de repercussões mundiais, mas também as formas da sua apropriação e da sua publicitação, à margem das grandes tomadas de posição que estruturaram também a actualidade. A aborda-

---

([142]) Na imprensa francesa, o primeiro jornal a evocar o acontecimento foi o *Le Monde Radio Télévision* (datado de 16 de Setembro, programas de 17 a 23 de Setembro). Os primeiros que deram a palavra aos leitores foram o *Télé Moustique*, semanário belga que estudámos além dos jornais franceses (datado de 17 de Setembro, programas de 22 a 28 de Setembro), e depois o *Télérama* (datado de 19 de Setembro, programas de 22 a 28 de Setembro). As revistas deixaram de publicar cartas sobre o 11 de Setembro (e depois sobre a guerra no Afeganistão) em meados de Novembro (os últimos foram *Télérama* e *Le Monde Radio Télévision*, respectivamente, os programas de 10-16 de Novembro e de 12-18 de Novembro). O pico das cartas sobre o tema, em todas as revistas, situa-se entre o fim de Setembro e meados de Outubro (desde os programas de 24 a 30 de Setembro aos programas de 15 a 21 de Outubro no *Le Monde*, dos programas de 29 de Setembro a 5 de Outubro até aos programas de 13 a 19 de Outubro nos outros jornais).

([143]) O nosso *corpus* inclui o suplemento *Le Monde Radio Télévision*, bem como os semanários *Télé Câble Satellite*, *Télé Loisirs*, *Télé Moustique*, *Télé Poche*, *Télérama* e *Télé 7 Jours*. A amostra, consultada na Inathèque de France, é bastante exaustiva e, em todos os casos, representativa da diversidade dos jornais de programação e dos seus leitores (só falta realmente a *Télé Star*), desde o mais técnico ao mais cultural, do mais ligeiro ao mais abundante. Ou seja (contando as cartas publicadas durante todo o período), um total de 527 expressões assinadas pelos leitores (por vezes, é difícil falar de «cartas» quando os jornais extraem uma frase ou uma expressão. Lembremos que se trata aqui do correio *tornado público* e não de todo o correio recebido. Acerca da imprensa televisiva, os seus géneros e discursos, ver Dakhlia, 2001.

gem que preconizamos consiste então em considerar que as *revistas de programação mostram o público ou os públicos da televisão*, tornando públicos alguns colectivos de telespectadores através do correio dos leitores ([144]). Ora, como veremos, o «choque» sentido não constitui em si mesmo o essencial das cartas, mas suscita, em contrapartida, uma correspondência importante que visa reagir ao abalo que produziu, bem como em torná-lo inteligível, chegando a questionar o papel dos jornais de programação na própria paisagem mediática. Por conseguinte, a nossa hipótese é que o interesse de uma crise como o 11 de Setembro é *pôr a nu o funcionamento desta produção de públicos*, porque as reacções invulgares dos espectadores obrigam os jornais a uma adaptação que torna visíveis esses mecanismos.

Podemos ver assim quais as tendências que atravessam todos os jornais, que atestam a reacção maioritária dos telespectadores, independentemente das linhas editoriais, caso bastante raro devido ao acontecimento, para estudar como se manifesta essa profusão e como os jornais a acolhem. Em segundo lugar, podemos observar, inversamente, como os jornais de programação constituem um público, ou antes «os públicos do 11 de Setembro», por um lado, por um trabalho de regulação e de enquadramento das reacções, mas também, terceira possibilidade, à sua revelia, através de uma forma de conflitualidade entre os seus leitores e a sua linha editorial. Quanto ao próprio processo de produção do público, este propõe três formas, três *composições* de público segundo um grau de complexidade crescente ligado à interacção com o jornal de programação, que nos propomos explorar aqui: um público *transmitido*, um público *enquadrado* e um público *conflitualizado* (ou seja, não só conflitual, mas produzido por um conflito). Os «públicos» do 11 de Setembro que podemos identificar inscrevem-se então, em graus diferentes, nessas dinâmicas de composição, cujo estudo não é de menor interesse, pois esse *trabalho* de composição está precisamente ligado ao carácter inédito do acontecimento.

---

[144] Sobre esta abordagem, remetemos para Soulez, 2001a e 2001b.

1. Corações em uníssono: um público transmitido

Um primeiro fenómeno maciço são as muitas declarações e testemunhos humanistas, religiosos ou pacifistas, que exprimem o horror do acontecimento e apelam à fraternidade entre os homens, as culturas ou as religiões. Estes testemunhos não obedecem às regras habituais do correio nem às linhas editoriais dos vários jornais. Com efeito, em todas as publicações, o correio serve de tribuna para as pessoas se dirigirem aos poderosos, aos outros leitores, aos «cidadãos», a uma determinada comunidade, e até... a Deus. As cartas apelam à compaixão, ao diálogo ou ao recolhimento: o correio dos telespectadores, menos determinado por clivagens políticas, permite que, face a esta irrupção de uma actualidade repentina, mundial e trágica, responda um discurso mais universalista, sejam os referentes utilizados religiosos ou laicos.

É surpreendente assistir a esta mobilização pacífica e emotiva no correio, que o chefe de redacção da *Télé Moustique* compara à que se expressou por ocasião do caso Dutroux, ainda que seja de menor intensidade [145]. A *Télérama*, a 26 de Setembro, indica ter recebido numa semana o equivalente a mais de um mês de correio. Se utilizarmos instrumentos concebidos para a análise do correio dos telespectadores, observamos que estas expressões se inspiram bastante no reportório do «militante», e os outros reportórios, em especial no início, não são mobilizados para falar do 11 de Setembro [146]. O militante é aquele que considera que o programa apresenta uma posição ideológica, que tem um «discurso» ao qual opõe valores e uma argumentação contrários. Em muitos casos, mas não sempre, programa e enunciador (cadeia, redacção, personalidade) são confundidos e a resposta militante é muito crítica.

---

[145] Agradeço a Patrick Mahé, o chefe de redacção, por ter respondido de bom grado a algumas questões.
[146] Como veremos, a nossa abordagem resulta, entre outras, numa tipologia de «reportório de reacção» (reagir «como militante», «como utilizador», «como especialista» e/ou «como vítima») em função das normas em nome das quais o telespectador toma a palavra.

No caso desta militância pacifista e humanista, pelo contrário, e ainda que os terroristas apareçam muitas vezes como os «autores» das imagens violentas e até como realizadores de um argumento hollywoodesco «pior do que a ficção», a resposta militante não se dirige a eles, mas às autoridades e, sobretudo, a outros telespectadores. Os leitores tomam então a palavra em nome de valores humanos essenciais para formarem uma opinião pacífica, e não para se oporem a uma opinião contrária formulada de forma explícita, certamente porque a loucura suicida continua a ser parcialmente enigmática. Forma inédita de «discurso» televisivo, o minuto de silêncio, televisionado e «universal» (pelo menos ocidental), é a própria expressão desse grau de generalidade moral a que aspiram esses telespectadores. É visto, de certo modo, como uma resposta cerimonial, simultaneamente televisiva, mundial e solidária, perfeitamente adaptada ao carácter do atentado ([147]).

Pelo contrário, as reacções que exprimem uma mágoa face às torres são pouco frequentes, ou pouco transmitidas. Quando se dá a expressão do choque, algumas descrições de imagens surgem por vezes na forma de um relato do choque, bem como de uma certa confusão. O discurso das «vítimas» atesta uma autêntica irrupção da violência terrorista no universo doméstico, como se a sala de estar se tornasse o prolongamento de um campo de batalha: as cartas pacifistas, por seu lado, evitam evocar directamente a tragédia, para não associarem a dor da evocação à dor das imagens ([148]). O discurso humanista ou religioso vem então aqui acalmar a dor, enquadrar a emoção, dar razões de esperança face a esse sentimento de conflito irremediável, de «apocalipse». O «nós» federativo e maciço opõe-se aos «eu» que exprimem a sua confusão. Reacção de compaixão, esta vaga fraternal visa também um certo unanimismo reparador. Observa-se também a força deste unani-

---

([147]) Acerca da televisão cerimonial, ver a obra com o mesmo título: Dayan e Katz, 1996.

([148]) Por exemplo, escreve-se simplesmente: «Dedico esta carta a todos os cidadãos americanos desaparecidos num atentado que nunca devia ter acontecido.» (TP).

mismo nas reacções que se fazem ouvir a propósito do tratamento irónico da actualidade pelos bonecos da «Contra-informação» ([149]) e por algumas cartas que procuram «cantar a vida» como resposta à tragédia.

1.1 Protesto sobre a «Contra-Informação», «cantar a vida»

Logicamente, com efeito, o humor impertinente e pouco conciliador da «Contra-informação» suscita uma indignação geral em todos os jornais de programação. Um leitor do *Le Monde*, único no seu género, defende esse humor, suscitando um debate entre os leitores. Responde-lhe, em particular, outro leitor que denuncia a inconsciência ou a ambiguidade do humor da «Contra-Informação», desfasado das circunstâncias que impõem não só uma forma de apaziguamento humanista, mas também uma grande prudência semântica e discursiva, sob pena de produzir amálgamas. Dirigindo-se uns aos outros, os telespectadores fazem então recomendações mútuas para enfrentar o acontecimento, em nome desse «nós» *responsável* e *pacificador*. Este interesse de coesão *entre telespectadores*, apesar da sua diversidade, inspira muitas cartas e alimenta as primeiras críticas que aparecem sobre o tratamento do acontecimento pela comunicação social.

2. Legitimismo e crítica da insistência mediática: dois públicos enquadrados

A pouco e pouco, quando as opiniões começam a divergir e o unanimismo a esbater-se, fazem-se vários ajustamentos entre os telespectadores e os quadros que lhes são propostos pelos semanários. O peso da rubrica e da linha editorial faz-se então sentir plenamente. Vemos, de forma exemplar, esta retoma

---

([149]) No original, «les Guignols», programa satírico semelhante ao nosso «Contra-Informação» (*N.T.*).

de controlo na *Télé Câble Satellite*, que, depois de ter recebido cartas invulgares, propõe no número seguinte, como todas as semanas, um debate futuro: «Por ou contra? A alteração dos programas ao serviço da actualidade». Trata-se de enquadrar as reacções, organizando-as (por/contra), mas também de as canalizar mais sobre a questão da programação do que sobre os próprios conteúdos políticos, muito mais sensíveis.

2.1 Divergências enquadradas

Com efeito, as opiniões dividem-se quando se trata de analisar a cobertura mediática propriamente dita do acontecimento pelas televisões e redacções, sobretudo à medida que nos vamos afastando do 11 de Setembro. Alguns telespectadores agradecem calorosamente às televisões e aos jornalistas pelo seu trabalho (são até por vezes associados àqueles que ajudam as vítimas, como os bombeiros ou as enfermeiras...). Mas a crítica é por vezes forte, incluindo nas revistas, mais habituadas a posições moderadas sobre os acontecimentos políticos ou sociais. Um telespectador critica Poivre d'Arvor ([150]), por este «atormentar» com perguntas um colega que não tem notícias da sua companheira (TCS), outro fala do sensacionalismo ([151]) de Bilalian ([152]), um terceiro critica o «voyeurismo» que constitui o facto de enviarem apresentadores para Nova Iorque (T7J), um quarto fala da «intervenção desfasada» de Jean-Pierre Pernaut, que indica o montante do salário de um bombeiro nova-iorquino (T7J). Alguns espectadores estabelecem diferenças: «Acho que a RTBF relatou os acontecimentos com sobriedade, a RTL fez sensacionalismo, passando e voltando a passar incessantemente as mesmas imagens da catástrofe.» (TH).

([150]) Patrick Poivre d'Arvor (n. 1947) é um conhecido jornalista e apresentador de televisão francês (*N.T.*).

([151]) «Mesmo nestas circunstâncias dramáticas, porquê este grande sensacionalismo?» (TRA, 16 de Setembro).

([152]) Daniel Bilalian (n. 1974) é um jornalista e apresentador de televisão francês (*N.T.*)

Por conseguinte, confrontam-se directamente uma forma de *legitimismo* mediático e uma crítica da «indecência» da cobertura. Este legitimismo consiste em formar um bloco em redor dos *media*, evocando o seu papel de fornecedores de informação ou de conhecimento, e relegitimando-os como tais por um apoio ou um encorajamento explícitos nos períodos de tormenta. A *contrario*, este legitimismo é violentamente atacado pela evocação de uma crise de confiança, como a que resultou da cobertura da Guerra do Golfo ([153]). Paralelamente, as práticas jornalísticas e as imagens consideradas indecentes (voyeurismo, sensacionalismo, imagens repetidas em ciclo)...) têm em comum o facto de *insistirem* no acontecimento de uma maneira que provoca o mal-estar dos telespectadores, incluindo nos jornais de programação geralmente «legitimista».

Esta crítica da insistência desenvolve-se depois nos jornais e adquire a forma de uma crítica da duração da cobertura (em simultâneo, a duração dos telejornais e a duração da própria cobertura). Vemos então reaparecer, mais do que antes, os reportórios tradicionais da intervenção dos telespectadores, como se, a pouco e pouco, o enquadramento lhes normalizasse as reacções e fizesse corresponder a expressão específica do 11 de Setembro às formas de públicos já constituídos pela rubrica do correio e pelas diferentes linhas editoriais. Vemos assim reaparecer em todos os jornais a linguagem do «utilizador» (que, como consumidor exigente, protesta contra cortes publicitários intempestivos, alterações nas programações, etc.).

Opõem-se nos jornais outros utilizadores, que, pelo contrário, tentam satisfazer na programação dos *media* a sua necessidade de compreender e agradecem às estações de televisão que desempenham bem o seu papel. A *Télé Loisirs* intitula assim habilmente uma carta que felicita as cadeias por esta autocensura: «Por uma vez, supressões bem aceites...». Em suma, *a priori* apolítica, esta crítica da insistência permite que não haja uma divisão excessiva entre os espectadores.

([153]) «Falar para nada dizer, mostrar imagens sempre em repetição... Pelos vistos, a Guerra do Golfo não serviu de lição. (TCS, 6-12 de Outubro).

Do mesmo modo, o legitimismo mediático está aquém de um apoio explícito à política americana, sobretudo quando se perfila a resposta no Afeganistão. Deste ponto de vista, falar dos *media* permite não entrar numa polémica sobre o papel dos Estados Unidos no mundo ou sobre o Islão ou o islamismo, mas ficar, pelo contrário, no quadro das rubricas de correio dos leitores. Mas o enquadramento funciona também no interior do jornal de programação, nas relações entre a rubrica do correio e o resto da revista, em particular o editorial e os cadernos.

2.2 Estrelas, envolvimento e missões: um enquadramento ao serviço dos telespectadores

Antecipando o interesse dos telespectadores pelas personalidades – estrelas de Hollywood e jornalistas franceses –, revistas como a *Télé Loisirs*, *Télé Poche* ou *Télé 7 Jours* propõem uma leitura da actualidade através das estrelas do pequeno ecrã. Nenhum correio é dedicado ao 11 de Setembro no número da *Télé Poche* evocado há pouco, mas as cartas do número seguinte («especial atentados») estão viradas, como as estrelas, para as vítimas. Neste sentido, os jornais de programação popular tendem claramente para uma atitude legitimista. O envolvimento de alguns jornais chega ao ponto de explicarem o seu estatuto de órgão de imprensa, indicando que podem, como tais, agir no seio da mobilização. A *Télé Loisirs* indica assim que faz parte do grupo Prisma Presse e publica um anúncio de página inteira pedindo aos leitores dos jornais do grupo que enviem um cheque para o hospital americano de Neuilly. A *Stratégies* reproduz uma capa do *Wall Street Journal* para marcar a sua solidariedade com o jornal nova-iorquino, que faz parte do mesmo grupo de imprensa, o Reed Elsevier (o editorial, «Jeff et Andrew», é igualmente dedicado a dois jornalistas do grupo mortos num dos aviões). Através das estrelas e de grupos de imprensa, os jornais tentam assim dar corpo à emoção e à solidariedade, mas o trabalho de ajustamento vai ainda mais longe.

Com efeito, vários jornais assumem a missão de acompanhar o choque vivido pelos telespectadores recorrendo a psicólogos ou completando a informação dos leitores. A missão psicológica parece concentrar-se essencialmente nas crianças (um dos editoriais da *Télé 7 Jours* intitula-se «As nossas crianças» e anuncia uma entrevista com Edwige Antier, pediatra da estação Santé-Vie, enquanto que a *Télérama* recorre a Serge Tisseron). A *Télé Moustique*, depois de ter contribuído um pouco para a angústia dos seus leitores (em particular com um título: «Os alvos belgas. Seremos visados?»), propõe um caderno sobre o stress, e a *Télérama* apresenta um caderno sobre a depressão. A missão pedagógica é ainda mais partilhada: todos os jornais destacam os riscos de amálgamas (por exemplo, mostrando fotografias de jovens muçulmanas americanas com véu a segurarem uma vela, ou apontando os deslizes de alguns apresentadores) ou a necessidade de se informar (por exemplo, destacando o interesse do documentário de Ponfilly sobre Massud ou fazendo uma lista especial de programas que fornecem informações sobre a actualidade). A *Télé Moustique* e a *Télérama* apresentam capas e cadernos de carácter pedagógico sobre o Islão («Belgislam», intitula a *Télé Moustique*). Dar a palavra sobre o acontecimento, como o fará de forma maciça a *Télérama*, mostrar os diferentes pontos de vista, publicar cartas de muçulmanos é também uma maneira de os jornais se inscreverem numa forma de missão, de mediação entre a actualidade dramática e os leitores.

2.3 Contradança: valores e choque emocional

De uma forma mais geral, à descoberta das expectativas dos telespectadores pela crise mediática, os jornais de programação respondem com a reafirmação das suas linhas editoriais. É a ocasião para muitos jornais destacarem o papel do correio dos leitores e as condições de publicação. A *Télé Moustique* relembra que tenta publicar diferentes opiniões, mas rejeita cartas anónimas e racistas. A própria linha editorial é explicada: a *Télé Loisirs* dedica a sua primeira página aos «heróis», publicando a fotografia de um bombeiro e justificando a sua escolha no editorial. É assim proposto um eco entre as reacções dos editorialistas e as reacções dos telespectadores (mesmo quando não há correio dos leitores), eco que assenta no facto de os telespectadores e os jornalistas terem vivido *a mesma experiência*. Esta experiência comum, este «nós» ligado ao acontecimento, serve então para legitimar a linha editorial.

Quando começa a haver poucas cartas que evoquem o choque do acontecimento ou as estrelas de Hollywood, toda a arte dos jornais consiste em mostrar que *fazer eco é manter a linha*, mostrando como as escolhas editoriais decorrem das reacções dos próprios telespectadores, que as justificam de antemão. Numa contradança interessante, *os valores do jornal seriam afirmados pelos telespectadores (e simplesmente retomados pelos jornais), enquanto que o choque seria formulado, ou seja, assumido pelos jornalistas* e depois confirmado pelos leitores, tal como o viveram igualmente. O «nós» tece-se com diferentes malhas para melhor assegurar a especificidade do laço («é *também* a nossa esperança») que une nestes tempos de crise os leitores e o seu jornal de programação, que lhes serve de algum modo de «*passarelle* protegida» para os acontecimentos dramáticos.

Ao atravessar as diferenças entre os jornais de programação, ou seja, entre meios sociais e culturais, o acontecimento serviu, de alguma maneira, de *revelador* das relações entre televisão e telespectadores, mostrando as expectativas e as exigências normais (e por vezes silenciosas) destes, incluindo nas revistas pouco habituadas à «crítica dos *media*», sem porém saírem dos quadros habituais. Observa-se, pelo contrário, uma verdadeira orquestração pelos jornais dessas tomadas de palavra dos telespectadores, quer se trate de enquadrar os seus antagonismos ou de fabricar aquilo a que chamámos «contradança» das emoções e dos valores. Veremos mais à frente que, depois, a crítica em certos jornais se mostra mais directa e mais política. Mas, neste estádio, e em especial nos jornais populares, os telespectadores constituem então, através do correio dos leitores, dois grupos antagónicos: um público *duplamente legitimista* que recorre aos jornalistas franceses e à revista de programação para o informarem e o apoiarem na provação; e um público, a que podemos chamar *refractário*, que admite uma certa mobilização na condição de que se mantenha pontual, devendo as programações recuperarem os seus direitos ao fim de algum tempo, sem que se possa (ou que se deixe) exprimir explicitamente um posicionamento político. Ora, no momento em que, tendo concluído esse trabalho de enquadramento, as revistas populares deixam de falar do acontecimento, a opinião dos telespectadores torna-se mais crítica e mais explícita nos outros jornais.

3. Anti-americanismo e crítica do «pensamento único»: dois públicos conflitualizados

A reflexividade dos jornais de programação, que serve para reafirmar o laço entre telespectadores e jornais, mostra-se pouco enquanto tal nas colunas de correio. Só o *Télé Loisirs* publica uma carta que agradece ao jornal por ter dedicado a primeira página aos «heróis». Em contrapartida, quando aparecem contestações nos jornais que praticam a crítica dos *media*, estes tornam-se o alvo dos leitores. Esses públicos estão mais localizados no espaço espectadorial, mas tomam mais a palavra na porção de espaço que lhes é próprio, importunando um pouco as revistas. Nos jornais populares, a crítica da desprogramação, justificada pelos jornais de programação (ainda que esperem a «compreensão» dos seus leitores, como a *Télé Câble Satellite*), ou o facto de se achar a cobertura do acontecimento demasiado longa, quando o próprio jornal dedicou primeiras páginas ao acontecimento, podiam já assemelhar-se a uma forma de contestação implícita. Mas vimos todo o trabalho de justificação que isso produziu nos editoriais e o esforço que permite mantê-la implícita.

Na *Télérama* ou na *Télé Moustique*, em contrapartida, a crítica é mais directa e mais longa, concentrando-se essencialmente na linha política. Opõem-se os que estão do lado dos Estados Unidos ou da democracia contra o terrorismo, e os que consideram que este alinhamento faz esquecer tanto a própria responsabilidade dos Americanos (ou do Ocidente em geral) no estado actual do mundo, como outras causas ou fenómenos políticos importantes (acidente de Toulouse, conflito israelo-palestiniano, Argélia, Chechénia, fomes e guerras em África, etc...). Para alguns dos seus leitores, a *Télé Moustique* e a *Télérama* parecem favoráveis às teses críticas e até anti-americanas. Passado o choque, assiste-se a um regresso ao reportório clássico do militante, que se desenvolve sobretudo em Outubro. A arte da *Télérama* consiste em gerir bem as duas sensibilidades, publicando muitas cartas que criticam a sua linha editorial e uma quantidade comparável que a aprova.

3.1 O conflito: utilização e viragem da «crítica dos media»

Dois fenómenos particularmente visíveis permitem retraduzir esta tensão na linguagem de uma «crítica dos *media*». Por esta expressão pode entender-se um discurso, constituído no interior do reportório «militante», que considera que os *media* têm um discurso relativamente homogéneo, que deve ser combatido enquanto tal porque tem uma influência social devido a essa homogeneidade. Assim, contrariamente às aparências – por oposição às *críticas pontuais de certos órgãos de comunicação social* (como vimos a respeito da imprensa popular) –, *a «crítica dos* media» *serve um discurso político, em vez de conter esse discurso* num quadro que seria determinado pela qualidade de telespectador. Para se opor ao jornal de programação, considera-se, como vimos, que faz parte dos *media* hostis aos Americanos e que participa de um «discurso» anti-americano difundido pelos *media* e que necessita de uma crítica; enquanto que para se opor ao alinhamento pelos Estados Unidos (no sentido da linha do semanário), sublinha-se que os *media* esquecem muitos outros dramas ou que não lhes deram a mesma atenção, tanto do ponto de vista moral (minuto de silêncio) como informativo. A posição do *Le Monde* é interessante: não se lêem críticas (no suplemento) da linha do jornal, cujo director, porém, publicou o discurso célebre e provocador «Somos todos Americanos»; em contrapartida, um jornal publica várias cartas relacionadas com a segunda tendência, que não correspondem à linha do jornal e surgem como uma contestação implícita dessa linha, cartas que lembram as intervenções americanas na América Latina ou no Vietname, os problemas na Argélia ou a pouca importância que a CNN atribui à compaixão expressa pelos Franceses («Só os Americanos foram assassinados. Só os Americanos sofrem.»).

Neste diálogo conflitual e até polémico, impulsionado pelas cartas dos leitores do *Le Monde*, da *Télérama* ou da *Télé Moustique*, a crítica da cobertura mediática cristaliza, em primeiro lugar, um público crítico dos *media* e, ao mesmo tempo, pouco favorável aos Estados Unidos enquanto potência política (o que o aproxima, por exemplo, da linha do *Le Monde Diplomatique* e da relação deste jornal com os seus leitores). Assim, longe de ser uma mediação transparente, o jornal é reconhecido não só como um porta-voz legítimo, mas também como um aliado na batalha das ideias. Este fenómeno não se produz no correio do *Le Monde*, como vimos, devido à impossibilidade de os seus leitores transformarem a crítica dos *media* numa clivagem política explícita em torno da posição do jornal. A relegitimação ou a deslegitimação do *Le Monde* pode, sem dúvida, jogar-se noutro lado, mas, manifestamente, esse não é o papel atribuído àquilo que não passa de um «suplemento». Em segundo lugar, pelo contrário, opondo-se ao jornal e aos leitores que o seguem, os telespectadores que aderem à cobertura proposta viram o instrumento da crítica dos *media* contra a *Télérama* ou a *Télé Moustique*, sem defenderem explicitamente uma posição política pró-americana. A crítica dos *media*, que vai englobar o próprio jornal de programação, torna-se então, para esse público nascido do correio e da crítica que nele se pratica, mas afastado da linha editorial do jornal, um substituto, *um equivalente da posição política*. De tal modo que, curiosamente, vira a fórmula do «pensamento único» contra os próprios jornais de esquerda, que a utilizavam para estigmatizar o liberalismo económico dos governos sociais-democratas e o conformismo e alinhamento da imprensa a esse respeito...

Uma vez acabado o unanimismo pacífico, os reportórios habituais politizam-se de forma implícita, numa tensão maior ou menor com os quadros dos jornais de programação. É então que os leitores de alguns jornais se apoderam não só do espaço do correio, mas *da própria análise do discurso dos media*, para criticarem a linha do seu jornal. Através deste nascimento dos públicos pelo conflito com o jornal, o filtro constituído por este jornal entre televisão e telespectadores surge na sua própria opacidade, deixa de ser o vector transparente para os programas, está situado relativamente a eles, é ele próprio um *media*.

3.2 O acontecimento: um regresso dos jornais de programação à função de filtro

Para além da polarização em redor do acontecimento destes cinco públicos (*unanimista, legitimista, refractário, anti-americano* e *anti-pensamento único*), que mostra uma certa reacção ao choque, ou uma repercussão em certas expressões de leitores, podemos ver como uma crise simultaneamente política e mediática permite observar os equilíbrios silenciosos dos jornais de programação e os públicos invisíveis da televisão normal subitamente revelados. Nota-se a reorganização contínua dos quadros habituais pelos jornais, que serve para «sair» do acontecimento pela reafirmação do seu papel de mediação legítima, tentando neutralizarem aquilo que ameaça essa legitimidade. Reconstituem-se então, a pouco e pouco, as fronteiras tradicionais entre os jornais de programação. Reciprocamente, o trabalho dos telespectadores sobre si mesmos apresenta também processos de recomposição, nos quais os *media* e os jornais de programação – que se trate de os relegitimar duplamente ou de criticá-los por ricochete (utilizando-os uns contra os outros) – não são apenas *suportes* de discursos a que se adere ou que se oponha; servem de *pontos de referência* ideológicos. O aparecimento desses diferentes públicos passa por um grau de complexidade crescente, da simples transmissão, que põe entre parêntesis a especificidade da mediação própria aos jornais de programação (as cartas unanimistas poderiam ser publicadas noutro jornal de programação), até a um papel de *medium* reconhecido ao próprio jornal de programação (é o jornal de programação que está em causa). A revelação das linhas editoriais é assim apenas o sintoma de um desequilíbrio criado pelo acontecimento até na própria estrutura da mediação proposta por aquilo a que se poderia chamar os *filtros consentidos*, que são os jornais de programação num tempo normal.

Paralelamente à elasticidade demonstrada pelos jornais de programação por ocasião do 11 de Setembro, vemos que os públicos não são meros «receptores»; os públicos são também *produzidos* pelo acontecimento, na medida em que este é o ponto de cristalização de relações múltiplas, ideológicas e instrumentais, com a televisão e os jornais de programação. Neste sentido, propõem uma repercussão que redefine o acontecimento através da sua apropriação.

Bibliografia

DAYAN (Daniel), KATZ (Elihu), *La Télévision cérémonielle*, Paris, PUF, 1996.

DAKHLIA (Jamil), «Variations sur la télélecture: les discours de la presse de programme», *Réseaux*, n° 105, Paris, CNET, 2001.

SOULEZ (Guillaume), «Apports de la rhétorique à l'analyse des publics», *in* J-C. Abrantes (dir.), colóquio *Públicos, Televisão*, Arrábida, Portugal, Agosto de 2001.

SOULEZ (Guillaume), «Se dire téléspectadeur», *in* A. Delarge e J. Spire (dir.), *La Télé au Logis*, Paris, Éditions Créaphis, 2001.

Capítulo 5

Por Quem nos Tomamos? O Distanciamento Jornalístico e o Problema do Pronome

ANNABELLE SREBERNY

Algumas vulgarizações mediáticas anunciaram a «morte da distância». Esta teria sucumbido à diminuição dos custos e ao desenvolvimento das telecomunicações. Esta morte anunciada faz certamente eco do discurso exageradamente optimista dos defensores de uma globalização que respeitaria a dimensão local. Muitos críticos dos *media* e analistas sociais revelaram uma realidade mais dura: a impassibilidade do público face a acontecimentos à distância. As obras que tratam da actualidade internacional e da reacção dos espectadores falam também de uma «usura da compaixão» (Moeller, 1999), de «estados de negação» (Cohen, 2001) e, em geral, de uma indiferença ao «sofrimento à distância» (Boltanski, 1999). É evidente que estão em causa diferentes tipos de distância: trata-se tanto da distância espacial-geográfica – que é reduzida pelas tecnologias da comunicação – como da distância sociocultural, que é muitas vezes aumentada pela informação comunicada pelos *media*.

Estas obras referem-se em geral à dicotomia Primeiro Mundo – Terceiro Mundo ou ao fosso entre o Norte e o Sul. Moeller interessa-se pela «forma como os *media* vendem a doença, a fome, a guerra e a morte» aos Americanos e afirma que a indústria dos *media* decretou que a opinião americana não se interessa pelos acontecimentos internacionais: desde meados da década de 80 que a actualidade internacional é «um pouco menos urgente» e, por conseguinte, «para os Americanos, o mundo é hoje menos assustador» (p. 313). Segundo Boltanski, a reacção habitual face à cobertura da informação internacional consiste em manter o outro à distância, enquanto que, para Tester (2001: 28), a actualidade mundial «não suscita nem uma cólera nem um horror existenciais (...) mas sim sentimentos de distracção e aborrecimento». Critica-se muitas vezes as notícias internacionais por provocarem a insensibilidade e uma usura da compaixão. Silverstone e Robins sublinham, nomeadamente, o efeito «de distanciamento e de desafio» criado pela televisão. Para Robins, o pequeno ecrã «evita (...) a dura realidade» (Robins, 1994: 459). Assim, parece que a indiferença é vista como o maior problema do público dos *media*. Tester (1997, pp. 30-31) escreve que «ficamos indiferentes na medida em que não estamos realmente preocupados com o que vemos. A descrição visual e auditiva dos horrores que se desenrolam noutro lado não tem, para nós, nem importância nem significado profundo.»

Gostaria de destacar duas implicações deste género de análise. Por um lado, o público é nela apresentado como homogéneo. No «nós» que forma, não há, ou não deveria haver, nenhum grupo que se identifique *realmente* com os sofrimentos mostrados. Isto significa ignorar as comunidades asiáticas em Inglaterra e as suas reacções intensas e conflituosas sobre a questão da violência religiosa na Índia. É ignorar os árabes americanos, que não vêem da mesma maneira que os Americanos a situação no Médio Oriente e que utilizam outras fontes de informação que não a CNN. É ignorar o público essencialmente feminino sensibilizado pelo infortúnio das mulheres afegãs e que as defendeu, nomeadamente por correio electrónico.

Por outro, o prisma estreito e homogeneizado do «nós» faz com que a violência da actualidade nunca se abata sobre «nós». Parte desta hipótese foi posta em causa na altura do conflito dos Balcãs, bem como pela cobertura da violência política em Londres, na Irlanda, em Espanha, em Israel e nos Estados Unidos. Mas vemos então entrar em jogo novas formas de alteridade. É claro que um acontecimento estilhaçou a «distância» ilusória que os Ocidentais tinham colocado entre si e as vítimas de actos violentos apresentadas nas notícias. Foi o 11 de Setembro. O atentado contra as torres gémeas foi um «acontecimento» mediático tão extraordinário quanto imprevisto (Dayan e Katz, 1992). Milhões de espectadores do mundo inteiro viram em directo, horrorizados e fascinados, o segundo avião a embater contra o World Trade Center e as torres gémeas a desmoronarem-se. Paradoxalmente, alguns observadores a milhares de quilómetros de distância sabiam mais sobre isso do que a maioria das pessoas presas no interior dos edifícios. Estes observadores não eram menos impotentes.

1. O jornalismo do pós-11 de Setembro: emoção e afecto?

Para os jornalistas habituados a esquemas narrativos simples, desta vez é difícil demonstrarem a sua capacidade de dar sentido ao acontecimento. A forma como este acontecimento invadiu as ondas de rádio e a imprensa é suficiente para anunciar uma imensa crise; uma nova hierarquia das narrativas relega para segundo plano os conflitos em curso.

A própria dimensão do acontecimento e o seu carácter inaudito desconjuntam os enquadramentos jornalísticos habituais, escapam à interpretação. Que podem os jornalistas propor se os especialistas são incapazes de estarem de acordo quanto à interpretação a dar ao acontecimento? Que devemos pensar, nós, o público? Durante algum tempo, o acontecimento é representado como um imenso trauma mundial. O acontecimento parece exigir, e suscitar, formas de escrita novas: o relato da testemunha ocular; as últimas mensagens dos desaparecidos; as lágrimas dos sobreviventes; as opiniões improvisadas dos especialistas. As convenções do jornalismo são pulverizadas, levadas pela emoção. A esfera pública consagra-se ao afecto. O trabalho vulgar do jornalismo cede lugar a uma escrita em busca de catarse; uma escrita de gestão do trauma; uma «traumatografia».

Na Grã-Bretanha, alguns *media* de esquerda ficam conscientes do problema da islamofobia. Novas vozes são então convidadas a expressar-se em programas de debate na rádio, na televisão e nos jornais. Muitos programas convidam participantes oriundos das comunidades muçulmanas. As opiniões dos muçulmanos são solicitadas. Em Março de 2002, o Channel Four emite uma longa série de programas intitulada *Muçulmano e Britânico*.

Há muito tempo que o *The Guardian* e a sua versão dominical *The Observer* publicam artigos de opinião escritos por pessoas externas ao jornal, o que permite lançar debates públicos sobre temas difíceis. Imediatamente após o 11 de Setembro, os dois jornais publicam artigos redigidos por todo um leque de escritores e analistas respeitados, alguns escritos em Nova Iorque ou publicados na imprensa americana, outros vindos de países mais distantes. Entre estes autores, figuram Martin Wollacott, Saskia Sassen, Ian McEwan, Simon Schama, Rana Kabbani, Ian Buruma, Arundhati Roy, Christopher Hitchins, Anne Karpf, Caryl Philips, Salman Rushdie, Blake Morrison, Ahdaf Souief, Ziauddin Sardar, Polly Toynbee, Gary Younge, Yusuf Islam, Edward Said, Pete Hamill, Katie Roiphe, Larry Elliot, Darryl Pinkney e muitos outros.

Não sendo apresentados como especialistas do Islão, do terrorismo ou da esfera militar, estes autores são convidados a expressar-se com toda a independência. As suas reacções são apresentadas como pessoais e são geralmente marcadas pela emoção. Quando Alan Rusbridger, redactor-chefe do *The Guardian*, as comenta, reconhece que «alguns destes textos são prematuros, outros já ultrapassados e outros ainda discutíveis». Alguns jornais sérios abrem então as suas colunas a uma escrita afectiva e fazem-no mais, na Grã-Bretanha, numa cultura cuja reticência relativamente à expressão das emoções é conhecida, uma cultura muito diferente, deste ponto de vista, da cultura americana, ainda que as reacções à morte de lady Diana estejam ainda em todas as memórias e tenham suscitado um debate público interessante. O conteúdo destes artigos afasta-se, pois, das normas habituais e, além disso, os seus autores não são cronistas regulares, embora muitos deles tenham já publicado alguns artigos. Esta forma de escrita merece ser seriamente analisada por várias razões. O discurso político dominante nos Estados Unidos radicaliza-se logo após os atentados com o discurso de Bush e continua nesta direcção, na Primavera de 2002, com a invenção do «eixo do mal». Os autores convidados a expressar-se não representam a voz da hegemonia, mas revelam efectivamente a interiorização do processo hegemónico. Pela sua escrita emotiva e precipitada, estas vozes reflectem parte do inconsciente colectivo, da angústia, da desconfiança, mas testemunham também a compreensão e os laços entre pessoas criados pelo trauma. Deixam transparecer parte daquilo que está em «nós». É precisamente este «nós» que desejo analisar.

    Esta escrita é também interessante no sentido em que a exposição das dores e dos medos contradiz nela a indiferença habitual. O choque profundo causado pelo 11 de Setembro explica-se em parte pelo facto de «nós» sermos aqui mais os alvos do que os perpetradores da violência. A indiferença dá então lugar a um excesso de identificação. A cobertura mediática britânica propõe uma identificação imediata com a população nova-iorquina. Muitos escritores e analistas internacionais sentem-se, de certa maneira, Americanos, partilham a mesma geografia da sensibilidade. Isto decorre em parte da sedução de uma América erigida como modelo universal, da interiorização de valores hegemónicos continuamente injectados. Na Grã-Bretanha, este sentimento de proximidade cultural é particularmente forte. Nova Iorque «é-nos» próxima pelo cinema, pelo televisão e pelo turismo. Os Americanos assemelham-se muito a «nós». Não esqueçamos também a surpresa causada pelo acontecimento, as dificuldades que suscita, ou ainda a angústia partilhada por todos os habitantes das capitais que receiam ser os próximos da lista. Tudo isto contribui para uma reacção invulgarmente emocional ao acontecimento e esta reacção encontra-se naqueles artigos.

Ao ler estes artigos, ficamos impressionados com a repetitividade dos temas: os textos estão cheios de referências à identidade colectiva, mantendo-se bastante vagos quanto à natureza e à composição do colectivo evocado. O público ao qual se dirigem parece igualmente muito vago. Em muitos casos, não se sabe a quem se dirige o artigo, nem porque foi escrito, nem em que consiste o «nós» que evoca. Os artigos apresentam uma posição irreflectida, natural, quase visceral em alguns dos autores, um sentimento de pertença do qual apenas estão parcialmente conscientes e que talvez partilhemos.

2. O 11 de Setembro e a relação dentro-fora

A oposição dentro-fora pode aqui esclarecer-nos. Foi utilizada de diferentes maneiras em psicoterapia, em sociologia e nas relações internacionais. Afecta as relações interpessoais mais elementares (a relação mãe-filho), mas também os sistemas mundiais mais complexos, passando pelas estruturas nacionais. O dentro e o fora não são meros elementos de análise espacial. São estruturas imaginárias que sugerem identificações rivais. Opta-se por se identificar com uma ou com a outra. Interessam-me aqui as fronteiras móveis – discursivas, políticas imaginárias – entre o dentro e o fora numa dada situação histórica. Um dos efeitos do 11 de Setembro foi o de traçar nos nossos espíritos uma linha divisória entre um «nós» e um «eles», e de construir uma interpretação binária do mundo. É aqui que intervém a questão crucial do pronome (do «pronome-pronúncia» ([154])).

Para os psicoterapeutas, o eixo dentro-fora constitui uma das três grandes polaridades da vida mental. Na grande tradi-

---

([154]) No original: «pronom-citation» (N.T.).

ção pós-kleiniana das «relações de objecto», o «eu» é concebido como construído na base de interacções imaginárias com o Outro ([155]). A compreensão intersubjectiva constrói-se a partir da experiência afectiva do bebé. A interacção afectiva com a mãe liberta sentimentos de amor e de ódio tão intensos que só podem ser dominados se dissociados do eu e pela construção de «objectos», bons ou maus. Aparecem assim a «mãe má», o «seio mau», a posição «esquizo-paranóide». Mas se a relação mãe-filho for suficientemente boa, a criança pode aceder a outra posição, à posição «depressiva» que lhe permite reintegrar as partes más do eu. Este processo de amadurecimento permite assim delimitar mais claramente o eu do outro. Permite também aceder a uma compreensão relativizada das situações de ambivalência.

No entanto, um trauma pode provocar uma regressão para um estado psicológico anterior. Parafraseando Winnicot (1971: 114), qualquer trauma implica uma ruptura na continuidade da vida, de maneira que as defesas primitivas se organizam para fazer face ao reaparecimento do «terror sem nome», para evitar o estado de confusão receado por qualquer «ego» emergente. Uma das respostas ao trauma pode ser então o regresso a um estádio psicológico primitivo. As defesas esquizo-paranóides traduzem-se pelo regresso a um pensamento omnipotente, pelo recurso à clivagem e à negação. Qualquer hostilidade/maldade é atribuída ao outro. A retórica política de Bush, após o 11 de Setembro, convida a uma tal leitura, bem como o governo e os *media* americanos, que recusam levar em conta o ódio mundial e as feridas políticas que podem ter estado na origem do 11 de Setembro e evitando fazer a pergunta: «Porque nos odeiam?»

Em termos de teoria social, Norbert Elias mostra que o conteúdo e a definição – as figurações – do «nós» podem mudar ao longo do tempo em função do processo-vida do indivíduo: «O sentimento de identidade pessoal de cada indivíduo está estritamente ligado à construção pelo grupo do

---

([155]) No artigo original inglês, a autora fala de «(m)othering», combinando assim as duas noções de maternidade e de alteridade (*N.T.*).

"nós" e "eles". Contudo, os pronomes nem sempre conservam os mesmos referentes. Alguns dos conteúdos que designam num dado momento podem mudar em função da experiência pessoal, tal como os indivíduos evoluem ao longo dos anos. Esta regra aplica-se não só a cada indivíduo considerado de forma isolada, mas também a cada grupo e a cada sociedade. É universal. Os membros de uma sociedade designam-se por "nós" e falam dos outros como "eles", mas "nós" e "eles" poderão mudar de referentes à medida que o tempo passa.» (Elias, *What is Sociology*, p. 128, citado por Mennel, 1992: 265).

Segundo Elias, a identidade corresponde à pertença consciente a um grupo, mas muda ao longo do tempo, à medida que a interdependência crescente entre os grupos sociais produz imagens de «nós» mais complexas e mais ricas, transformando os hábitos de cada indivíduo. Assim, «o hábito e a identificação, estando ligados à pertença ao grupo, têm sempre vários níveis, em especial no mundo moderno, em que os indivíduos pertencem a grupos eles próprios incluídos noutros grupos, por sua vez pertencentes a outros grupos.» (Mennel, 1994, p. 177).

Em relações internacionais, Walker (1993) associa a metáfora espacial do «dentro-fora» ao sistema do Estado-nação. Esta abordagem funciona de duas maneiras a respeito do 11 de Setembro. Em primeiro lugar, relaciona-se com a natureza particular dos actores. Os «terroristas» não podem ser facilmente integrados no sistema do Estado-nação. O seu recurso à violência e a sua política implícita representam um verdadeiro questionamento da própria natureza desse sistema. A situação mostra-se então confusa: como devemos designar a reacção ao acontecimento, já que só se pode declarar «guerra» a um Estado? Em segundo lugar, diz respeito à sinédoque, que assimila o mundo inteiro, ou o sistema mundial, àquilo que seria o seu centro: os Estados Unidos. Deste modo, um ataque aos Estados Unidos é um ataque a «nós», na Grã-Bretanha, como afirmou rapidamente Tony Blair, é agredir todo o «mundo livre» (seja qual for o sentido dessa expressão).

3. Questão de pronúncia: que pensamos «nós» ser?

Sem perder de vista estas diferentes abordagens da relação «dentro-fora», eis um comentário pormenorizado de três textos. Os dois primeiros foram redigidos por escritores britânicos conhecidos, de raça branca e pertencentes à classe média.

Martin Amis publicou vários romances, como *The Information* e *London Fields*, uma autobiografia recente intitulada *Experience* e uma antologia de artigos críticos, *The War Against Cliché*. O artigo que nos interessa foi publicado a 18 de Setembro e está disponível na Internet; intitula-se «Letter from London», que evoca imediatamente um destinatário anónimo e distante, uma carta provavelmente dirigida aos próprios Estados Unidos, um piscar de olho ao célebre programa de Alistaire Cook, *Letter from America*, na BBC. Amis parte da mudança introduzida na percepção do acontecimento pela existência de um segundo avião. Enquanto existe apenas um avião, o acontecimento é apenas «a pior catástrofe aérea da história». «Galvanizado pelo ódio vindo de outro mundo, o segundo avião anuncia, pelo contrário, o apocalipse.» Amis continua: «A sua fuselagem brilhante prefigura o mundo que *nos* espera.» Quem é o «nós» de que ele fala? Os citadinos? Os Ocidentais? Os Britânicos? Que acontece à Londres anunciada no título? Amis retoma então o relato dos acontecimentos dessa manhã. Tal como muitos outros comentadores, atribui demasiado mérito à organização dos piratas, dando-lhes o mérito de terem planeado cuidadosamente um acontecimento mediático de escala mundial; de saberem de antemão que as torres iriam implodir. Não tendo estado nos locais, apropria-se da experiência da «minha cunhada», que está na esquina da 5ª. avenida com a 11ª. rua, na trajectória de um dos aviões. Amis volta então a um «nós», um «nós» que devia designar citadinos ou observadores de aviões. «Todos *nós*, um dia, vimos passar um avião perto de um edifício muito alto; todos ficámos na expectativa do choque, antes de reconhecermos que era uma ilusão de paralaxe, antes de vermos o avião prosseguir majestosamente a sua rota.»

As torres gémeas, na sua queda inevitável, «são agitadas por sobressaltos». Os suicidas dão provas de uma «sofisticação demente», de virtudes físicas diferentes: «Desprezam a vida, tal como desprezam a morte (...). É importante saber quem é o *nosso* inimigo.» A oposição é simples. Não passa de uma reposição do maniqueísmo de Bush. Essas pessoas não são «como nós», porque, implicitamente, amamos a vida e respeitamos a morte. O estereótipo do oriental sem escrúpulos não está muito longe. O número de mortos a pôr nos activos do Ocidente é demasiado facilmente esquecido, tanto na retórica política como no comentário de Amis.

O autor passa então de novo para um «nós» britânico. Os pais americanos vão sentir a sua incapacidade para proteger os filhos, mas o mesmo acontecerá *connosco*. Parece então que um acontecimento americano, mesmo já terminado, pode ser capaz de destruir as ilusões dos pais britânicos sobre a sua capacidade de protegerem os filhos. Os destinos dos dois países estão selados. Amis dá então livre curso à sua imaginação, inventa cenários catastróficos, com o reforço de armas biológicas, químicas ou nucleares. Foi engolido pelas categorizações binárias. Ilustra bem as nossas próprias tendências paranóicas.

Amis sublinha que é difícil aos Americanos compreenderem como são odiados, «porque o facto de se imaginarem justos e bons faz quase tautologicamente parte da construção identitária dos Americanos». Tal construção tem realmente de ser destruída, diz ele, emitindo um género de crítica que só um Britânico pode dirigir a um *Yankee*, admoestando-o talvez num tom de condescendência colonial, mas à maneira de um velho amigo.

Do «outro mundo» – o que ele refere na frase «o mundo parece ter-se tornado subitamente bipolar», Amis exige um esforço muito maior. Com efeito, será preciso esperar que nele se produza um «renascimento», depois uma «reforma» e, por fim, um «século das luzes». Mas «teremos *nós* tempo para isso?» Amis manifesta aqui um eurocentrismo evidente e grosseiro. Para o autor, esse «eles» representa todo o mundo muçulmano, do qual se espera que reproduza o processo histórico do

Ocidente. Os Britânicos, por seu lado, estão firmemente instalados sob a asa protectora da aliança «comandada pelos Americanos» e não têm paciência para esperar que o outro mude. Por conseguinte, a resposta à pergunta retórica «que devemos nós fazer?» é evidente: «a violência impõe-se, a América necessita de uma catarse». Já não se trata de mera simpatia, mas de uma justificação para a violência anunciada. Mas, continua Amis, desejamos sobretudo que a resposta não leve a uma escalada. Aqui, o «nós» é, de facto, um «eu». É a opinião do autor que aparece pela primeira vez numa espécie de inversão eliasiana. Será que o emprego do «eu» provoca uma sensação de isolamento demasiado incómoda? Será o «nós» uma forma de se sentir mais em segurança, entrincheirado atrás do escudo colectivo? De facto, Amis propõe uma ideia inovadora: propõe bombardear os Afegãos não com mísseis, mas com latas de conservas, ideia de facto levada à prática durante a guerra no Afeganistão, ainda que as latas fossem para os GI e não tivessem a ver com o arroz consumido pela população afegã.

No seu último parágrafo, Amis conclui que «a nossa última hipótese enquanto habitantes do mesmo planeta» é «ultrapassar os nacionalismos, blocos, religiões, etnias, para desenvolver uma consciência comum à espécie humana». Amis tenta então aplicar este princípio: «pensando nas vítimas do atentado, nos seus autores e no futuro imediato, sinto pena, medo: a vergonha de ser humano». Embora o seu estilo literário seja algo afectado, Amis chega finalmente à verdade sobre o colectivo. Descreve aquilo que temos em comum. A sua voz assemelha-se então à voz civilizadora de Elias, levantando as velhas fronteiras. Mas, antes disso, teve necessidade de recorrer pelo menos 11 vezes a um «nós» ambíguo. Daí o interesse do seu artigo.

Deborah Moggach é também uma romancista prolífica (*To Have and to Hold*, *Tulip Fever* e *Final Demand*). O seu artigo (publicado em 27 de Outubro) intitula-se «Cares of the world – How should individuals respond at a time of international chaos?». Logo na primeira frase, o «eu» individual do título é substituído por uma forma vaga e gregária: «Neste período estranho, todos *nós* nos tornámos hipocondríacos, ocupados a anotar dia após dia os nossos sintomas.» Esta entrada teatral no tema não me seduz. Irrita-me. Dá-me vontade de responder: «Não, isso não é verdade.» Deve dizer-se que, num artigo de três páginas, Moggach utiliza pelo menos 26 «nós» (sem falar dos derivados, como «nosso»), que remetem de forma muito vaga para segmentos do público que diferem caso a caso e que é preciso induzir do contexto.

Tomemos um exemplo: «Todos nós estamos implicados na mesma história e, juntos, descobrimos tanto as nossas próprias psiques como as realidades que ignorávamos há algumas semanas.» Se o «nós» designa a nação, deixa entender que, antes dos acontecimentos, «nós» sabíamos pouco sobre o Islão ou sobre a política do Médio Oriente, limitando assim o público nacional a uma população essencialmente branca e cristã. A nação evocada está longe de ser multicultural.

O mesmo tom encontra-se no parágrafo seguinte: «Nós estamos espantados face a esta situação bizarra. Um fulano incapaz de soletrar a palavra "penicilina" pode semear o pânico em toda a América. Apesar dos nossos *media* sofisticados e das nossas mil estações de televisão, a única coisa que podemos ver é o que fazemos no Afeganistão.» Aqui, o Outro, o culpado cujo nome é tu, é um iletrado. Está nos antípodas do culpado segundo Amis: um engenheiro com previsões rigorosas. Esta simplificação permite, de facto, recorrer a uma personificação que garanta o apoio político à aventura no Afeganistão: a Al-Qaeda é sinónimo de Osama bin Laden (tal como o Iraque é sinónimo de Saddam e o Irão era sinónimo de Khomeiny). Sinédoque e personificação são tropos correntes da prática jornalística, como Zelizer (1992) mostrou em pormenor a propósito do assassinato de Kennedy. A presença maciça desses tropos mostra que é difícil, mesmo para os autores de ficção, escapar aos quadros oficiais. Será então de admirar ver textos pessoais reproduzirem o pensamento dominante? Não, certamente. Mas «nós» (universitários) raramente temos oportunidade de observar o fenómeno em tal escala.

Moggach liga a «nossa impotência» ao facto de «não podermos identificar o inimigo». Parece fazer eco dos argumentos de Walker sobre a dimensão estado-centrista da política internacional. Se o agressor não é uma nação, então, com que tipo de animal político estamos a lidar? No entanto, a impotência de que ela fala não é política. É uma impotência literária. Moggach admite que se tivesse de escrever sobre o assunto, sentir-se-ia paralisada pelo carácter instável da intriga. «O processo de luto pelo qual todos nós passámos com ritmos próprios. Já não somos aqueles indivíduos estupefactos com a implosão das torres na televisão, nem aqueles que se sobressaltam sempre que um avião lhes passa por cima da cabeça, nem aqueles que vemos uma semana depois mergulhados na tristeza, em estado de choque. Quase não conseguimos reconhecer esses "eu" já distantes, já para não falar dos que os precederam e que estavam ocupados nas suas actividades antes do 11 de Setembro.» Esta frase evoca uma sobre-identificação considerável com os atentados de Nova Iorque. O que é interessante em Moggach é que os laços que «nos» ligam não são analisados, mas presumidos. Tratar-se-á dos ocidentais, dos anglófonos, dos habitantes das grandes metrópoles, da classe média, dos brancos? Além disso, novamente, se «nós» designa a Grã-Bretanha multicultural, será justo o argumento segundo o qual «nós» somos mais afectados por este acontecimento do que pelos muitos outros episódios de violência que se produzem no mundo no mesmo momento?

Os perigos da vida contemporânea afectam particularmente Moggach, que passa então para o modo pessoal: «Fomos ao cinema em Piccadilly, mas estava esgotado; mudámos então de planos e fomos a outro cinema.» Em Londres, circulam rumores sobre a possibilidade de um atentado. O perigo torna-se sensível, presente. Mas é imediatamente rejeitado. «Os fanáticos não precisam», escreve Moggach, «de fazer a ameaça do terror. A situação nada tem de novo. De facto, são tão impotentes quanto nós. O acaso pode condenar-nos. O acaso pode salvar-nos a vida.» Não se propõe qualquer explicação política. Os acontecimentos do 11 de Setembro já nem são actos motivados. Catástrofes naturais, acções fanáticas, é tudo a mesma coisa. Um acaso incoerente conduz a dança «e talvez seja melhor assim neste período bizarro e interessante». O estranho fatalismo que aqui se manifesta tem mais a ver com a teologia fundamentalista do que com o pensamento moderno. Leva-nos à impotência da qual Moggach partiu.

O terceiro e último texto é, de facto, uma espécie de comentário editorial do *The Observer*, a versão dominical do *The Guardian*, que publica um número especial: «O 11 de Setembro seis meses depois» (10 de Março de 2002). O «nós» aparece 12 vezes num texto curto. O artigo começa assim: «No momento em que o primeiro avião embatia contra a torre, nós queríamos saber: porquê este atentado? Qual será o nosso futuro? Quem estará em segurança?» Mas, concretamente, quem é que faz estas perguntas? Quem sofre deste impulso epistemofílico? Todos os ocidentais, todos os Britânicos, todos os leitores do *The Observer*? Os empregados do jornal? É claro que o objectivo era convidar os leitores desse número a ocuparem o «nós» proposto.

No entanto, o autor reconhece que o tempo passa e que a urgência das perguntas se desvanece: «Porque o centro resistiu, o mundo não se desmoronou. O caos não invadiu o planeta» (um claro piscar de olho a Yeats, a Achebe e à Bíblia). O medo intenso que «nos» assaltou em meados de Setembro já acalmou. O «nosso» mundo não se alterou de forma radical. «Nós não estamos em guerra. Não explodem bombas nas ruas das cidades britânicas. Não há nenhum corte de electricidade, nenhuma zona interdita. Nós vamos para o trabalho, saímos, voltamos a casa, passeamos, dormimos e comemos. E, olhando pela janela, podemos ver, com os nossos próprios olhos, aquilo que parece ser uma verdade simples: a vida tal como nós a conhecemos não acabou no 11 de Setembro.»

Este parágrafo é interessante por várias razões. No momento em que é redigido, cerca de duas centenas de marinheiros britânicos estão baseados no Afeganistão, informação que aparece em baixo na mesma página. E, sem estar oficialmente em guerra, a máquina militar ocidental não deixa de estar envolvida em incidentes violentos no território afegão. Não é por nós, os Britânicos, estarmos em segurança nas nossas cidades que os Afegãos o estão também nos seus lares. Não declarar guerra formalmente, de um ponto de vista político ou retórico, deixa espaço livre para manobras equívocas. O mal-estar dos muçulmanos britânicos após o 11 de Setembro é, aliás, cada vez mais manifesto. Contudo, a experiência destes é ignorada numa tal análise. De outro ponto de vista, o abrandamento da economia, o desemprego crescente e as repercussões negativas do 11 de Setembro na indústria da aviação e do turismo suscitam a solicitude quanto à actividade dos leitores de classe média do *The Observer*: estarão todos a trabalhar ou de férias? No entanto, pode-se observar uma diferença clara entre o discurso expresso logo após os atentados e o ponto de vista mais relativizado que emerge seis meses depois, quando a dimensão mundial do poder militar americano é criticada.

Assimilar toda a população britânica aos leitores do *The Observer* e aos hábitos socioeconómicos destes é uma equação difícil de admitir. De facto, o autor reconhece «mudanças subtis na nossa cultura, na nossa política, no nosso modo de vida», mas a natureza destas mudanças não é analisada. O artigo termina sugerindo que «as perguntas que "nós" fazíamos (os Britânicos, os jornalistas do *The Observer*, a classe média que lê o *The Observer*?) há seis meses – sobre o Islão (não haverá nenhum leitor muçulmano?), a segurança, a lei, a globalização, a pobreza, o mundo dos negócios, os Americanos, a finança internacional – nada perderam da sua importância». Continua a ser crucial dar-lhes respostas. Sem dúvida. Mas, a esta lista, dever-se-ia acrescentar muitas outras questões igualmente fundamentais. Sobre uma política externa ética, as nossas estratégias no Médio Oriente, a corrida mundial ao armamento ou o papel da Grã-Bretanha na Europa relativamente aos Estados Unidos.

4. Conclusão

Os artigos de Amis e de Moggach são interessantes por aquilo que têm em comum entre si. Paradoxalmente, se estes escritores tivessem recorrido à primeira pessoa do singular, eu não teria muita coisa a dizer. Mas o problema é a reivindicação de uma experiência partilhada, que eles exprimem através do uso de um «nós» movediço. A sua ingenuidade brutal esclarece bem o laço estreito que une os discursos sobre o eu e a hegemonia. Um discurso político instala-se nos imaginários privados (aqui tornados públicos). Se o jornalismo vulgar e factual ajuda a configurar a nossa visão do mundo, as rubricas de opinião redigidas por escritores mostram até que ponto esta visão foi adoptada. Neste sentido, Rorty (1989) tem razão em sublinhar a diversidade das vozes, incluindo as ficcionais, que participam no debate sobre a natureza política. É irónico que dois romancistas, com tendência a destacarem, nas suas obras de ficção, os imprevistos da vida social, pareçam viver, quando se exprimem pessoalmente, numa paisagem social com fronteiras rígidas.

Mas sei que não se pode exigir, em simultâneo, uma esfera pública aberta ao afecto, uma esfera pública em que os indivíduos garantam um equilíbrio melhor entre razão e sentimentos, e expulsar dela sumariamente estes sentimentos. É por isso que acho bem que o *The Guardian* tenha solicitado e publicado esses textos e há que reconhecer que a sua página «Opiniões» (*Comments*) permanece relativamente aberta à diversidade dos pontos de vista. Os autores que publicam esses textos espontâneos correm riscos. A crítica que faço deles consiste em levar a sério o papel que desempenham: abrem o universo do jornalismo a uma diversidade maior. Mas pode-se reconhecer a autenticidade de um sentimento e, ao mesmo tempo, questionar a sua origem. E é necessário optar por uma política do contacto ou por uma política da clivagem. Segundo Amis e Moggach, o Outro é louco, mau, fanático. Nada tem a ver com o «nós». Elias, em contrapartida, optou por privilegiar o «eu» relativamente ao «nós». Parece que, nas situações de guerra, há maior necessidade de invocar o «nós» para instaurar a confiança, para criar laços. Sennett fala do «nós» como um «pronome perigoso». O «nós» serve de traço de união com a comunidade, mas pode também tornar-se auto-defensivo, transformar-se em arma. Elias sublinha, além disso, que as culturas e os indivíduos arranjam «outros», que mudam com o tempo e por vezes até simultaneamente. Os dois autores convidam-nos então a explorarmos as diferentes maneiras, patentes ou latentes, como um «nós» se articula.

O 11 de Setembro revela as contradições do sistema dos Estados-nações, as suas dificuldades em reagir face a actores não estatais. Com o tempo, o excesso de identificação com Nova Iorque ou com os Estados Unidos dá lugar a um debate mais distanciado e mais crítico. Diversos interesses nacionais e diversas culturas políticas fazem-se ouvir. No início da Primavera de 2002, a cena política britânica abre-se aos sentimentos anti-americanos: estamos muito longe de partilhar o luto dos Americanos como acontecia há seis meses. A posição do *The Observer* volta a ter em conta o público britânico, mas a construção deste público continua a ser problemática.

A estrutura discursiva dos afectos, das ligações, não escapa à ética. Onde começa o intolerável para nós próprios ou para os outros? Para Bauman, o desafio a destacar é «o de uma ética pós-moderna, capaz de admitir o Outro como vizinho, como física e intelectualmente semelhante; de o receber no seio do eu moral; de restituir a plena autonomia moral à noção de proximidade; de atribuir ao outro o papel principal no processo do qual depende a construção ética do eu.» (1993: 84).

É necessário saber levar melhor em conta as circunstâncias. Os artigos de que falei mostram não só como estamos longe de aceitar «o terrorista» nesses termos, como também, talvez mais urgente, estamos longe de admitir que os nossos próprios vizinhos, os outros que vivem perto e com os quais muito partilhamos, podem porém ter uma visão do mundo diferente da nossa e igualmente válida. As vozes de Amis e de Moggach são certamente representativas do «nosso» senso comum. Saturadas de categorizações culturais, reproduzem as grandes clivagens em que desde há muito estão instalados os públicos ocidentais. Reproduzem uma *doxa* tóxica. Julgamo- -«nos» muito diferentes deles. O 11 de Setembro tende a reforçar a clivagem. Tanto no plano da realidade como no da teoria, o 11 de Setembro demonstra que «a usura da compaixão», a indiferença ao «sofrimento à distância» ou a negação são construções profundamente ocidentais. Aqueles que escrevem sobre o 11 de Setembro ilustram, pois, as dificuldades que Nós encontramos quando se trata de distinguir o DENTRO do FORA e o NÓS do ELES.

Bibliografia

BLACKMAN (Lisa), WALKERDINE (Valerie), *Mass Hysteria*, Nova Iorque, Palgrave, 2001.

BOLTANSKI (Luc), *Distant Suffering*, Cambridge, RU; Nova Iorque, Cambridge University Press, 1999.

CAIRNCROSS (Frances), *The Death of Distance*, Boston, Harvard Business School Press, 1997.

DAYAN (Daniel), KATZ (Elihu), *Media Events*, Cambridge, Harvard University Press, 1992.

ELIAS (Norbert), *Involvement and Detachment*, Oxford, RU; Nova Iorque, Blackwell, 1987.

ELIAS (Norbert), «Changes in the We-I Balance», *The Society of the Individual*, Oxford, RU; Cambridge, EUA, Basil Blackwell, 1991.

LIFTON (Robert Jay), *Death in Life: Survivors of Hiroshima*, Nova Iorque, Random House, 1967.

MELLENCAMP (Patricia), «TV Time and Catastrophe: Or Beyond the Pleasure Principle of Television», *in* P. Mellencamp (org.), *Logics of Television*, Bloomington, Indiana University Press, 1990, pp. 240-266.

MENNELL (Stephen), *Norbert Elias*, Dublin, University College Dublin Press, 1992.

MENNELL (Stephen), «The Formation of the We-Images: A Process Theory», *in* C. Calhoun (ed.), *Social Theory and the Politics of Identity*, Oxford, RU; Cambridge, Blackwell, 1994.

MOELLER (Susan D.), *Compassion Fatigue*, Nova Iorque, Routledge, 1999.

PRINCE (Robert M.), *The Legacy of the Holocaust*, Nova Iorque, Other Press, 1999.

ROBINS (Kevin), «Forces of Consumption: from the symbolic to the psychotic», *Media, Culture and Society*, 1994, 16, pp. 449-468.

RORTY (Richard), *Contingency, Irony, Solidarity*, Cambridge, Nova Iorque, Cambridge University Press, 1989.

Sennett (Richard), *The Corrosion of Character*, Nova Iorque, W. W. Norton and Co., 1998.

September 11, Guardian Newspapers Ltd., Outubro de 2001.

Silverstone (Roger), *Television and Everyday Life*, Londres; Nova Iorque, Routledge, 1994.

Sreberny (Annabelle), «Globalization and Me», *in* Joseph M. Chan e Brice T. McIntyre (ed.), *In Search of Boundaries*, Westport, Ablex, 2001.

Tester (Keith), *Moral Culture*, Londres, Thousand Oaks, Sage, 1997.

Tester (Keith), *Compassion, Morality and the Media*, Buckingham, Filadélfia, Open University, 2001.

Walker, R. B. J., *Inside/Outside: International Relations as Political Theory*, Cambridge, Nova Iorque, Cambridge University Press, 1993.

Wardi (Dina), *Memorial Candles*, Londres, Nova Iorque, Tavistock/Routledge, 1992.

Winnicott (Donald Woods), *Playing and Reality*, Londres, Pelican Books, 1971.

Zelizer (Barbie), *Covering the Body: The Kennedy Assassination, the Media, and the Shaping of Collective Memory*, Chicago, University of Chicago Press, 1992.

Quarta parte

JULGAR

A *PERFORMANCE* DOS «SÁBIOS»

Capítulo 1 **A piedade, o terror e o enigma do assassino virtuoso**
John Durham Peters

Capítulo 2 **Autópsia da visão**
Santos Zunzunegui

Capítulo 3 **Terror: após o 11 de Setembro, o problema do mal**
Susan Neiman

Capítulo 4 **Desculpar o terror:
uma política da justificação ideológica**
Michael Walzer

Leiamos a forma como o jornal Le Monde relata o festival de Cannes, em Maio de 2002. Cada artigo remete, directa ou indirectamente, para o 11 de Setembro de 2001. Percebe-se então até que ponto um acontecimento verdadeiro está longe de se dissipar. Como termina um acontecimento deste género? Certamente não por decreto, nem por um regresso ao statu quo. Talvez o acontecimento termine quando se solidificar a definição de uma nova normalidade? Mas em que momento é que esta realmente se instalou?

Podemos sabê-lo de forma indirecta quando outro acontecimento eclipsa o acontecimento inicial. Este deixa então de ser uma figura e passa a ser um fundo sobre o qual se destaca o novo acontecimento. Deixou a luz da ribalta. Já não é texto, mas sim contexto. Mas continuará a sê-lo? A intervenção americana no Afeganistão foi, de certo modo, absorvida pelo 11 de Setembro. A guerra contra o Iraque constituirá um novo acontecimento? Será ela também absorvida? Será que um acontecimento termina quando perde o poder de atrair outros acontecimentos e de torná-los seus satélites? Será que um acontecimento termina quando deixa de ser um pólo de atracção?

Terminado ou não, o acontecimento organiza-se em torno de um título e de determinadas imagens. Pode-se falar de «ataques contra Nova Iorque» ou da «destruição das Torres Gémeas», ou do «desmoronamento do World Trade Center». Contudo, esta focalização num local (tomando aqui Nova Iorque o lugar de Pearl Harbor) não dá conta dos acontecimentos que, no mesmo momento, se desenrolam na Pensilvânia e em Washington. Falar do «11 de Setembro» permite não excluir as outras sequências e, ao mesmo tempo, afirmar um paradigma das datas fundadoras (o 11 de Novembro, o 14 de Julho, o 11 de Setembro chileno). Mas se a designação do acontecimento se condensa numa data, a memória icónica do acontecimento continua, porém, centrada nas torres de Nova Iorque. Foi em Nova Iorque que teve lugar a morte em directo de milhares de pessoas diante de centenas de milhões de testemunhas. O acontecimento é assim dotado de um nome, de uma sinédoque visual, de limites espaciais. Poderíamos traduzir: de uma identidade, de um rosto, de uma pele. Propõe-se-lhe uma visão antropomorfizada? Não. Trata-se, pelo contrário, de mostrar como se constrói essa visão, como ela implica escolhas de visibilidade e de invisibilidade, como leva à análise e ao enquadramento do acontecimento. Alguns historiógrafos diligentes encarregaram--se de bom grado dessa tarefa. É interessante ver como procedem. Estes historiógrafos são, com efeito, juízes. A forma como analisam o acontecimento serve de prelúdio a um veredicto.

De facto, trata-se aqui de reflectir sobre a natureza das *performances avaliadoras*, de nos interessarmos pela maneira como se julgam os protagonistas do acontecimento. É assim que Michael Walzer julga a performance dos terroristas, John Peters julga a dos seus adversários, Susan Neiman julga ambas ao mesmo tempo e Santos Zunzunegui julga a performance dos públicos. Quais são os aspectos do acontecimento retidos para se fazer um julgamento? De que se fala quando se pronuncia uma sentença? E do que é *que não se fala? A reflexividade será acompanhada por pontos escuros, zonas cegas? Será que obedece a um efeito de agenda? É fácil observar que diferentes tipos de juízes tendem a privilegiar diferentes sequências do acontecimento; a concentrar-se em diferentes fases do seu desenrolar. Alguns só têm olhos para Nova Iorque. Para estes, é como se o acontecimento tivesse terminado na manhã de 12 de Setembro de 2001. Outros interessam-se apenas pela guerra do Afeganistão ou do Iraque, sem ligar aos ataques contra o World Trade Center. Para estes últimos, estes ataques deixam pura e simplesmente de existir. São substituídos por acontecimentos sucedidos noutros lugares, noutros tempos, anos mais cedo, meses depois. Em que momento e a que propósito usa o observador os seus recursos analíticos, e em que momento é que ele prefere guardá-los na gaveta? Esta questão vale para todos os julgamentos pronunciados.*

Alguns géneros discursivos são produtores de monstruosidades: o jornalismo quando se trata de terrorismo; a ficção no caso dos serial killers. A nossa sociedade adora inventar monstros. Pensamos então que a monstruosidade não existe, que é uma espécie de necessidade retórica, o pavoroso de uma fábula moralizadora, the monster is in the eye of the beholder. Mas, graças ao beijo de uma princesa, todos os sapos podem transformar-se em príncipes. Será que os que julgam o acontecimento podem também produzir monstruosidades? Ou será que têm o papel de princesa? Terão uma terceira opção? Uma coisa é certa. A natureza do seu julgamento está estreitamente ligada à da sua focalização.

Alguns interessar-se-ão pelos motivos e razões dos terroristas. Outros preocupar-se-ão apenas com os sofrimentos das vítimas. No primeiro caso, os sofrimentos destas vítimas serão geralmente ignorados. No segundo caso, os motivos dos terroristas serão declarados inexistentes. Será necessário escolher uma destas cegueiras?

Os que julgam os actores do acontecimento em termos políticos, éticos ou estéticos pronunciam-se indirectamente sobre o que os outros juízes estatuíram acerca dos mesmos actores. Longe de estar acima do acontecimento, cada «juiz» é levado pelo seu juízo a tornar-se também um actor do acontecimento, por isso passível de ser, por sua vez, julgado. Isto vale também para os autores deste livro. De facto, cada um dos textos apresentados é, de certa maneira, posto em causa por um ou vários dos que o acompanham. Será a compaixão pelas vítimas um álibi perigoso (Peters)? Serão os terroristas condenáveis, desculpáveis ou justificáveis (Walzer)? Podemos condenar o terrorismo sem nos tornarmos cúmplices de outra forma de mal (Neiman)? Será o terrorismo uma «obra» capaz de apelar a respostas estéticas? A fruição estética face ao sofrimento de outrem poderá então justificar-se (Zunzunegui)? Pode uma ética ser «contra-intuitiva»? Pode a piedade ser condicional? A compaixão pode omitir algumas vítimas? Pode a denúncia exonerar alguns carrascos? Está aberto o debate. Os julgamentos aqui expostos deverão ser então lidos tanto pelos seus argumentos como pelos veredictos a que chegam.

Capítulo 1

A Piedade, o Terror e o Enigma do Assunto Virtuoso

JOHN DURHAM PETERS

Desde que surgiu no século XVIII, a política da piedade é apanágio da esquerda. Hannah Arendt estava certa ao ver o seu verdadeiro nascimento na Revolução Francesa, que, pela primeira vez, definiu a piedade relativamente às condições de vida dos miseráveis como um dever político incontestável. O «zelo compassivo», espécie de ginástica da imaginação emocional, tornou-se então chancela do revolucionário virtuoso e, a partir de 1789, um exército heterogéneo de reformadores, revolucionários e visionários apela à consciência da humanidade para a levar a agir – a tentar tudo – em nome dos oprimidos. Com Robespierre e Saint-Just, aparece um novo tipo de personagem histórica: o carrasco que executa, não por ser animado pela maldade ou pela ira, mas em nome da virtude e com um coração transbordante de ternura. Os jacobinos enchiam de piedade o caminho que levava ao cadafalso. «A piedade, entendida como fonte de virtude, mostrou-se mais inclinada para a crueldade do que a própria crueldade. *Por piedade, por amor à humanidade, sede desumanos!* – estas palavras, praticamente extraídas ao acaso de uma interpelação de uma das secções da Comuna de Paris dirigida à Convenção Nacional, não são acidentais nem excessivas; falam a verdadeira língua da piedade.» [156]

«O conservadorismo compassivo» defendido por George W. Bush foi durante muito tempo interpretado como símbolo de uma consciência culposa, como o anúncio em voz alta, e talvez inadvertidamente, do fracasso flagrante do conservadorismo. O 11 de Setembro dá-lhe nova legitimidade, uma vez que a compaixão obrigatória pelas vítimas lhe confere o direito de ser desumano. O 11 de Setembro dá a Bush e companhia a ocasião de arrebatar à esquerda a política da piedade; de lhe roubar a retórica do massacre virtuoso. Não duvido que Bush e os seus acólitos sejam pessoas de coração honesto. Mas as suas mãos assassinam. Como compreender esta estranha combinação?

Na história americana, a memória dos mortos ou a compaixão pelos que sofrem foram durante muito tempo anunciadores de violência. Justificou-se parcialmente, por exemplo, a Guerra de Secessão, particularmente sangrenta, pela piedade relativamente aos escravos oprimidos. O discurso de Lincoln no local da batalha de Gettysburg permitiu fazer da pesada tarefa de honrar os mortos – a nação como cemitério – uma chave da retórica política americana [157]. A obrigação de recordar – quer se trate da batalha de Álamo na guerra contra o México, de Pearl Harbor durante a Segunda Guerra Mundial ou do 11 de Setembro – é desde há muito um grito de guerra para o exército americano. Isto não significa que a recordação seja essencialmente má – o culto dos mortos é um dever moral e humano – ou que a acção militar nunca seja legítima. Em contrapartida, devemos interrogar-nos sobre a

---

[156] Hannah Arendt, *On Revolution*, Nova Iorque, Viking Press, 1963, p. 85.
[157] Garry Wills, *Lincoln at Gettysburg: The Words that Remade America*, Nova Iorque, Schuster, 1992.

relação curiosa entre o dever moral de sentir a dor do outro e o programa político combativo que dele decorre, concretamente.

Uma das consequências mais lastimáveis, mas mais instrutivas do 11 de Setembro foi a de fazer aparecer claramente a correlação entre virtudes morais e vícios políticos. O luto pelos que morreram é, sem dúvida, a expressão de um sentimento humano. Um indivíduo que não sinta qualquer simpatia por outro ou qualquer respeito pelos mortos é profundamente desprovido de humanidade. No entanto, como estas emoções são de certa forma inevitáveis, prestam-se à chantagem ou, mais precisamente, ao desvio. Poucos de nós querem ter um coração de pedra, mostrar-se indiferentes. Temos então a tentação de nos envolvermos na defesa de causas que reivindicam um monopólio da virtude generosa na guerra do bem contra o mal. As repercussões do 11 de Setembro relembram-nos uma triste lição, que era já a d'*A Ilíada*. A compaixão pelas vítimas, a tristeza pelos mortos, a piedade pelos sofrimentos podem ser acompanhadas de acções tão vis e violentas quanto as que causaram os males chorados. Poucas coisas são tão perigosas como uma vítima virtuosa equipada com artilharia pesada. Os Estados Unidos parecem ter-se transformado em mestres na arte de perder regularmente a inocência. Perderam-na durante a Guerra de Secessão, nas trincheiras da Primeira Guerra Mundial, nos campos da Segunda Guerra Mundial, na lama do Vietname e no céu limpo do 11 de Setembro. Recursos renováveis e inesgotáveis de inocência permitem que este país seja sempre a vítima e, por isso, que se sinta justificado nas suas represálias. Amo a virtude e os Estados Unidos, mas detesto o farisaísmo e a violência, uma posição difícil após os atentados do 11 de Setembro.

A sensibilidade humanitária tem sempre uma faceta obscura. Esta sensibilidade varre o mundo moderno em movimentos que vão desde a luta pela abolição da escravatura no século XIX até ao altermundialismo no século XXI, passando pelo anticolonialismo do século XX. Durante muito tempo, a dor e o sofrimento foram vistos como factos da vida ou como a ocasião de demonstrações magistrais de força estóica. Mas, em meados do século XVIII, há uma transformação das percepções, ainda hoje muito presente. A dor é um mal. O seu alívio é um imperativo político e moral. Este alívio pode exigir uma acção agressiva e violenta. Desenvolve-se então uma «pornografia da dor». As imagens de populações afligidas despertam sentimentos curiosamente mistos. O deleite junta-se à indignação moral. Na literatura edificante do século XIX, por exemplo, as cenas de flagelação ocupam uma posição de eleição. Em muitos casos, são simultaneamente revoltantes (moralmente) e sugestivas (eroticamente), tal como o são as representações de fome, de tortura e martírios, que sabemos terem sido os principais incentivos do sentimento humanitário no século XX ([158]). O dever de encontrar uma resposta (emocional, mas também pastoral) para o sofrimento à distância está no âmago da cultura política progressista desde há mais de dois séculos ([159]). A paleta emocional e o arsenal retórico do humanitarismo consiste então, essencialmente, em apresentar imagens de pessoas em sofrimento. A fórmula que nos convida a nunca esquecermos o 11 de Setembro é apenas o último episódio de uma história com dois séculos, história cuja coloração política foi simplesmente invertida.

A partir de 1750, no nascimento da consciência humanitária, pensadores como Edmund Burke, Adam Smith, Voltaire e Immanuel Kant formulam a questão da ética do espectador. Como devemos reagir face à dor do outro? A grande atenção atribuída a esta questão na década de 50 do século XVIII não é fortuita.

Alguns exemplos extremamente traumatizantes – em particular o sismo de Lisboa em 1755 e a execução pública por esquartejamento do regicida Robert Francis Damiens em 1757,

---

([158]) Karen Halttunen, «Humanitarianism and the Pornography of Pain in Anglo-American Culture», *American Historical Review* (Abril de 1995), pp. 303-334, e Thomas L. Haskell, «Capitalism and the Origins of the Humanitarian Sensibility, Parts 1 and 2», *Objectivity is Not Neutrality. Explanatory Schemes in History* (1985), Baltimore, Johns Hopkins University Press, 1998, pp. 235-279.

([159]) Luc Boltanski, *La Souffrance à distance: Morale humanitaire, médias et politique*, Paris, Éditions Métailié, 1993.

uma cena que, em Inglaterra, parece assediar a reflexão da época sobre as representações do sofrimento – conferem uma urgência histórica imediata ao problema moral causado pelo nosso olhar sobre o outro em sofrimento (ao começar *Vigiar e Punir* com a execução de Damiens, Michel Foucault retoma astuciosamente um velho *topos*). Todos estes pensadores conhecem bem a formulação clássica do problema. Em *A República*, a mistura de repulsa e fascínio que inspiram as cenas de trauma serve de revelador do conflito interno da psique humana. Platão conta isto. «Leôncio, filho de Agláion, ao regressar do Pireu, pelo lado de fora da muralha norte, apercebendo-se que havia cadáveres que jaziam junto do carrasco, teve um grande desejo de os ver, ao mesmo tempo que isso lhe era insuportável e se desviava; durante algum tempo lutou consigo mesmo e velou o rosto; por fim, vencido pelo desejo, abriu muito os olhos e correu em direcção aos cadáveres, exclamando: aqui tendes, génios do mal, saciai-vos deste belo espectáculo.» ([160]) A *Poética* de Aristóteles é conhecida pela ideia segundo a qual a tragédia – género ao qual o sofrimento é indispensável – provoca no seu público sentimentos de piedade que, por serem indirectos, levam à purificação libertadora que é a catarse. No teatro, o público gosta de ver cenas que, na vida real, o aterrorizariam ou o repugnariam. O paradoxo moral da tragédia tem a ver com o prazer que nos é dado pela dor. Segundo Aristóteles, a nossa atracção por aquilo que é repugnante decorre da nossa capacidade inata para a mimésis.

Qualquer discurso ético sobre os espectadores do sofrimento e da morte expõe-se a dois tipos de risco. Dizer (como Platão) que os humanos gostam do espectáculo das carnificinas parece moralmente perverso. Mas sublimar (como Aristóteles) o gosto ocular que temos pelo drama sucedido ao outro, fazer dele um objectivo nosso, parece, pelo contrário, hipócrita. Com muito boas companhias (Platão, Agostinho, Nietzsche e Freud), Edmund Burke decide correr o primeiro risco com o seu ensaio de 1757-1759 sobre os conceitos do

---

[160] Platão, *A República*, livro IV. (*N.T.*: tradução de Maria Helena Rocha Pereira, ed. Calouste Gulbenkian).

Belo e do Sublime (a noção de catarse, inventada por Aristóteles, ter-lhe-ia evitado um inconveniente). O comentário de Burke sobre a nossa atracção pelo sofrimento dos outros parece dar provas de uma honestidade refrescante e por vezes até brutal: «Estou convencido de que sentimos um certo prazer, e não dos menores, face à desgraça e à dor real dos outros.» Burke é um bom psicólogo. Não é um carrasco. No entanto, desrespeita um tabu ao anunciar abertamente tais verdades, porque a publicidade que lhes é assim dada poderia ajudar à propagação dos sentimentos descritos. Para Burke, há «terror em qualquer coisa sublime» (o sublime nasce da violência, tal como a beleza emana do sexo). Burke acrescenta que o terror é uma paixão que suscita sempre um estado deleitoso, «se não exercer o seu efeito demasiado perto» [161].

Muitos foram os que descreveram os atentados de 11 de Setembro como «sublimes», pois, segundo a terminologia de Burke, provocam sentimentos de cólera, de terror e de vulnerabilidade física. Burke leva-nos a um labirinto moral onde imagens de destruição e de morte exercem o seu charme. O 11 de Setembro é um episódio recente desta pornografia da dor.

Em *Cândido* (1759), Voltaire pergunta-se qual a atitude a adoptar face ao sofrimento dos outros. Este conto filosófico está cheio de campos de cadáveres, cenas de tortura, de violação, de evisceração e execuções públicas à maneira de Foucault. De todos os horrores, o mais conhecido diz respeito ao terramoto de Lisboa em 1755, que o doutor Pangloss, a voz leibniziana de um optimista levado ao absurdo, comenta nestes termos: «Tudo isso era indispensável (...) e as desgraças particulares fazem o bem geral; de modo que, quando mais desgraças particulares houver, melhor estará tudo.» O optimismo cego de Pangloss é a principal fonte de humor negro da obra, e este humor constitui, com a piedade, o horror e a indiferença, uma das opções que *Cândido* propõe aos espectadores de um drama. Embora Voltaire aborde com desenvoltura as

---

[161] Edmund Burke, *A Philosophical Enquiry into the Origin of our Ideas of the Sublime and the Beautiful*, org. James T. Boulton, Notre Dame, Notre Dame University Press, 1968, pp. 64, 39, 45, 46, 57.

soluções para o problema do mal, desaprova claramente que se justifique de forma tão expedita os tormentos de todo o mundo. Ousar entregar-se a uma teodiceia parece ser o próprio problema. Por vezes, Bush e os seus comparsas parecem Cândidos dos tempos modernos; não fazem qualquer ideia do número de massacres e de mortos que semeiam por toda a parte.

A Teoria dos Sentimentos Morais, de Adam Smith, livro publicado pela primeira vez no mesmo ano que *Cândido* (1759), fala-nos também de sofrimentos. Está cheio de cenas hediondas, cavaletes de tortura, imolações pelo fogo, feridas de guerra e outras carnificinas. Mas, face à cultura da culpabilidade à distância, Adam Smith é um dos primeiros dissidentes. Contra a corrente do sentimentalismo moderno, Smith preconiza mais uma acção local do que um sentimento de piedade que se deveria ter à escala mundial. Rejeita os «moralismos lamuriosos e melancólicos», que «consideram ímpia a felicidade natural da prosperidade» e exigem o nosso tributo de lágrimas face a castigos infinitos. Esses moralistas dizem-nos para pensarmos continuamente em «todos os infelizes de corpos carcomidos pelas calamidades, enfraquecidos pela pobreza, assolados pelas doenças, horrorizados com a morte iminente, nos humilhados e ofendidos, nos oprimidos insultados pelos seus inimigos». A comiseração pelas desgraças que nunca vimos, de que nunca ouvimos falar, mas que afligem sem qualquer dúvida e ininterruptamente tantos dos nossos semelhantes devia, segundo esses autores, «refrear os prazeres dos espíritos afortunados e mergulhar qualquer ser humano num estado de prostração». Smith rejeita esta comiseração universal, pois é «artificial» na medida em que os infortunados em causa estão «fora da nossa esfera de actividade». É verdade que podemos e devemos desejar um alívio dos seus males, mas este desejo é a única coisa que se lhes pode oferecer. Além disso, acrescenta ele, um estudo mundial, correctamente realizado, mostraria que os homens felizes são, de facto, mais numerosos do que os miseráveis [162]. Como

---

[162] Adam Smith, *The Theory of Moral Sentiments*, 6.ª edição, 1790, Amherst, Prometheus Press, 2000, pp. 196-197.

afirma J. Ellison, Smith é um dos primeiros críticos da culpabilidade liberal ([163]).

Adam Smith convida-nos a distanciarmo-nos do infortúnio cósmico. O seu convite cria um laço entre *A Teoria dos Sentimentos Morais* e *A Riqueza das Nações* (1776), já que visa aliviar a consciência dos beneficiários do capitalismo. Mas Smith não tem um coração de pedra. Para ele, a insensibilidade aos sentimentos do outro faz parte integrante da natureza humana, mais uma das verdades inegáveis que os virtuosos não ousam proferir. Para Smith, esta indolência compassiva é simultaneamente natural e trágica. Esta ideia é claramente expressa numa passagem que, como em *Cândido*, se refere a um terramoto. Na segunda edição de *A Teoria dos Sentimentos Morais* (1761), Smith, que entretanto pode bem ter lido *Cândido*, imagina um sismo hipotético que devastaria toda a China. Pergunta-se então qual seria a reacção, «na Europa, de um homem cheio de humanidade, mas sem qualquer ligação a essa parte do mundo», a essa notícia. Smith supõe que esse indivíduo sentiria tristeza face a essa perda, meditaria profundamente sobre a futilidade da vida e avaliaria as consequências económicas dessa catástrofe no comércio mundial. Mas, depois de «toda essa bela filosofia», o nosso homem regressaria às suas ocupações como se nada fosse. «Se tivesse de perder o dedo mindinho no dia seguinte, não conseguiria pregar olho de noite; mas como nunca os viu, ressonará em toda a segurança sobre a ruína de centenas de milhões dos seus semelhantes.» ([164]) Smith não preconiza a inércia enquanto dois milhões de pessoas morrem, mas tenta refutar a ideia de uma «bondade natural» que nos impediria de dar mais importância ao nosso dedo mindinho do que à destruição de uma nação. É necessário um tratamento de choque para retirar o ego do seu narcisismo; por isso, Smith invoca o seu célebre «espectador imparcial» a fim de desviar os homens dos

---

([163]) Julie Ellison, *Cato's Tears*, Chicago, University of Chicago Press, 1998, pp. 10-12. Ver também Pascal Bruckner, *Le sanglot de l'homme blanc*, Paris.

([164]) Adam Smith, *The Theory of Moral Sentiments*, p. 193.

seus problemas pessoais e fazê-los interessar-se pela esfera pública. Pormenores emocionalmente sentidos (a perda de um dedo mindinho) podem eclipsar vastos conjuntos (nações arruinadas). Smith, tal como eu o leio, está longe de preconizar a facilidade ou a indiferença: convida-nos a mantermo-nos senhores dos nossos assuntos de preocupação e a não nos deixarmos desarmar pelas chantagens morais. Como preservar sentimentos morais de humanidade sem se ver absorvido pelo turbilhão militar?

O século XVIII assistiu também ao nascimento de uma das formas mais importantes de inteligibilidade do mundo moderno: a estatística. Já na Antiguidade, Aristóteles fizera da *eusynoptos* – a capacidade de apreender a totalidade de um fenómeno, num só olhar – a condição *sine qua non* da democracia ([165]). Actualmente, as unidades políticas são demasiado vastas para serem abrangidas só com um par de olhos. É necessário então construir conjuntos de olhares. Tal como o nome indica, a estatística foi criada para descrever o Estado e, em particular, a sua riqueza e demografia (nascimentos, casamentos, criminalidade, mortalidade). Houve sempre algo de impessoal e desumano na ligeireza com que a estatística aborda os grandes momentos da vida humana. Kant foi um dos primeiros pensadores a ter explorado o seu significado moral. No seu ensaio de 1785 (*Ideia de uma História Universal com Propósito Cosmopolita*), reflecte no facto de as estatísticas de uma nação revelarem a estabilidade dos casamentos, dos nascimentos e das mortes. Considerados isoladamente, estes acontecimentos são os mais íntimos e mais pessoais que podem suceder numa vida humana. Agrupados, apresentam características comuns. Em grande escala, estas «acções confusas e fortuitas» revelam uma ordem imperceptível aos seus próprios actores. As nossas escolhas mais privadas contribuem inconscientemente para muito mais do que elas próprias. Na história do Homem, esta ordem estatística em grande escala corresponde àquilo que Kant chama «providência». Kant oferece assim uma versão mais radical de uma sinfonia que geralmente

---

([165]) Aristóteles, *Política*, 1326b, 3-25.

se pensa ser dirigida pela «mão invisível» de Adam Smith. Uma ordem emerge dos interesses acumulados de indivíduos cegos. A estatística fornece a Kant a base de uma teodiceia.
A percepção estatística exige um acto heróico: o de se abstrair de si mesmo. Uma única morte fictícia no teatro pode ser suficiente para nos fazer chorar, enquanto milhões de pessoas morrem de fome. Kant destaca esta desproporção moral em *Beobachtungen über das Gefühl des Schönen und Erhabenen* [*Observações Sobre o Sentimento do Belo e do Sublime*] (1764). Tal como os Antigos, e Espinosa e Nietzsche, Kant afirma que a piedade, por muito louvável que possa parecer à primeira vista, não devia ser elevada ao estatuto de virtude. «Uma criança atormentada, uma mulher bonita infeliz enchem-nos o coração com esta doce melancolia [a piedade], enquanto que, ao mesmo tempo, recebemos friamente a notícia de uma grande batalha na qual se pode imaginar facilmente que parte muito maior da raça humana sucumbe injustamente a cruéis atrocidades.» A piedade não tem qualquer noção das proporções. O nosso sentido moral prefere o caso de espécie aos conjuntos. Comprazemo-nos de bom-grado na doce melancolia da piedade por um só rosto, mas é muito menos fácil compreender a morte de muitos. Deste modo, continua Kant, um príncipe pode desviar o olhar em direcção a uma pessoa infeliz, mas não deixará, porém, de dar caprichosas ordens militares que provocarão muitos mortos. Como podem tal delicadeza e tal dureza habitar o mesmo coração? «Evidentemente, não há nenhuma proporção no efeito [*Wirkung*].» ([166])
A piedade resiste à universalização, último critério moral de Kant (ainda que, nesta fase do seu pensamento, não esteja totalmente desenvolvido). A piedade dificilmente pode contar para além da unidade; não tem competências estatísticas. Para muitas pessoas nos Estados Unidos, parece que a doce melancolia da recordação do 11 de Setembro elimina a informação

---

([166]) Immanuel Kant, *Beobachtungen über das Gefühl des Schönen und Erhabenen*, *Werke in Sechs Bande*, org. Wilhelm Weischedel, 1764, Wiesbaden, Insel, 1960, 1: 835-6.

sobre as grandes batalhas nas quais perece parte muito maior da humanidade.

Tal como Adam Smith, Kant coloca a tónica na tendência da imaginação moral para se deixar distrair por pormenores concretos. A nossa atenção privilegia a pequena escala e só aborda o mundo geral de forma esporádica e fragmentada. Os pensamentos de Smith e de Kant ajudam a compreender as notícias. Mesmo que nelas apareçam por vezes estatísticas, os grandes títulos centram-se geralmente em desgraças pessoais. Como observa Michael Warner, «desde o grande incêndio de Chicago, a catástrofe maciça mantém uma relação particular com os *mass media*». Um trauma violento, infligido a um grupo de pessoas num mesmo local (um ataque terrorista ou uma catástrofe ferroviária) será mais depressa integrado na actualidade do que uma catástrofe crónica que se abate sobre populações dispersas (a fome ou a doença, por exemplo). «Esta desproporção», ironiza Warner, «no grau de gravidade que atribuímos aos diferentes tipos de sofrimentos, é uma fonte de frustração eterna para os dirigentes das companhias aéreas.» [167] Uma centena de pessoas morre num acidente aéreo e temos um grande título. Sessenta mil pessoas morrem por ano nas estradas; temos apenas um risco a calcular. Já sublinhada por Kant e Adam Smith, esta estranha desproporção dos sentimentos morais está hoje presente na apresentação das informações relativas ao sofrimento mundial, as desgraças dos indivíduos são mais importantes do que as das populações, mesmo que estas sejam muito mais significativas. O pesar é tão desigualmente repartido como qualquer outro recurso humano, e as vítimas do 11 de Setembro monopolizam uma atenção que poderia ser dada a outras mortes igualmente trágicas, mas que são descritas de forma menos retumbante. Estas afirmações parecem celebrar uma avareza de compaixão, mas não deixam de ser verdadeiras. A atenção do público é um recurso finito.

O poder e a vantagem da imagem são já observados por Smith na forma como acompanha a sua hipótese do sismo

---

[167] Michael Warner, *Publics and Counterpublics*, Nova Iorque, Zone Books, 2002, 177.

chinês: «Na condição de que nunca os tenha visto, ressonará em toda a segurança sem pensar na ruína de centenas de milhões dos seus semelhantes.» É a ausência visual de imagens que representam o sofrimento que garante ao «homem cheio de humanidade na Europa» de Smith o seu bem-estar psicológico. A televisão e o fotojornalismo excluem esta ignorância. As imagens de indivíduos em sofrimento são tão frequentes na nossa cultura quanto o eram as cenas de crucificação na Idade Média. Já não é possível pretender ignorar o sofrimento dos nossos irmãos distantes, ainda que os nossos sentimentos morais continuem a ser mais atraídos pelo *pathos* dos casos particulares do que pelos grandes grupos. O génio dos terroristas do 11 de Setembro tem a ver com o facto de terem criado uma catástrofe que sensibilizou simultaneamente as massas e o indivíduo, juntou a estatística e o relato, e reuniu os dois pólos do tratamento mediático dos desastres.

Aristóteles tinha razão em ver a piedade não como uma virtude, mas como um argumento. A análise clássica da manipulação mediática realizada pela Escola de Francoforte concentra-se no desejo: os industriais da consciência evocam mundos ideais nos quais todos os nossos desejos serão realizados. Mas raramente se observou que, na mesma medida, a nossa capacidade de compaixão é constantemente explorada. O nosso coração é tão explorado quanto as nossas gónadas. Se evitamos os meios de informação, é provavelmente mais por causa da piedade que suscitam do que por causa das inépcias que debitam. Face às notícias, somos os cães de Pavlov da piedade. Somos todos os dias assolados por uma nova leva de desmoronamentos, incêndios, inundações e terror. Como a massa da informação supera sempre as possibilidades de acção, os cidadãos informados tornam-se atletas da emoção e deficientes da acção; os nossos corações enchem-se de piedade universal enquanto que as nossas acções se limitam a palavras e a doações de dinheiro[168]. Emerson, Nietzsche e Arendt achavam que era preferível evitar a piedade, luxo recreativo que interfere com a atenção prestada ao outro. Pouco importa que os

---

[168] Luc Boltanski, *op. cit.*

homens tenham um coração transbordante de piedade. É preferível que tenham os braços carregados de comida, roupa e medicamentos. O furor virtuoso é um vício comum: a tentação de se alistar no exército do bem é, por assim dizer, irresistível. Rudolph Giuliani (outrora alcunhado, por gozo, Adolf Giuliani por causa das suas medidas policiais draconianas), um santo? Os horríveis arranha-céus modernistas, uma terra santa? O pesar pelas vítimas do 11 de Setembro toma muitas vezes a forma de um longo processo de separação relativamente a objectos que não pensávamos amar de forma especial, antes de sabermos pelos *media* que nos eram queridos.

Smith diz que a simpatia não consiste em reproduzir os sentimentos do outro. Se estremecemos face à ideia de uma pessoa morta, não é porque o cadáver se sente mal, mas porque nós próprios nos sentiríamos mal se, estando vivos, estivéssemos mortos. A simpatia é uma interpretação dos sentimentos que teríamos se estivéssemos no lugar do outro, não é o acesso directo aos seus sentimentos; de facto, trata-se de uma extrapolação subjectiva. A piedade pode ser uma forma de egoísmo. A piedade do espectador é, em muitos casos, mais intensa do que a dor da alegada vítima. A ficção é frequentemente mais comovente do que os factos, e a piedade é para a dor aquilo que a representação é para a vida. A distância e a forma de apresentação conferem-lhe uma clareza catártica, que é muito rara no terreno. William James, que assistiu ao terramoto de São Francisco em 1906 quando leccionava na Universidade de Stanford, apresenta, numa carta ao irmão Henry, uma versão pouco «heróica» desta verdade: «Nas batalhas, cercos e outras grandes calamidades, o *pathos* e a agonia só se manifestam geralmente naqueles que estão longe; mesmo que a dor física afecte essencialmente as vítimas imediatas, os que estão em presença da cena não sentem qualquer sofrimento sentimental.» ([169]) Os que estão no local precisam de água, entretenimentos, informações, cobertores, mudas de roupa.

([169]) Linda Simon, *Genuine Reality: A Life of William James*, Nova Iorque, Harcout Brace, 1998, p. 342, in *James Correspondence*, 3: 316 (9 de Maio de 1906).

Uma catástrofe, tal como qualquer outra coisa, é de uma banalidade estonteante. «Que o ópio penetre em cada desastre», dirá Ralph Waldo Emerson ([170]). É raro que os heróis se considerem heróis enquanto agem: para eles, fazem simplesmente o que têm a fazer. O heroísmo é fenomenologicamente opaco a quem dele dá provas. Só um observador externo pode identificá-lo. É o espectador quem produz um *pathos* glorificante. Na agitação que rodeia o 11 de Setembro, existe certamente uma dimensão decente de respeito pelos mortos, mas há também uma grande dimensão de indignação virtuosa. Encontrar a justa proporção moral num tal concerto de sentimentos e de manipulações de relatos e imagens, mas também de vida e de morte, de choque, de angústia e de indignação reais, parece a mais difícil das tarefas.

Em resposta ao lugar-comum segundo o qual os ataques terroristas eram «cobardes», Bill Maher, um apresentador de programas humorísticos e de debates políticos na televisão, declara, em 17 de Setembro de 2001: «Nós é que somos cobardes quando lançamos mísseis de cruzeiro a 3300 quilómetros de distância. Isso é cobardia. Manter-se num avião enquanto este se despenha sobre um edifício, diga-se o que se disser, não é cobardia.» Bill Maher vê-se imediatamente no meio de uma tempestade de críticas, enquanto os patrocinadores retiram os seus anúncios publicitários do programa, as suas declarações percorrem programas de rádio de direita e os internautas amplificam a indignação a cada clique no botão «forward». Criticam Maher por não «apoiar as tropas» – um belo exemplo de chantagem, como se uma crítica política tornasse alguém culpado de indiferença pela sorte dos soldados – e por ter acusado as forças armadas de cobardia. A estação de televisão ABC suprime o seu programa (pelo seu baixo índice de audiência e não devido ao incidente, dizem os responsáveis). Maher mais não fez do que dizer a verdade; tratou amigos e inimigos com toda a objectividade. A essência da filosofia e da

---

([170]) Ralph Waldo Emerson, «Experience», *Selected Writings of Emerson*, ed. Donald McQuade, 1841, Nova Iorque, Modern Library, 1981, p. 327.

tragédia grega consiste em não tomar partido; a tragédia grega é uma forma de imparcialidade transcendental, em que o público (tal como o espectador da história de Kant) está colocado na posição dos deuses. Ao dizer, com razão, que os piratas do ar não são cobardes, Bill Maher preferiu a verdade à lealdade. Reconhecer a coragem e o brio do inimigo pode parecer perverso para alguns, mas estas qualidades não deixam de ser verdadeiras. Desde Sócrates que a filosofia aparece como escandalosa, porque recusa favorecer os laços de sangue e da terra em detrimento da verdade.

O verdadeiro escândalo, porém, tem a ver com a crítica de Bill Maher à política americana de guerra à distância, «com mísseis a 3300 quilómetros», uma crítica que muitos, como bin Laden e alguns militares americanos, também proferiram. Com a sua retirada precipitada da Somália, o exército americano ganhou a reputação de não estar disposto a sacrificar os seus soldados (ideia refutada pela recente guerra no Iraque). Nos Estados Unidos, a aparente higiene dos bombardeamentos convém perfeitamente à opinião pública. Para quem mata, o bombardeamento aéreo é, de todas as formas de matar, e em contraste com o corpo-a-corpo que roça o erotismo, a mais própria e mais abstracta ([171]). Por outras palavras, o bombardeamento é estatístico nos seus efeitos morais. Dispersa os mortos e torna-os aleatórios e invisíveis aos olhos de quem mata.

Os pilotos e o público podem assim manter um coração virtuoso e matar com toda a inocência. Os piratas, pelo contrário, mataram aparentemente a sangue-frio no ar. Ora, qual dos dois actos é mais selvagem: matar uma pessoa frente-a--frente com uma faca ou atirar um avião contra uma torre? O primeiro acto é certamente mais repugnante, mas o segundo, apesar da calma profissional que deixa transparecer, é claramente mais atroz. Trata-se de uma antinomia do mesmo estilo que a mostrada por Kant entre o sentimento deliciosamente melancólico que se experiencia ao nos apiedarmos face a uma

---

([171]) Coronel Dave Grossmann, *On Killing*, Boston, Little Brown, 1996.

criança em sofrimento e a fria indiferença com que se recebe a notícia de uma batalha terrível. Estaline, infelizmente, compreendeu este princípio com um rigor abominável: «A morte de um homem é uma tragédia. A morte de um milhão de homens é uma estatística.»

Uma das tendências a longo prazo da tecnologia de guerra é matar por meio de um poder de fogo e de uma distância cada vez maiores (a balística é uma das origens fundamentais da estatística). Um maior alcance de tiro das armas dissocia a causa do efeito, a responsabilidade do assassino. No século XVI, Ariosto queixava-se já da pólvora para canhão, que arruinava o conceito de cavalaria. Nathaniel Hawthorne, ao visitar um couraçado em 1862, durante a Guerra de Secessão, exprime um lamento semelhante: «Toda a pompa e o esplendor da guerra desapareceram. Doravante, assistiremos a uma corrida, em que engenheiros e canhoneiros enegrecidos pelo fumo martelarão os seus inimigos sob a direcção de apenas um par de olhos...» ([172]) O heroísmo cedeu o lugar a uma destruição panóptica à distância. A coragem tornou-se desfasada. Estando a guerra agora cada vez mais distante, coloca-se um enigma moral: pessoas honestas, bons vizinhos, bons pais de família, sem qualquer ódio sanguinário e que recusariam apunhalar um estranho a sangue-frio, podem, porém, matar muitas pessoas sem lhes conhecerem os rostos. A sabedoria acumulada da espécie humana dá grande importância ao estado do coração, mas o profissionalismo rigoroso do piloto de bombardeiro está absurdamente dissociado das perdas que irão sofrer os beneficiários das suas dádivas aéreas. Pessoas são mortas, mas ninguém sabe por quem. Esta evaporação da responsabilidade na guerra moderna à distância leva-nos de novo a Robespierre, um assassino de integridade incorruptível (até a virtude tem de ter limites, diz Arendt). Mais uma vez, homens de grande coração encorajam actos violentos. Este é o paradoxo moral criado pela política americana do pós-11 de Setembro.

([172]) Nathaniel Hawthorne, «Chiefly About War-Matters», *Atlantic Monthly*, 10 (Julho de 1862): 43-61.

Os ataques aéreos são inevitavelmente assimétricos. Vistos do ar, parecem moralmente puros. Vistos do solo, são assustadoramente mortíferos. Poucos soldados americanos teriam a selvajaria de infligir pessoalmente os danos e os traumas provocados pelas bombas sobre as cidades e as populações, se tivessem de o fazer de perto. O biólogo J. B. S. Haldane, testemunha ocular de um bombardeamento de civis durante a guerra civil espanhola, escreve em 1938: «Os raides aéreos não são apenas condenáveis, são também odiosos e repugnantes. Se algumas vez vissem uma criança ser despedaçada por uma bomba e reduzida a uma pasta de farrapos sujos e papa para os gatos, saberiam, como eu sei.» [173]

O bombardeamento a grande altitude escolhe alvos estatísticos, o que dissocia a tripulação do bombardeiro do terror que semeia no terreno. Fazendo da bomba e do avião um só objecto, os piratas do ar do 11 de Setembro revelaram, com uma autenticidade sinistra, o papel desempenhado pela distância nos bombardeamentos aéreos. Recusaram matar com um coração virtuoso. No seu estilo doentio, mostraram-se moralmente coerentes – assassinos de coração virtuoso. Sejamos claros: detesto os atentados suicidas, quer com aviões, quer com humanos. Mas a forma como são perpetrados é uma crítica ao homicídio impessoal à distância, uma denúncia da hipocrisia do assassínio virtuoso.

Pouco depois do 11 de Setembro, as obras poéticas de Osama bin Laden, e em particular o seu macabro culto do sangue, da destruição e dos corpos desfeitos, foram objecto de grandes debates nos meios de comunicação social americanos. Sublinhou-se, aliás com razão, que se tratava de um homem selvagem, que tinha prazer em matar. George W. Bush não escreve poesia e o seu gosto pelo assassínio, ainda que evidente, exprime-se de maneira mais profissional. Mas será que interessa saber qual deles é mais simpático, se ambos dão ordens para matar?

É claro que a atitude conta. Mas para os mortos e os seus sobreviventes, a rectidão pessoal do assassino é apenas um

---

[173] J. B. Haldane, *ARP*, Londres, Victor Gollanez, 1938, p. 11.

álibi. Que estranha moralidade se deverá ter para ser tão meticuloso quanto aos motivos dos actos que lhe são indiferentes os resultados? A que civilização se deve pertencer para ousar ter um coração puro, enquanto mata à distância? O sociólogo Norbert Elias observa na Europa o aumento de um sentimento de desagrado face à dor, que liga ao «processo de civilização». A partir das referências históricas fornecidos pelos manuais de etiqueta, Elias descreve um ego ocupado a transpor limiares inéditos de delicadeza, a dotar-se de um domínio e de um autodistanciamento novos. Deve-se comer com um garfo. Não se deve assoar na tolha de mesa. Nos banquetes, já não se deve exibir a carcaça dos animais devorados. Manifestam-se novos motivos de desagrado: mãos sujas, dentes podres, excrementos. Continua-se a consumir carne, mas a tarefa de abater o animal é entregue ao carniceiro. Uma nova forma de sociabilidade civil, não violenta, emerge no seio de um Estado que dispõe do monopólio da violência. À medida que se desenvolve o processo civilizacional, os homens são cada vez mais sensíveis à dor e esta torna-se uma característica cada vez menos frequente da experiência humana ([174]). É verdade que os mercenários sanguinários não desapareceram, mas no topo das hierarquias militares podemos agora encontrar assassinos delicados, homicidas que talvez já não suportam a visão do sangue. Estes não escrevem poemas em honra do sangue derramado; no entanto, ordenam ataques aéreos sobre Bagdad ou Cabul. É mais fácil controlar o coração do que as consequências de uma acção longínqua. Que dizer de uma civilização que mata delicadamente, sem ódio nem malevolência?

No seu estudo do processo de Adolf Eichmann, Hannah Arendt imagina um assassino moralmente neutro e que contribui para o mal, não porque o seu coração seja mau, mas porque se entrega mecanicamente à tarefa que lhe confiaram ([175]). Os assassinos burocratas como Eichmann são muito

---

([174]) Norbert Elias, *Über den Prozess der Zivilisation*, 1939, Francoforte, Suhrkamp, 1997.
([175]) Hannah Arendt, *Eichmann in Jerusalem: A Report on the Banality of Evil*, 1964, Nova Iorque, Penguin, 1992.

mais difíceis de compreender do que os assassinos em busca de proveitos ou sedentos de sangue. Que dizer então dos que matam por piedade ou em nome da virtude?

Robespierre é a prova de que a incorruptibilidade não é virtude suficiente para impedir o assassínio. Os assassinos de coração duro são evidentemente monstros, e aqueles que, como Eichmann, não têm coração, são enigmas insolúveis; mas, de todos, os mais difíceis de compreender são os assassinos piedosos.

No último livro de *A Ilíada*, o livro XXIV, acontece uma coisa surpreendente. Aquiles, saqueador de cidades e assassino de um sem número de jovens troianos, como Heitor, o filho favorito de Príamo, rei de Tróia, está inconsolável. Sofre profundamente pela morte de Pátroclo, seu companheiro de armas, assassinado por Heitor, que será depois morto por Aquiles. Dá voltas e voltas no seu leito, passeia-se de madrugada à borda de água e já não quer (para grande desgosto da mãe) comida nem sexo. Todos os seus pensamentos se concentram nos dias felizes em que ele e Pátroclo cortavam as ondas do mar e os corpos dos inimigos. O corpo de Heitor jaz por terra no seu acampamento e Aquiles, enlouquecido, prende-o ao seu carro e dá três voltas ao túmulo de Pátroclo arrastando o príncipe troiano, que os deuses, amigos dos Troianos, protegem da decomposição. Tal como Antígona, Aquiles é o arquétipo do desgosto autodestruidor. Não deixará o objecto (Heitor) que o privou do objecto (Pátroclo). Ninguém melhor do que Aquiles pratica a negação. Nunca lhe passou pela cabeça que o prazer que sentia ao matar homens causava uma dor igualmente profunda nos outros. Tinha tanta piedade, lamenta Apolo, quanto um leão que desmembra humanos para se alimentar. Os deuses, reunidos em conselho para debater a obsessão de Aquiles e a profanação do corpo do defunto, têm opiniões diferentes. Como sempre, há desacordo a propósito dos Gregos e dos Troianos. Terminada a discussão, Zeus declara que exige que Aquiles devolva o corpo de Heitor (para que possa receber convenientemente os ritos fúnebres) e que Príamo, em troca, lhe ofereça presentes. São enviados mensageiros e Príamo, apesar das fortes objecções da mulher (e de outros), desloca-se, com o auxílio de Hermes, ao acampamento de Aquiles, carregado de tesouros.

O encontro entre Aquiles e Príamo é um dos grandes confrontos da literatura universal. Príamo avança em direcção a Aquiles e aperta-lhe as mãos assassinas, as mãos que mataram vários dos seus filhos, para lhe implorar piedade. Em vez de se lançar sobre o seu arqui-inimigo, Aquiles olha para o velho homem enlutado e começa também a sentir a dor da perda do seu pai e de Pátroclo. Então, Aquiles e Príamo choram juntos, cada um partilhando parte do desgosto do outro. Acabam por chegar à reconciliação, à outra margem do assassínio. Parece que só as personagens que tentaram durante muito tempo matar-se uma à outra podem tecer laços tão viscerais, tão profundos. Ambos passaram por aquilo que pode ser descrito como uma síndrome do consolo pós-traumático. Serenaram porque sabiam que não lhes restavam senão lágrimas para verter. Após as catástrofes, instala-se uma tranquilidade desolada. O rei Lear segura nos braços o corpo da filha Cordélia. Édipo de Colona já não tem lágrimas. *A Ilíada*, o *Bhagavad Gita*, as tragédias de Séneca ou os pensamentos de Marco Aurélio descrevem esta sabedoria marcada pelo esgotamento, que nasce, horrivelmente, do assassínio de outrem. W. H. Auden diz que «aquele que nunca causou a morte de um homem raramente merece uma estátua». O efeito catártico da tragédia anuncia a calma inquietante que se instala quando todos os sentimentos se esgotam, e, muito provavelmente, Aristóteles baseou a sua interpretação da tragédia neste misto homérico de piedade e terror, de *phobos* e *eléos*, que encontramos nomeadamente no livro XXIV da *Ilíada*. A *Ilíada* pode então ser lida como o paradigma do poema trágico ([176]).

A última lição da *Ilíada* diz respeito à estranha generosidade do assassino, que abre o coração àqueles que matou para lhes oferecer piedade e reconhecimento. Durante toda a epopeia, Aquiles trespassa corpos humanos com o tipo de desen-

---

([176]) C. W., McLeod, «Introduction» to *Iliad: Book XXIV*, Cambridge, Cambridge University Press, 1982, 1-8. Simon Weil, «*L'Iliade* ou le poème de la force».

voltura alegre exibida pelos heróis de Hollywood quando exterminam bandidos ou as personagens secundárias a que os Franceses chamam «figurantes» (termo quase tão desenvolto quanto o seu equivalente inglês «*extra*»). Estas vítimas são uma espécie de alvos descartáveis. Podemos distrair-nos bastante à conta delas. Elas não contam.

Mas, face a outro sofrimento, Aquiles arranja finalmente maneira de escapar ao seu próprio desgosto neurótico. Descobre o outro. O seu encontro com Príamo é, antes de tudo, terapêutico. É verdade que funciona como remédio, mas a que preço! A piedade como reconhecimento da humanidade do outro está desde há muito ligada à guerra. Pede-se piedade quando a vida ou a honra estão em jogo. As emoções profundas partilhadas por Aquiles e Príamo só são possíveis a custo da perda de outras vidas. Fazer da piedade a virtude por excelência significa então pedir à guerra que nos ensine a humanidade. Uma das grandes lições a tirar do 11 de Setembro consiste no facto de a piedade ser potencialmente iníqua. Alimenta-se da morte.

Apiedarmo-nos face aos mortos é fazer o jogo da opinião pública que defende a guerra. Esquecer esses mortos é negar a nossa humanidade. Graças a este pseudodilema, transformam-se os corações sensíveis em advogados de massacres e apresentam-se os detractores da guerra como personagens cruéis. Os terroristas desviaram os aviões e armadilharam os *media*. Aqueles que querem vingar os mortos desviam também a nossa ternura.

A atenção («*care*») ao outro vale mais do que a piedade. A atenção é prática e neutra. Responde a necessidades imediatas (a sede, a fome, o calor, a dor). A piedade orienta-se para as catástrofes. O alcance da atenção é finito. O apetite da piedade é insaciável. A atenção prática exige uma presença. A piedade é fácil de ser inspirada na televisão. As pessoas mais generosas não costumam sentir qualquer piedade. Agem, simplesmente. Podemos ser testemunhas da dor do mundo, mas só podemos aliviar directamente uma minoria dos sofrimentos. Para aliviar a dor do mundo, seria necessário juntar numerosos esforços. O mundo pode ser salvo de forma humilde e estatística; não através da imagem, ou como um drama cuja progressão se segue à distância. Abaixo a piedade pelo outro! Viva a atenção ao outro! A consequência moral do 11 de Setembro mais perigosa nos Estados Unidos seria pensar que a luta contra o mal é uma aventura maniqueia, mundial, que se pode seguir na televisão. É verdade que o mal existe, mas o mal está também em nós, nos nossos semelhantes, e geralmente não tem a obrigação de ser simples.

Capítulo 2

Autópsia da Visão

SANTOS ZUNZUNEGUI

> Os sonhos inconsistentes chegam-nos de duas portas;
> Uma é feita de corno; a outra é feita de marfim;
> Quando um sonho vem pelo marfim serrado,
> É apenas ilusões e palavras sem verdade;
> Os que vêm da porta de corno bem polido,
> Anunciam-nos o sucesso do mortal que os vê.
>
> *Odisseia* (XIX)

Vivemos cercados por imagens, impregnados de imagens, contudo, dizia Barthes, nada sabemos da imagem. Em que consiste ela? Que significa? Como funciona? Que comunica? Quais são os seus efeitos prováveis? A imagem diz respeito ao homem em geral (o homem dos antropólogos) ou, pelo contrário, ao homem marcado pela sua classe, pelo seu país, pela sua cultura? Terá a ver com uma psicofisiologia ou com uma sociologia, ou com ambas, e, neste caso, segundo que dialéctica?

Formuladas há mais de 40 anos [177], estas questões continuam a oferecer um resumo pertinente dos problemas que a actualidade levanta aos analistas da comunicação social. E temos de enfrentar sempre alguns preconceitos já denunciados pelo semiólogo francês. O principal preconceito consiste em reduzir o problema da informação visual à questão dos seus efeitos. Os fenómenos sociais, lembrava Barthes, não se pensam apenas em termos de causalidade. Podem ser pensados em termos de significação. É claro que uma imagem pode transformar o psiquismo; mas pode também significá-lo. É então necessário passar de uma sociologia ou de uma fisiologia da informação visual para uma semântica das imagens [178].

De facto, sem o parecerem, é realmente de efeitos que nos falam os filósofos e os áugures cujos discursos mais ou menos apocalípticos têm por objectivo principal denunciar os malefícios da imagem sobre as sociedades contemporâneas, sendo a imagem por eles quase sempre concebida como uma sinédoque da televisão. Avatar tardio de uma longa cadeia evolutiva, o *homo videns* sucumbiria à proliferação de um tumor cancerígeno, de um tumor que acaba com toda a veleidade de comportamento racional. A única forma de resistência preconizada por alguns contra esta forma de poluição visual [179] consistiria em amordaçar o meio (novamente a televisão, enquanto *pars pro toto*), já que não se pode controlar as forças de que depende.

O segundo preconceito denunciado por Barthes não é menos interessante. Falar em determinada época de «informação visual» é falar, de facto, do cinema e da sua suposta linguagem. A «informação visual» é então um eufemismo, que significa efectivamente «cinema» e que mascara a exclusão flagrante das outras formas de imagem, nomeadamente aquelas

---

[177] Trata-se do texto sobre «a informação visual», em *Tour Eiffel*, Paris, Le Seuil, 1989.

[178] No mesmo texto, Barhes observa, com razão, que uma imagem transmite fatalmente algo para além dela mesma e, por isso, não pode deixar de ter uma relação com a sociedade que a produz e a consome.

[179] Trata-se aqui do texto de Bourdieu, *Télévision*, Paris, Liber//Raisons d'agir, 1996.

propostas pela fotografia ou pela televisão. É claro que nenhum observador de bom senso ousaria defender hoje que esse é ainda o caso. A televisão está na ordem do dia e são-lhe dedicados todo o tipo de estudos. Mas estes estudos padecem de uma confusão já denunciada por Serge Daney nas páginas do *Libération*, em meados dos anos 80. Repórter resolutamente modernista, Daney «cobria» os Jogos Olímpicos de Los Angeles vendo-os na televisão no seu quarto de hotel, ou num daqueles bares americanos em que um televisor silencioso domina com indiferença os clientes habituais agarrados aos seus copos de uísque. Em suma, a confusão consiste em pensar a televisão com o auxílio de categorias oriundas do cinema. Daney lembra então que um *instant replay* não é um *flash back*; que um grande plano televisivo é uma forma de aplauso; que um *zoom* televisivo é uma forma de eliminar a distância.

De facto, a vontade de fugir ao preconceito denunciado por Barthes produziu saberes consideráveis sobre aquilo a que se poderia chamar (sem eufemismos) a dimensão generalista da imagem de televisão (ou da imagem «audiovisual»). O desejo de compreender melhor aquilo a que, durante algum tempo, se chamou a sua «linguagem específica» traduziu-se numa série de progressos. Por exemplo, a ideia inovadora do *fluxo televisivo* (Raymond Williams, 1975), a distinção entre *paleotelevisão* e *neotelevisão* (Umberto Eco, 1993), a descrição do *pacto comunicativo* proposto pela televisão aos seus espectadores (Francesco Casetti, 1988) ou a brilhante noção do «*Vuoto a rendere*» [180] (Omar Calabrese, 1989).

Deste modo, foi possível traçar uma linha de demarcação, reconhecer a autonomia do cinema face à contaminação do audiovisual. Com efeito, como recorda Éric Rohmer, o cinema não produz imagens, mas planos; ou seja, blocos de espaço--tempo organizados em função de uma respiração musical, em função de um ritmo. Só há cinema quando as imagens «respiram, se organizam em cadeias; quando, em vez de serem completas, exigem um «fora de campo». Opõem-se então às

---

[180] Em italiano no texto original.

imagens do audiovisual, que, segundo Daney, consistem precisamente em dar tudo o que há para ver num primeiro olhar. A imagem já não é então um momento provisório, um instrumento, um meio. Desde logo saturada, torna-se emblema ou logótipo. Liberta imediatamente as ondas de adrenalina passional e permite reconstituir artificialmente aquilo que se desfez na realidade ([181]).

Se a imagem se torna logótipo ou emblema, é porque, como assinala também Daney, a comunicação, na nossa época, assenta em técnicas e numa estética que são fundamentalmente as da publicidade. Os *media* são agora concebidos como os instrumentos graças aos quais qualquer realidade se pode tornar pública, incluindo as realidade privadas (e aquelas cujas imagens eram sagradas ou consideradas tabus). É assim que se passa do modelo do documentário (neste, a informação é pensada, reflectida, trabalhada por linhas de força, tornada compreensível, abordada a sangue-frio) para o modelo do «documento bruto» (votado ao «monstruoso [ao] fatal, [ao] sangrento»). Não nos devemos assim admirar que a viragem do documentário para o documentário bruto se dê normalmente no domínio da televisão dita de *entretenimento*, e que o crescimento dos *reality shows* (o reino do informe, do pré-consciente, da pulsão da morte, do aquém de qualquer significação) seja visto como a revelação de alguma verdade primordial.

Este diagnóstico afirma a ausência de densidade das imagens produzidas no interior dos territórios do audiovisual. Parece justificar (corolário possível) que não nos interessemos por elas. Contudo, é evidente que este diagnóstico se mantém

---

([181]) Aquilo que distingue as imagens do cinema das da televsão pode resumir-se em três oposições: arte da distância/arte táctil; arte do fora-de-campo/arte do tudo exibido; arte da montagem/arte da inserção. Cf. Serge Daney, «Comme tous les vieux couples, cinéma et television ont fini par se ressembler», *Ciné Journal*, Paris, Cahiers du cinéma, 1986. Acerca do tema da reconstituição artificial do objecto desfeito, ver Serge Daney, *L'Exercice a été profitable Monsieur*, Paris, POL, 1993. Chantal Akerman, por seu lado, propõe como tarefa essencial aos cineastas do nosso tempo o fabrico de imagens que não resultem numa idolatria.

no «plano geral» e nada diz sobre as imagens particulares inseridas no fluxo audiovisual. Os profetas do apocalipse acima referidos limitam-se a esse plano geral. Para eles, qualquer análise profunda das suas imagens, qualquer passagem para o «primeiro plano» parece supérflua. Terá a eliminação do segundo preconceito (a confusão entre os diferentes géneros de imagens) levado paradoxalmente ao regresso do primeiro (o esquecimento da dimensão semântica das imagens)?

Lembro estas ideias porque parece-me necessário reflectir sobre a forma como as imagens audiovisuais nos interpelam. O 11 de Setembro de 2001 confere uma actualidade radical ao problema das relações entre imagem televisiva (o «directo») e ficção cinematográfica. Mas levanta também um segundo problema que transcende o primeiro: o das formas pelas quais as imagens dos dois tipos se misturam, se falam, se contaminam. Trata-se aqui de nos posicionarmos no limite do campo audiovisual (no ponto em que este campo encontra outros tipos de narrativa), a fim de perceber melhor a sua dimensão discursiva; trata-se de interrogar as imagens para compreender melhor *como nelas se fala e do que se fala*; trata-se de retirar a imagem da sua dimensão de emblema ou de logótipo mudo e de a fazer falar; trata-se de desdobrar a sua espessura semântica para ir além da sua concretude; trata-se, por último, de deixar de ver a imagem audiovisual como uma mera figura do real-em-si: recusar que seja um «não-significante» (o real, diz Eliseo Veron, é aquilo que pode permitir-se nada querer dizer ([182])).

A imagem é aqui um enredo de relações, um espaço onde se coagula o afecto. Nas imagens actuais, «não é o mundo que se converte em imagens, é o imaginário que se converte em mundo» ([183]). Por isso, não nos devemos ater ao estatuto supostamente «bruto» das imagens do audiovisual. Como dizer então algo sensato sobre o sentido dessas imagens? Deixemos – como dizia Daney – de tropeçar como cegos face à hipervisibilidade do mundo (o 11 de Setembro de 2001 é a data de aniversário do odioso golpe de Estado do general Pinochet no

---

([182]) Eliseo Veron, *Efectos de Agenda*, Barcelona, Gedisa, 1999.
([183]) Serge Daney, *L'Exercice a été profitable Monsieur, op. cit.*

Chile), *no princípio era a imagem* ([184]). Nesse dia, inúmeros telespectadores siderados viram aparecerem no seu ecrã imagens cujo estatuto era pelo menos ambíguo: investidas da *imediatidade* e da *credibilidade do directo televisivo* ([185]), pareciam, porém, vindas directamente do universo da ficção – e, por isso mesmo, podiam ser vistas como *inacreditáveis*. Ora, impondo-se à percepção do telespectador pelo seu aspecto resolutamente espectacular e deixando-o literalmente sem fala, essas imagens exigiam ser imediatamente transformadas em objectos de sentido. A este respeito, podemos perguntar-nos se esta incapacidade inicial de dar sentido ao que víamos pode estar ligada à extraordinária proliferação, desde as últimas décadas, de histórias incríveis das quais parecia impossível retirar qualquer ensinamento e cujo alcance era subitamente reforçado por acontecimentos que desvaneciam a fronteira entre possível e impossível – fronteira que julgávamos claramente delimitada ([186]).

Foi por isso que essas imagens dos aviões lançados contra as torres do World Trade Center se tornaram imediatamente objectos duplamente mediáticos. Objectos que permitiam construir apenas uma significação possível para além da sua evidência categórica e brutal. Mas era também preciso que se prestassem à *suspensão da descrença*, que, como se sabe, constitui o próprio fundamento do pacto de comunicação selado

---

([184]) Esta ideia tem a sua expressão gráfica na confusão inicial de muitos profissionais da televisão, perfeitamente ilustrada na frase pronunciada pelo responsável da informação da cadeia espanhola Télé 5: «Pela primeira vez, tínhamos as imagens antes da informação», *in* «El día que derribaron las Torres», declaração recolhida por Ana Porto, *El Mundo*, 23 de Setembro de 2001.

([185]) Estas imagens apresentavam-se segundo o axioma implícito do «Eu transmito, é a verdade», de que falava Umberto Eco (*La Guerre du Faux*, Paris, LGF, col. «Essais», 1987), reforçado pela dupla decisão de não se cortar a transmissão com anúncios publicitários e de suspender (em praticamente todos os canais) a programação habitual.

([186]) Acerca deste ponto, ver Giovanni Bottirol, «Mizione: implausibile. Crisi della forma-racconto e nuovi fatti narrativi», *Segnocinema*, n.º 105, Set-Out. 2000, pp. 7-8.

entre a obra de ficção e o leitor, e que permite aceder à construção hipotética de um *sentido possível*. Para milhões de espectadores estupefactos, não só a imagem não tinha valor informativo imediato – que significava o que se via? – mas, além disso, para lhe dar sentido, era necessário recorrer àquilo que a ficção nos havia pacientemente ensinado.

Por conseguinte, é deliberadamente e por várias razões que falamos de *sentido possível*. Desde logo porque essas imagens só adquiriram uma dimensão informativa a partir do momento em que se produziram dois acontecimentos ligados, mas não encadeados: um prende-se com o desenrolar dos factos (com mudança progressiva do sentido: um avião despenha-se: *acidente*; dois aviões despenham-se: *terrorismo*) e ao seu carácter de sintagma temporal, que altera o sentido do discurso que produz à medida que se justapõem os elementos do *puzzle* – elementos que o espectador trata por eliminação através de uma reformulação permanente das suas hipóteses interpretativas ([187]). Tratava-se de algo que não permitia aos responsáveis das diversas estações de televisão (que transmitiam *em directo* uma emissão não programada nas suas grelhas) controlarem a *evolução* discursiva dos *acontecimentos* e que, além disso, levantava outro problema: quando é que se poderia considerar que o discurso previsto pelos terroristas estava concluído e, por isso, susceptível de ser tratado como uma entidade dotada de sentido? Lembremos que, desde as primeiras horas, a psicose multiplicou os *acontecimentos* falsos que amplificavam o discurso do terror, a que se deve acrescentar a ambiguidade do avião despenhado nos arredores de Pittsburgh (o *parecer* do facto não permitia – e nem sempre permite – estabelecer claramente o *ser* do acto): esta dimensão *inacabada*

([187]) Charles Tesson descreve assim o *timing* desta encenação: «O primeiro avião contra a torre, sacrificado mediaticamente (imagens, mas demasiado tarde, à excepção de uma mostrada depois, obtida por uma pessoa que filmava premonitoriamente bombeiros na rua) em benefício do segundo avião, que concentra toda a atenção, coberto de todos os ângulos e apanhado em directo (a cruel ironia do termo *live* exibido nos ecrãs.» «Retour à l'envoyeur», *Cahiers du cinéma*, n.º 561, Paris, Outubro de 2001.

tornava o acontecimento (na verdade, os acontecimentos) mais difícil de ser interpretado, pois sabemos agora que só se podemos explicá-lo definitivamente depois de terminado.

Paralelamente, essas imagens construíam-se a partir de outras imagens, as que, precisamente, mostravam as duas torres gémeas do World Trade Center, que há muito tinham suplantado o Empire State Building como símbolo da cidade de Nova Iorque ([188]). Antes do atentado, esta imagem das torres gémeas era um lugar privilegiado, que juntava três níveis distintos e autónomos: o lugar puramente icónico (as torres enquanto imagem de si mesmas, da sua própria dimensão arquitectónica); o lugar indicial (por metonímia e sinédoque, tornaram-se o emblema da cidade onde se erguiam); o lugar simbólico (do poder do dinheiro, da tecnologia, mas também da *razão musculada e cartesiana* ([189]) tão bem encarnada pelo seu minimalismo prismático).

Outro fenómeno, não menos importante: quase desde o início, estas imagens de destruição foram legendadas com textos escritos que, desde as primeiras e intermináveis retransmissões dos impactos até ao desmoronamento das torres gémeas (a utilização insistente do *instant replay*, tratado quase como um mecanismo de exorcismo), fixavam um sentido possível. O desenrolar lógico destes textos visava transformar em narração factos que, subitamente, pareciam esgotar-se pela sua própria repetição. Passando de *America under Attack* até *America at War* e a *America's new War*, aquilo que no início

---

[188] O cinema, como não podia deixar de ser, já tinha notado esta mudança. Ver a este propósito o caso exemplar dos *remakes* de dois grandes êxitos de Hollywood: do *King Kong* dos anos 30 ao dos anos 70, mas sobretudo do encontro no topo do Empire State Building nas duas versões da célebre comédia de Leo McCarey (*Love Affair*, 1939, e *An Affair to Remember*, 1957), que, no remake de Glenn Gordon Caron (*Love Affair*, 1994) foi substituído pelo World Trade Center.

[189] A expressão é de Luis Fernandez-Galiano («El parque de Cristal», *Arquitectura Viva*, n.º 79-80, Julho-Outubro de 2001, p. 31). Tudo parece indicar que esta dimensão simbólica das torres foi suficientemente poderosa para eclipsar a do Pentágono: o dinheiro como determinação em última instância do militar.

se apresentava como um *acontecimento absoluto* (para retomar a terminologia de Jean Baudrillard ([190])) acabava por se impor como narrativa (o que *pressupunha* antecedentes e *implicava* eventuais continuações) e passava assim para a História. Deste modo, não admira que a mininarrativa do 11 de Setembro (e os acontecimentos que se seguiram confirmaram-no) tenha acabado por se inscrever numa macronarrativa pela qual se procurou, desde o primeiro momento e de forma incessante, não *significações*, mas *manchetes* que, pela sua arte da síntese, pudessem fornecer uma fórmula tranquilizadora (cujo exemplo mais flagrante seria *a guerra das civilizações*) e, obviamente, explicativa.

É precisamente aí, nesse ponto instável entre um futuro que, proclamando-se *urbi et orbi*, foi profundamente alterado e um passado que não o foi menos, que toma lugar o sentido particular. Porque se, para lá da sua realidade bruta, as imagens do 11 de Setembro nos ensinam alguma coisa particular, é não só que o futuro é imprevisível (ver o exercício de política de ficção a que se dedicou Umberto Eco, metodologicamente indiscutível enquanto exercício do *modus ponens* ([191])), mas também que, ao mesmo tempo, o passado (o seu sentido) foi radicalmente alterado: o passado não é fixo, como lembra Arthur Danto, porque o futuro está aberto, e adquire sentido à luz daquilo que aconteceu, mas também daquilo que irá acontecer ([192]).

1. A memória do futuro

Como não notar que assistimos à emergência daquilo a que Yuri Lotman chamava *a memória do futuro*? Quando

---

([190]) Jean Baudrillard, «L'esprit du terrorisme», *Le Monde*, 2 de Novembro de 2001.

([191]) Umberto Eco, «Scenari di una guerra globale», *La Repubblica*, 15 de Outubro de 2001, republicado com o título «Le choc, version grand-guignol», *Courrier international*, n.º 575, Paris, 8 de Novembro de 2001.

([192]) Arthur Danto, *Analytical Philosophy of History*, Cambridge, Cambridge University Press, 1965.

recordamos que já vimos isso em alguns filmes ([193]), mais não fazemos do que verbalizar o facto de a ficção – a narrativa – ter funcionado como instauração de futuros possíveis, potencialmente realizáveis, situando-nos, enquanto espectadores, num verdadeiro *futuro anterior*. No fundo, essas imagens reactivaram um *reportório de signos que, num certo contexto, podem ter significações particulares (e, por isso, ser memorizados), mas que podem também prestar-se a outras significações ainda inéditas, na medida em que esses reportórios funcionam não só como sintagmas bloqueados, mas também como sistema de relações com aqueles aos quais se pode atribuir um sentido novo e inventivo* (aquilo a que Omar Calabrese chama *memória criativa* ([194])). É algo que parece ter sido bem compreendido pelas autores dos atentados, no seu papel de criadores de espectáculo audiovisual, escolhendo como alvo um modelo visual que, como o do World Trade Center, era já em si *susceptível de atrair significações* ([195]). De facto, quando Baudrillard fala de *acontecimento-imagem*, deveria antes dizer *imagem-acontecimento*.

Estas imagens devem, além disso, ser ligadas à ausência flagrante de outras imagens capazes de mostrarem as consequências imediatas do trauma sofrido pela sociedade americana: a colocação entre parêntesis de qualquer ficção futura susceptível de reavivar a simples recordação daquilo que não passava de um monte de ruínas fumegantes, mas também, e sobretudo, a eliminação rápida das imagens de pessoas que se

---

([193]) São inúmeros os filmes invocados para conjurar o oximoro (incrível, mas verdadeiro) que essas imagens parecem criar: desde o agora clássico *The Towering Inferno*, até a produções mais recentes, como *Die Hard III*, *Deep Impact*, *Independence Day*, *Mars Attacks!*, *Godzilla*, etc. As coincidências entre estes acontecimentos e algumas das situações descritas no *best-seller* de Tom Clancy *Executive Orders* (1996) não são menos impressionantes.

([194]) Omar Calabrese, *Lezioni di semisimbolico, Come la semiotica analiza le opere d'arte*, Siena, Protagon, 1999, p. 28.

([195]) Cathy Lang Ho, «Un vertigo colectivo. Geografias neoyorkinas del recuerdo», *Arquitectura Viva*, n.º 79-80, Julho-Outubro de 2001, p. 64.

lançam no vazio do cimo das torres, mostradas no início e logo depois relegadas para os arquivos, enquanto prosseguia a repetição ritual das imagens dos aviões a embaterem nas torres e do desmoronamento dos edifícios. Logo depois, as imagens dos corpos enterrados sob o ferro e o betão foram ocultadas, em proveito de visões eufóricas e unanimistas de um povo reunido em torno do seu comandante-chefe e devidamente envolvido na bandeira patriótica. Isto ilustrava perfeitamente a tradição que diz que, «durante os conflitos, nunca se mostram os seus mortos, mas sim os do adversário», e que Marc Ferro associa à ideia cristã segundo a qual «graças ao milagre da fé, nós nunca morremos, os outros é que morrem...» [196]. As imagens são assim investidas de uma missão dupla: constatar o aparecimento de uma vontade de resistência face à agressão e, não menos importante, lançar a «fábrica do esquecimento» de que falava Jean-Luc Godard e que faz parte integrante da outra face dos processos de memorização colectiva.

Estas imagens colocam outra questão interessante que não podemos ignorar. Quem nos fala através desta sequência retumbante? Quem utiliza o dispositivo do directo televisivo, coordena, regula o *timing* de determinadas acções, para que sejam transmitidas em directo para o mundo inteiro? Quem é esse *alguém* que manifestou um «terrível sentido da encenação» [197], aquele que não só criou um «acontecimento», mas que revela também a intenção de colocar a «imagem dos factos», e não apenas o próprio facto, numa situação de objecto privilegiado? Primeira reacção: deve existir um autor identificável, que assuma a *responsabilidade*, que *reivindique*, para usar o termo fetiche, a paternidade da obra. E se ninguém o faz (reencontramos o esquema literário preestabelecido através da repetição de *tópicos* homéricos: ninguém ataca o Ciclope,

---

[196] Jean-Dominique Merchet e Marc Ferro, «Durant les conflits, on ne montre jamais de ses morts. Entretien avec Marc Ferro», *Libération*, Paris, 22-23 de Setembro de 2001.
[197] Ver Luis Fernandez-Galiano, *op. cit.*

demasiado seguro do seu poder([198])), será necessário construí-lo e identificá-lo de forma imperativa e imediata. Cria-se assim uma situação estranha, em que o autor deve ser identificado com o auxílio de um método muito parecido com o que a semiótica utiliza para aquilo a que hoje se chama o «autor-modelo». Este autor dilata-se para abranger todo o Islão, do qual os terroristas seriam apenas os «delegados» (o braço armado de uma «guerra de civilizações»). Contrai-se na forma de biografia individual que pode sintetizar inúmeras intenções (Osama bin Laden e as suas motivações psicológicas: o ódio ao Ocidente, o despeito na origem da sequência passional que resulta ela própria na fúria assassina), passando pela Al-Qaeda, uma organização de limites imprecisos, a meio caminho entre um sujeito individual fugidio e a insondável (porque demasiado vasta) dimensão civilizadora do Islão, um verdadeiro exército secreto, um exército na sombra (poderíamos usar uma expressão de Hollywood e falar de «ameaça fantasma») de contornos desumanos e que, com descrições deste género, fez emergir de forma lógica e implacável a outra imagem insuportável dos prisioneiros árabes em Guantánamo, reduzidos pura e simplesmente ao estatuto de objectos à margem da humanidade.

No entanto, o sujeito a que se convencionou chamar bin Laden é dotado de um estatuto particularmente semiótico. Quando muito por se apresentar como um sujeito estritamente mediático, cuja *visibilidade* é perfeitamente regulada e cuja existência e acções são claramente encenadas. Não está em lado nenhum, ocupa um não-lugar, apenas acessível pela tecnologia ou muito sofisticada (o debate sobre a *virtualidade* do cenário que serve de pano de fundo às suas aparições), ou muito arcaica (a gruta na qual supostamente se escondia, o vídeo que um mensageiro entregou em mãos no canal de televisão). Pondera com grande rigor a frequência das suas intervenções (só falou após os primeiros bombardeamentos americanos no Afeganistão) e, na simplicidade extrema da sua

---

([198]) Outras referências intertextuais integradas: David e Golias, Sansão a destruir as colunas do Templo.

«encenação» (de frente, discurso dirigido directamente à câmara), apresenta as suas perorações (difundidas «em exclusivo» na cadeia de televisão árabe Al Jazira ([199])). Além disso, é antes de tudo uma pessoa capaz de tornar suas as hipóteses de leitura, elaboradas no Ocidente, dos factos que lhe são imputados ([200]) e que revelam a eficácia simbólica ([201]) (diferente da «eficácia real») que tentava dar aos atentados do 11 de Setembro e transmitida de maneira diferente aos seus, ou seja, ao mundo muçulmano (orgulho, vingança), e aos outros, ao «Grande Satã» tão odiado (perplexidade, medo, sensação de impotência).

Chegámos assim a uma situação paradoxal em que a primeira potência do planeta sentiu que era seu dever esmagar um país miserável, de paisagem desértica, quase lunar (lembremos, porém, que nada o obrigava a isso), para perseguir um terrorista inacessível, que só muito tarde reivindicou, e nunca abertamente, a responsabilidade pelos acontecimentos que estiveram na origem da crise mundial em que vivemos, mas que, apoiando-se na reacção da sociedade ocidental, devolveu várias vezes a bola ao frágil sistema ideológico do Ocidente (abalado pelo seu complexo de culpa), invocando os seus fantasmas mais temidos (aqueles de que os intelectuais orgânicos não querem em caso algum reconhecer a existência, como deixaram transparecer as suas reacções de irritação,

---

[199] Antes dos acontecimentos do 11 de Setembro, as prédicas de bin Laden eram difundidas pelas populações muçulmanas através de cassetes que registavam as suas mensagens.

[200] Prova disso é o papel ridículo desempenhado por aqueles que se esforçaram por encontrar significados ocultos (ordens dadas a comandos terroristas) nos termos utilizados por bin Laden nas gravações de vídeo, em vez de admitirem que não continham mais do que aquilo que era visível e audível.

[201] A «eficácia simbólica» pode ser sucintamente descrita como uma «manipulação de ideias» que permite, através de símbolos, «tornar pensável e admissível uma dada situação». Isto de acordo com as ideias desenvolvidas por Claude Lévi-Strauss no seu célebre texto de 1949 intitulado «L'efficacité symbolique», em *L'Anthropologie Structurale*, Paris, Plon, 1958, pp. 205-226.

politicamente correctas, mas demasiado rígidas face aos textos incendiários de Oriana Fallaci) ([202]).

Temos de voltar, nem que seja por um momento, a algumas ideias que até ao presente foram apenas afloradas, mas que podemos agora aprofundar, ainda que pareçam afastar-nos do mundo da imagem. Sinto-me autorizado a isso porque, na minha qualidade de semiótico, estou convicto de que as imagens se lêem tanto quanto se vêem as palavras ou os acontecimentos que estas descrevem, sem que haja, contudo, uma muralha intransponível entre estas diferentes abordagens analíticas, na medida em que todos esses suportes (imagens, textos, acontecimentos) cobrem um mesmo universo de sentido. A este respeito, gostaria de invocar e reunir um conjunto de ideias surgidas sob diversas formas e de maneira disseminada em muitos textos que trataram desses factos: o acontecimento como momento de uma narrativa na qual se encadeiam pressupostos e consequências; a definição de estados passionais (fúria, ódio) que parecem inextricavelmente ligados aos factos enquanto causas ou consequências desses estados.

Se admitirmos que uma narrativa é apenas um encadeamento de actos e de paixões, compreenderemos melhor parte da lógica subjacente dos acontecimentos do 11 de Setembro. Admitamos, como muitos comentadores dos acontecimentos, que o atentado contra o World Trade Center e contra o Pentágono pode ser lido como a existência de um *ódio* manifesto ([203]) e como uma marca evidente de *desafio* (Baudrillard

---

[202] Os textos de Oriana Fallaci, publicados originalmente no *Il Corriere della Sera* com o título «La rabbia e l'orgoglio», foram traduzidos para francês com o título *La Rage et l'Orgueil*, Paris, Plon, 2002. Podemos ler as reacções (favoráveis e desfavoráveis) de Dacia Maraini e Giovanni Sartori nas edições de *El Mundo* de 6 e 17 de Outubro de 2001. À margem desta polémica, o texto ponderado de Umberto Eco intitulado «Las guerras santas: pasion y razon», publicado no *El Pais* de 14 de Outubro de 2001, é uma passagem obrigatória.

[203] Noam Chomsky, em *11/9: Autopsie des terrorismes* (Paris, Le Serpent à plumes, 2001), descreve este ódio nos seguintes termos: «Para os islamitas radicais mobilizados pela CIA e afins, o ódio é exactamente aquilo que exprimem [os atentados do 11 de Setembro]. Os Estados

dirá que o terrorismo procura «deslocar a luta para a esfera simbólica, onde a regra é a do desafio»).

2. Ódio e desafio

Para falar de *ódio* [204] (mesmo que se trate de *ódio frio*, estratégico) ou de *fúria*, temos desde logo de compreender que este estado passional é apenas a cristalização de uma série de conceitos que, para serem bem interpretados, têm de ser correctamente colocados em perspectiva. Neste sentido, só se pode explicar a agressividade niilista (ver mais à frente) demonstrada pelos atentados do 11 de Setembro colocando estes acontecimentos num encadeamento sintagmático em que a agressividade se segue, com toda a lógica, a um descontentamento profundo devido a uma frustração e que resulta naturalmente num desejo de vingança [205]. Ora, se o sujeito está frustrado é porque se sentiu no direito (real ou imaginário) de beneficiar (ou de não ser privado) de algum bem físico ou moral. Quando compreende que não beneficiará disso, sente uma decepção que pode levá-lo a um acto que visa *punir* quem o decepcionou, o que engendra uma vingança que assegura um *reequilíbrio dos sofrimentos entre os sujeitos antagonistas*. Estamos exactamente no domínio intersubjectivo da «regulação social das paixões», tal como A. J. Greimas a definia. Não vale a pena desenvolver aquilo a que o semiótico chamava «posições vazias», que podem e devem ser *preenchidas* pelos

---

Unidos gostam de defender esta violência e este ódio quando são dirigidos contra os seus inimigos. É menos agradável que o ódio que os Estados Unidos contribuíram para alimentar seja dirigido contra eles e contra os seus aliados, como aconteceu várias vezes nas últimas duas décadas.»

[204] O dicionário *Nouveau Petit Robert* dá a seguinte definição do termo «ódio»: «sentimento violento que leva a desejar a desgraça de alguém e a regozijar-se pelo mal que lhe acontece».

[205] Devemos a A. J. Greimas o texto fundamental desta análise: *De la colère. Étude de sémantique lexicale* (1981), republicado em *Du sens I. Essais sémiotiques*, Paris, Le Seuil, 1983, pp. 225-246.

acontecimentos históricos. Para encontrar um exemplo (mesmo que fictício) no nosso quadro cultural que evoque uma situação comparável com a força das criações literárias, temos de recorrer à obra imortal de Mary Shelley. No diálogo entre o doutor Frankenstein e a sua infeliz criatura monstruosa, é nestes termos que o *monstro* se dirige ao criador [206]: «Para onde quer que olhe, vejo a felicidade da qual só eu estou irremediavelmente excluído. Eu era bom, mas o infortúnio fez de mim um celerado. Faz-me feliz e voltarei a ser virtuoso.» [207]

Este contexto esclarece o sentido que cobre o segundo eixo significante: o do desafio [208]. Lembremos que o desafio parece agir no terreno da manipulação (obrigar alguém a alguma coisa), através da colocação em causa da capacidade de acção do sujeito interpelado. Se é este o caso, o sujeito passivo poderia interpretar de duas maneiras os atentados do 11 de Setembro, tratando-os quer como simples actos de *intimidação* (concretizados pela exibição de uma série de *valores negativos* evidentes na destruição provocada), quer como uma *provocação* (expressão de uma dúvida quanto à capacidade de o sujeito manipulado poder realizar determinado programa [209]).

---

[206] Mary Shelley, *Frankenstein, ou le Prométhée moderne*, Paris, Folio, Science-fiction, 2000.

[207] Não devemos esquecer o alcance da resposta do doutor: «Vai-te embora! Não quero ouvir-te. Não pode haver união entre nós; somos inimigos. Vai-te embora ou meçamos forças numa luta da qual só um de nós sairá vivo.»

[208] A. J. Greimas, *Le Défi, op. cit.*, pp. 213-223. O 11 de Setembro proporciona um campo ideal para levar a cabo o programa de trabalho proposto por Greimas: «Uma nova problemática abre-se assim diante do semiótico; decorre da necessidade de descrever as estruturas da manipulação, uma vez modalizadas ao nível semio-narrativo, em situação, inscritas no quadro do seu funcionamento histórico, ou seja, no discurso. (p. 222).

[209] A dificuldade consiste em identificar claramente o conteúdo desse programa proposto implicitamente através do desafio. Sem ir mais longe, onde a maioria dos analistas lêem nos atentados uma condenação radical da *globalização* (e, por isso, a necessidade de o Ocidente mudar este estado de coisas), Chomsky (*op. cit.*, p. 32) afina a análise indicando

A atitude dos Estados Unidos após os atentados assenta inteiramente na hipótese da provocação: o país não podia deixar passar o desafio sem resposta. E sabemos que forma adquiriu esta reacção nos dias que se seguiram ao ataque em Nova Iorque.

Sendo assim, não estaríamos então face a um novo tipo de paradigma moral, em que falar, por exemplo, de *desafio* contribuiria mais para ocultar o verdadeiro sentido dos acontecimentos do que para o revelar? A chave que permite compreender o significado profundo dos acontecimentos do 11 de Setembro pode encontrar-se, a meu ver, numa ideia revelada por quase todos os investigadores que reflectiram no assunto e que foi particularmente bem sublinhada por Jean Baudrillard: é um *ódio niilista* que distingue os atentados no World Trade Center, no Pentágono e em Pittsburgh, dos que, por exemplo, acontecem quase todos os dias em Israel e na Palestina. Depois de ter notado que a violência desses atentados se serviu de armas fornecidas pelo próprio sistema (o dinheiro e a especulação bolsista, as tecnologias de informação e da aeronáutica, a dimensão espectacular e as redes mediáticas, ou seja, a assimilação da modernidade e da globalização para melhor as destruir), Baudrillard destaca um facto suplementar: a estas armas, foi acrescentada «uma arma fatal: a própria arma dos terroristas. Tratava-se de um terrorismo de ricos», continua Baudrillard, que o distingue do terrorismo suicida praticado actualmente pelos pobres e por detrás do qual se encontra sempre, acrescentaria eu, o sonho de uma negociação que se julga pôr fim à sua precariedade.

E este é o aspecto absolutamente inédito dos acontecimentos do 11 de Setembro: se não foram reivindicados – a não ser de forma vaga e indirecta –, foi porque não precisavam de o ser, pois a sua lógica não visa obrigar o inimigo a negociar

---

que «a rede de bin Laden interessa-se tanto pela globalização e pela hegemonia cultural quanto pelos pobres e povos oprimidos do Médio Oriente. (...) bin Laden proclama alto e bom som as suas preocupações: a Guerra Santa contra os regimes corruptos repressivos e não islâmicos da região e contra todos os que os defendem.»

ou a ceder, nem impor-lhe reivindicações claramente enunciadas (contrariamente ao terrorismo palestiniano, cujo objectivo declarado é recuperar a pátria perdida) [210]. Trata-se aqui de um verdadeiro *niilismo* que não procura modificar o comportamento do adversário e que, por isso mesmo, se inscreve fora das estruturas clássicas da manipulação compreendida como um *mandar fazer*. Aquilo que surpreende nestas acções (e é nisso que reside a sua irredutibilidade, e não no facto de nos encontrarmos face a algum *acontecimento puro*) é que a sua finalidade não parece ir além da vontade de instaurar um *discurso apaixonado*, cujo signo decisivo (o postigo pragmático da sequência passional) teria a ver com a associação da dor infligida e do prazer do herói vitorioso, enquanto que a dupla morte infligida (a *dos outros* e a própria) pode ser vista como um signo glorificador na medida em que o adversário é aniquilado [211] e que o *eu* do sujeito que age é definitivamente afirmado – no caso presente, através da fé religiosa que ressurge para a colectividade da qual os terroristas pretendem ser porta-vozes, aquilo a que Greimas chamava a «linguagem da verdade».

3. O inesquecível fulgor das imagens

Foquemos um último aspecto: quando, nos dias que se seguiram aos acontecimentos de Nova Iorque, Washington e Pittsburgh, o compositor alemão Karl Heinz Stockhausen declarou que o atentado contra as torres gémeas era a primeira grande obra de arte do século XXI, os meios bem-pensantes não tardaram a reagir. Condenações sem apelo, acusações de

---

[210] Marc Ferro, *op. cit.*: «Este silêncio é novo porque os terroristas não pretendem, ao reivindicar a acção, criar uma situação que nos obrigue a negociar com eles. Se não reivindicam é para significar que não há negociações possíveis.»
[211] Osama bin Laden: «O homem culpado só é feliz se receber o seu castigo». Este era o título do resumo da entrevista a bin Laden, realizada por Robert Fisk em Julho de 1996 (republicada no *El Pais* de 16 de Setembro de 2001).

leviandade e até de complacência para com os terroristas, de desprezo pelas vítimas... Todos os qualificativos pareciam poucos para lançar o anátema sobre as declarações do artista – sem que se tentasse compreendê-las. Stockhausen, porém, não era o único a pensar assim. Iñaki Ábalos, por exemplo, contou como assistira aos acontecimentos do 11 de Setembro colado ao televisor num hotel de Lima, na companhia de um grupo de arquitectos famosos ([212]), e descreveu a reacção dos assistentes face ao «inesquecível fulgor das imagens» (para retomar a expressão de Baudrillard) que se impunham aos seus olhares siderados. *Alguém arriscou falar do poder de atracção visual do horror e todos concordámos que aquilo que estávamos a ver era a própria encarnação do sublime contemporâneo, um espectáculo que na Antiguidade só era autorizado a pessoas como Nero e que era agora dado democraticamente em directo a todos os cidadãos da aldeia global* (itálico meu).

Lembremos que, quando faz a distinção entre o sentimento do *belo* e o sentimento do *sublime*, Kant ([213]) diz que o belo encanta e o sublime emociona, matizando depois os diferentes tipos de sublime: o nobre, o magnífico e o sublime--terrível. Para ilustrar o sublime-terrível, Kant evoca as noções de solidão profunda, de grandes extensões desérticas nas quais se podem imaginar todo o tipo de sombras horríveis, duendes e fantasmas, uma grande profundidade (atribuirá a categoria do sublime-nobre a uma grande altitude) e um futuro incalculável, porque, como diz, à semelhança de Albrecht von Haller, «a eternidade futura inspira um doce horror». Na mesma ordem de ideias, Kant afirma que *uma vingança manifesta e corajosa, após uma ofensa grave, contém algo de grandioso e, por muito ilegítima que seja, o seu relato emociona tanto quanto o horror e a complacência* (itálico meu). E, como que para rematar, na quarta parte do seu opúsculo dedicado à

([212]) Iñaki Ábalos, «Cânones de la escala. Lo sublime, lo pintoresco y lo bello», *Arquitectura Viva*, n.º 79-80, Julho-Outubro de 2001, pp. 84-89.

([213]) Immanuel Kant, *Observações sobre o Sentimento do Belo e do Sublime* (1764).

definição dos carácteres nacionais *a partir do sentimento diferenciador do sublime e do belo*, defende que é este sentimento do sublime que distingue os Alemães, os Ingleses e os Espanhóis dos outros caracteres continentais. Para traçar o perfil do sublime hispânico, escolhe nada mais nada menos do que o *auto-de-fé*, que, segundo ele, se alimenta da *tendência extravagante da nação, que se emociona face a um cortejo veneravelmente horrível*.

O artista multimédia Francesc Torres, testemunha directa dos acontecimentos de Manhattan, dos quais fez um retrato impressionante ([214]), destacou algumas imagens que lhe ficaram profundamente gravadas na memória: as dos desesperados que se lançavam no vazio do alto das torres do World Trade Center, as do desmoronamento vertical dos colossos (que evocavam outras imagens ainda impressas na nossa retina, de navios que se afundavam no oceano com a proa virada para o céu) e as do gigantesco incêndio que continuou durante muito tempo a marcar a tragédia. Mas também outras, mais subtis, mais evanescentes, como os sapatos de salto alto que as mulheres haviam abandonado para poderem correr mais depressa, ou a *imensa nuvem de papéis de escritório* que atravessou o East River para chegar a Brooklyn, levantada pelo impacto do primeiro avião na torre Norte.

As fotografias de Nova-Iorquinos cobertos de poeira e fuligem (a imagem emblemática de um empregado de escritório sentado com o seu computador no meio dos destroços e coberto de cinzas) fizeram-me lembrar muitas vezes das esculturas de Juan Muñoz, que adquirem hoje uma actualidade trágica. Tal como na sua recente instalação na Tate Modern de Londres, as *silhuetas* de Manhattan pareciam presas num laço duplo que fazia delas sobreviventes de uma tragédia e, ao mesmo tempo, obras de arte ambulantes. Ou, se preferirmos, encarnações contemporâneas do *Angelus Novus* de Walter Benjamin, prisioneiro «num furacão que lhe tomou

---

[214] Francesc Torres, «Arte y Apocalipsis. Crónica errática de un 11 de setiembre», *Arquitectura Viva*, n.º 79-80, Julho-Outubro de 2001, pp. 54-58.

as asas e que (...) o leva inexoravelmente para o futuro, ao qual vira as costas, enquanto os montes de ruína se erguem diante dele em direcção ao céu» [215].

Foi precisamente Walter Benjamin quem sublinhou no mesmo texto que não existe um documento *de cultura que não se relacione ao mesmo tempo com a barbárie*. Será possível e sensato inverter os termos e ver nas imagens do 11 de Setembro um documento de barbárie que se relacione ao mesmo tempo com a cultura?

---

[215] Walter Benjamin, «Thèse de philosophie de l'histoire» (1940), *Essais*, tomo II, Paris, Denoël Gonthier, 1983.

Capítulo 3

Terror: Após o 11 de Setembro, o Problema do Mal

Susan Neiman

Certa noite, no final do Outono de 2001, um estudante de Paris estava sentado na minha cozinha, em Berlim. Perguntou-me directamente onde estava eu quando soube da notícia. Podia estar em Boston, Santiago ou Zagreb. Onde quer que estivéssemos, para cada um de nós, é um momento que não se esquece. É um momento que exige ser evocado continuamente, como se tivéssemos necessidade de ver incansavelmente o colapso das torres do World Trade Center; de vê-las a ruírem até ficarmos doentes; até saber que o acontecimento foi verdadeiro. Assim é a globalização, tratar-se-á de uma nova Lisboa?

Em 1755, o terramoto de Lisboa destruiu em poucos minutos muito mais do que uma grande cidade e vários milhares de habitantes. De Portugal até à Prússia, a onda de choque que o sismo produziu destabilizou a Europa iluminista. As semelhanças entre os dois acontecimentos são inegáveis; o carácter súbito e rápido dos atentados de Setembro fazem lembrar uma catástrofe natural. Nenhum aviso. Nenhuma mensagem. Esta ausência suscita o medo, faz-nos tomar consciência daquilo que significa a palavra «terror». Tal como os sismos, os terroristas atacam às cegas. Sobreviver ou não depende do acaso. O mérito não desempenha aqui qualquer papel. Voltaire acusava Deus de ser incapaz de respeitar as regras morais que são elementares para os seres humanos. As crianças não merecem ser atormentadas de forma brutal e súbita. A salvação ou a morte não devem depender de algo tão derrisório como o acaso. Os desastres naturais não olham a distinções morais que encontramos nas formas mais elementares de justiça. Quanto ao terrorismo, desafia deliberadamente estas formas. Ao sublinhar o papel desempenhado pelo acaso, o 11 de Setembro fala-nos também da nossa fragilidade infinita. Muitos Nova-Iorquinos não conheciam nenhum dos ocupantes do World Trade Center. Mas, pelo contrário, todos os Nova-Iorquinos parecem conhecer alguém que, por acaso, não se encontrava no World Trade Center. Uma ressaca, um filho a levar para a creche. Quando um fortuito atraso no trabalho nos salva a vida, o sentimento de impotência torna-se esmagador. Os alvos escolhidos pelos terroristas só reforçam esse sentimento. Wall Street e o Pentágono são a força ocidental, tanto em termos simbólicos como reais. Já não sabemos o que assusta mais: o desmoronamento das espectaculares torres gémeas ou o ataque desferido ao poder militar nos seus redutos mais impenetráveis. Já nada nos protege, nem a visibilidade nem a invisibilidade. Face a um fracasso tão rápido, já ninguém se pode sentir em segurança. O comum dos mortais faz eco a Hannah Arendt: o impossível realizou-se.

Doravante, nada será igual. Isto foi dito nas ruas, escrito nos jornais, repetido em tantas línguas que nem vale a pena contá-las. Mas é demasiado cedo para saber o que significa. Desde logo, porque as consequências estão longe de ser claras. Em seguida, porque a única maneira de impedir que o nosso mundo se estilhace consiste em negar que tenha sido destruído. Com efeito, como saber se uma época está ou não terminada, já que é essencial, se quisermos sobreviver, dizer que continua? Na Lisboa do século XVIII, o primeiro-ministro esforçou-se por minimizar o impacto do terramoto, de modo a que a vida retomasse o seu curso. Insistia para que as tarefas práticas – enterrar os mortos para evitar as epidemias, proteger o comércio da pilhagem, publicar um jornal semanal para travar os pânicos – se antecipassem à reflexão filosófica ou teológica. As suas exortações para que se voltasse ao trabalho inspiravam-se nos mesmos princípios dos do presidente da Câmara de Nova Iorque, Rudolph Giuliani. Quando tudo se opõe a isso, viver de maneira normal é uma forma de heroísmo. Porque, um ou dois dias após a catástrofe, a própria linguagem parece ter-se tornado inútil. Ao meio-dia de 12 de Setembro, a CNN emitiu imagens mudas, sob as quais desfilava a seguinte legenda: «sem comentário... sem comentário... sem comentário... sem comentário...»

No final desse mesmo dia, assiste-se ao regresso dos jornais habituais. Tudo se debate, novamente, desde as consequências económicas do acontecimento até à oportunidade dos próprios debates. Os *media* estão embaraçados e tentam desculpar-se desse regresso à normalidade. As suas desculpas são inúteis. Um dos objectivos do terror é petrificar-nos. Encontrar palavras para fazer face ao sucedido é já um acto de reconstrução.

No entanto, nem sempre se sabe até que ponto o mundo vai mudar. Estamos na presença de novas formas de perigo. Mas o mal que este perigo apresenta nada tem de novo. Se é difícil lutar contra o terrorismo, não é certamente por razões conceptuais. Os autores do massacre do 11 de Setembro encarnam uma visão arcaica do mal. O reaparecimento deste arcaísmo contribui para o nosso estado de choque.

Este arcaísmo não decorre da ideologia fundamentalista dos terroristas ou da ausência de qualquer escrúpulo moderno. É verdade que o paraíso caricatural e um tanto desbotado que o Deus dos terroristas reserva como recompensa aos que eliminam os seus inimigos só pode levar ao cepticismo. Contudo, o conteúdo das crenças terroristas acaba por importar pouco. Nos últimos dias da guerra, a decisão de alguns nazis morrerem ou renderem-se remete para fantasmas igualmente arcaicos (os do *quiliasmo*). No entanto, penso que o *III Reich* encarna uma versão muito mais contemporânea do mal. Auschwitz é emblemático do mal contemporâneo, pois foi essencialmente concebido sem as caracterizações «clássicas» do mal: a premeditação, a vontade de fazer mal. As intenções subjectivas dos homens responsáveis por Auschwitz não eram nada louváveis, mas não estavam certamente à altura do mal que causavam. Isto em nada diminui a amplitude desse mal. Mas situa-o a outro nível que não o das intenções. O caminho para o inferno não precisa de estar cheio de más intenções.

Pelo contrário, a versão do mal que o 11 de Setembro fez reviver é estruturalmente arcaica. É um mal terrivelmente reconhecível que jorra do tecido da vida normal rasgado pelos aviões. É um mal perfeitamente deliberado. Um mal que requer uma enorme premeditação. Os assassinos fixam um objectivo exacto. Tudo é feito para o realizar: coordenação, programação rigorosa, instrumentalização das suas próprias mortes. O recurso sistemático a uma racionalidade instrumental acompanha-se de um evitamento sistemático do raciocínio moral. A natureza ignora as distinções entre diversas formas de culpa ou de inocência. Os terroristas, por seu lado, escarnecem dessas distinções. Por não haver qualquer reivindicação e, por isso, a mínima possibilidade de negociação, não procuram desculpas para a sua destruição de vidas comuns. O projecto terrorista consiste precisamente em produzir aquilo que a moralidade se esforça por prevenir: a morte e o medo (Rousseau pensava que o medo da morte é pior do que a própria morte, porque o medo ameaça a nossa liberdade, corrompe a vida). A intenção de fazer mal e a premeditação raramente foram tão perfeitamente combinadas. Ignorando qualquer modelo complexo – o de Mefistófeles, por exemplo –, os terroristas remetem-nos para Sade. É verdade que, tal como se poderia esperar, alguns não deixaram de dizer que os terroristas acreditavam na justiça da sua causa. Mas a ausência de um ultimato desencoraja qualquer tentativa de justificação, mesmo entre os que não recuam face a alguma contradição. Eliminar ao acaso os representantes de uma cultura que se julga inaceitável não faz parte das causas admissíveis.

Concentremo-nos num mau augúrio. A lenta e inexorável destruição dos dois budas gigantes do Afeganistão provoca arrepios na espinha a um mundo habituado, porém, a ver crianças a morrerem à fome diante das câmaras. A destruição com explosivos, pelos talibãs, daquilo que eram apenas estátuas e pedras, monopoliza inexplicavelmente durante dias a atenção mundial. Será que se trata de uma prefiguração, de um ensaio geral da implosão das torres? «Onde se queimam os livros», escreveu Heinrich Heine, «acabar-se-á por queimar os homens.» Escrita muito antes de os estudantes nazis empilharem cuidadosamente nas praças públicas os livros destinados à fogueira, esta frase parece estranhamente premonitória. Atacar de forma tão radical a cultura humana, aquilo que, segundo Hegel, torna os homens livres e, segundo Marx, os torna capazes de assumirem o papel de criadores, é atacar a própria humanidade.

Mas a comparação fica por aqui. Os talibãs e os terroristas que os defendem são bandidos pouco complexos. A *performance* deles, numa bela manhã, no centro da civilização, choca-nos porque estamos habituados não só a mais segurança, mas também a um pouco mais de subtileza. Aqueles que têm bases intelectuais para além do *western* já não estão habituados a juízos morais tão simplistas. Instados a optar entre a simplificação moral e um cinismo generalizado, tendemos mais para este, e muitos factores ajudam-nos a isso. Wall Street parece determinada a mostrar que tudo se compra e se vende. O Pentágono adquiriu uma visão pré-socrática da justiça: ajudar os amigos, atacar os inimigos. Desde 1989 que os interesses – e não as ideias – parecem ser as únicas questões de todos os conflitos. É então fácil de concluir que qualquer conflito entre o bem e o mal só pode ser uma farsa. Mas será que, face ao cinismo, só há a moral da banda desenhada? Aqueles cujas concepções do mal são desde sempre simplistas ou diabolizantes ficam felizes por vê-las confirmadas. Pelo contrário, aqueles cujas concepções do mal foram formadas, não por Hollywood, mas pelo Chile, Vietname, Auschwitz ou Camboja, vêem-se desconcertados. Sabemos agora como é fácil as pessoas mais vulgares cometerem crimes, por haver poucas estruturas burocráticas que as levem a ganhar consciência exacta dos seus actos. A análise que Arendt fez de

Eichmann continua hoje a ser um projecto inacabado. Mas a sua descrição de um mal irreflectido aplica-se a tantos exemplos contemporâneos que estamos mal preparados para uma situação em que o mal seja perfeitamente desejado, deliberado, reflectido. O nosso sentimento de impotência face ao terrorismo é também um sentimento de impotência conceptual. Com efeito, só nos restam más escolhas. Falar de *mal* a propósito do 11 de Setembro significa fazer uma aliança com aqueles cujas diabolizações simplistas servem deliberadamente para ocultar formas de mal mais insidiosas. Não falar de mal a propósito desses assassínios é relativizar o julgamento sobre estes, é torná-los compreensíveis e seguir um caminho que vai dar à sua justificação.

Alguns estavam prontos para falar de «mal», e vimos florescerem muitas teodiceias grosseiras. Para os fundamentalistas cristãos, os laicos eram os grandes culpados. Com efeito, tinham desencorajado Deus de proteger a América. Para outros, ainda mais numerosos, os Nova-Iorquinos apenas colhiam aquilo que o Pentágono e Wall Street tinham semeado, e pagavam assim pelos sofrimentos infligidos ao Terceiro Mundo. Para os movimentos mais próximos dos terroristas, o 11 de Setembro era apenas uma questão de justiça. As teodiceias simplistas são formas de pensamento mágico. Num magnífico ensaio sobre o livro de Job, Kant acusa os amigos de Job de quererem agradar a Deus, de falarem esperando que Ele os ouça e os recompense por isso. Por que outra razão insistiriam eles em proclamá-lo quando tudo provava o contrário? Dar a ouvir àqueles que têm a capacidade de nos destruir o que pensamos que desejam ouvir é uma maneira clássica – ainda que desesperada – de obter os seus favores. O reverendo Jerry Falwell nunca fez um aborto. Os autores franceses que atacam vigorosamente os Estados Unidos nunca fizeram mal a uma criança iraquiana. Será que merecem ser poupados pelo terrorismo?

É evidente que o não serão, mas a reacção deles é compreensível. Trata-se de encontrar uma explicação para o mal que faça esperar que pare, uma explicação que permita situá--lo melhor numa ordem geral das coisas. O primeiro destes motivos é compreensível. O segundo é louvável. Mas, neste contexto, ambos são obscenos. Pois ambos consistem em negar que aquilo que aconteceu no 11 de Setembro seja condenável; em ignorar a angústia insuportável exibida em cada um dos cartazes colados nas paredes de Nova Iorque por familiares sem notícias.

Recusar negar a existência deste tipo de mal não significa que se queira negar outros. Dividir o mal em males grandes e pequenos, tentar pô-los em confronto, tudo isto não só é desprovido de sentido como também inadmissível. Dizer que uma coisa é má consiste em dizer que essa coisa desafia toda a justificação e todo o equilíbrio. Assim, as formas do mal prestam-se não à comparação, mas à distinção. Reconhecer as manifestações de um mal de tipo arcaico em nada nos cega para a existência de formas mais modernas. Muito pelo contrário, a identificação das primeiras pode ajudar-nos a reconhecer melhor as segundas. Por outras palavras, a existência de uma opressão global e sistemática em nada justifica o terrorismo. Nem sequer o explica. Contribui certamente para o seu aparecimento. *Mas mesmo que não contribuísse para isso, a opressão global devia ser combatida, porque, com ou sem terrorismo, constitui um mal.*

Para quem quis ouvir, Auschwitz deu uma lição de vigilância. Muito poucos indivíduos estão dispostos a sacrificar a vida para garantir que outras vidas sejam destruídas. Mas muitos são os que estão dispostos a desempenhar um pequeno papel no seio de sistemas que contribuem para males que recusam ver. Curiosamente, vê-se com frequência militantes que passaram a vida a lutar contra formas contemporâneas do mal, que têm repugnância em falar de «mal» a propósito de terrorismo; hesitam até em utilizar o termo sem aspas. Sabem que esta palavra foi aviltada por aqueles que, durante toda a vida, recusaram olhar de frente as formas de mal que as suas instituições são capazes de engendrar. Será isso razão para que os militantes abandonem qualquer discurso moral? Deverão deixar campo livre àqueles que são totalmente desprovidos de escrúpulos? Paradoxalmente, a exigência moral transforma-se aqui em demissão moral. Aqueles para quem é importante resistir devem ser capazes de reconhecer o mal independentemente da forma que este adquira. Abandonar o termo «mal» aos que apenas vêem as suas variedades mais simples priva-nos dos recursos necessários para pensar os males mais complexos. Pode-se perfeitamente reflectir sobre o mal sem querer absolutamente que o mal tenha uma essência. Não há dúvida de que somos incapazes de definir de maneira interessante os pontos comuns entre os assassínios em massa cometidos pelos terroristas e as fomes agravadas pelos interesses das empresas. Isto não nos impede de condenar ambos. É fundamental pensar de maneira clara. Tanto pior para as fórmulas. A situação contemporânea põe em causa uma distinção ligada aos próprios princípios da modernidade: a que separa as formas morais e naturais do mal. Os atentados terroristas imitam a arbitrariedade das catástrofes naturais. Ao reproduzir de forma deliberada aquilo que a natureza tem de pior – a peste, por exemplo –, a combinação terrorista das formas natural e humana do mal parece condenar-nos ao desespero. Utilizar a vontade humana para superar a natureza naquilo que esta tem de mais pérfido torna risíveis as tentativas passadas de reorganizar a natureza. Mas este conhecimento não deve fazer-nos esquecer que há outras possibilidades de confusão entre males naturais e morais. A catástrofe ecológica que vemos lentamente aparecer não é desejada pelos países avançados, mas estes mostram-se incapazes de refrear o consumo que irá certamente provocar a catástrofe. De nada serve pôr em confronto as diversas combinações de mal natural e de mal moral, querer decidir qual delas é a pior. Cada uma das duas é capaz de nos destruir.

O 11 de Setembro dá-nos pelo menos *uma* razão de esperança. Apesar da vontade dos terroristas em provarem a nossa impotência, descobrimos que o mal e a resistência ao mal estão nas nossas mãos. Alguns homens munidos de canivetes e com determinação mataram milhares num instante. Desencadearam acontecimentos que ameaçam o planeta. Haveria algo a lamentar se não fosse o voo 93. O mal não é simplesmente o oposto do bem. É-lhe hostil. O verdadeiro mal procura suprimir as próprias distinções morais. Uma forma de fazer isso é transformar as vítimas em cúmplices. Os *sonderkommandos*, cujo trabalho era indispensável para o funcionamento das câmaras de gás, eram engrenagens do processo, ainda que só tivessem tomado consciência disso no momento em que desapareceu qualquer possibilidade de resistência. O horror, para os passageiros dos aviões do 11 de Setembro, não consistia apenas em serem sequestrados das suas vidas normais e precipitados para a morte. Consistia também em tornarem-se os projécteis que provocariam milhares de outras vítimas. Foi, em todo o caso, o que pensaram alguns dos passageiros do quarto avião que se dirigia para um alvo desconhecido, em Washington. Contrariamente aos passageiros dos outros voos, dispunham de um saber que lhes permitia agir. Sem esse saber, seriam impotentes. Seriam semelhantes àqueles que a abertura dos vagões de animais confrontava bruscamente com o inimaginável. Antes de se produzirem certos acontecimentos, quem acreditaria, com efeito, que seres humanas poderiam ser exterminados como vermes ou transformados em bombas vivas?

A destruição dos aviões deixa-nos pouca esperança de algum dia conhecermos toda a verdade, mas, em todo o caso, podemos dizer isto. Munidos de telemóveis, alguns passageiros sabiam que outros aviões tinham sido desviados e precipitados contra as torres. Estavam resolvidos a lutar. Não conseguiram dominar os terroristas. No entanto, conseguiram fazer o avião despenhar-se num campo deserto. Morreram como heróis. Contrariamente ao hipotético herói kantiano que preferia morrer a prestar um falso testemunho, a recusa deles em tornarem-se instrumentos do mal foi mais do que um gesto. Nunca conheceremos a amplitude das destruições que evitaram, mas sabemos que evitaram destruições. Provaram não só que os homens são livres, mas também que podemos servir-nos dessa liberdade para agir sobre um mundo que receamos já não dominar. Não há aqui teodiceia. Nem sequer consolo. No entanto, é a nossa única esperança.

Bibliografia

Neiman (Susan), *Evil in Modern Thought. An Alternative History of Philosophy*, Princeton, Princeton University Press, 2002.

Capítulo 4

Desculpar o Terror: Uma Política da Justificação Ideológica

MICHAEL WALZER

Ainda antes do 11 de Setembro, não havia quase ninguém que preconizasse o terrorismo – nem sequer os que o utilizam e o defendem regularmente. O recurso ao terrorismo tornou-se indefensável desde que foi reconhecido, ao mesmo título que a violação ou o assassínio, como uma agressão a inocentes. As vítimas de um atentado terrorista são homens e mulheres comuns, espectadores eternos. Não há qualquer razão para os tomar como alvos. O ataque é lançado sem distinção contra toda a sociedade. Os terroristas são como assassinos que se entregam a actos de violência cega, com a diferença de a sua violência ser premeditada e programada. Visa uma vulnerabilidade geral. Matar uns indivíduos para aterrorizar outros. Um número de vítimas relativamente pouco elevado traduz-se num grande número de reféns vivos e amedrontados.

O mal que o terrorismo engendra tem ramificações: não se trata apenas de matar inocentes, mas de introduzir o medo na vida quotidiana, de atentar aos interesses privados; trata-se da insegurança dos espaços públicos e da coerção infinita das medidas de prevenção. Uma onda de criminalidade pode produzir efeitos análogos, mas ninguém a planeou: é obra de um milhar de decisores, todos independentes uns dos outros, reunidos por uma mão invisível. O terrorismo, por seu lado, é obra de mãos visíveis: é um projecto estrutural, uma opção estratégica, uma conspiração que visa matar e intimidar. Não admira que os conspiradores sintam dificuldades para justificar em público a estratégia que escolheram.

Mas quando se afasta qualquer justificação moral, abre-se o caminho para a desculpa ideológica. Há muito tempo que, em certas áreas da esquerda europeia e americana, existe uma cultura política da desculpa, centrada de maneira defensiva numa ou noutra das mais antigas organizações terroristas: o IRA, a FLN, a OLP, etc. Os seus argumentos são bastante conhecidos e a sua repetição a partir do 11 de Setembro não constitui surpresa. No entanto, devemos analisá-los com atenção e rejeitá-los de forma explícita.

A primeira desculpa refere-se ao facto de o terror ser utilizado como último recurso. Imaginamos povos oprimidos e exasperados que não têm outra solução. Tentaram todas as formas legítimas de acção política, esgotaram todas as possibilidades, chegando ao ponto de não lhes restar outra opção que não o mal do terrorismo. Ou se tornam terroristas ou não fazem absolutamente nada. É fácil responder que, dada esta descrição, não deveriam fazer absolutamente nada. Mas isto não tem a ver com a questão da desculpa.

Não é assim tão fácil chegar ao último recurso. Para isso, é necessário ter efectivamente tentado tudo (o que representa muitas coisas) e não só uma vez – como se um partido ou um movimento político pudesse organizar apenas uma manifestação e, não obtendo uma vitória imediata, pretendesse que era então legítimo recorrer ao assassínio. A política é a arte da repetição. Os militantes aprendem fazendo sempre a mesma coisa. Não é evidente determinar o momento em que esgotaram todos os outros meios. O mesmo argumento vale para os altos funcionários que dizem tudo ter tentado e que estão agora abrigados a eliminar reféns ou a bombardear aldeias de camponeses. O que tentaram realmente quando tentaram tudo?

Será possível fazer uma lista plausível dessas tentativas? O carácter definitivo do «último recurso» é apenas teórico. O recurso ao terror não é o último acto de uma verdadeira série de actos; só é o último para as necessidades da desculpa. Na verdade, a maioria dos terroristas defende o terror como primeiro recurso; aprovam-no por princípio.

A segunda desculpa dos terroristas é o facto de serem fracos e não poderem fazer outra coisa. Mas confunde-se aqui com frequência dois tipos de fraquezas: a fraqueza da organização terrorista relativamente ao seu inimigo e a sua fraqueza relativamente aos próprios concidadãos. É a segunda categoria – a incapacidade da organização em mobilizar os próprios concidadãos – que faz escolher o terrorismo em detrimento de todos os outros meios: acção política, resistência não violenta, greves gerais, grandes manifestações. Os terroristas são fracos não por representarem os fracos, mas precisamente por não os representarem – por serem incapazes de envolver os fracos numa política de oposição contínua. Agem sem o apoio político organizado dos seus concidadãos. Podem exprimir a fúria e o ressentimento de alguns ou até de muitos. Mas não foram para isso autorizados e nunca tentaram obter tal autorização. Agem de forma tirânica e, se forem vitoriosos, governarão da mesma maneira.

A terceira desculpa considera que o terrorismo não é nem o último recurso nem o único recurso possível, mas sim o recurso universal. Toda a gente o usa: essa é a verdadeira política (ou política de Estado); é a única coisa que funciona. Este argumento obedece à mesma lógica que o provérbio: «No amor e na guerra, vale tudo». O amor é sempre fraudulento, a guerra é sempre assassina e a política recorre sempre ao terrorismo. De facto, o mundo criado pelos terroristas tem as suas entradas e saídas – não se vive sempre nele. Se quisermos compreender a escolha do terror, temos de imaginar aquilo que se deve normalmente produzir (mesmo que não tenhamos disso qualquer prova tangível): um grupo de homens e mulheres, responsáveis ou militantes, senta-se à volta de uma mesa e discute a oportunidade de adoptar ou não uma estratégia terrorista. A litania das desculpas irá depois obscurecer o debate. Mas, nesta fase, em redor da mesa, de nada teria servido aos defensores do terrorismo dizer: «toda a gente o usa», porque estão perante pessoas que se propunham fazer as coisas de outra maneira. O terrorismo tem normalmente origem neste tipo de argumento. As suas primeiras vítimas são os antigos companheiros dos terroristas, os que diziam não ao terrorismo. Que razão podemos nós ter para colocar esses dois grupos em paralelo?

A quarta desculpa joga com a ideia de inocência. Obviamente, é repreensível matar inocentes, mas essas vítimas não são totalmente inocentes. Beneficiam da opressão; beneficiam dos seus frutos podres. Por conseguinte, se a morte deles não é justificável, é pelo menos compreensível. Que mais podiam esperar? As crianças que se contam entre as vítimas – e até os adultos – têm perfeitamente o direito de aspirar a uma vida longa, como todos os que não estão directamente envolvidos numa guerra, na escravatura, na limpeza étnica ou numa repressão política brutal. É aquilo a que se chama imunidade não combatente, princípio essencial não só da guerra, mas de qualquer política decente. Aqueles que a isso renunciam por um momento de alegria maligna mais não fazem do que desculpar o terrorismo: juntam-se às linhas dos partidários do terror.

A última desculpa afirma que as respostas evidentes e tradicionais que se opõem ao terror são, de certa forma, piores do que o próprio terrorismo. Qualquer acção política ou militar coerciva é considerada vingança, fim das liberdades civis e começo do fascismo. A única resposta moralmente aceitável consiste em rever a política contra a qual os terroristas pretendem lutar. O terrorismo é então considerado do ponto de vista das vítimas como uma espécie de incitação moral: «Devíamos pensar nisso!»

Pude ouvir todas estas desculpas nos últimos dias – são normalmente acompanhadas de grande indignação relativamente ao consenso de unidade e de determinação nacionais.

Mas as duas últimas desculpas foram as mais frequentes. Bombardeamos o Iraque, apoiamos Israel e somos aliados de regimes árabes repressivos como a Arábia Saudita e o Egipto. Que deveríamos esperar? Deixemos de lado as descrições exageradas e deformadas da perversidade americana que apoiam essas desculpas. A política externa dos Estados Unidos durante as últimas décadas dá o flanco a numerosas críticas. Muitos de nós, no seio da esquerda liberal americana, passámos grande parte das nossas vidas políticas a opor-nos ao uso da violência pelo governo americano (ainda que, como a maioria dos meus amigos, eu tenha apoiado a Guerra do Golfo, o que figura em lugar destacado na versão corrente da quarta desculpa). Enquanto Americanos, devemos responder pelas nossas próprias brutalidades e pelas dos Estados que armámos e financiámos. Contudo, nada desculpa o terrorismo: nada disto torna sequer o terrorismo compreensível do ponto de vista moral. Os psicólogos talvez tenham algo a dizer sobre a compreensão. Mas a única resposta política a dar aos fanáticos ideológicos e aos soldados suicidas da guerra santa é uma oposição implacável.

Conclusão

Balanço de um Percurso

DANIEL DAYAN

Para além dos agrupamentos disciplinares, cinco grandes debates atravessaram este livro. Dois deles traduzem-se por posições compatíveis e às vezes complementares. Referem-se: às temporalidades do acontecimento; às *performances* cruzadas dos terroristas, dos *media* e dos públicos, que fazem do acontecimento um verdadeiro «concerto» de *performances*. Três outros debates, pelo contrário, envolvem posições muito mais díspares. De natureza ética ou política, voltados para a sorte reservada ao discurso do *Outro*, estes debates referem-se à natureza das respostas suscitadas por sofrimentos longínquos. São postos em causa a legitimidade e os objectos das respostas *compassivas*, das respostas *denunciadoras* e, por último, das respostas *estéticas* (Boltanski, 1993, *op. cit.*).

1. **As temporalidades de uma catástrofe**

A passagem em repetição de certas imagens não é apenas – como afirma um dos grandes lugares-comuns do 11 de Setembro – uma espécie de «martelar ideológico». Envolve, a meu ver, várias outras dimensões e, nomeadamente, uma dimensão terapêutica, uma dimensão cognitiva e uma dimensão ritual. A dimensão terapêutica consiste em controlar o trauma pelo jogo da repetição. A dimensão cognitiva consiste em representar de novo a passagem «do imprevisível ao inevitável». A dimensão ritual concentra a atenção no temível intervalo entre definições da realidade a que os antropólogos chamam «liminalidade».

No seu aspecto ritual, a passagem em repetição manifesta uma nova forma de temporalidade partilhada. Esta temporalidade opõe-se à temporalidade irremediável, irreversível, que é a das catástrofes e dos acontecimentos fundadores. Em contraste com esta temporalidade «catastrófica», a passagem em repetição apresenta duas características.

1. É individualista e tende a fragmentar as temporalidades colectivas em temporalidades singulares, que evoluem como mundos paralelos.
2. É, se não reversível, pelo menos capaz de propor uma irreversibilidade atenuada; a sua recorrência permite que cada um de nós possa ter várias hipóteses de participar na mesma sequência temporal. Um participa nela hoje. Outro participará amanhã. Como mostra Andrea Semprini [216], a «passagem em repetição» afecta cada vez mais fluxos temporais e caracteriza agora objectos tão variados como os transportes de ida e volta para os aeroportos ou a difusão dos telejornais.

Da passagem em repetição das imagens do 11 de Setembro poderíamos então dizer que ilustra os progressos do domínio adquirido pela televisão relativamente ao acontecimento. Com efeito, as imagens passadas em repetição só são as mesmas em termos materiais. Os seus significantes são os mesmos (são os mesmos planos). Os seus significados não pararam de mudar. As imagens transformaram-se em função das narrativas que lhe dão sentido. Julgávamo-las desertas. Foram povoadas de seres humanos. Pensávamos numa catástrofe

---

[216] Andrea Semprini, *La société de flux*, Paris, L'Harmattan, 2003.

ocidental. Tornaram-se as imagens de um ataque terrorista. Entretanto, constituiu-se o icebergue narrativo do qual são a parte imersa, icebergue que não existia nos primeiros momentos do acontecimento.

A constituição deste icebergue, a oposição entre um antes e um depois do domínio narrativo, a oposição entre uma temporalidade «catastrófica» e as diversas temporalidades que respondem a esta são outros tantos pontos de convergência para os textos aqui reunidos. Vemos assim oporem-se: o tempo da catástrofe e o tempo da mobilização (Arquembourg); o tempo da catástrofe e o tempo do testemunho (Scannell); o tempo das imagens de violência e o tempo das imagens violentas (Jost); o tempo do imprevisível e o tempo do inevitável (Lozano); o tempo da difusão e o tempo da memória (Charaudeau); o tempo da catástrofe e o tempo do fantasma (Tisseron); o tempo da crise aguda e o tempo da doença crónica (Wagner-Pacifici); o tempo do sucedido e o tempo do possível (Flageul).

1.1 *O tempo da catástrofe e o tempo da mobilização*

Jocelyne Arquembourg propõe uma construção do 11 de Setembro em duas fases. A autora articula fortemente a oposição entre uma televisão à partida incapaz de explicar o acontecimento e o domínio progressivo que adquire face ao sucedido. De início, há «simplesmente factos brutos (...), o êxtase de uma indeterminação total». Nem sequer se pode falar de acontecimento, porque «o acontecimento é obra do discurso que só se revela *a posteriori*». Os ataques contra Nova Iorque abriram uma autêntica «caixa de Pandora». Um dos papéis atribuídos à televisão é o de fechar a caixa de Pandora e depois etiquetá-la, permitindo assim que os espectadores saiam do seu estado petrificado. «A informação funciona então como um cautério; pretende-se tranquilizadora, unificadora. O caos torna-se legível, o índice torna-se símbolo, o desastre submete-se à ordem do discurso.» Este discurso é, em particular, o da televisão cerimonial e as categorias que propõe servem de

preparações para as acções a ser desencadeadas. Ao «aparecimento dos possíveis» sucede «o encerramento do sentido dos acontecimentos por actores "autorizados"».
Arquembourg opõe assim um momento de acontecimento puro (o olhar da medusa) à construção de uma discursividade gerida. A sua análise ilustra aquilo que pode ser uma análise processual face a tal acontecimento, com mais um pormenor: a aceleração que imprime ao processo. A apropriação do acontecimento por formas próximas da televisão cerimonial consiste já, a seu ver, em submeter os espectadores petrificados a uma preparação psicológica para as intervenções no Afeganistão e no Iraque. «O sentido que se constitui desta forma é (…) uma direcção traçada em direcção a acções a empreender, a fim de fazer evoluir uma situação.» Ideologicamente instrumentalizada, a televisão cerimonial teria o papel de preparar a opinião pública para a guerra. «O efeito de anúncio que acompanha alguns envolvimentos militares nada tem a invejar às cerimónias principescas.»

Parece-me que a esta descrição, apesar da sua justeza, falta um elo, que ignora um aspecto crucial do processo ao identificar apenas duas etapas, onde se pode ver três momentos distintos: o momento do fascínio e do terror; o acompanhamento dos espectadores ao longo das etapas que levam, segundo Tisseron, da negação da morte à separação relativamente aos mortos e por fim à sua transfiguração; «a elaboração de um consenso político (…) que vai buscar força à coesão social engendrada pelo sofrimento.»

Por outras palavras, entre o momento em que as torres se desmoronam em directo e o momento em que se instala o discurso da intervenção militar, a televisão facilita aos espectadores a compreensão daquilo que aconteceu e, sobretudo, organiza a resposta desses espectadores ao desastre. A insistência das televisões americanas nos bombeiros de Nova Iorque, no perímetro do Ground Zero, na oferta de dádivas, nos relatos de vida dos desaparecidos talvez seja excessiva, mas só é guerreira de forma muito indirecta. Trata-se, pelo contrário, de uma ritualidade profundamente doméstica. Como mostra muito bem Rothenbuhler, a omnipresença da bandeira americana não remete aqui para uma metáfora belicosa, mas, pelo contrário, para a do «curativo». Numa fase posterior, esta bandeira terá um sentido mais marcial. É então que a repetição das imagens servirá de preparação para as guerras vindouras. No intervalo, talvez seja útil identificar, entre o relato petrificado da catástrofe e os preparativos de mobilização, a existência de uma «televisão do desastre».

1.2 O tempo da catástrofe e o tempo do testemunho

O texto de Paddy Scannell organiza-se igualmente em dois tempos, mas os dois tempos retidos são retirados de um mesmo dia. Quanto à narrativa proposta, opõe sempre o momento da catástrofe ao do domínio, mas o tom da narrativa mudou por completo. O domínio recuperado já não é visto como uma preparação ideológica para intervenções militares. Numa etnografia minuciosa da *performance* da BBC face ao 11 de Setembro, Paddy Scannell reproduz, *verbatim*, dois excertos da cobertura do acontecimento pela grande estação inglesa. Emitidas durante o dia de 11 de Setembro de 2001, as duas sequências retidas por Scannell não foram escolhidas ao acaso. Uma situa-se no início dos ataques e a outra no fim dos programas do dia. A primeira sequência é marcada pela estupefacção dos jornalistas. Face a um acontecimento que os apanha de surpresa, esses jornalistas, que não sabem mais do que o espectador, conseguem improvisar, sem ceder ao pânico, um discurso que vai integrando as informações disponíveis. A segunda sequência é largamente controlada. A massa de informações acumulada durante o dia foi organizada. O acontecimento é resumido, analisado e situado. Em contraste com as sequências matinais, a narrativa é agora clara, apoia-se em imagens espectaculares, inclui testemunhos, propõe hipóteses explicativas, antecipa o sequência dos acontecimentos. Numa situação de dificuldade extrema, a BBC fez perfeitamente o seu trabalho. A distinção entre rumores e factos comprovados foi sempre respeitada na emissão da manhã. As hipóteses propostas na emissão da tarde revelaram-se pertinentes e posteriormente confirmadas pelos factos. Bastaram algumas horas para dominar o acontecimento. Que permite tal *performance*? Permite, diz Scannell, que o espectador se torne testemunha. Uma testemunha tem o dever de falar do sofrimento que viu, mas primeiro tem de ter direito a isso. Este direito advém do facto de ter estado no local, de ter visto o sofrimento de frente. Será este direito também do espectador?

A resposta decorre da análise minuciosa proposta. Que um espectador possa ou não tornar-se uma testemunha depende de a televisão lhe permitir ou não fazê-lo. Os protocolos desenvolvidos para garantir a objectividade das notícias não são meros «rituais» inúteis e fastidiosos. A *performance* televisa que autorizam permite que o espectador aceda ao «testemunho».

1.3 O *tempo das imagens de violência e o tempo das imagens violentas*

O texto de François Jost propõe também uma narrativa em dois tempos e descreve a história do «desacanhamento» progressivo dos espectadores face à imagem. No 11 de Setembro, esse desacanhamento diz respeito à violência das imagens: «Com a queda das torres em directo, teríamos sido confrontados com imagens de uma violência extrema. Esta tese enquadra-se evidentemente muito mal na atitude de todos.» De facto, «as imagens do 11 de Setembro são certamente impressionantes, mas suportáveis». Por que razão as primeiras imagens do 11 de Setembro não são então imagens violentas?

A resposta assenta numa distinção entre as *imagens de violência* e as *imagens violentas*, entre a violência na imagem e a violência da imagem. De forma muito exacta, Jost faz uma distinção entre «a violência representada pela imagem» e «a violência construída pela imagem». «Enquanto ícone, a imagem remete para o motivo ou para o mundo, como postulam as problemáticas da representação ou da analogia. Quando se fala de imagens violentas (...), fala-se então (...) de imagens que captam a violência do mundo. Enquanto índice, a imagem assenta *naquele que está na sua origem ou que a utiliza*. A imagem é então signo do autor, se quisermos referir com este termo, não uma entidade plena, romântica, mas sim a instância, antropomórfica ou não, que é colocada na sua origem.»

«As imagens de dominante icónica (...) não pressupõem qualquer presença atrás da câmara (...). As imagens de dominante indicial testemunham um olhar e, por isso, uma identificação antropomórfica (...) à altura de homem, que nos torna imediatamente visível a violência de que o outro é vítima. (...). Se o plano geral de Manhattan (...) era passível de ser olhado, até belo para muitos espectadores que não o confessaram tão francamente quanto Stockhausen, é porque não estava *à altura de homem*, não assentava num olhar, mas testemunhava um ponto de vista desencarnado. (...) Esse momento de mostração pura (...) não (podia) por si só suscitar uma emoção.» Era então necessário que «esse *nobody's shot* fosse "habitado" pelo espectador; era necessário um *raccord* de olhar (...). A violência (do 11 de Setembro) só foi realmente tangível no momento em que a enunciação se baseou verdadeiramente na visão do transeunte e, muito mais tarde, na das vítimas.»

Jost tem razão em sublinhar até que ponto é raro encontrar na televisão imagens não indiciais, imagens que não testemunhem um olhar. Com efeito, a multiplicidade dos níveis enunciativos acabará sempre por lhes fornecer um, nem que seja, em último recurso, o olhar da televisão. Aquilo que o 11 de Setembro contém então de específico decorre do facto de, durante três longos momentos, ter havido imagens de violência, sem que essas imagens se tornassem verdadeiramente violentas, já que eram acompanhadas de um vazio enunciativo. François Jost confirma aqui que a verdadeira «mostração» do acontecimento e todos os actos de olhar que envolve só se desencadeiam muito depois do início da sua difusão. Opõe assim o momento da catástrofe ao do domínio enunciativo recuperado.

1.4 O tempo do imprevisível e o tempo do inevitável

O texto de Jorge Lozano parece o eco ou a prefiguração de todos os textos aqui apresentados, e em particular os de Jost, Arquembourg e de Scannell. Lozano não fala do regresso ao domínio da narrativa, do fecho da caixa de Pandora, da passagem de um vazio enunciativo para uma verdadeira mostração. Mas tal como os autores destas expressões, opõe a irrupção do acontecimento ao regresso à normalidade segundo um itinerário cuja descrição vai buscar a Yuri Lotman. Para este semiótico, com efeito, qualquer acontecimento verdadeiro (irruptivo, interruptivo, inesperado) põe-nos na presença de três fases. A primeira fase poder-se-ia chamar «explosão». A segunda corresponde ao momento da «sua inscrição nos mecanismos da consciência». O terceiro, por fim, é o da «representação [da explosão] na estrutura da memória». Por um lado, o acontecimento está associado ao carácter súbito e inesperado da explosão que se viveu. Por outro, adquire um carácter de predestinação, de inevitabilidade. Podemos então observar, tal como o fez cada um dos autores precedentes, «a passagem do fortuito para o regular, do estranho para o normal», do imprevisível para o inevitável. Mas podemos também observar uma procura de memória, uma tendência para «voltar ao instante que precede imediatamente a explosão»; uma vontade de «re-presentar, ou seja, de reviver em repetição todo o processo».

O tema da passagem em repetição tornou-se, como vimos, um dos grandes *topoi* do 11 de Setembro. Mas o momento da catástrofe não se opõe apenas ao do domínio narrativo recuperado. A ocorrência da catástrofe opõe-se também às temporalidades da recepção.

1.5 O tempo da difusão e o tempo da memória

Seja qual for a *performance* a que a televisão se entregue relativamente ao acontecimento, seja qual for o seu trabalho de colocação em imagens, de ancoragem linguística, de coloca-

Balanço de um Percurso | 415

ção em narrativa, a memória do espectador, escreve Patrick Charaudeau, sobrepõe-se ao espectáculo que lhe é proposto e os *media* são «apanhados» pela «assimetria» entre as suas intenções (louváveis ou não) e as interpretações dos telespectadores. Em que consiste então esta «memória» do espectador?

Trata-se, em primeiro lugar, de uma memória «emocional». O facto de o acontecimento ter sido focado do ponto de vista das vítimas produz diversos efeitos de «verdade emocional, conforme o telespectador fosse próximo das vítimas (...) ou, pelo contrário (...) estranho». Em seguida, trata-se de uma memória povoada de opiniões. A opinião declina-se então em vários registos. «A opinião comum (...) aspira ao universal; a opinião relativa (...) remete para uma convicção e exprime-se com o auxílio de enunciados modalizados». Por último, a «opinião colectiva» representa a vitória de uma das «opiniões relativas» e traduz-se por uma essencialização da situação, que passará a ser lida como a sua «verdade». Há então um momento, segundo Charaudeau, a partir do qual uma opinião (a de um grupo ou de um público) «por ser relativa, tenderá a tornar-se uma opinião evidente, não discutível, opinião absoluta». Nesse momento, as outras opiniões possíveis serão reduzidas ao silêncio. Mas, para lá do domínio celeste, haverá outras verdades que não as «verdades de opinião»?

Talvez nos devamos concentrar aqui na utilização muito particular que Charaudeau dá ao termo *verdade*. Porquê falar de «verdades emocionais» e não de *convicções* induzidas pela emoção? Porquê falar de «verdades de opinião» e não simplesmente de opiniões? Charaudeau sabe muito bem que uma verdade qualificada deixa de ser uma opinião. Mas, para ele, trata-se precisamente de fazer a crítica radical de uma verdade que pretenderia não ser nem opinião nem emoção. Poderemos subscrever esta crítica? Mesmo partilhando, no essencial, a sua opinião, poderíamos talvez sugerir que a verdade não constitui apenas um efeito de sentido destinado a aparecer só no momento da recepção.

A questão da verdade coloca-se também, e sobretudo, a meu ver, ao nível do texto difundido, e Patrick Charaudeau absolve demasiado facilmente os *media* das críticas a que estão, segundo ele, condenados, independentemente do que façam. «Se passar em repetição as mesmas imagens de catástrofe, de guerra, de morte, a televisão será acusada de fazer sensacionalismo e, portanto, de não informar. Se fizer um uso minimalista dessas mesmas imagens, a televisão será acusada de não fazer o seu trabalho de informação.» Face aos que condenam a televisão em todos os casos, Charaudeau não acabará por absolvê-la em todos os casos, a considerar a sua *performance* uma espécie de preliminar necessário, mas fútil?

1.6 O *tempo da catástrofe* e o *tempo do fantasma*

É também de recepção que fala Serge Tisseron, que sublinha igualmente o papel atribuído à *performance* dos espectadores. Com efeito, «as imagens importam menos do que as relações que os espectadores com elas estabelecem». Em certos casos, as imagens impossibilitam as confusões, mas os espectadores possibilitam as confusões. Estas confusões dizem particularmente respeito ao estatuto que se deve atribuir às imagens de realidade face às imagens de ficção. Com efeito, três quadros permitem circunscrever esse estatuto, mas os enquadramentos propostos estão longe de ser sempre compatíveis.

Encontramos, em primeiro lugar, um quadro institucional de apresentação: salas escuras, horário da programação na televisão. Assim, no caso do 11 de Setembro, em França, o quadro institucional leva «as crianças a adoptarem, face às imagens, a postura psíquica de um espectador de ficção». As imagens de devastação surgem por volta das 16h00 (horário da ficção) e manifestam um horror que faz lembrar os filmes-catástrofe.

Vem depois um quadro constituído pela família e próximos, e que transmite referências cognitivas e, ao mesmo tempo, emoções ou confusões emocionais oriundas dos pais. As emoções não controláveis dos pais provocam na criança uma tendência para lhes «seguir os passos» e já não distinguir as suas próprias emoções das dos pais. Que se passa, pergunta então

Tisseron, quando a criança está rodeada de adultos que regressam de Nova Iorque ou que se preparam para partir para essa cidade e vivem as imagens do 11 de Setembro «como a encenação da sua própria morte»?

O terceiro quadro é um quadro pessoal (que remete para as capacidades psíquicas de cada um em gerir as suas próprias imagens internas). «A criança pequena, confrontada com imagens, nomeadamente violentas, que mobilizam nela cargas emocionais intensas (...), pode adoptar face à ameaça psíquica a mesma resposta que perante uma ameaça física: foge e esconde-se. (...) No entanto, nesse momento, a criança não confunde o real e o imaginário. Sabe bem que as ameaças das imagens não são reais.» A criança luta contra «um excesso sensorial e emocional, que teme não poder controlar. (...) Não são as imagens que ela teme.» O que a criança teme são as suas próprias emoções.

A inversão do quadro das imagens emitidas no dia 11 de Setembro introduz então um mal-estar que supera, e de longe, a confusão entre realidade e ficção. Há o risco de confusão entre «as imagens que cada pessoa tem no seu interior» e «a realidade que nos é mostrada». A imagem recebida parece então confundir-se com o fantasma, a realidade exterior com a realidade psíquica, a emissão televisiva com os mecanismos de projecção.

1.7 *O tempo da crise aguda e o tempo da doença*

É também de recepção que fala Erica-Robin Wagner-Pacifici, mas as reacções que ela descreve face à catástrofe situam-se no plano ético. Com efeito, para a antropóloga americana, trata-se de analisar o reportório ético de que a cultura política americana dispõe para responder às crises, às catástrofes e aos problemas endémicos. Os recursos disponíveis são mobilizados de forma muito desigual. Atenção plenamente focalizada, solidariedade activa nos momentos de crise aguda. Falta de atenção e indiferença face aos problemas crónicos que acabam por ser envolvidos numa capa de invisibilidade. Após o 11 de Setembro, o regresso à normalidade pode ser então definido como o fim de um momento de atenção, de reflexividade, de solidariedade, de comunidade, e o regresso a um estado habitual de distracção atarefada, de falta de atenção ao outro, de indiferença. A autora escreve que «era relativamente fácil mostrarem-se à altura do choque, na situação extrema do 11 de Setembro». Mas como imaginar o regresso à normalidade? «Muito mais horrível do que um desastre, e muito mais incompreensível do que um problema crónico», o acontecimento parece escapar a qualquer categorização. Começa com uma crise aguda, mas acaba num mal-estar interminável. Ameaça então instalar-se indefinidamente. Para um público americano habituado a uma clivagem radical entre atenção e distracção, entre o momento da crise aguda e a temporalidade enfadonha do problema recorrente, o 11 de Setembro torna-se um pesadelo. «Nada será como antes», repete-se no momento do choque. Talvez seja efectivamente o caso. O 11 de Setembro como catástrofe passou a ser o 11 de Setembro como doença.

1.8 O tempo do sucedido e o tempo do possível

Regressando aos textos que opõem a irrupção da catástrofe à emergência de um domínio narrativo, Alain Flageul coloca uma questão pertinente. Será que a narração do 11 de Setembro pode fazer com que o compreendamos melhor? Ao observar as etapas do estabelecimento das narrativas de acontecimentos apresentadas pelo jornalista e pelo historiador, Frageul destaca a arbitrariedade que preside a duas grandes práticas: a *retrodicção* e a *pós-dicção*. Tal como o tigre de Benjamin, a *retrodicção* «contraria o sentido do tempo, permite uma localização apenas por saltos descontínuos». Pelo contrário, a *pós-dicção* desce majestosamente o rio do tempo. As rotas que levam dos «germes considerados primordiais» ao facto estudado têm um traçado que parece agora inevitável. Não só a *pós-dicção* inverte os saltos da *retrodicção* numa narrativa, mas também, impulsionadas por essa narrativa, as hipóteses tornam-se evidências. O domínio do acontecimento depende então menos de um saber do que de uma forma de autoridade. Uma fenda é declarada fechada. Mas estará realmente fechada?

Frageul propõe então regressar aos factos e ligá-los à sua génese, já não vista como o império de «puras singularidades» (como governada por «esse oxímoro que é a causalidade contingente»), mas como interacção «de estruturas, de sistemas e de objectos parcialmente inteligíveis, modelizáveis, por vezes reprodutíveis». Essa interacção pode ou não acontecer. A história que não se fez é assim tão rica de ensinamentos quanto a verdadeira, se quisermos escapar às narrativas governadas pelos caprichos da *retrodicção* e da *pós-dicção* e à pesada herança literária «das disciplinas da história e do jornalismo», espécies de reservas naturais onde bons selvagens passariam os dias tranquilamente longe de qualquer preocupação epistemológica. A hipótese de um não 11 de Setembro merece ser levada em conta.

2. A *performance* do terrorismo e a dos *media*

O 11 de Setembro pode ser concebido como um conjunto de *performances* cruzadas, como um concerto de *performances*, das quais as duas primeiras são as *performances* dos terroristas e as *performances* dos *media*.

2.1 Os «géneros» do terrorismo (Dayan)

O próprio terrorismo pode ser visto como uma *performance*. O terrorismo e os *media*, com efeito, tornaram-se parceiros indissociáveis, co-produtores de um dos grandes géneros discursivos contemporâneos, ao mesmo título que os programas de estúdio ou a tele-realidade. E, tal como outras formas de discursividade contemporânea, o terrorismo evolui, adopta novos registos, especializa-se em subgéneros. Associada à existência de tecnologias leves (de difusão, de filmagem), a existência de «mediapaisagens» globalizadas provoca uma transformação do terrorismo (Dayan). As novas *performances* apoiam-se nos *media*, que desempenharão um papel de transmissor.

2.2 A transmissão do jornalismo (Mancini)

Os *media* podem recusar desempenhar esse papel. Durante mais de 30 anos, a Itália serviu de palco a vários tipos de terrorismo (de extrema-esquerda, de extrema-direita, do Médio Oriente, mafioso) e às diversas alianças estabelecidas entre estes terrorismos; Paolo Mancini mostra que os *media* italianos são inteiramente sensíveis ao risco que correm de serem instrumentalizados pelos terroristas e utilizados numa estratégia de tornar refém a esfera pública. Estão então dispostos a encarar seriamente a opção que consiste, em certos casos, em recusar o seu concurso aos grupos violentos em busca de visibilidade e, assim, em desligar deliberadamente as câmaras. Será esta estratégia ainda possível?

Era possível no caso do terrorismo italiano. Com efeito, este terrorismo, mesmo quando atacava ostensivamente o «Imperialismo Internacional», era local, exclusivamente dirigido contra os representantes e os símbolos do aparelho de Estado italiano. Esta estratégia deixou de ser possível com a transformação radical dos registos de *performance*, introduzida nomeadamente pelo terrorismo palestiniano. Não há dúvida de que este terrorismo visa um Estado-nação (Israel). Mas fá-lo de forma suficientemente indirecta para mobilizar os *media* de vários países. Assim, um atentado que visa um país (Israel) pode desenrolar-se no quadro de um segundo país (Itália), visar uma companhia pertencente a um terceiro (a Pan Am), recrutar os seus executantes num quarto (os tomadores de reféns japoneses). A maioria dos elementos do terrorismo global existe desde há várias décadas. O terrorismo da Al-Qaeda consiste simplesmente em radicalizar a lógica desses elementos. Apresenta-se como uma *performance* deslocalizada, pelo seu recrutamento, pelos seus alvos e pela diversidade dos *media* que o cobrem. Elimina, em particular, a possibilidade de uma não-*performance* pelos *media*: a recusa destes em prestarem o seu concurso não impediria que outros *media* se oferecessem como transmissores. No entanto, a *performance* dos *media* não consiste apenas em servir de transmissor à dos terroristas. Consiste também, e de forma talvez ainda mais grave, em criar, face ao terrorismo, uma esfera pública de excepção.

2.3 *Jornalismo vulgar, jornalismo extraordinário*
(Schudson)

Segundo Michael Schudson, o jornalismo político presta-se a dois tipos de *performance*. O jornalismo «vulgar» dedica-se essencialmente aos escândalos e às controvérsias; às más notícias e às divergências de opinião: em suma, à gestão da conflitualidade social. O jornalismo «extraordinário» surge, pelo contrário, no momento dos sofrimentos, catástrofes ou grandes viragens históricas. Contribui para facilitar a transição ou para reparar o tecido social. Este jornalismo excepcional foi definido como um jornalismo «sacerdotal» ou um «jornalismo de sacerdócio». Caracteriza-se por um tom geralmente deferente, uma ambição explicitamente consensual, a construção de um discurso sobre o *nós*. Nas situações de crise aberta, este tipo de jornalismo é não só inevitável, como também necessário. Contudo, é preciso estabelecer-lhe limites. Se o jornalismo de sacerdócio se perpetuasse para lá da situação que lhe permitiu elaborar uma resposta ao trauma, seria perigoso, uma vez que a sociedade ficaria mergulhada num *nós* monológico, privada de opiniões divergentes.

A instituição crítica do jornalismo ficaria paralisada e a esfera pública, de certo modo, sequestrada. Tal como o historiador Dan Hallin, Schudson verifica assim que, em situações de guerra, «a esfera das controvérsias legítimas» diminui em proveito de duas outras esferas: uma «esfera do consenso», no interior da qual os jornalistas evocam um *nós* colectivo e valores comuns; uma «esfera do desvio», no seio da qual marginalizam, diabolizam ou ridicularizam aqueles que são considerados os «outros». A esfera do consenso e a do desvio não são realmente distintas. Podem ser concebidas como a frente e o verso de um mesmo jornalismo sacerdotal. A frente é consensual, dedica-se à celebração. O verso dedica-se às hostilidades, às exclusões e às excomunhões.

A originalidade do texto de Schudson decorre do facto de reconhecer a importância da esfera do consenso e do seu jornalismo sacerdotal, desde que este jornalismo seja excepcional, pontual. Este jornalismo é legítimo enquanto exibir o seu papel e se limitar às transições perigosas e aos traumas colectivos. Segundo Michael Schudson, há três situações em que os jornalistas americanos podem aceitar renunciar ao imperativo de neutralidade. Em primeiro lugar, as «tragédias», que os levam a adoptar um «papel sacerdotal». Em segundo, as situações de «perigo público» (quer a ameaça seja terrorista, quer decorra de uma tempestade). Por último, as «ameaças à segurança nacional». O 11 de Setembro oferece uma combinação destes três elementos. Representa, em simultâneo, uma tragédia, um perigo para a população e uma ameaça grave à segurança nacional. É então compreensível que se preste a um jornalismo *extraordinário*. Mas chegará a altura em que a tragédia acaba, o perigo atenua-se, a ameaça é menos directa. O regresso à *performance* cacofónica do jornalismo vulgar marca então o despertar da democracia. «Como se a febre diminuísse, após uma longa doença», o jornalismo vulgar reabre os olhos no dia 28 de Setembro, nas colunas do *The New York Times*. Segundo Schudson, o seu sono durou 16 dias.

2.4 *Mostração informativa, mostração ritualizada* (Dayan)

É a partir de uma problemática semelhante que se pode opor, no seio dos géneros da informação televisiva, uma utilização ritual e uma utilização informativa das imagens. A *performance* televisiva, com efeito, assegura uma «mostração» ou uma «ostensão» de pessoas, acontecimentos ou interacções.

Seguir um acontecimento na televisão consiste, portanto, em prestar-se (prestar o olhar) ou em recusar-se (recusá-lo) aos gestos de que se acompanha a mostração: gestos nos quais se manifestam, por exemplo, a proximidade, a simpatia ou, pelo contrário, a distância, a aversão. Não haverá no início uma espécie de mostração neutra, simplesmente informativa, à qual se deveriam opor as práticas ritualizadas que se desenrolam nas esferas do «consenso» ou do «desvio». As mostrações ritualizadas não são coisas bizarras que tenham de ser explicadas. Tanto as práticas informativas como as práticas ritualizadas constituem *performances* construídas. Ambas remetem para jogos de regras.

Estas *performances*, porém, decorrem de regras diferentes e dificilmente compatíveis. As regras que regem a mostração informativa não são as mesmas que regem as mostrações sacerdotais. É a partir do contraste que apresentam com as «mostrações» rituais oferecidas pela televisão sacerdotal que é possível, segundo D. Dayan, perceber as regras que permitem que uma mostração informativa tenha lugar. Como assegurar o distanciamento da televisão sacerdotal? Quais são as regras que permitem evitar os consensos selados e as factualidades paralelas? Estas questões não levantam o problema, supostamente resolvido, da «objectividade»?

2.5 *Homologar um Nós* (Sreberny)

Annabelle Sreberny analisa a emergência, face às crises graves, de um espaço público que, em vez de ser apenas o da discussão racional, se abre à espontaneidade dos afectos e à expressão das emoções. Sreberny observa que alguns dos títulos mais respeitados da imprensa britânica (o *The Guardian* e a sua versão dominical *The Observer*) recorrem a autores que não são nem jornalistas, nem actores políticos, nem especialistas, mas sim escritores. Os textos solicitados em reacção ao 11 de Setembro caracterizam-se então pela emoção específica de uma *performance* pós-traumática. Constituem uma forma espontânea de reacção pública.

Sreberny não condena a ideia de abrir a esfera pública à expressão das emoções. Pelo contrário, aprova-a. Numa perspectiva influenciada pelos trabalhos de Benveniste ou pelo conceito de «interpelação» de Althusser, condena, pelo contrário, o facto de alguns artigos resvalarem insensivelmente do *eu* do autor para um *nós*, que ela apresenta, na esteira de Richard Sennett, como o mais «perigoso» de todos os pronomes.

Com efeito, o *nós* pode transformar-se numa arma. Sreberny põe em causa a construção desse nós em três artigos, dois deles escritos por romancistas (Martin Amis, Deborah Moggach) e o terceiro pela redacção do *The Guardian*. O *nós* que estes textos evocam assenta numa identificação emocional com as vítimas do 11 de Setembro. Para Sreberny, remete então para uma visão arcaica da Inglaterra, para uma comunidade branca, atlântica e monocultural, muito distante da Grã-Bretanha actual e indiferente à sua importante população muçulmana. Annabelle Sreberny interessa-se por estes três textos porque, diz ela, o carácter emocional dos textos manifesta claramente categorias culturais habitualmente expressas em surdina. As *performances* de Amis e de Moggach são representativas de um «sentimento comum saturado de categorizações culturais». Ilustram «a interiorização de valores hegemónicos continuamente injectados». Exprimem uma «*doxa* tóxica».

Talvez seja importante lembrar a natureza (pós-traumática) dos textos incriminados e o momento em que os dois primeiros foram publicados (18 de Setembro e 27 de Outubro de 2001). A linha divisória entre nós e os «outros» seria certamente diferente se os ataques tivessem sido menos próximos. Além disso, a visão do nós reconstituída por Sreberny, na base dos textos «afectivos» solicitados pelo *The Guardian*, teria sido mais completa se, em vez de se limitar à análise de três textos, tivesse também falado dos outros 18 autores convidados e publicados. Três textos de vinte e dois, é muito pouco. Seria fácil opor à tríade analisada por Sreberny (Moggach, Amis, o editorial) outra série de artigos publicados pelo *The Guardian* (Edward Said, Yusuf Islam, Arundhati Roy).

Não tenho dúvidas de que obteríamos uma versão muito diferente do «nós» britânico. Contudo, Sreberny tem razão em sublinhar que uma das *performances* inevitavelmente exigidas ao jornalismo de catástrofe consiste em homologar os limites de um nós.

2.6 Forçar as escolhas do espectador (Chouliaraki)

Lilie Chouliaraki debruça-se sobre a forma como a *performance* televisiva permite assegurar ou inibir a liberdade de pensamento dos telespectadores. Analisa assim três registos, cuja combinação caracteriza o tratamento do sofrimento dos Nova-Iorquinos na televisão dinamarquesa, no dia 11 de Setembro de 2001. Em referência às três tópicas estudadas por Boltanski (1993), são: a tópica do sentimento (simpatia, compaixão); a tópica da denúncia (indignação, condenação); a tópica estética (que permite apreciar aquilo que o acontecimento contém de *sublime*). Cada um destes estilos corresponde a um determinado tratamento televisivo e envolve uma determinada colocação em narrativa.

A tópica da compaixão remete para uma perspectiva localizada e para a temporalidade do directo. O modelo oferecido ao espectador seria o da testemunha, e a ambição televisiva consistiria em oferecer-lhe uma experiência que o habilitasse a prestar testemunho. Esta tópica propõe uma personagem-chave (o benfeitor, o salvador); um sentimento dominante (a simpatia); um «ideologema»-chave (a humanidade comum). No entanto, a lógica da compaixão tende a descontextualizar o acontecimento e a noção de humanidade tende a apagar-lhe as dimensões políticas. Acabamos por esquecer que aquilo que vemos aqui é o «centro». Para alguns (para Chomsky, por exemplo), esta visibilidade de um centro em sofrimento é a principal característica do acontecimento. Por uma vez, com efeito, o *centro* já não é o local a partir do qual se contempla (com emoção) sofrimentos distantes. É o local onde se sofre e onde outros nos vêem a sofrer. Contudo, diz Chouliaraki, mesmo em sofrimento o centro continua a ser *o centro*, facto

que um sentimento de humanidade comum não deve ocultar.
A tópica da denúncia inscreve-se no presente e assenta num saber que se quer objectivo. O papel oferecido ao espectador é o de um juiz, que deverá avaliar a gravidade da situação baseando-se em precedentes, como, neste caso, Pearl Harbor. Esta tópica propõe uma personagem-chave (o perpetrador); um sentimento dominante (a indignação); um ideologema-chave (a objectividade; o acesso imparcial à verdade). Mas a tópica da denúncia depara com as críticas sobre a instrumentalização dos afectos e é aqui denunciada pelo seu recurso a uma retórica da «objectividade».

A tópica estética propõe ao espectador um modelo de contemplação atemporal e atribui-lhe um papel em que continua a ser espectador. É um espectador reflexivo, convidado a meditar sobre o seu próprio olhar. Uma espécie de devaneio histórico descontextualizado garante-lhe a liberdade de comparação. A tópica estética dá obviamente o flanco à crítica, uma vez que, ao relativizar as tópicas da denúncia e do sentimento, suspende de certa maneira qualquer reacção ética por parte do espectador. Chouliaraki justifica esta suspensão. Liberto das suas obrigações para com as vítimas, um espectador agora lúcido pode aceder à possibilidade de um «olhar reflexivo e analítico».

O essencial do argumento de Chouliaraki consiste então em apresentar a tópica estética como cognitivamente «superior» à tópica do sentimento e à tópica da denúncia. É superior à tópica do sentimento porque esta tende a fazer esquecer a categorização política das vítimas do acontecimento. É superior à tópica da denúncia porque esta utiliza uma pseudo-objectividade para instrumentalizar a emoção. A tópica estética representa, pelo contrário, um vector de liberdade. Ao libertar o espectador de qualquer movimento de compaixão, de indignação, de qualquer relação com outro (sofredor, responsável pelo sofrimento), cria uma distância propícia à reflexividade. Lilie Chouliaraki toma claramente posição. Corre também o risco de levantar muitas objecções. Apresentamos aqui duas.

A primeira é metodológica. Ao nível da análise textual, a referência às tópicas de Boltanski ilumina o *corpus* estudado e revela-se rica de ensinamentos para outros *corpus* semelhantes. Mas, deste estudo estritamente textual, Chouliaraki retira conclusões referentes à recepção. O vazio que a tópica do sublime cria em matéria de obrigação estética permitiria que o espectador redefinisse o acontecimento e reavaliasse a sua própria posição política e emocional face ao acontecimento. A tópica do sublime traduzir-se-ia então, ao nível da recepção, por um «pensar melhor».

É claro que nada impede a tópica «estética» de «permitir ao espectador uma distância favorável à reflexão». A suspensão das obrigações morais pode levar a um pensamento lúcido. Pode também levar apenas a si mesma, ou servir de eufemismo para a indiferença, ou oferecer um registo aceitável para as expressões de hostilidade. Por outras palavras, os poderes atribuídos à tópica estética não podem ser simplesmente deduzidos apenas da análise do texto.

A minha segunda objecção tem a ver com o problema levantado por uma compaixão condicional. Ao desenvolver a observação de Chomsky sobre a originalidade de uma situação em que a periferia é espectadora e o centro vitimizado, Chouliaraki sugere que a tópica do sentimento corre o risco de ser instrumentalizada: de fazer esquecer que as vítimas pertencem ao centro. A tópica do sentimento permitiria então, numa espécie de impostura, reclamar para vítimas situadas no centro a compaixão que mereceriam se estivessem na periferia. Este argumento parece preconizar uma compaixão a vários níveis e uma selecção prévia das vítimas. «Humanidade comum» na periferia. Muito menos «humanidade comum» no centro. Será realmente desejável racionar assim a «humanidade comum»?

2.7 *Modelizar os públicos* (Zelizer)

Com base em mais de meio século de fotojornalismo em situações de catástrofe, Barbie Zelizer opõe a dimensão informativa da imagem aos dois papéis que lhe são atribuídos pelo fotojornalismo face ao 11 de Setembro: papel de acompanhamento do público, face à dor, ao trauma, à perda; papel estratégico, que consiste em mobilizar a opinião pública, preparando-a para a possibilidade de uma resposta. Por conseguinte, o fotojornalismo não escapa à oposição entre «jornalismo vulgar» e «jornalismo sacerdotal».

Um precedente histórico (a libertação dos campos de concentração em 1945 e o vasto *corpus* fotográfico que suscitou) serve então de modelo à *performance* dos jornalistas de 2001. Em conformidade com este precedente, opera-se um deslocamento da figura da vítima para a da testemunha do sofrimento. As fotografias do 11 de Setembro já não serão fotografias de restos calcinados ou de corpos desmembrados. Não mostrarão o sofrimento reflectido no olhar das testemunhas. O acento colocado na figura da testemunha tem a ver com uma estratégia ideológica já utilizada em 1945. A *performance* do fotojornalismo prepara para uma mobilização.

Podemos perguntar-nos em que é que a tónica colocada nas fotografias de testemunhas é mais mobilizadora do que as fotografias de sofrimentos directos. Podemos também perguntar até que ponto se justifica o paralelo com 1945. As fotografias do 11 de Setembro ocultam o sofrimento dos corpos. Os raros corpos mostrados (com reticência) são os corpos destinados à morte, mas ainda intactos, que vemos de longe a saírem das janelas e a precipitar-se no vazio. As fotografias da libertação dos campos de concentração não mostravam, pelo contrário, corpos humanos em sofrimento? Esqueletos vivos? Montes de cadáveres? Zelizer compreende bem que esta diferença é essencial. A autora explica então que os corpos da *Shoah* vão substituir os corpos invisíveis do 11 de Setembro. Numa espécie de bailado fantasmagórico, um acontecimento prossegue a 50 anos de distância. Os corpos fotografados há mais de meio século substituem os corpos invisíveis de hoje.

Esta substituição não é a única. Com efeito, apesar da sua invisibilidade, os mortos do 11 de Setembro conseguem ocultar os mortos no Afeganistão. Compreende-se então que, ao atravessarem o século XX, são os mortos da *Shoah* que, depois de substituírem os mortos invisíveis de Nova Iorque, vão ocultar os mortos do Afeganistão. Esta reflexão não deixa de ser interessante. Contudo, podemos perguntar onde, empiricamente, tiveram lugar as substituições descritas. Mas isso não é o essencial. O principal interesse do texto de Zelizer é mostrar que a *performance* dos fotojornalistas consiste em oferecer um modelo à dos públicos. Esta *performance* é uma injunção. Será ela seguida de efeitos? Voltemo-nos então para a *performance* dos públicos.

3. A *performance* dos públicos

3.1 A *etiqueta das entrevistas de rua* (Myers)

Nos minutos que se seguem a uma catástrofe, quando estão ainda em estado de choque, cobertos de sangue, cheios de fuligem, os membros do público interrogados ao acaso, na rua, sabem exactamente o que convém responder às perguntas que lhes são feitas. As suas respostas ajustam-se à definição do acontecimento e contribuem até, em situações de incerteza, para a construir. Assim, durante a sua fase inicial, o acontecimento «11 de Setembro» não é nem um escândalo (seria necessário um «culpado») nem uma guerra (ninguém fala ainda de «resposta»). Trata-se de uma catástrofe. As testemunhas interrogadas sabem então que devem produzir o tipo de resposta exigível em caso de catástrofe. Não lhes são pedidos depoimentos especializados nem confissões emocionais avaliáveis em termos de «sinceridade»; as suas *performances* manifestam, sem que tal seja claramente exprimido, uma espécie de deontologia da testemunha.

A «*performance* de testemunha» começa por uma definição do contexto espacial que torna o testemunho pertinente ou legítimo. Consiste depois em relatar a catástrofe em termos de fenómenos muito comuns (a avalancha de escombros talvez seja apenas uma chuva de *confettis*). Se acaba por verificar que a realidade se alterou, é apenas depois de ter eliminado todas as outras possibilidades. Mesmo então, a testemunha emite dúvidas sobre a qualidade ou a integralidade do seu próprio testemunho. Aplicando o princípio que consiste em diversificar as fontes, não hesita em relatar, em discurso indirecto, as palavras de outras testemunhas, mostrando-se disposta a pôr em causa ou, em todo o caso, a relativizar o seu próprio relato. Por fim, consciente de ter uma missão a levar até ao fim, a testemunha ocular resiste à emoção e tenta sistematicamente reprimir os seus sinais. Face às catástrofes, existe uma «etiqueta» das entrevistas de rua.

3.2 O *correio dos leitores* (Soulez)

Tal como Greg Myers, Guillaume Soulez mostra que existem estilos, «formas de dizer», «boas maneiras» específicas dos públicos. As «boas maneiras» aqui analisadas referem-se ao registo epistolar. O «correio dos leitores» das revistas de programação faz advir o público, ou os públicos, de televisão, manifestando a existência de colectivos de telespectadores. «O interesse de uma crise como o 11 de Setembro é então pôr a nu o funcionamento desta produção de públicos, mostrar que há três maneiras de fazer *advir* (...) os públicos.» A primeira consiste em difundir as suas palavras, em servir-lhes de transmissor. A segunda consiste em *enquadrar* as suas reacções. Passa por um «trabalho de regulação». Trata-se de uma «verdadeira orquestração pelos jornais (...) de registar a palavra dos telespectadores». A terceira é involuntária. Os jornais de programação suscitam públicos «contra a sua vontade, através de uma forma de conflitualidade entre os seus leitores e as suas linhas editoriais». Podemos então falar de três tipos de *performances* epistolares dos públicos de televisão; a de um *público transmitido*, de um *público canalizado* e de um *público conflitualizado*.

Os *públicos transmitidos* manifestam-se geralmente por «testemunhos humanistas, religiosos ou pacifistas que exprimem o seu horror face ao acontecimento e apelam à fraternidade entre os homens, as culturas ou as religiões». Os leitores tomam a palavra para «coligarem uma opinião pacífica». Os *públicos conflitualizados*, pelo contrário, tomam o seu jornal à parte ou, inversamente, agitam-no como um estandarte. Passado o choque dos primeiros dias, manifestam o «regresso do reportório militante». Restam os *públicos canalizados*, para os quais o discurso sobre a televisão serve de substituto e de eufemismo a um discurso directamente político. Quando denunciam a insistência excessiva num tema, ou a passagem em repetição de determinadas imagens, esses públicos pensam geralmente exprimir conteúdos muito mais sensíveis. «Mas falar dos *media* permite não entrar numa polémica sobre o papel dos Estados Unidos no mundo, ou sobre o Islão ou o islamismo.» Condenar a excessiva insistência dos *media* é então um meio «de não dividir os espectadores, porque podem partilhá-la opositores à cobertura considerada demasiado favorável aos Americanos, mas que não querem aparecer como hostis às vítimas, e espectadores (...) que consideram que a insistência faz o jogo dos terroristas».

3.3 O *público na rua: rituais de cura* (Rothenbuhler)

É também de regras de conduta que trata o texto de Eric Rothenbuhler sobre as *performances* colectivas a que se dedicam os Nova-Iorquinos em resposta ao trauma do 11 de Setembro, mas, ao contrário da etiqueta estudada por Myers, estas *performances* são improvisadas. Transformados em testemunhas de uma «fractura do social», os públicos na rua revelam-se capazes de inventar uma ritualidade específica, de mobilizar um espaço sagrado, colocado fora de limites; de viver num tempo suspenso. As suas *performances* concentram-se em três metáforas dinâmicas (*root metaphors*): a delineação de um espaço sagrado baptizado como *Ground Zero*, no sítio das torres destruídas; a multiplicação quase religiosa de dádivas e oferendas que visam estabelecer um contacto com esse sítio sagrado; a utilização da bandeira americana, menos como o instrumento de um chauvinismo patriótico (no que pode facilmente tornar-se) do que como o meio de tratar, provisoriamente e à falta de melhor (na falta de uma verdadeira cura), o corpo ferido da nação. Face ao trauma, o culto da bandeira serve então de «curativo» ou de fetiche. Serve de resposta ao «desmembramento» do corpo social.

3.4 O público «neroniano»: uma performance jubilatória (Zunzunegui)

A imagem desse corpo ferido pode suscitar compaixão, inspirar denúncias, oferecer-se a uma contemplação estética. Pode também suscitar um júbilo ambíguo.

Invertendo uma célebre expressão de Benjamin, Santos Zunzunegui afirma que «não há documento de barbárie que não tenha a ver ao mesmo tempo com a cultura». Com efeito, o 11 de Setembro relaciona-se com a nossa cultura e relaciona-se com ela também nos seus aspectos mais controversos. Do brilhante texto do semiótico espanhol, permitam-me reter apenas um aspecto: o seu aspecto mais polémico.

Zunzunegui rejeita «as acusações de *leviandade*, de complacência relativamente aos terroristas e até de desprezo pelas vítimas» provocadas pelos comentários do compositor alemão Karl Heinz Stockhausen acerca do 11 de Setembro. Tratar como «sublime» o espectáculo das torres em chamas parece-lhe legítimo. Além disso, Stockhausen, diz ele, não é o único a afirmar isso. Enquanto assistia aos acontecimentos do 11 de Setembro num hotel de Lima, um grupo de arquitectos famosos concordou em dizer «que (...) aquilo que estávamos a ver era a própria encarnação do sublime contemporâneo, um espectáculo que na Antiguidade só era autorizado a pessoas como Nero e que era agora dado democraticamente em directo a todos os cidadãos da aldeia global».

Deveremos felicitar-nos por esta democratização do «neronismo»? E será que o facto de Stockhausen não ser o único justifica a afirmação? Quer seja apenas de Stockhausen, quer seja realmente partilhada, esta ideia é inaceitável para uma autora como Susan Sontag: «O facto de uma paisagem sangrenta poder pertencer a esse registo do belo que podemos descrever como *terrível, sublime* ou *trágico* é um lugar-comum muitas vezes citado a propósito dos quadros sobre a guerra.

Esse lugar-comum torna-se menos fácil de ser proferido face à fotografia.» (*Regarding the Pain of Others*, Nova Iorque, 2003, Farrar, Strauss & Giroux).

Aquilo que Susan Sontag diz da fotografia vale, *a fortiori*, para a televisão em directo, mesmo para quem deixou de ver a imagem televisiva como uma «simples figura do real». É verdade que Zunzunegui, tal como Serge Daney, lembra que, na televisão, «não é o mundo que se converte em imagens, mas sim o imaginário que se converte em mundo». Mas, com efeito, se o imaginário se converte em mundo, é porém com o auxílio de imagens retiradas desse mundo. Em que situações é então legítimo dizer «*que belo espectáculo*» face à transmissão em directo da morte de outros?

Isto porque, de forma significativa, «a obra sublime de bin Laden», aquela que provoca tal júbilo aos arquitectos mencionados por Zunzunegui, não consiste apenas em destruir uma obra arquitectónica. Que eu saiba, ninguém falou de *sublime* a propósito dos autos-de-fé nos quais os nazis queimavam os livros «decadentes». Talvez porque esses livros eram impressos aos milhares de exemplares. Mas também ninguém falou de *sublime* na altura da destruição dos budas do Afeganistão. Certamente porque a destruição não foi um espectáculo em directo. Ou, mais provavelmente, porque as estátuas gigantes não eram seres humanos. «A obra» de bin Laden consiste, pelo contrário, em tornar-nos testemunhas de uma execução. Consistirá o «neronismo» dos arquitectos em apreciar esta execução? Seriam eles capazes, pelo contrário, de uma espécie de júbilo analítico? Jubilavam face à queda vertiginosa dos edifícios. Mas não jubilariam face ao esmagamento no solo dos pequenos seres humanos que saltavam desses imóveis? Será que podemos separar os dois casos? Será possível construir um cordão sanitário em redor de um «júbilo»? Alguns reconhecem a nossa *atracção pela sofrimento de outrem*: «Sentimos um prazer, e não dos menores, face à desgraça e à dor real dos outros (...). O terror é uma paixão que suscita sempre um estado delicioso se não for demasiado próximo.» (Edmund Burke, *Ensaio sobre os Conceitos de Belo e de Sublime*, 1757-
-1759). O sublime não exclui, portanto, um prazer ligado ao

ódio. Mas há uma diferença entre o facto de sentir esse prazer e o facto de o exprimir. Uma vez expresso, o «neronismo» torna-se *performance*. A *performance* dos públicos «neronianos» levanta então uma questão perturbante, uma questão que, a meu ver, remete para o famoso *Bagatelles pour un massacre*, de Louis-Ferdinand Céline. De quantos massacres sucedidos ao longo da história se disse que foram *sublimes*? Houve muitos? Houve dois? Houve apenas um? Se este tivesse sido o único, não haveria aqui matéria para reflexão?

4. O sofrimento dos outros

Abordemos agora os textos que tratam frontalmente da questão do sofrimento.

Os sofrimentos do 11 de Setembro, bem como os provocados ou manifestados pelo terrorismo em geral, criam debates de natureza ética ou política sobre a sorte reservada ao discurso do *outro*. Estes debates visam justificar ou condenar as respostas suscitadas pelo acontecimento, defender umas, condenar outras. Estas respostas confirmam a pertinência dos três grandes registos discursivos analisados por Luc Boltanski em *La Souffrance à distance*: o registo *compassivo*; o registo *denunciador*; o registo *estético*. Tratamos aqui dos dois primeiros. Será também evocado um terceiro registo, que é o do *terrorismo como espelho*.

Os debates incidem, em primeiro lugar, nas implicações da escolha de determinado registo em detrimento de outro. Em seguida, incidem nos objectos a propósito dos quais esses registos foram mobilizados. Para quem vai a compaixão? Para quem vai a denúncia? Serão todos os sofrimentos igualmente dignos de se tornarem «objectos de contemplação estética»?

Consideremos o exemplo da denúncia. Arnaud Mercier analisou 121 desenhos publicados entre 12 de Setembro e 31 de Novembro de 2001 dedicados aos atentados de Nova Iorque. Estes desenhos foram publicados no *Le Monde*, *Le Canard Enchaîné*, *Libération*, *La Croix*, *Figaro* e *Courrier International*. Que dizem eles? «Pode-se calcular», escreve Mercier, «uma percentagem de sarcasmo que consiste em relacionar o número de desenhos em que figuram personagens com o número de vezes em que são alvo de um traço irónico ou de uma crítica aberta.» Os resultados são claros. «Os militares americanos e os seus aliados afegãos ou ocidentais são criticados com mais frequência do que os seus inimigos (...). Em quase 100% dos casos, o retrato apresentado dos soldados americanos e/ou dos seus aliados é pouco simpático e até hostil. G. W. Bush é quatro vezes mais criticado do que bin Laden. Em 12 de 35 desenhos, os Americanos usam armas, contra nenhum dos 17 desenhos que representam os talibãs ou os terroristas. O campo agressivo está bem designado.» Aquilo que torna estes números impressionantes é o período em que foram recolhidos. As denúncias já existem, mostra Mercier, «antes do início da guerra de represálias» (Mercier, 2002, *Dossiers de l'audiovisuel*, nº 104, «À chacun son 11 septembre»).

Vejamos agora o exemplo da compaixão. Isabelle Veyrat-Masson estudou «quase 200 artigos publicados nos principais órgãos da imprensa escrita francesa durante os seis meses que se seguiram ao 11 de Setembro». Estes artigos não são textos de especialistas nem de militantes, mas sim artigos de intelectuais, que aplicam aqui, no contexto de uma acção pública, uma notoriedade adquirida nos domínios do saber. É verdade que, escreve a historiadora, os Franceses ficaram particularmente comovidos com os atentados (sondagem publicada pelo *Le Monde*, 6-7 de Janeiro de 2002), mas «o mesmo não aconteceu com os intelectuais». Em «L'esprit du terrorisme», que o *Le Monde* publicou no dia 3 de Fevereiro de 2001, ou seja, três semanas após os acontecimentos, Baudrillard desenvolve o tema da responsabilidade da América, «cúmplice da sua própria destruição», mas aquilo que é absolutamente peculiar nesse artigo é a posição emocionalmente distanciada, mas intelectualmente aprazível com que observa que, «após uma profusão de imagens banais e uma vaga ininterrupta de acontecimentos falsos, o acto terrorista de Nova Iorque ressuscita, em simultâneo, a imagem e o acontecimento» (Veyrat-Masson, 2002, *Dossiers de l'audiovisuel*, nº 104, *op. cit.*).

Sublinhada por Isabelle Veyrat-Masson, a existência em Baudrillard de uma enunciação não só indiferente, mas também «aprazível», manifesta-se noutros autores. O misto de insensibilidade face à dor de outrem e de prazer estético face à dimensão da catástrofe faz parte das configurações afectivas exibidas, ou banidas, por aqueles que se esforçam por guiar os públicos. Serão essas configurações eticamente aceitáveis?

4.1 *O registo da compaixão: piedade e devoção* (Peters)

A partir da crítica realizada por Hannah Arendt da «política da piedade» e dos comentários a esta crítica apresentados por Luc Boltanski e John Durham Peters, este livro referiu-se muitas vezes ao estatuto da piedade quando esta responde às imagens dos *media*; às tendências, desvios, inversões que sofre a empatia, quando esta transita pelo labirinto das mediações representativas.

Para Boltanski, a piedade está parcialmente ligada a uma situação de espectáculo, «o desenvolvimento de uma política da piedade pressupõe (...) duas classes de homens desiguais, não em relação ao mérito, como numa problemática da justiça, mas apenas à felicidade. Essas classes devem estar (...) suficientemente em contacto para que as pessoas felizes possam observar directa ou indirectamente a miséria das infelizes, mas suficientemente distantes ou afastadas para que as suas experiências possam manter-se claramente separadas.» A distinção entre homens que sofrem e homens que não sofrem acompanha-se então de uma relação de olhar, está ligada a um «espectáculo do sofrimento».

Face a tal espectáculo, «uma política da piedade não se questiona se a miséria dos infelizes é justificada». Ou então, se for levada a colocar esta questão, é sempre para lhe dar uma resposta negativa. No entanto, a piedade não se opõe apenas à justiça. Opõe-se também ao exercício de uma compaixão que se «dirige a seres singulares em sofrimento, sem procurar desenvolver as suas capacidades de generalização». A compaixão tem assim um carácter prático, no sentido em que só se pode actualizar em situações particulares «que fazem com que se encontrem os que não sofrem e os que sofrem». «Ao contrário da piedade, a compaixão não é *tagarela*, e é por isso que a emoção tem nela pouca importância.»

Num vocabulário ligeiramente diferente, John Durham Peters opõe a piedade «eloquente» a uma piedade imediata caracterizada por uma dimensão física: aquela expressa pelas palavras, em grego ou em árabe, que evocam uma emoção vinda do fígado ou das entranhas. Peters insiste nesta piedade imediata, nesta piedade que implica uma relação entre corpos. Que acontece a essa relação quando, mediatizada, muda de escala?

A política da piedade visa construir colectivos, e se mobiliza sofrimentos individuais é em nome desses colectivos. Através de cada corpo que se exibe, é de vítimas «exemplares» que vemos os sofrimentos. Quando um sofrimento é considerado digno de figurar nas notícias, tende a deixar de ser o de um corpo em sofrimento, mas o de um povo, de uma etnia, de uma nação ou de um continente. No entanto, como lembra Peters, a piedade não tem capacidade estatística. «Só sabe contar até um.» Confrontada com objectos que excedem o seu poder de abstracção, a piedade é então instrumentalizada e o espectador, levado pelo nó nas entranhas, identifica-se com os colectivos de quem pôde «observar» o sofrimento. Devemos então defender a recusa da piedade?

Para Annabelle Sreberny, algumas formas de piedade são inaceitáveis. São emocionalmente incorrectas. É em nome da ética que Sreberny bane a expressão dessas formas de piedade. «A estrutura discursiva dos afectos, a dos apegos, não escapa à ética», escreve ela. «Podemos reconhecer a autenticidade de um sentimento e, ao mesmo tempo, questionar a sua origem.» Esta origem pode ser intolerável. «E o intolerável começa quando se fala de terrorismo sem utilizar aspas; ou quando se manifesta, mesmo que sob o domínio da emoção, uma simpatia pelos Estados Unidos. Será realmente tóxico sentir (e exprimir) uma compaixão?»

A piedade, diz John Peters, é um obstáculo ao trabalho do luto. O culto prestado às vítimas do 11 de Setembro, tal como a lealdade neurótica de Aquiles, que recusa aceitar a morte de

Pátroclo, servem apenas para desencadear novas violências. Será essa lealdade realmente aquilo que entendemos por piedade? Quando Peters utiliza o termo piedade, faz dela um laço com os mortos, uma fidelidade. No entanto, o francês, tal como o inglês, tendem a diferenciar claramente as duas noções de *piedade* e de *devoção* ([217]) pela criação de duas palavras distintas (*pity*, *piety*) a partir de uma raiz comum. John Peters prefere a indistinção praticada pelo latim ou pelo italiano, línguas nas quais só há um termo (*pietas*, *pietà*) e em que piedade e devoção se confundem. O culto dos mortos que ele opõe ao respeito pelos vivos pode então estar ligado não à *piedade* por esses mortos, mas à *devoção* por esses mortos. Assim, não se trata de uma «piedade neurótica», mas de uma *devoção* neurótica que Aquiles manifestaria face ao cadáver de Pátroclo. Por outras palavras, John Peters tem razão em pôr em causa a *devoção*, mas terá razão em acusar a *piedade* dos crimes de que é culpada a devoção?

Parece-me que a colocação em causa da piedade não conduz necessariamente a uma política da justiça. Pode oferecer simplesmente a versão negativa de uma política da piedade; uma versão tão eloquente ou tagarela quanto a versão positiva dessa política; uma simples reorientação desta piedade, em direcção a novos objectos, considerados mais dignos.

A partir do triângulo constituído pelo atormentador, a vítima e o terceiro compassivo, a instância mediadora pode aplicar uma verdadeira álgebra, inverter os sinais e os papéis, dar origem às figuras da indiferença, do júbilo ou da vingança. A negação da piedade nem sempre permite então escapar a uma política da piedade. Consiste, pelo contrário, em precipitar esta num «labirinto ético».

4.2 *O registo da denúncia: assassinos por virtude* (Peters)

A expressão é de John Durham Peters, usada num texto construído como uma série de ensaios, em que cada um deles

---

([217]) No original, *pitié* e *piété* (N.T.).

termina com a colocação em causa da política americana face ao 11 de Setembro. Partindo de uma discussão sobre a piedade, Peters pronuncia uma condenação tripla. Em primeiro lugar, a piedade exagerada inspirada pelo 11 de Setembro leva à ocultação de sofrimentos muito mais graves, «afasta a consciência das grandes batalhas nas quais perece uma parte maior da humanidade». Em segundo lugar, a exibição dos sofrimentos americanos do 11 de Setembro está ligada a uma «pornografia da dor». Por último, esta pornografia da dor serve de álibi a uma política que encarna de forma conservadora uma figura que data da Revolução Francesa: a figura do «assassino virtuoso».

Estas críticas são amplamente justificadas. No entanto, convém relativizá-las. A «pornografia da dor» existe realmente, mas o 11 de Setembro faz com que esta «pornografia da dor» desempenhe um papel relativamente modesto. Restam duas questões essenciais: a piedade nociva e o assassino virtuoso.

As vítimas do 11 de Setembro monopolizam uma atenção que se podia prestar a outras mortes igualmente trágicas, mas que são descritas de forma menos retumbante. Peters parece defender uma espécie de economia da atenção, aquilo a que chama «uma avareza compassiva». Será esta avareza necessária?

Nem todas as desgraças que chegam ao nosso conhecimento (e há muitas que se perdem no caminho) o fazem ao mesmo tempo. Além disso, não nos cabe a nós chorar todas essas desgraças. É verdade que ocorrem muitas mortes trágicas no mundo. Mas são acompanhadas dos seus próprios lutos. Criticar a monopolização, por um acontecimento, de uma «atenção que se podia prestar a outras mortes no mundo» é preconizar uma distribuição mundial da atenção. Peters não segue esta via. Pelo contrário, junta-se à condenação por Adam Smith de uma compaixão universal, de uma piedade por sofrimentos situados «fora da nossa esfera de acção» e preconiza uma compaixão reservada aos sofrimentos situados na «esfera de acção» dos Americanos. Tem então razão em sublinhar que a emoção do 11 de Setembro não deve tornar os Americanos insensíveis aos sofrimentos dos Afegãos e dos

Iraquianos. Mas não se pode falar de insensibilidade antes de haver Afegãos ou Iraquianos a chorar. Não é o que acontece na altura em que se produz o 11 de Setembro. Não se pode pedir aos públicos americanos que retenham o fôlego à espera que o seu país se dedique a sevícias; que guardem a compaixão (recurso precioso) para dias melhores ou para sofrimentos piores.

Resta o argumento central de Peters: o tema do *assassino virtuoso*. «Com Robespierre e Saint-Just, aparece um novo tipo de personagem histórica: o carrasco que executa, não por estar imbuído da maldade ou da ira, mas em nome da virtude e com um coração transbordante de ternura.» Esta tradição, diz Peters, é «arrebatada» por George Bush, que não sente vergonha em ordenar o bombardeamento de inocentes. George Bush está à cabeça de uma falange de assassinos não assumidos, cuidadosamente ignorantes das consequências dos seus actos; assassinos neuróticos, tal como os que se podem encontrar hoje «no topo das hierarquias militares» e que talvez já não suportam a visão do sangue; assassinos burocráticos que, como Eichmann, «são muito mais difíceis de compreender do que os assassinos em busca de proveitos ou sedentos de sangue». E, «de todos, os mais difíceis de compreender são os assassinos de coração ternurento (...) os que matam em nome da virtude.» Quem são estes?

«O assassino virtuoso» transforma-se ao longo das frases. Por vezes, é um assassino fariseu (um assassino que se crê inocente). Outras vezes, é um assassino *banal* (um assassino *mecânico*); por vezes, um assassino «delicado e sensível». Por vezes, finalmente, é efectivamente um assassino por virtude. Estes diferentes tipos de assassinos talvez não sejam tão intermutáveis. Robespierre não é Eichmann. Bush não é Robespierre. Há uma diferença enorme entre o facto de executar por virtude (Robespierre) e o de bombardear crendo não perder a virtude (Bush). O 11 de Setembro não conta então com mais nenhum assassino virtuoso para além de George W. Bush, dos seus acólitos e dos soldados americanos?

Será que os *kamikazes* do 11 de Setembro não assassinam por virtude, uma virtude que os leva a acompanharem cada um dos seus assassinatos com uma oração? Peters considera abominável o assassínio terrorista. Mas os próprios terroristas afirmam constantemente que esse assassínio é «virtuoso», que fazem um acto de salvação pública. A virtude dos terroristas não se limita aqui a conservar-se apesar do assassinato. Alimenta-se desse assassinato. A sua dimensão de assassinos virtuosos será então demasiado evidente para ser comentada? Não será que, tendo partido de um certo tipo de assassino virtuoso, Peters acaba por falar de outro? Já não se trata do assassino que exerce uma espécie de sacerdócio destruidor, mas daquele que consegue esconder que mata e, ao fazê-lo, crê-se ainda virtuoso. Já não se trata de uma virtude que se manifesta pelo assassínio, mas de uma virtude que subsiste apesar do assassínio. Trata-se, em suma, dos «recursos inesgotáveis de inocência (que) permitem a esse país [os Estados Unidos] continuar a ser sempre vítima e, por isso, sentir-se justificado nas suas represálias.»

Pode-se criticar assim Peters por, num artigo profundo e sério, ter tratado apenas de parte do tema que propôs. O assassinato virtuoso atravessou toda a história recente, do maoísmo aos Khmers Vermelhos, do 11 de Setembro às decapitações de infiéis. Porquê reduzi-lo ao tema da inocência corrompida? Da má-fé? Porque, diz-nos o autor, a inocência corrompida é pior que o assassinato virtuoso. O ataques americanos são piores que o terrorismo a que respondem. Com efeito, os terroristas têm a virtude da franqueza. Não praticam a negação; a sua intenção de matar é claramente exibida. Pelo contrário, os ataques «bem intencionados» decorrem de uma cegueira hipócrita. Os seus perpetradores matam muito mais gente e, além disso, julgam-se inocentes. É esta negação que, para Peters, caracteriza antes de tudo os piores assassinos. Estes têm «as mãos sujas, mas o coração puro».

Peters pede para escolhermos entre uma violência militar embaraçada, vergonhosa, sub-reptícia, e uma violência terrorista afirmada como valor, celebrada, ritualizada; uma violência acompanhada de vergonha, um embaraço que exprime o sentimento de uma transgressão, o reconhecimento das normas que são violadas, e uma violência culto. Mas será realmente necessário «preferir» alguma delas? Teremos de «preferir» alguma violência? Susan Neiman levanta precisamente a questão das *preferências* deste tipo e das cegueiras éticas que envolvem.

4.3 O registo da denúncia. Cegueiras éticas (Neiman)

Susan Neiman lembra-nos que há várias formas de mal e que nenhuma merece tratamento de favor. Apresentamos duas. A primeira é uma forma arcaica, brutal e intencional, que se julgava desaparecida muito antes de Sade e que regressa com o terrorismo contemporâneo. A segunda é uma forma moderna, distante, desprovida de afecto, próxima de uma racionalidade instrumental. Por um lado, um mal que continua «encantado», acompanhado dos prestígios do ódio. Por outro, um mal burocrático e desencantado, mascarado pela sua «banalidade». Esta segunda versão do mal foi há muito identificada. Uma vez identificada por Hannah Arendt, acabou por se tornar a única forma de mal politicamente visível e, por isso, ocultou totalmente a primeira.

«O nosso sentimento de impotência face ao terrorismo», escreve Susan Neiman, «é também um sentimento de impotência conceptual. Com efeito, só nos restam más escolhas. Falar de *mal* a propósito do 11 de Setembro é aliar-se àqueles [com a administração americana] cujas diabolizações simplistas servem deliberadamente para ocultar as formas do mal mais insidiosas.» Mas «não falar de *mal* a propósito desses assassínios é relativizar o julgamento sobre estes, é torná-los compreensíveis e seguir um caminho que vai dar à sua justificação.» Estas duas posições são igualmente grotescas. Serão as únicas possíveis? Estaremos condenados a ver o mal com os óculos bicolores de Bush ou a nada ver de todo, graças aos antolhos que nos são dados pelos militantes?

«Curiosamente, vê-se com frequência militantes, que passaram a vida a lutar contra todas as formas contemporâneas do mal, que têm repugnância em julgar o terrorismo; hesitam até em utilizar o termo sem aspas. Sabem que esta palavra foi aviltada por aqueles que, durante toda a vida, recusaram olhar de frente as formas de mal que as suas instituições são capazes de engendrar.» Será razão para recusar olhar de frente o terrorismo? «Paradoxalmente, a exigência moral transforma-se aqui em demissão.» Aqueles cuja honra consistiu sempre em saberem resistir «deviam reconhecer o mal, qualquer que seja a forma que adquira». Deviam ser os primeiros a saber que «o facto de identificar o mal que representa o 11 de Setembro não implica automaticamente ocultar outros». Importa então não dividir os males do mundo em grandes e pequenos, pesar uns e outros e lançar depois uns contra os outros. «As formas do mal não se prestam às preferências, mas sim às distinções.»

«Por outras palavras, a existência de uma opressão global em nada justifica o terrorismo. Nem sequer o explica. Contribui certamente para a sua emergência, mas mesmo que não contribuísse, devia ser combatida. Com ou sem terrorismo, constitui um mal.» Pode-se perfeitamente reflectir sobre o mal sem querer que o mal tenha uma essência e sem pretender que exista uma versão única do mal. Denunciar as manifestações de uma forma arcaica de mal em nada oculta a existência de formas mais modernas. Existem imensas diferenças entre «os assassínios em massa cometidos por terroristas» e as «fomes agravadas pelos interesses das grandes empresas. Isto não impede que se condene ambas.» De nada serve lançar uma contra a outra, querer coroar uma que seria a pior depois de a combater exclusivamente, esforçando-se por ignorar cuidadosamente que existem outras. Não há dúvida de que há várias formas de mal. «Todas elas são capazes de nos destruírem.»

4.4 *O registo da denúncia. Justificações do terror*
(Walzer)

Apesar de tudo, observa Michael Walzer, muitos intelectuais hesitam em denunciar e até em nomear o terrorismo. Constituiu-se um reportório argumentativo em defesa dos que a ele se dedicam. Este reportório combina quatro tipos de argumentos defensivos e a respectiva ofensiva contra qualquer tentativa de resposta ao terrorismo.

O primeiro argumento consiste em dizer que o terrorismo é um último recurso, «o último recurso dos povos oprimidos que não têm outra alternativa», a única arma que resta a quem tudo tentou. O argumento é teoricamente sedutor. Segundo Walzer, é geralmente inexacto.

O segundo argumento apresentado em defesa dos terroristas é que «são fracos e não podem fazer mais nada». Mas, afirma Walzer, confunde-se aqui dois tipos de fraqueza. A fraqueza da organização terrorista relativamente ao seu inimigo e a sua fraqueza relativamente àqueles que pretende representar. «Os terroristas são fracos, não por representarem os fracos, mas precisamente por não os representarem.»

A terceira desculpa, escreve Walzer, «considera que o terrorismo não é nem o último recurso nem o único recurso possível», mas uma prática universal denunciada em certos casos, serenamente praticada noutros. Por conseguinte, é redundante ou injusto falar de terrorismo, pois toda a gente o pratica. Acusar então alguns de terrorismo, esquecendo que outros são também culpados dessa prática, não passa de uma injustiça flagrante.

A quarta desculpa, afirma Walzer, consiste em justificar o facto de o terrorismo não respeitar a imunidade dos não-combatentes, «princípio essencial não só da guerra, mas de qualquer política decente». A desculpa consiste então em relativizar a inocência das vítimas. É claro que é repreensível matar inocentes, parafraseia Walzer, mas essas vítimas não são completamente inocentes. O argumento está mais difundido do que se poderia julgar. A fórmula de Walzer, «que podiam essas vítimas esperar?», retoma quase exactamente as palavras utilizadas por outro filósofo, que reagia ao anúncio da morte de um dos seus estudantes, assassinado na explosão de uma cafetaria. É verdade que o estudante era pacifista. É verdade que não se interessava pelo choque das civilizações, mas, pelo contrário, interessava-se pelo diálogo das civilizações na filosofia medieval. O estudante assassinado, contudo, não foi inocentado. Que mais podia ele esperar?

Uma vez encontradas as justificações do terrorismo, a argumentação volta-se para as respostas que lhe estão reservadas. Como diz Walzer, «todas as respostas evidentes e tradicionais que se opõem ao terrorismo são apresentadas como sendo, de certo modo, piores do que o próprio terrorismo». Uma distinção quase platónica opõe então um terrorismo empiricamente observável, mas apresentado como ilusório, ao autêntico terrorismo que são as estratégias usadas para proteger as populações. Estas estratégias são denunciadas não só como perigosas para as democracias (que, de facto, podem sê-lo), mas também como constituindo o único *terrorismo* digno desse nome.

A originalidade do argumento de Walzer consiste em colocar-se na situação dos próprios terroristas e não na dos seus juízes retrospectivos. Com efeito, Walzer lembra-nos que há sempre um momento em que a opção do terrorismo se opõe a outras opções, um momento em que é concebível fazer as coisas de outra maneira. É verdade que as outras opções são mais dispendiosas em tempo e em esforço. Também não atraem inevitavelmente a atenção dos *media*. No entanto, elas existem. Deve então notar-se que, de forma significativa, «as primeiras vítimas dos terroristas são geralmente os seus antigos companheiros; os que dizem não ao terrorismo».

Seja antecipado ou observado de forma retrospectiva, dizem os semiólogos Yuri Lotman e Jorge Lozano, qualquer acontecimento apresenta-se sob dois aspectos contraditórios. Antes de se produzir, o acontecimento é imprevisível. Uma vez produzido, o acontecimento torna-se inevitável. A análise que Walzer propõe do terrorismo transpõe para o registo ético o mesmo desfasamento entre duas temporalidades. Observada de forma retrospectiva, a acção terrorista é um acontecimento opaco para o qual é lícito encontrar justificações. Mas, no presente em que se elabora, tal acção nada tem de predestinada. Há sempre um momento em que «um grupo de homens e mulheres, responsáveis ou militantes, se senta à volta de uma mesa e discute a oportunidade de adoptar ou não uma estratégia terrorista». Alguns defendem a sua adopção. Outros recusam fazê-lo. Nesse momento, à volta da mesa, o terrorismo nada tem de um mecanismo fatal. É absurdo apresentá-lo como «inevitável». Temos demasiadas vezes tendência para observar o terrorismo apenas na temporalidade retrospectiva do facto consumado. É necessário saber imaginar o presente do terrorismo.

É também a um exercício de imaginação que nos convidam Annabelle Sreberny e Roger Silverstone. Trata-se de nos imaginarmos, de nos contemplarmos no espelho que nos é estendido pelo terrorismo.

5. O terrorismo como próximo? (Silverstone)

«A nossa aptidão para imaginar situações e indivíduos para além dos que nos são próximos é, com raras excepções, totalmente canalizada e limitada pelos quadros específicos dos *media*», escreve Roger Silverstone. Mas «as narrativas dominantes dos *media* ocidentais tentam evitar qualquer verdadeira aceitação da diferença». Ou «os outros são vistos como de tal modo semelhantes a nós que não se pode estabelecer a diferença», ou «são de tal modo diferentes que os concebemos como menos que humanos. Por um lado, incorporação. Por outro, aniquilação, tanto literal como simbólica.»

Foi nesta situação que a chegada da cadeia Al Jazira aos ecrãs ocidentais constituiu um escândalo. São eles que fazem «reportagens sobre nós. Para eles, nós tornámo-nos o outro». O choque resulta da transgressão de um odioso lugar-comum dos *media* ocidentais, a saber, que produzimos imagens sobre eles, «e não eles imagens sobre nós». Silverstone conclui o seu ensaio com um elogio do dialogismo, afirmando que a compreensão do tratamento mediático do 11 de Setembro deve, antes de tudo, remeter para questões de ética. É difícil não concordar. Contudo, podemos discutir três pontos.

Regressemos, para já, às «narrativas dominantes» praticadas pelos *media* ocidentais, narrativas em que o «outro» teria a opção entre a incorporação (a devoração) e a rejeição de qualquer humanidade. Simétricas no papel, estas duas opções estão longe de ser eticamente comparáveis. A negação da dife-

Balanço de um Percurso | 447

rença está frequentemente ligada a uma xenofilia por vezes ingénua, mas respeitável, tal como o é o projecto francês laico que faz aceder o outro a um nós concebido como universal, pedindo-lhe que limite a sua alteridade à esfera privada. Este projecto nada tem de comum com uma desumanização. Pessoalmente, prefiro, de longe, os que me incorporam (e que me acolhem) do que os que rejeitam a minha humanidade.

Em seguida, notemos que a existência de um olhar cruzado não é uma verdadeira inovação. Há muito que os não-ocidentais propõem imagens dos ocidentais. A nossa ignorância face às televisões chinesa, indiana, japonesa ou brasileira não significa que estas não existam. A novidade do 11 de Setembro não decorre do facto de adivinharmos os objectos do olhar dos outros. Tem a ver com a natureza desse olhar. O choque produzido pela Al Jazira não está então apenas associado à origem das imagens, mas também ao seu conteúdo e aos discursos que acompanham essas imagens. O logótipo Al Jazira choca menos do que a difusão do ritual do Ocidental escolhido ao acaso, ou porque as consoantes do seu nome desagradam, e depois lentamente degolado.

Roger Silverstone tem muita razão em preconizar um diálogo com o outro que reconheça a sua diferença e a sua humanidade. Mas haverá realmente muito a aprender, eticamente falando, com essas imagens nas quais o outro recusa de antemão qualquer diálogo e reconhece certamente a nossa diferença, mas não a nossa humanidade? Será legítimo apresentar o terrorismo à suas próprias vítimas como «uma espécie de lição em que deviam meditar»? (Michael Walzer). Como um «incitamento moral», uma punição severa mas justa, um despertar brutal mas necessário?

Sim, parece pensar Annabelle Sreberny, que nos propõe reanimar, a propósito do 11 de Setembro, um desafio lançado pelo sociólogo polaco Zygmunt Bauman, «o de uma ética pós-moderna, capaz de admitir o outro como vizinho, como física e intelectualmente próximo; de acolhê-lo no coração do eu moral; de restituir a plena autonomia moral à noção de proximidade; de atribuir ao outro o papel principal no processo do qual depende a construção ética do eu.» Fazer do outro um próximo exige a superação de distâncias intelectuais, afectivas ou morais. Quanto maiores forem as distâncias, mais ética será a sua superação. Quanto mais outro for o outro, mais importante é que seja meu próximo. Segundo esta lógica, o outro mais qualificado seria então meu inimigo. Esta é a lógica de Sreberny, que se admira por ver «como estamos longe de aceitar o "terrorista" nestes termos», ou seja, como um «próximo». Mas será que basta designar alguém como «outro» para que tudo lhe seja permitido? E, por outro lado, como designamos o Outro? Como é que percebemos o papel que consiste em representar o Outro? Ao lado desta abstracção que é o Outro com maiúscula, existem todo o tipo de alteridades, pequenas ou grandes, imensas ou relativas. Em que bases devemos então fazer a triagem entre os que escolhemos como Outros eticamente pertinentes, dignos de contribuírem para a nossa construção moral, e aqueles cuja alteridade é considerada pouco interessante, aborrecida, insuficiente, indigna de servir de contraponto ao nosso projecto ético? A ética não passa apenas pela nossa relação com os que colocam bombas. Passa talvez também pela nossa relação com os que não as colocam. Nem tudo se passa no palco iluminado de uma ópera, onde um eu faria um dueto sublime com um Outro teatralizado. É então saudável reflectir no facto de o nosso Outro do momento ter ele próprio outros e de, apesar do nosso narcisismo, esses outros não serem necessariamente nós.

O terrorismo, escreve Susan Nelman, «põe em causa uma distinção ligada aos próprios princípios da modernidade: a que separa as formas morais e naturais do mal. Os atentados terroristas imitam a arbitrariedade das catástrofes naturais. Os desastres naturais são cegos às distinções morais que encontramos até nas formas mais brutais de justiça (...). O terrorismo desafia deliberadamente essas distinções. Trata-se de imitar a natureza naquilo que ela tem de pior, de recusar de antemão qualquer distinção moral.» Que lição ética devemos retirar desta forma de alteridade?

Os Autores

JOCELYNE ARQUEMBOURG – Mestre de conferências, Institut Français de Presse, Université de Paris II

PATRICK CHARAUDEAU – Professor, Universidade de Paris-Nord (Paris XIII). Fundador do Centre d'Analyse du discours

LILIE CHOULIARAKI – Professora, Universidade de Copenhaga. Directora da fundação Media Demos

DANIEL DAYAN – Director de Pesquisas, CNRS; École des Hautes Études en Sciences Sociales, Paris

ALAIN FLAGEUL – Gestor de projecto, Institut national de l'audiovisuel

FRANÇOIS JOST – Professor, Université de Paris III – Sorbonne-Nouvelle e Institut universitaire de France

JORGE LOZANO – Professor, Universidad Complutense, Madrid. Director da revista *Cuadernos de Comunicacion*

PAOLO MANCINI – Professor, Università degli Studi, Perugia

GREG MYERS – Professor, Universidade de Lancaster

SUSAN NEIMAN – Professora, Universidade Humboldt, Berlim, Directora do Einstein Forum, Postdam

JOHN DURHAM PETERS – Professor, Universidade do Iowa

ERIC ROTHENBUHLER – Professor, Universidade do Texas A&M

PADDY SCANNELL – Professor, Universidade de Westminster. Co-director da revista *Media Culture and Society*

MICHAEL SCHUDSON – Professor, Universidade da Califórnia, San Diego; Universidade de Columbia; Prémio Mac Arthur

ROGER SILVERSTONE – Professor, London School of Economics and Political Science

GUILLAUME SOULEZ – Mestre de conferências, Université de Paris III – Sorbonne nouvelle: Membro da comissão editorial da revista *Médiamorphoses*

ANNABELLE SFREBERNY – Professora, Universidade de Londres, School of Oriental & African Studies

SERGE TISSERON – Psiquiatra, psicanalista, escritor

ERICA-ROBIN WAGNER-PACIFICI – Professora, Bryn Mawr College, departamento de antropologia

MICHAEL WALZER – Professor, Universidade de Princeton, Institute of Advanced Study

BARBIE ZELIZER – Professora, Cátedra Raymond Williams, Universidade da Pensilvânia, Annenberg School for Communications

SANTOS ZUNZUNEGUI – Professor, Universidade do País Basco, Bilbau

Índice

PREFÁCIO
Uma explosão em câmara lenta
As *performances* do 11 de Setembro 9

INTRODUÇÃO
Terrorismo, performance, representação
Notas sobre um género discursivo contemporâneo
Daniel Dayan 15

Primeira Parte
IDENTIFICAR

CAPÍTULO 1
Qual é a realidade da desgraça?
Paddy Scannell 37

CAPÍTULO 2
Realidade ou ficção: como estabelecer a diferença?
Serge Tisseron 57

CAPÍTULO 3
Informação, emoção e imaginários
A propósito do 11 de Setembro de 2001
Patrick Charaudeau 71

CAPÍTULO 4
As imagens do 11 de Setembro são imagens violentas?
François Jost 87

CAPÍTULO 5
Semiótica do acontecimento e explosão
Jorge Lozano 103

CAPÍTULO 6
O mito de Pandora revisitado
Jocelyne Arquembourg 109

CAPÍTULO 7
História e jornalismo:
esboço de uma abordagem diferente da realidade factual
Alain Flageul 119

Segunda Parte
MOSTRAR

Capítulo 1
Incerteza e globalização:
as lições do 11 de Setembro e os *media* italianos
Paolo Mancini 151

Capítulo 2
A mediatização da catástrofe:
o 11 de Setembro e a crise do Outro
Roger Silverstone 161

Capítulo 3
O 11 de Setembro, a sua colocação em imagens
e o sofrimento à distância
Lilie Chouliaraki 173

Capítulo 4
Fotografia, jornalismo e trauma
Barbie Zelizer 193

Capítulo 5
O extraordinário regresso do jornalismo político vulgar
Michael Schudson 215

Capítulo 6
Quando mostrar é fazer
Daniel Dayan 233

Terceira Parte
REAGIR

Capítulo 1
Vox Populi
As entrevistas de rua do 11 de Setembro
Greg Myers 267

Capítulo 2
Fractura simbólica e processo de reparação:
as testemunhas do 11 de Setembro
Eric W. Rothenbuhler 281

Capítulo 3
A angústia da atenção:
o 11 de Setembro face à psique cultural americana
Erica-Robin Wagner-Pacifici 297

Capítulo 4
Repercussão:
os telespectadores e o 11 de Setembro de 2001
Guillaume Soulez 305

Capítulo 5
Por quem nos tomamos?
O distanciamento jornalístico e o problema do pronome
Annabelle Sreberny 321

Parte 4
JULGAR

Capítulo 1
A piedade, o terror e o enigma do assassino virtuoso
John Durham Peters 347

Capítulo 2
  Autópsia da visão
    Santos Zunzunegui 369

Capítulo 3
  Terror: após o 11 de Setembro, o problema do mal
    Susan Neiman 391

Capítulo 4
  Desculpar o terror: uma política da justificação ideológica
    Michael Walzer 401

Conclusão
  Balanço de um percurso
    Daniel Dayan 407

OS AUTORES 449